# 组织行为学

## ORGANIZATIONAL BEHAVIOR

第2版

赵春蕾 王亚玲 主 编
刘 硕 侯 层 李 强 副主编

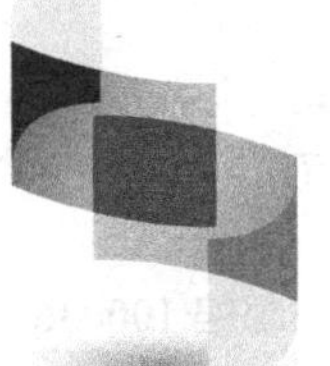

電子工業出版社
Publishing House of Electronics Industry
北京·BEIJING

**图书在版编目（CIP）数据**

组织行为学 / 赵春蕾，王亚玲主编. —2 版. —北京：电子工业出版社，2019.3
ISBN 978-7-121-35346-8

Ⅰ. ①组… Ⅱ. ①赵… ②王… Ⅲ. ①组织行为学－高等学校－教材 Ⅳ. ①C936

中国版本图书馆 CIP 数据核字(2018)第 245085 号

策划编辑：晋　晶
责任编辑：杨洪军
印　　刷：北京七彩京通数码快印有限公司
装　　订：北京七彩京通数码快印有限公司
出版发行：电子工业出版社
　　　　　北京市海淀区万寿路 173 信箱　邮编 100036
开　　本：787×1092　1/16　印张：18.25　字数：468 千字
版　　次：2013 年 4 月第 1 版
　　　　　2019 年 3 月第 2 版
印　　次：2019 年 3 月第 1 次印刷
定　　价：56.00 元

凡所购买电子工业出版社图书有缺损问题，请向购买书店调换。若书店售缺，请与本社发行部联系，联系及邮购电话：（010）88254888，88258888。
质量投诉请发邮件至 zlts@phei.com.cn，盗版侵权举报请发邮件至 dbqq@phei. com.cn。
本书咨询联系方式：（010）88254199，sjb@phei.com.cn。

# 前　言

组织行为学是一门研究各类组织中人的心理活动与行为规律的科学，它是管理类专业一门重要的专业基础课。目前市场上存在的组织行为学教材很多，主要包括以下两种类型：一类教材的理论性较强，知识体系全面、系统，但是内容抽象、枯燥，不能引起读者的兴趣；另一类教材摒弃了前者的缺点，增加了教材的趣味性，实用性也很强，但在知识体系上不够全面、系统。通过多年的教学实践，我们认为对于应用型本科院校，在教材的选用上，首先要讲究实用性和趣味性，其次要顾及知识体系的全面性和系统性，要让学生对整个组织行为学学科的知识体系有一个完整的了解和把握，最后对内容的深度要有适当的控制。综合以上几点考虑，本书主要有以下几个特点。

**1．应用性**

无论是应用型本科院校还是高职高专院校，都是以培养学生的实践应用能力为目标的，所以本书着重突出应用性。在教材内容的设计上，我们紧紧抓住应用性较强的知识点，提出其在实践中是如何被应用的，并在课后思考题中引导学生通过理论学习来思考所学在实践中的应用启示，以此来培养和提高学生的实践应用能力。

**2．趣味性**

本书主要以应用型本科院校和一部分高职高专院校的学生为读者对象，所以在教材的编写过程中始终抓住趣味性的特点；阐述的过程深入浅出、通俗易懂。另外，还增加了一些案例和小专栏来帮助读者加深对理论知识的理解。在案例和小专栏内容的选取上，我们尽量选取趣味性强、与社会生活联系紧密、学生喜闻乐见的内容，以此来激发学生的学习兴趣。

**3．系统性**

考虑到学生的实际学习水平，在教材内容深度的设计上则相对简单。但同时通过本书学生能够全面、系统地了解组织行为学这一学科的知识体系，以便学生理解和掌握其中的每一部分知识。所以，本书也突出了系统性的特点。

总之，本书的编写紧紧抓住应用性、趣味性、系统性三个特点，将理论阐述与应用训练有机结合起来，使读者拓展思路，理论联系实际，提高管理技能，达到培养应用型管理人才的目的。

本书共 12 章，由赵春蕾和王亚玲担任主编，具体编写工作的人员分工如下：第一~四章、第十二章第一节，赵春蕾；第五、七、九章、第十一章第三节、第十二章第三节，王亚玲；第六章、第十一章第一节、第十二章第二节，刘硕；第八、十章、第十一章第二节，侯层。

在编写本书的过程中，编者参阅了大量的国内外教材和文献资料，并引用了部分内容，在此对相关作者表示感谢！

因编者水平有限，书中难免会有不妥或疏漏之处，敬请广大读者指正。

编　者

# 目　录

# 第一章 导论

**本章重点**

- 掌握组织行为学的含义。
- 了解组织行为学的理论基础和研究方法。
- 掌握组织行为学的形成过程。
- 了解组织行为学的新发展。

**引例**

张硕在读大学时成绩不突出，老师和同学都以为他今后无多大作用。他读完日语专业后便被一家中日合资公司招为推销员。他很满意这份工作，因为工资高，还是固定的，不用担心未受过专门训练的自己比不过别人。若拿佣金，比人少得太多就会丢面子。上班头两年，张硕对工作兢兢业业。随着业务越来越多，他与客户的关系越来越好，销售额也越来越高。到去年他就已经是推销员中的佼佼者。尽管今年他的定额比去年提高了25%，但到10月中旬他就完成了全年的任务。不过，他觉得自己的心情并不舒畅。令他最烦恼的事，莫过于公司不告诉大家干得如何。可偏又听说别的合资公司都在搞竞赛和有奖活动，有的老板还亲自请最佳推销员到大酒店吃一顿饭，并向公司内所有单位通报竞赛结果。以前并不关心排名的张硕，如今却重视起来了。他觉得公司对推销员实行固定工资制是不公平的，不应该搞大锅饭，而应该按劳付酬。在日本老板拒绝了他的建议后，张硕就辞职去另一家化妆用品公司了。

**思考：**张硕为什么会辞职？

（资料来源：https://wenku.baidu.com）

## 第一节　组织行为学概述

组织行为学是管理理论的重要组成部分，是一门广泛吸收多学科知识的边缘、交叉学科，其综合了行为学、心理学、社会学、人类学、政治学等学科的知识，提出了一系列关于管理的新知识、新观点和新理论，丰富了组织发展理论，极大地提高了对行为模式的解释和预测能力，促进了管理水平的提高、组织绩效的改善，具有很强的实践性和应用性。因此，研究和学习组织行为学，不仅具有理论意义，而且具有直接的现实意义。

## 一、组织行为学的概念

组织行为学的研究是以组织为载体的，所以要了解组织行为学的概念，首先要了解什么是组织，什么是组织行为。

### （一）组织

#### 1．组织的定义

在我国古代，组织的原意是将丝、麻织成布帛，也就是“组合、编织”的意思。随着时间的推移和社会的发展，人类日常生活和社会生活的各种需要日趋复杂、多样，仅仅通过孤立的个体活动无法自行满足这些需要，于是出现了人类的群体活动。在群体活动中，为了协调不同个体的活动，就会按照一定的关系建立特定的规则。这种活动正式化、稳定化的结果就导致了组织的出现。组织在出现后也逐步发展和深化，组织的概念逐步从物的组织到人的组织，从静态的组织到动态的组织，从封闭的组织到开放的组织，从单个的组织到系统的组织。

在对组织的研究过程中，很多学者对组织进行了定义。对此可谓众说纷纭，其中比较有代表性的有以下三种定义。

- 组织是对完成特定使命的人们的系统性安排。（斯蒂芬・罗宾斯）
- 组织是为了达到某一特定的共同目标，通过各部门劳动和职务的分工合作，以及不同等级的权利和责任的制度化，有计划地协调一群人的活动。（薛恩）
- 组织是一个相互影响、相互依赖，为了达成某一共同目标的工作群体的集合。（杰克・邓肯）

从以上学者对组织的定义可以看出，任何一个组织都必须具备以下三个条件。

（1）组织是一群相互联系、相互作用的人的集合。组织是由人构成的，同时组织活动需要一定的物质资源。因此组织既是物质结构，又是社会结构。组织活动的资源配置是通过人来完成的，正是人群形成了组织，没有人群便没有组织。而且，在同一组织下集合的人群之间，在行为上是相互联系、相互影响的。

（2）组织都有确定的目标。任何组织都有其基本的使命和目标。例如，企业为了生产产品、提供服务，教育机构为了培养人才，医院是为病人提供健康服务，等等。组织的使命和目标说明了组织存在的理由。

（3）组织通过专业分工和协调来实现其目标。组织的存在是由于有自身的使命和目标，这些使命和目标是社会所必需的，但又是个体无法完成的。为了完成目标，组织必须开展实际的业务活动（作业），如企业的生产活动、学校的教学活动、医院的诊治活动等。而组织活动的开展又离不开相应的人力资源、物质资源、财力资源和信息资源等作为运作条件，否则组织的活动无从进行。同时，为了保证组织活动顺利有效进行，还需要对组织自身进行管理。因此，组织中的活动便由此实现其基本的专业化分工——作业和管理两大类。形成分工关系的个人、群体、部门是组织的一部分，他们协调互动、密切配合才能保证组织整体目标的实现，这就使协作成为必需。

通过以上的分析，概括不同学者对组织的界定，本书对组织的概念做如下综合表述：

组织是拥有一定资源，为实现某种共同的目标，按照一定的结构形式、活动规律结合起来的，具有特定功能的开放系统。

**2. 组织的构成**

组织的构成有以下一些要素。

（1）一定数量的成员。这是组织存在和发展的先决条件。但每个组织对其成员都有一定的资格要求，并非任何人只要愿意就可以成为某个组织成员的。一个人要想成为某个组织的成员，首先要具备这个组织所需要的条件，然后要履行一定的手续，才能进入组织，成为组织的成员，并在其中获得某个角色。因此，现代社会组织都具有明确的边界。一个社会组织的成员数量到底有多少，并无限定，小到两人小组，大到千万人的政党组织。这些性质各不相同的社会组织，对成员的要求也相差甚远。有的对资格要求十分严格，有的则较为宽松；有的加入手续十分复杂，有的则比较简单。

（2）特定的组织目标。目标是组织最重要的构成要素。它决定着组织的性质、发展方向和规模。组织成员参与组织的动机可能有很大差别，但最终都要统一到共同的组织目标之下。同时，组织目标要能够集中体现他们的共同愿望与利益。特定的组织目标是组织存在的依据，指示着组织活动的方向。

（3）明确的行为规范。规范是组织内成员互动的基础，是指导个人和团体在面临各种情况时如何思考和行动的标准。组织由于其特有的目标，以及内部精细的社会分工，因此要把各自独立的行动有机结合起来，就必须制定严格、明确的行为规范，包括组织的性质、目标、任务、原则，组织成员的地位与角色、权利与义务，以及组织活动规则等。

（4）一定的组织结构。任何组织内部都有一个稳定的组织结构。一个组织为了有效地实现其特定目标，就必须对其成员进行合理配置。在纵向上形成由决策者、管理者和执行者构成的一种支配—服从的层级体系。

（5）一定的资源。拥有一定的资源是一个组织开展活动所必需的物质基础，包括资金、技术、办公场所等。不同的组织需要不同类型的资源，但不管怎样，一个组织要正常运转，就必须有相关的资源来支持。

**3. 组织的分类**

作为社会细胞的组织，其使命不同、大小各异，通过对组织进行分类，可以更好地把握各种组织的相同点与不同点。

（1）根据社会功能划分。根据社会功能的不同，可将组织分为生产组织、政治组织、整合组织和模式维持组织。生产组织是指从事物质生产的制造型组织和服务型组织，如工厂、饭店等；政治组织是指为了保证整个社会达到自己的目标而进行权力分配的组织，如政府部门等；整合组织是指协调各种冲突、引导人们向某种固定目标发展的组织，如法院、政府等；模式维持组织是指维持固定的形式，确保社会发展的组织，如学校、社团等。

（2）根据组织成员的受益程度划分。根据组织成员的受益程度，可将组织分成互利组织、商业组织、服务组织和公益组织。互利组织是指所有参加者都受益的组织，如党派、工会、俱乐部、退伍军人团体等；商业组织是指从事工商活动的组织，如工厂、公司、企业、银行和垄断组织等；公益组织是指为社会所有人服务的组织，如公安、行政、军事和科研机构等。

（3）根据控制成员的方式划分。根据控制成员的方式，可将组织分成强制型组织、功利型组织和规范型组织。强制型组织是用高压、威胁，甚至暴力等手段控制其成员行为的组织，如监狱、精神病医院等；功利型组织是用金钱或物质为媒介来控制下属行为的组织，如各种工商企业等；规范型组织是用在伦理道德或观念信仰等基础上形成的规范权力来控制成员行为的组织，如宗教团体等。

（4）根据目标划分。根据目标的不同，可将组织分成以下三类。

- 营利组织。所有以获利为主要目标的组织都是营利组织，如工厂、商店、商业银行、饭店、矿山、公司等。值得指出的是，改革开放以来，一些个人诊所、私立学校等组织已经成为营利组织。从社会分工来看，营利组织是现代社会的基石。它们以产品或服务来满足其他组织和个人的各种需求，并以纳税的方式支持其他组织的正常运行。
- 非营利组织。除公共组织外，一切不以营利为主要目标的组织都属非营利组织，如国有医院、国有学校、各类社团、宗教团体、慈善机构等。非营利组织既是营利组织的重要目标市场，也承担着许多重要的社会职能，为其他组织提供独特的服务。
- 公共组织。负责处理国家公共事务的组织是公共组织，如立法机关、司法机关、政府机关、军事机关等。公共组织代表公众通过运用法律、行政、经济等手段来管理营利组织与非营利组织，使它们的运作符合国家与公众的利益。虽然公共组织是“组织之上”的组织，但也应遵循法律，努力达成自己的目标，不应过多干涉其他两类组织的内部事务。

此外，还可以根据组织人员的多少，将组织分成小型组织（3～30人）、中型组织（30～1 000人）、大型组织（1 000～45 000人）、巨型组织（45 000人以上）。根据产权的归属，可把组织分成公有组织与私有组织。公有组织如国有企业、集体企业、国有学校等，是归国家、全民或集体所有的组织；私有组织如私营企业、私立学校等，是归某个或某些公民个人所有的组织。

### （二）组织行为

#### 1. 组织行为的定义

组织行为是指人们在作为组织成员时表现出的行为。但组织成员的行为并不完全属于组织行为。组织成员下班后的业余活动不属于组织行为。组织行为必须是组织成员在工作过程中表现出来的行为。因此，准确地说，组织行为是指各类组织的每位成员在工作过程中表现出的所有行为。

#### 2. 组织行为的分类

组织是由个体和群体组成的，因此，组织中的行为可以分为三个层次：个体行为、群体行为和组织行为。

（1）个体行为。个体是构成组织的最基本细胞，是组织行为学研究的基础和出发点。

由于组织都是由个体的人组成的，因此，研究组织行为的基本出发点就是研究组织中的单个成员。这种研究方法将重点放在心理学的发展理论和解释的规律上。这些理论和解释是关于个体行为以及他们对不同的组织政策、实践和过程的反应的。在这种研究方法中，以心理学为基础的有关人性、需要、动机和激励等方面的理论用来说明单个组织成员的行为和绩效，对诸如价值观、知觉、态度、个性、意志和情绪这些因素也予以考虑，并对这些因素对他们在工作中的个体行为、作风和绩效的影响进行研究。

（2）群体行为。如果要完成组织的目标，组织成员就必须在工作中合作并协调他们的活动。人们在一起工作的常规方式是小组、部门和委员会这些组织形式。因此，在组织行为学中，一个可以选择的富有成效的方法是分析工作群体的结构与功能、群体的发展过程和内聚力。在群体中，人们是如何工作的？决定一个群体团结和富有成效或分散和一无所有的奥妙何在？领导如何影响群体成员及他们的能力，以便他们一起通力协作，以较高的生产率进行工作？这些就是组织有关群体有效功能涉及的几个问题。组织行为学的一个重要部分就是把社会心理学的知识和理论用于研究组织中的群体。在群体这个层次上分析所得的见解不同于研究个人所产生的见解。

（3）组织行为。组织行为学不仅将其研究重点放在组织中的个体和群体上，而且将从宏观的角度研究整个组织。研究者力图用社会学的方法来理解组织结构和组织设计是如何影响组织效率和气氛的，是如何有效地进行信息传递，认识组织与环境之间的关系及其影响、组织变革和发展规律的，从而尽可能地提高组织的有效性和效率，改善组织气氛。例如，对各部门分配任务和责任的不同方法可能会影响这些部门的工作能力以及整个组织的工作效率，组织应用的技术、组织规模、组织年限等因素对组织结构、组织效率的影响，以及组织与外部环境的相互作用等都在考察之列。

#### 3．组织行为的特征

（1）可描述性。组织行为是可以描述的，我们可以对个体的组织行为用语言来加以描述。例如，某人最近工作积极努力，某人工作态度认真，某部门员工关系和谐、融洽等。

（2）可解释性。每一种组织行为的背后都存在产生的原因和背景，所以，管理者可以通过调查、研究找到组织行为的原因。

（3）可预测性。因为组织行为是可解释的，也就是说，管理者最终可以找到某种组织行为产生的原因。只要能准确地观测到是什么原因导致的这种行为，就可以准确地预测将要发生的行为。当然，这只是一种理想化的假设，假设我们能够找到所有组织行为产生的原因；而在现实的管理工作中，因受到行为科学发展水平的限制，我们不能弄清所有影响人行为的原因，因此也就不能进行准确的预测。

（4）可控制性。因为组织行为是可以解释，进而是可以预测的，所以，归根结底，组织行为是可以控制的，这也是我们研究组织行为的目的所在。

### （三）组织行为学

#### 1．组织行为学的不同定义

美国学者杜布林曾经定义：“组织行为学是系统研究组织环境中所有成员的行为的科学，以成员个人、群体、整个组织以及外部环境的相互作用所形成的行为作为研究的对象。”

加拿大蒙特利尔大学管理学教授和组织心理学家乔·凯利所提出的定义是：“组织行为学的定义是对组织的性质进行系统的研究：组织是怎样产生、成长和发展的，它们怎样对各个成员、对组成这些组织的群体、对其他组织以及对更大些的机构发生作用。”

美国管理学教授斯蒂芬·罗宾斯给出的定义是：“组织行为学是一个研究领域，它探讨个体、群体以及结构对组织内部行为的影响，目的是应用这些知识改善组织绩效。”

我国著名组织行为学家张德认为，组织行为学是研究组织中人的心理和行为表现及规律，提高管理人员预测、引导和控制人的行为的能力，以实现组织既定目标的科学。

**2. 针对组织行为学的不同定义的领会要点**

第一，组织行为学研究的对象是人的心理和行为的规律性。组织行为学既研究人的心理活动的规律性，又研究人的行为活动的规律性，是把这两者作为一个统一体来研究的。人的行为与心理是密不可分的，心理活动是行为的内在表现，行为是心理活动的外在表现，因此，必须把两者作为统一体来进行研究。

第二，组织行为学研究的范围是一定组织中的人的心理和行为规律。这就说明组织行为学并不是研究一切人类的心理和行为规律，而是只研究一定组织范围内的人的心理与行为的规律，如工厂、商店、学校、机关、军队、医院等。研究这种组织中的人的心理和行为规律，不仅是研究单个的人的心理和行为规律，还要研究聚集在一起的人的心理和行为规律。因此，研究范围又可分为个体心理与行为规律、群体心理与行为以及整个组织的心理与行为。

第三，组织行为学研究运用系统分析的方法。组织行为学不是孤立地研究一个组织中的个体、群体和组织的心理和行为，而是采取系统分析的方法来研究它们。从系统观来看，个体的人作为一个系统，把他放在群体这个较大的系统中来研究，个体就是群体的子系统，而很多的群体又组成为一个组织，因此，群体又是组织这个大系统的子系统。它们均自成系统而又相互密切联系、不可分割。而且由于它们都处在社会环境这个更大的系统中相互联系、相互作用，因此它们又都是社会环境的子系统。

第四，组织行为学研究的目的是提高预测和引导人的行为的能力和组织绩效，以达到组织既定的目标。

组织行为学研究的最终目的是提高组织绩效，有效实现组织目标。这种绩效的提高是借助于提高管理者的预测、引导和控制组织中人的行为的能力来实现的。

现在人们对于构成组织行为学主题领域的看法越来越趋于一致，这些主题包括激励、领导行为和权威、人际沟通、群体结构与过程、学习、态度形成与知觉、变革过程、冲突、工程设计、工作压力等。

**3. 组织行为学的定义**

本书将组织行为学定义为：通过研究组织中的个体、群体和组织的心理和行为表现及规律，提高管理人员预测、引导和控制组织中人的行为的能力，以有效实现组织目标的一门科学。

## 二、学习组织行为学的意义

组织行为学是管理学的新发展，它对提高组织的管理水平，实现以人为中心的管理具有重要的意义。

**1．有利于充分调动人的积极性、主动性和创造性**

在现代社会，人是生活在组织中的。每个人的行为既表现为个人行为，又表现为组织行为；既受到组织影响，又影响到组织。人们在一起工作、学习、生活，就需要分工和协作，就需要有管理。而对于管理者来说，每天所面对的最经常、最棘手、耗费时间和精力最多的恐怕就是人的问题。如何调动下属的工作积极性，激发他们的工作热情；如何与你的上司及兄弟部门沟通，以获得更多的资源和支持；如何处理员工之间的冲突纠纷，营造一个和谐的工作环境；如何引导和改善组织成员的行为，建设高绩效的团队；等等。总之，要想成为一个有效的管理者，就必须了解人、认识人，就必须学会分析、解释、预测人的行为，从而提高自己管理活动的有效性。

**2．有助于达成个人目标，提高组织成员的工作生活质量**

提高组织成员的工作生活质量是指组织中所有成员通过与组织目标相适应的公开的交流渠道，有权影响决策，改进自己的工作，进而拥有更强的参与感、更高的工作满意度和更少的精神压力的过程。组织行为学的核心内容之一是研究个人需要、个人利益和个人兴趣，以及如何满足个人需要的方式和方法。组织行为学通过科学的方法分析员工的心理需要，针对不同的情况采取不同的方法。因此，管理者可以通过组织行为学的学习，掌握和应用恰当的方法来满足员工的需要，重视与员工的沟通，鼓励员工参与管理，提高员工的工作满意度，从而提高组织成员的工作生活质量。

**3．有助于管理者改进管理的方式和方法，改善管理者与被管理者的关系**

组织行为学研究的是组织环境下的个体行为、群体行为和组织行为。一句话，组织行为学研究的重点是人，核心是保证和增加组织的有效性。组织的管理者是生产的协调者和指挥者，他们与员工的关系，除了一般意义上所说的生产关系，还有一般的社会关系。组织行为学中关于一个有效的管理者应该具备的素质、管理艺术和如何根据不同情况采用不同的管理方式等内容，对管理者提高领导艺术水平有一定的参考价值。因此学习和掌握一些组织行为学的知识，有助于你成为一个卓有成效的员工或一个受欢迎的组织管理者，改善管理者与被管理者的关系。

**4．有助于提高管理者描述、解释、预测和控制组织行为的能力，从而提高管理水平**

描述是指对组织中人的行为和心理在某个时期所处的状况进行清晰描绘。例如，今年有 12%的员工跳槽，有 78%的员工的满意度达到 80 分以上等。准确地描述组织中人的行为和心理为我们科学、合理地对行为和心理做出解释提供了基础。

解释是指依据理论或实践总结寻找组织中人的特定行为和心理的形成原因的过程。例如，员工跳槽的主要原因是对公司的福利政策不满意，员工的满意度提高是由于公司引进了素质培训等。科学的解释为管理者预测和控制组织中人的行为和心理提供了依据。

预测是指根据组织中人的行为和心理的现状与变化规律以及组织和社会环境的变

化，对未来一段时期某些特定行为和心理所处状态进行的合理猜测。例如，明年员工的跳槽率将是 10%～13%，下半年员工的满意度会提高 4%等。准确地预测与组织绩效相关的人的行为和心理为有效领导和管理组织提供了宝贵的信息。

控制是指根据组织中人的行为和心理变化规律，改变一定的条件和变量，以使特定的行为和心理朝着管理者期望的方向演进的过程。例如，改进公司的福利政策以使员工的跳槽率降低 2 个百分点，开展班组有奖娱乐活动以使员工的满意度提高 5%等。

管理者可以通过对组织行为学的学习提高自己的描述、解释、预测和控制水平，从而提高管理水平。

**5. 有助于组织变革和组织发展**

组织是一个动态开放的社会技术系统，必须与外界环境保持一致。现代组织越来越多地面临着激烈动荡的环境。高新技术的迅猛发展、顾客需求的不断改变等都给组织带来了严峻的挑战。逆水行舟，不进则退。为此，组织必须随环境的变化而不断调整，这就是组织变革。因此，学习组织行为学的理论和知识有助于管理者及时有效地领导组织变革和组织发展。

## 三、组织行为学研究的方法

方法是达到目的的桥梁，学好、用好组织行为学，要运用科学的学习方法。

### （一）观察法

观察是组织行为学的三大要素（观察、个体、群体）之一，对他人行为的了解是通过观察获得的。观察是取得直接资料和间接经验的一种重要方法；在没有条件进行访问或实验的场合，观察是取得资料的主要途径。观察者除了运用自己的感觉器官（眼、耳、鼻、舌和皮肤等）直接观察人们的行为，还运用现代科技手段，如采用录像机和录音机协助观察。有人说："实验是向自然发问，观察是听自然演讲。"

观察法多种多样，大致有两种分类方法。

（1）按照观察者与被观察者的关系，可把观察法分为参与观察法和非参与观察法。观察者直接参与被观察者的活动，并在共同活动中进行观察的方法称为参与观察法。观察者不参与被观察者的活动，以旁观者的身份进行观察的方法称为非参与观察法。参与观察法的好处：研究人员以组织成员的身份去观察，使被观察者避免伪装和做作，从而使观察到的资料较为可靠和有效。参与观察法存在的问题：一是由于研究人员亲自投入现场，作为现场的一员，可能影响被观察者判断事物的客观性，而非参与观察者就较为客观；二是当研究人员观察被观察者时，会使其感到不自然，若要使被观察者不知道是在观察他们的行为，就得创造一个客观条件，而这又是难以办到的。由于这两种方法都受到观察者本人的价值观、个性等的影响，因此，信度、效度也会有一定的问题。

（2）按照观察情景的差异，可把观察法分为自然观察法与控制观察法。观察者在自然真实的情景下观察他人的行为，被观察者不知道自己处于被观察的状况下的观察叫自然观察法。凡是有计划、有系统记录，其结果跟一定的命题相联系而又能经受考核的观察叫控制观察法。贝尔斯创造的小群体相互影响法根据小群体中成员的感情和工作行为，分别进行观察和记录，就是这种方法的典型例子。自然观察法的优点是所观察到的结果具有典型性，更易于运用于实际；它的缺点是有时不能肯定被观察者的行为变化是由何种变化引起的，而用控制观察法就能弥补这种缺陷。

### （二）调查法

调查法是了解被调查者对某一事物（包括人）的想法、感情和满意度的方法。因为有些心理现象可以直接观察到，有些则不能直接观察到，对那些不能直接观察到的心理现象则可以通过调查、访问、谈话、问卷等方法来收集有关材料。这种方法很有价值，研究者和管理者可以用这种方法来调查员工对组织及其工作的满意度，以及影响员工积极性的因素等。许多公司还通过这种方法来发现顾客对公司产品的青睐度。国家也可以通过调查了解民意，从而为制定和修改政策提供依据。

调查法的种类有很多，可以单独使用，也可以根据研究需要将几种方法结合使用。

#### 1. 谈话法

口头信息的沟通是直接了解被调查者情况的一种调查方法。根据谈话中结构模式的差异，谈话法可分为有组织谈话和无组织谈话。有组织谈话的过程结构严密，层次分明，具有固定的谈话模式。调查者根据预先拟定的提纲提出问题，被调查者针对提出的问题进行回答。谈话过程像口头问卷。无组织谈话的过程结构比较松散，层次交错，气氛活跃，没有固定的模式。调查者提出的问题涉及的范围广，被调查者可以根据自己的想法主观地、创造性地回答问题。通过这种谈话，双方不仅交换了意见，也交流了感情。

谈话法的优点是简单易行，便于迅速获取第一手资料。但是，能否真正收到好的效果，还要看调查者的驾驭能力如何，是否善于营造一个轻松愉快的和谐氛围，让被调查者解除顾虑，畅所欲言。

#### 2. 问卷法

问卷法是指运用内容明确、表达正确的问卷量表，让被调查者根据个人的情况，自行选择回答的研究方法。常用的问卷量表有三种。

（1）是非法。要求被调查者对问卷中的每个问题做出“是”或“否”的回答。例如：

为了多拿奖金，你愿意增加工作时间吗？　　是（　）否（√）

（2）选择法。要求被调查者从并列的两种叙述中做出选择。例如：

我喜欢单独工作。　（√）

我在单独工作时，总感到无所适从。　（　）

（3）等级排列法。要求被调查者对多种可选择的答案，按其重要程度，依次排列。例如：

我最喜欢的奖励方式：奖金、旅游、上光荣榜、脱产学习、调休。

问卷法的优点是可以在较短时间内取得广泛的材料，并使结果达到数量化、程序化。但是由于对用这种方法取得的材料很难进行定性分析，因此无法将通过这种方法得到的结论直接与被调查者的实际行为进行比较。

随着信息手段越来越现代化，调查方法也越来越多，如电话调查法、网络调查法等，这些方法省时、调查面广，使用越来越普遍。

### （三）心理测验法

心理测验法是指采用标准化的心理测量表或精密的测量仪器，来测量被调查者的心理品质的研究方法。常用的心理测验有能力测验、人格测验、机械能力测验、语言能力测验、管理能力测验、学术倾向测验、心理健康测验等。在企业人力资源开发与管理中，心理测验常常用于人员考核、岗位测量与导引、员工选拔等。在运用测验法时，应将测验的信度和效度控制在合理的范围内。

测验的信度即可靠性，是测量反映被调查者特征的真实程度的指标。有人称之为测验的准确性，也有人把信度作为测验结果稳定性和一致性的指标。测验的效度是指心理测验的有效性，即测验得到的是不是所要测定的心理和行为特征，也就是测验结果是否体现测验的预期程度。为了严格控制心理测验的质量，许多国家明确规定，用于人员选拔的测验量表，信度系数必须达到或超过 0.8，效度系数必须达到或超过 0.6，方合乎要求，否则不予认可。

### （四）定性法与定量法

定性是指对人与事的特质进行鉴别和确定。例如，在人员功能测评中，对各类人员的素质、智能和绩效进行评定，以确定人的质的规定性，而不是量的规定性，但作为对人的客观公正的定性，必须以定量为基础。在传统的人事考核中，定性一般都建立在领导人的经验和印象的基础上，这固然能发现人才，但难免带有一定的盲目性。定量是通过一定的数据来反映人或事的特质。但定量也有它的局限性，例如，在人员功能测评中，人们可能过分迷信数据，对人员的考核单凭定量进行分析，这样尽管能避免考核中的主观随意性，但可能导致形式主义、片面性。因此，定性与定量的有机结合，能够发挥测量之长和评定之优。定性与定量相辅相成、缺一不可。定量是定性的基础，定性是定量的出发点和结果。所以，通过尺度、量表获得的人员特质的数据是定性的客观基础，而不是定性的替代；调查者凭借丰富的经验，对数据进行分析，对各类人员的素质、智能和绩效进行计量、鉴别，从而做出客观、公正的评价。

### （五）案例法

案例法对学习组织行为学和研究组织行为都是一种非常有用的方法，对管理教育将产生越来越大的影响。案例法是指研究人员利用组织正式的或非正式的访问谈话，通过发放调查表和实地观察等方式所收集的资料，以及从组织的各种记录与档案中收集的有关个人、群体或组织的各种情况，采用文字、录音、录像等方式如实地记录下来，提供给学生和有实际工作经验的人员进行研讨、分析。案例法是体现理论与实际、知识与能力、历史与现实、教学与研究、科学与艺术的极好方法。它提供了许多学习和研究的建议，为解决未来实际工作中的问题做了虚拟式培训。案例法的教学、研究是否成功，受多种因素的影响，如案例本身的质量、案例分析的组织以及学生对案例教学的适应性等都会影响案例法的效果。因为案例是事物本身的客观展示，变量多，解决问题的方法是开放性的，无法证明某种答案正确与否，所以结果的信度、效度和普遍性无法确切说明。尽管如此，案例教学在管理教育中的作用仍越来越重要，这种现实管理工作的虚拟式培训，是运用理论解决实际管理问题的最好桥梁。

### （六）情景模拟法

情景模拟法是根据被调查者所担任的职务，编一套与岗位实际情况相似的测试场景，将被调查者放在模拟的场景中，由调查者观察其才能、行为，并按照一定规范对测试行为进行评定。情景模拟测评，一般通过公文处理、小组讨论、上下级对话、口试等方法进行。无领导小组讨论在人员选拔、岗位晋升中应用广泛，从讨论中可以了解被调查者的语言表达、思维应变等方面的能力。由于情景模拟法具有针对性、客观性、预测性、动态性等特点，因此对人员考核的信度、效度较高，同时对调查者的技术要求也比较高。

### （七）系统法

在现代社会中，组织是一个有目的的、开放的社会系统，因此，应用系统理论研究组织行为与管理问题也是顺理成章的。随着社会的进步、经济与科学技术的发展，组织这个系统变得越来越复杂，始终处在一个不断变化的环境中。理论和实践都证明，系统法有助于分析复杂的动态问题。

以美国学者卡斯特、米勒、罗森茨维格为代表的系统学派，将系统理论全面运用于管理。他们经过分析指出，任何组织都可分为目标、技术、管理（工作）、结构和社会心理（人际社会）五个子系统（因素），并特别强调要从总体和相互联系上，研究各种因素对实现组织总目标的作用。他们主张把组织看成一个与外部环境不断进行物质和信息交流的开放系统，因此，当研究组织的行为与管理时，既要分析组织内的五个子系统，又要研究与五个子系统紧密相连的外在环境。

系统法给人们一种从整个组织及其环境的相互作用中分析组织的方法，为系统和管理理论的汇合提供了基础，同时为分析组织内部各分系统之间的关系提供了基础。这种方法避免了组织设计和管理实践中过于简单化，反映了对各分系统之间关系及协作模式的寻求，导致组织管理中的权变观点。

### （八）实验法

由于人类行为的复杂性，因此许多变量不容易控制，很难确定，而实验法能克服现场研究法的缺点。这种方法要求首先假设一个或多个自变量对另一个或另几个因变量的影响，然后设计一个实验，系统地改变自变量，最后测量这些改变对因变量的影响。例如，对工作场所内的噪声强度予以不同的改变，以探求噪声强度与工作效率、工作速度是否存在函数关系。实验法有以下两种类型。

#### 1．实验室实验法

实验室实验法是指在设定的实验室内进行的，通常借助于各种仪器设备，在严格控制的条件下，通过反复实验而取得精确的数据。这种实验法可以模拟自然环境或工作环境中的条件，研究被试者的某种心理活动。例如，对汽车司机的应变实验，可以模拟自然景色，汽车除了没有轮胎，其他都是完好的，司机的前方设一电视屏幕，使被试者犹如身临其境，然后让电视屏幕中的马路上突然出现障碍，在仪表的控制下检查司机的应变反应。由于实验室的实验多具有人为性，因此所得结果往往与实际情况存在一定的差距。实验室的实验多用于对一些简单的心理现象的研究，对复杂的个性方面的问题则具有较大的局限性。

2. 自然实验法

自然实验法，又称现场实验法，是指在正常的工作条件下，适当地控制与实际生产活动有关的因素，以促成被试者某种心理现象的出现，这种研究有较大的现实意义。自然实验法的优点：它既可以主动地创造实验条件，又可以在自然情景下进行，结果更符合实际。但是，它不如观察法的应用广泛，也不如实验室实验法精确。有时，由于现场条件复杂，许多可变因素要全部排除或在短期内保持不变，而这往往很难做到，因此必须进行周密的计划，并坚持长期观察研究才能成功。霍桑实验长达五年零六个月，耗费了大量人力、物力、财力，但其实验结果对管理理论的充实与发展带来的影响是无法衡量的。

## 四、组织行为学与其他学科的关系

### （一）心理学

心理学是研究人类心理现象规律的科学。心理现象的规律包括心理活动的规律和心理特征的规律两部分。一般认为，心理活动是内省的，行为是外显的。要研究组织中人的外显行为的规律性，必须以心理学作为理论基础，因为心理活动和心理特征是人们产生行为的重要原因和内部动力。

组织行为学是以个体的一般心理过程规律为基础，进而研究群体的行为以及个人与群体之间的相互关系的科学。它一方面研究社会对于个人行为的影响，另一方面研究社会受个人行为的影响。由此可知，要研究组织行为学，首先必须研究普通心理学的实验资料，以及关于心理活动和心理特征的基础知识，研究社会对个人的影响及相互关系。

### （二）社会学

社会学是一门综合性较强的学科，它把社会作为一个整体，综合研究社会现象各方面的关系及其发展变化的规律性。研究组织行为学就是要运用社会学的知识来探索人在社会关系中表现出来的行为。组织是由很多群体组合而成的，所以组织行为学把组织看作一个开放的、有机的社会组织。组织、群体和个人之间是互相依存的关系。组织、群体和个人与环境构成互动的、复杂的社会体系。

组织中人的行为是离不开社会关系的，因此研究组织中人的行为必须从其所处的整个社会关系着手，这样才能全面认识人的行为规律。例如，研究组织中个人的行为受组织内外社会环境的影响，个人在社会中的角色和社会地位，群体的动力、结构、交往、权利和冲突，非正式组织、群体之间的合作配合，以及人与人之间相互关系等，都需要社会学的知识。

### （三）人类学

人类学是研究人类的科学，是研究组织行为学的重要理论基础之一。人类学分为体质人类学、文化人类学（又称社会人类学）和考古学。其中与研究组织行为学关系最密切的是文化人类学。文化人类学过去主要研究原始社会及其文化，但是三十多年来，已经逐步扩展到对现代文明社会及其文化的研究。文化人类学对组织行为学的贡献，主要是组织中人的行为与人类社会起源的理论、人类社会行为以及人类和文化的关系等知识。

### （四）政治学、伦理学

政治学家在组织行为学研究过程中的贡献主要包括对政治环境中个体和群体的行为研究，如冲突的解决、组织内部的政治与权力等。事实上，组织是政治实体，如果组织行为研究者希望准确地解释和预测组织中人的行为，就必须引入政治学家的观点。伦理学中的道德规范会影响组织中人的行为。另外，人体犹如一个生物钟，有自己的生物节奏，有体力、智力、情绪的低潮和高潮，这些都会影响人的行为，所以，生物学与生理学中的一些研究观点，也为组织行为学的研究奠定了基础。20 世纪 80 年代，组织行为学开始研究工作压力对个体、群体、组织的行为和工作绩效的影响，主要分析当人们承受工作压力时，身体所做出的生理反应，以及引起的身体结构的变化和如何防治等。

# 第二节 组织行为学的产生与发展

## 一、组织行为学的产生

### （一）近代管理理论的基础

#### 1. 理论先驱们的贡献

（1）亚当·斯密（1723—1790）。1776 年 3 月，亚当·斯密的《国民财富的性质和原因的研究》（以下简称《国富论》）一书一经出版，立即震动了国内外学术界。该书不仅建立了资产阶级古典政治经济学的殿堂，而且成为马克思创立政治经济学的主要理论来源，同时为近代管理理论的产生提供了极其重要的理论准备。《国富论》中第一次提出了劳动分工的观点，并系统全面地阐述了劳动分工对提高劳动生产率和增进国民财富的巨大作用。劳动分工理论对于管理理论的发展起到了十分重要的作用，后来的专业分工、管理职能分工、社会分工等理论，都与斯密的这一学说有着“血缘关系”。斯密有句名言：“请给我以我所要的东西吧，同时，你也可以获得你所要的东西。”斯密认为，人们在经济活动中追求个人利益，是因为每个人都有利己主义，所以，每个人的利己主义又必然被其他人的利己主义所限制，这就迫使每个人必须顾及他人的正当利益，由此产生了社会利益，社会利益正是以个人利益为立足点的。这就是所谓的“经济人”观点，后来成为整个资本主义管理的理论基础。“胡萝卜加大棒”的管理方式便是在这种理论基础上产生的。

（2）罗伯特·欧文（1771—1858）。罗伯特·欧文是一位被人们遗忘了的管理大师，在以往所有的管理学论著中，他都是名不见经传的。然而最近几年，他的管理实践和管理理论却得到了越来越多的有识之士的重视。欧文在企业管理实践中，对于影响劳动生产率的人的因素进行了长期的观察研究，提出人是“有生命的机器”的观点。他认为，既然对于没有生命的机器予以保养，能提高生产率，那么，给予有生命的机器以同样的保养，其丰硕成果是可想而知的。欧文嘲笑同行的制造商，说他们不懂工厂管理中人的因素的重要性，指责他们宁愿花大笔钱购买最好的机器，而不愿以稍高一点的代价购买劳动力；宁愿把时间用来改进机器，促使劳动专业化和减少开支，而不愿对人力资源进行投资。他说，如果把钱用来改善劳动者的条件的话，那么它给你带来的收益将不是 5%、10%或 15%，而是 50%，甚至 100%。他还说，对人所表示的关心，有助于减轻“人类苦难的积聚”。企业管理中没有对人的关心，将很难长期获取丰厚的利润。因此，欧文在管理企业时能注意灵活稳健的人事政策和处事方法。在管理中重视人的作用和地位，欧文可以说是最早的一个。

（3）查尔斯·巴比奇（1792—1871）。在亚当·斯密对劳动分工进行分析的基础上，查尔斯·巴比奇进一步对专业化的有关问题展开研究。1832 年他发表了“机器与制造业的经济学”一文，指出劳动分工可以缩短学会操作的时间，可以节约变换工序所费的时间，可以促进专用工具和设备的发展等。他根据对制造程序和工作时间的研究成果，提出了以专业技能作为工资与奖金基础的原理，成为后来“科学管理”的理论基础。

（4）汤恩。汤恩于 1886 年发表的“作为经济学家的工程师”一文直接点燃了“管理运动”的火苗。他指出：“管理问题同工程技术一样重要。”这个重要的论点当时没有得到应有的重视。随着工业大规模的发展，经营管理面临种种复杂问题。以往的管理者即工厂主，凭个人经验实行管理，已远远不能适应生产发展的要求。管理一个大的企业，需要专门的职业管理人员，建立各项负责制，从而代替资本家的个人管理。汤恩认为，管理应当作为一门专门学问，从工程技术领域中独立出来；有管理才能的人，应该经过生产技术和行政事务两个方面的训练，并从具备经验的人员中选拔。

### 2．科学管理理论的诞生

费雷德里克·泰勒（1856—1915）是整个科学管理运动的灵魂，被誉为“科学管理之父”。

什么是科学管理？泰勒说：“科学管理不过是一种节约劳动的手段而已，也就是说，科学管理只是能使工人取得比现在高得多的效率的一种适当的、正确的手段而已，这种手段并不会大量增加比工人现在所承受的更重的负担。”具体来说，包括两个方面的内容，一是怎样提高管理人员的工作效率，二是怎样提高工人的劳动生产率。在生产组织方面强调建立各级责任制，管理职员的任务应当由企业的管理者担负起来，而不是企业主。在工资支付方面制定“级差计件工资制”，明确按规定方法工作，超过标准定额，以高工资率计件，以资奖励，否则一概以低工资率计件。这种管理方法不仅大大刺激了工人劳动生产率的提高，而且大大增加了企业主的利润收入。

同时，泰勒认为一切管理问题都能够而且应该采用科学方法，主张一切工作方法都应该通过考察并由管理人员决定。他把管理的职能概括为以下四点：

（1）收集、分析、整理企业所有的经验数据，制定和不断完善科学的工作方法。

（2）对工人进行严格的挑选和培训，充分发挥他们的潜力。

（3）在工人和管理人员之间培养合作精神，确保工人按规定方法努力工作。

（4）在管理人员和工人之间进行明确适当的分工，保证管理任务的完成。

## 专栏 1

泰勒作为科学管理之父是众所公认的，但其科学管理的创立、传播和发展与他的一大批合作者和追随者的共同努力、支持是难以分开的。其中，特别是亨利·甘特、弗兰克·吉尔布雷斯夫妇、哈林顿·埃墨森等人，他们在不同的领域进行了孜孜不倦、锲而不舍的研究，对科学管理运动做出了重大贡献。

● 亨利·甘特（1861—1919）

他在其代表作《工业的领导》（1916 年发表）和《工作组织》（1919 年发表）中，提出了工作进度原理，发明了用图解法来阐明计划，从而有可能较好地进行管理控制活动。这种图表被称为甘特图表。它在 X 轴上表示计划的工作任务及其完成情况，在 Y 轴上表示所花费的时间。甘特图表可以说是现代的“计划评审技术（PERT）”的先驱，有的社会历史学家甚至把它看作 20 世纪最重要的社会发明。但甘特的贡献并不止这些。他认为，金钱不是刺激工人努力生产的唯一因素，并提出比泰勒“级差计件工资制”优越的“计件奖励工资制”，以“工作安全感”进一步激励工人更好地工作。这种制度在美国实行后取得了很大成功。

● 弗兰克·吉尔布雷斯（1868—1924）

他是瓦工出身，以动作研究闻名于世。吉尔布雷斯为了研究动作和时间，发明了两种技术：一种是把手工劳动分解为若干个基本动作，以便通过严格的分析、检查和改革，去掉多余的动作，达到最高效率；另一种是发明了“计算轨迹摄影”，即用摄影机配以秒表把工人劳动时动作的速度、方向清晰地记录和显示出来，以便深入地分析研究。吉尔布雷斯的研究和写作，得到了他的妻子莉莲·吉尔布雷斯的多方面的帮助。莉莲·吉尔布雷斯是美国第一个获得心理学博士的女性（同时获得哲学博士学位），她从哲学和心理学的角度对人的工作行为的研究，给了吉尔布雷斯很大的影响。他们的结合，被称为现代管理学的运气。

● 莉莲·吉尔布雷斯（1878—1972）

她非常关心工作中人的因素，而她的丈夫则关心效率。令人感兴趣的是，吉尔布雷斯夫妇研究得出的结论是：引起工人不大满意的，并不是工作单调乏味，而是主管部门对工人的不关心。列宁曾称赞吉尔布雷斯夫妇的工作是“在资本主义制度下向社会主义发展的技术进步的一个极好的例子”。

● 哈林顿·埃墨森（1853—1931）

1910 年，埃墨森在州际商务委员会为反对美国东北铁路公司提高货运费作证时，声称只要采用科学管理，铁路系统每天可节约 100 万美元。他的讲话对科学管理的价值无疑是一种有力的宣传。1912 年，他发表了《十二项效率原则》，其主张完全贯穿了科学管理的基本精神。埃墨森除了积极推行效率观念，还注意学习军队所采用的人员编制的经验以及重视顾问的地位和作用，事实上，他本人就是第一个管理学顾问。

泰勒的合作者和追随者尽管在许多方面不同程度地各自发展了泰勒的思想和技术，但总体来说，仍是对工人的生产过程进行研究，以提高劳动效率为主要目的，可谓殊途同归，相得益彰。

### 3. 古典组织理论的创立

亨利·法约尔（1841—1925）是古典组织理论的创始人，也是第一个明确提出和阐述“一般管理”理论的人，法约尔在泰勒科学管理原理的基础上进一步明确和充实了管理理论。他认为，管理职能只是经营六项职能之一。一个企业的经营必须具备技术生产职能、营业购销职能、财务筹用职能、会计统计职能、安全保护职能和经营管理职能。与这些职能相对应的是各种能力，如技术能力、营业能力和管理能力等。

他根据自己长期的管理经验，提出了著名的 14 项管理原则：

（1）分工。劳动专业化是各种机构、团体进步和发展的正常方法，不只适用于工人，而且适用于一切管理人员。

（2）权力和责任。权力和责任是互相联系的，委以责任而不授以相应的权力是组织上的缺陷。

（3）纪律。纪律是管理所必需的，没有纪律，任何机构都难以办好，纪律应该尽可能明确、公正。

（4）统一命令。一个组织中的某一个人只能接受一个上级的命令，否则，权力会受损，纪律将难以遵守，秩序要被打乱，稳定将遭破坏。

（5）统一指导。具有同一目的的集体，只能在一个领导和一个计划指导下协同力量，统一行动。

（6）个人服从整体。领导应公正地协调每个下属同整个集体之间不同方面的利益，并经常进行监督。

（7）人员报酬。报酬必须公平、合理，尽可能使个人与集体双方都满意。特别要注意关心职工的健康、教育、道德以及收入的稳定性，改善他们的生活和工作条件，加强培训和教育。

（8）集中。任何单位集权和分权的程度，不能千篇一律、固定不变，应根据其规模、条件、经理人员的个性、道德、品质，以及从属人员的可靠性等因素来确定。

（9）等级链。从最高级别到最低级别的各级领导，管理人员之间应该建立关系明确的权威等级链结构，以保证上下沟通顺畅。

（10）秩序。不仅应该“物皆有位，物在其位”，以保证工作效率，而且必须“人皆有位，人称其职”，使每个职工都处在他能最好地做出贡献的职位上。

（11）公平。管理者只有对每个职工以同样的原则和态度来处理问题，才能建立公正和平等的气氛。

（12）工作稳定。人事不断变动，工作将永远不能顺利完成。

（13）首创性。首创性是事业壮大的巨大源泉。

（14）集体精神。强调必须注意保持同一集体中团结、协作、融洽的关系。

法约尔还提出了五种管理要素：

（1）计划。管理人员为制定组织行为方针而进行的全部活动。

（2）组织。确定工作任务和权力结构的所有活动，具体表现为对组织的人、财、物的调配。

（3）指挥。对下属的行动给予指导，包括通过与下属进行双向交往了解下属，对下属做出估计，以及当下属不称职时解雇他们。

（4）协调。调和组织各部门以及全体职工的活动，促使他们走向一个共同的目标。

（5）控制。对计划、制度等的执行情况加以检查，发现错误，及时纠正，以保证实际活动与计划目标的一致性。

法约尔不仅深入研究了组织理论和管理行为，而且进一步把管理理论系统化和普遍化了。法约尔的管理理论，绝大多数被实践证明是正确的。它不仅在当时，而且直到现在，仍对管理理论与实践有着重大影响。

科学管理理论和古典组织理论对管理的不少基本问题做了研究和回答，在管理发展的历史上，它们得到了应有的肯定。但是必须承认，以泰勒为代表的科学管理学派，虽然在当时把企业管埋提高到了一个新的水平，为现代管理理论奠定了基础，但是它把管理工作的重点放在提高生产率、完成生产任务方面，而对于人的情感、积极性的充分调动，根本不予考虑，并且把人看作单纯的“经济人”，一切活动均出自经济动机，只强调个人作用，反对集体行为。由于他们把工人看成机器的附属品，只强调科学性、严密性，而忽视了人是活生生的感情动物，因此激起了广大工人的不满和反抗，再加上生产和科技的不断发展，使得资产阶级察觉到单纯运用科学管理方法，不能达到极大地提高生产率和利润的目的。于是，管理学家们开始积极寻找更为有效的管理方式。此时，管理学家们察觉到，人的因素应该受到重视。从亚当·斯密建立的“经济人”观点，到欧文倡导的重视人力资源投资，重视人的地位与作用；从泰勒悉心研究工人的作业行为和管理者的行为，强调物质刺激与物质鼓励，到莉莲·吉尔布雷斯肯定人的作用，关心工作中人的因素。显然，我们不难发现，重视人的地位与作用，强调关心人、爱护人、承认人是提高生产效率、增加利润的一个不可忽视的重要因素，这些行为管理思想的雏形已现出端倪。因此，我们完全可以说，近代管理理论的发展为行为科学的萌芽奠定了基础。

### （二）人群关系学说

人群关系学说的创立为行为科学的产生提供了契机。19 世纪末 20 世纪初，随着大机器生产规模的扩大和社会化程度的提高，以及资产阶级盘剥工人的加剧，工人运动进一步发展，劳资矛盾日趋尖锐和激化。在这种情况下，西方一些管理学家已察觉到以往的管理理论对“人”的因素重视不够，他们从提高劳动生产率的目的出发，试图寻找新的管理办法。

自 19 世纪末开始，心理学有了很大的发展，一些心理学家做了把心理学引入管理领域的尝试。美国心理学家芒斯特伯格在 1912 年出版了《心理学与工业生产率》一书。同年，美国心理学家莉莲·吉尔布雷斯出版了《管理心理学》一书，他们都明确提出了心理学在管理中的应用问题。心理学被引入管理领域，无疑对传统管理理论是一个巨大的冲击，因为研究人的心理，必然要涉及人的需要和动机等问题。可以说，心理学被应用于管理，为行为科学的产生提供了重要条件。但真正促使行为科学产生的是人群关系学说的创立。

人群关系学说形成于 20 世纪四五十年代，它吸收了科学管理中后期出现的以探讨人的因素为主题的许多新成分，它的着眼点是工作周围的社会环境，它对个人行为的种种差异和工作组合对个人的影响给予了充分的注意。人群关系学说的建立过程，大体上就是西方著名的霍桑实验的进行过程。

**1. 霍桑实验**

20 世纪 20 年代，位于美国芝加哥城郊外的西方电器公司的霍桑工厂，是一家制造电话机的专用工厂，它设备完善，福利优越，具有良好的娱乐设施、医疗制度和养老金制度。但是工人仍然愤愤不平，生产效率也很不理想。为此，1924 年美国科学院组织了一个包括各方面专家在内的研究小组，对该厂的工作条件和生产效率的关系进行考察和实验，就此拉开了著名的霍桑实验的序幕。

霍桑实验是指 1924 年至 1932 年在美国西方电器公司所属霍桑工厂进行的一连串实验。这次著名的研究活动可以分为两大阶段：第一阶段是从 1924 年 11 月至 1927 年 5 月，主要是在美国国家科学委员会的赞助下进行的；第二阶段是从 1927 年至 1932 年，主要是在美国哈佛大学教授梅奥的主持下进行的。整个实验前后共分为四个阶段。

（1）照明实验（1924—1927）。这项实验在霍桑工厂前后共进行了两年半的时间。实验是在挑选来的两组绕线工人中间进行的，一组是实验组，另一组是参照组。在实验过程中，实验组不断地增加照明的强度。例如，将实验组的照明度从 14 坎德拉、26 坎德拉、46 坎德拉、76 坎德拉逐渐递增，而参照组的照明度始终保持不变。研究者企图通过实验知道照明强度的变化对生产的影响，但是实验的结果表明，两组的产量都在不断提高。后来，他们又采取了相反的措施，逐渐降低实验组的照明强度，还把两名实验组的女工安排在单独的房间里劳动，使照明度一再降低，从 0.3 坎德拉一直降到 0.06 坎德拉，几乎和月光差不多的程度，这时候，也只有在这时候，产量才开始下降。

研究人员在这次实验结束时的报告中说："这次实验的结果，两组的产量均大大增加，而且增加量几乎相等，两个组的效率几乎没有多大差异，纵然有某些微小差异，也在许可的误差范围之内。因此，仍然不能确定改善照明对于工作积极性的影响。"照明度影响生产的假设被否定了。

研究人员还从工作报酬（集体工资和个人计件工资）、休息时间、工作日和工作周的长短等方面进行了实验，实验结果表明，这些条件的变化与生产效率之间不存在明确的因果关系。研究人员感到毫无意义，并纷纷退出实验小组。霍桑实验陷入了困境。1927 年，梅奥率领的哈佛实验小组连同西方电器公司的人员成立了一个新的研究小组，开始了霍桑实验里程中更为艰辛的跋涉。霍桑实验的第二阶段从此开始。

（2）福利实验（1927—1932）。这项实验，又称实验室实验，共进行了几次，其中有一次是在继电器装置实验室进行的。梅奥等人挑选了 5 名装配工和 1 名画线工，让他们在同其他工人隔离的控制条件下工作。实验过程中逐步增加一些福利措施，如缩短工作日、安排工间休息、调节工场温度、免费供应茶点等，结果产量提高了。两个月后，他们取消了这些福利措施，发现产量不仅没有下降，反而继续上升，可见增加福利措施对生产效率并无直接影响。原因究竟是什么？研究人员进一步调查了解后发现，原来是实验时管理人员对工人态度较和蔼，工人之间的关系比较融洽，工人能在友好、轻松的气氛中工作，从而激发了劳动热情。他们由此得出结论，在调动积极性、提高产量方面，人际关系是比福利措施更重要的因素。

（3）访谈实验（1928—1931）。这项实验又称谈话实验。在两年多的时间里，梅奥等人组织了大规模的态度调查，在职工中谈话人数达两万人次以上。在访问的过程中，访问者起初提出的问题，大都是一些“直接问题”，如工厂的督导工作及工作环境等方面的问题。虽然访问者事先声明，将严格保守秘密，请工人放心，可是受访者在回答问题时，仍然遮遮掩掩，存有戒心，怕厂方知道，自己受到报复，谈话总是无关痛痒。后来改用了“非直接问题”，让受访者自行选择适当的话题，这样职工在谈话中，反而无所顾忌了。结果在这次大规模的访问中，收集了有关工人态度的大量资料。经过研究分析，了解到工人的工作绩效与他们在组织中的身份和地位以及与其他同事的关系有密切联系。

同时，这次大规模的实验，还收到了一个意想不到的效果，就是在这次谈话实验以后，工厂的产量出现了大幅度的提高。经过分析认为，这是由于工人长期以来对工厂的各种管理方法有许多不满意，但无处发泄，而在这次实验中，工人无话不谈，发泄了心中的怨气，由此而感到高兴，因此使产量大幅度上升。

（4）观察研究（1931—1932）。为了观察社会因素对工人行为的影响，研究人员进行了霍桑实验的最后一项实验，即继电器绕线组观察室实验。这项实验又称群体实验。实验者为了系统地观察在群体中人们之间的相互影响，在车间里挑选了 14 名男工，其中有 9 名绕线工、3 名焊接工和 2 名检验员，在一个专门的房间里工作。

实验开始，研究者向工人说明，他们可以尽量卖力工作，报酬实行个人计件工资制。研究者原以为，这套奖励办法会使职工努力工作。但是结果出人意料，产量只保持在中等水平上，工人绝不愿因超额而成为“快手”或因完不成定额而成为“慢手”。当达到定额产量时，他们就自动地松懈下来，因而小组的产量总是维持在一定的水平上。原因何在？研究小组经过考察发现，组内存在一种默契，由此形成制约每个人的生产任务完成情况的压力。当有人超过定额产量时，旁人就给他暗示：谁要是有意超过定额，便会受到冷遇、讽刺和打击，小组的压力就会指向他。那么，工人为什么要自限产量？进一步调查发现，之所以维持中等水平产量，是担心产量提高了，管理当局会提高定额标准，改变现行奖励制度或裁减人员，使部分工人失业，或使干得慢的伙伴受到惩罚。这一实验表明，工人为了维护班组内部的团结，可以抵御物资利益的引诱。梅奥由此提出“非正式组织”的概念，认为在正式组织中存在着自发形成的非正式组织，这种组织有自己的特殊规范，对人们的行为起着调节和控制作用。

霍桑实验的重大贡献在于，它不同意泰勒把人只看成“会说话的机器”或人的活动只是受金钱的驱使，霍桑实验认为人是“社会人”。霍桑实验的另一个重大贡献在于它发现并证实了“非正式组织”的存在，这种“非正式组织”有其特殊的行为规范、感情倾向，控制着每个成员的行为，甚至影响整个正式组织的活动。霍桑实验所取得的一系列成果，经梅奥归纳、总结、整理，于 1933 年正式发表，即《工业文明中人的问题》，并由此提出了著名的人群关系学说理论。

#### 2. 人群关系学说的主要内容

人群关系学说的主要内容，包括以下四个方面。

（1）人是“社会人”。传统管理观念把人看作仅仅追求经济利益的“经济人”，或者对工作条件的变化能够做出直接反应的机器的模型。人群关系学说认为，组织中的人不是孤立存在的，而是属于某一集体并受其影响的，人所追求的不单纯是金钱收入，还有显示自己社会重要性的社会承认，以及来自被接收为一个团体成员的安全感等。梅奥认为：“人是独特的社会动物，只有把自己完全投入到集体之中才能实现彻底的‘自由’。”

（2）士气是决定生产效率的关键。科学管理理论认为，生产效率与作业方法、工作条件之间存在着必然的因果关系，只要正确地确定工作任务，采用恰当的刺激制度，适当改善工作条件，就可以提高生产效率。人群关系学说认为，生产效率不单纯受工作条件和工作方法的制约，而取决于职工的情绪和态度，即所谓的“士气”，而士气取决于社会和家庭生活以及企业中人与人之间的关系。

（3）企业中存在着“非正式组织”。这种无形的组织是通过感情、爱好、倾向等把人们联系在一起的，并且有自然的领袖人物。其内部有特殊的不成文的准则和倾向，左右着每一个成员的行为。在感情和逻辑之间，人们的行为往往更多地受感情支配。

（4）领导不仅要处理人的合乎逻辑的行为，还要理解人们不合乎逻辑的行为。要善于倾听和沟通职工意见，使正式群体的经济需要与非正式群体的社会需要保持平衡，使职工认识到自己的工作价值和对企业的贡献。

人群关系学说的中心思想是强调重视“人性”，即要把工人当作人而不是当作机器对待，主张对工人进行“友善的监督”，使工人保持很高的“士气”。人群关系学说的出现，使西方许多管理学家开始重视企业中对人的因素的研究，为管理工作和管理理论的发展开辟了新的途径，同时为行为科学的产生提供了契机。

### （三）行为科学的诞生

梅奥等人提出的人际关系理论闻名于世，成为行为科学研究的先声。20 世纪 40 年代，随着系统论和控制论的提出和运用，更多的管理学者、专家聚集在一起共同探讨人的行为产生的因果关系，从而促使行为科学这一新型学科在 40 年代末 50 年代初正式形成。

1949 年在美国芝加哥召开的一次跨学科会议上首次提出“行为科学”这个名称。行为科学本身不是完全独立的学科，而是心理学、社会学、人类文化学等研究人类行为的各种学科互相结合的一门边缘性学科。1952 年美国福特基金会成立了“行为科学高级研究中心”。1953 年美国福特基金会邀请了一批著名学者，经慎重讨论后，将研究人的行为的科学定名为“行为科学”。1956 年正式发行《行为科学月刊》。美国的《管理百科全书》给行为科学下的定义是：“行为科学是运用研究自然科学那样的实验和观察的方法，来研究在一定物质和社会环境中的人的行为和动物的行为的科学。行为科学以人的行为及其原因作为研究对象。具体来说，它主要是从人的需要、欲望、动机、目的等心理因素的角度研究人的行为规律，特别是研究人与人之间的关系、个体与群体之间的关系，并借助这种规律性的认识来预测和控制人的行为，以事先提高工作效率，达成组织目标。”

到了 20 世纪 60 年代中期，行为科学的重要发展方向之一就是组织行为中人和群体的行为，进入组织行为的研究阶段，60 年代末开始形成组织行为学。

## 二、组织行为学的发展

组织行为学是随着组织的演变、管理理论的发展而产生的。尽管组织行为学作为一门学科的时间不长，但是对于组织行为的探索研究贯穿于管理学尤其是组织管理学发展的始终，因此，从广义上讲，组织行为学的发展过程实质上是组织行为的探索研究的过程。但是严格来说，组织行为学的产生和发展是组织管理理论与人力资源学派、组织文化理论不断融合的结果。

### （一）人力资源学派的出现

如前所述，管理思想史上对人的因素的重视可以追溯到欧文。20 世纪 50 年代后期，美国出现了经济衰退，人际关系学派片面强调搞好关系的观点迫切需要修正，这时心理学界对动机、需要、群体动力等研究也趋于深化，加上科技的突飞猛进，员工的需要和期望正发生着深刻的变化。这些客观因素促使行为科学家重新探讨激励员工积极性的途径。于是，在人际关系理论的基础上发展出一个新的学派——人力资源学派。其中心思想认为，企业中发生种种问题的根源在于未能发挥职工的潜力。这个学派的主要代表人物是阿吉雷斯和麦格雷戈。

阿吉雷斯在 1957 年发表了《个性与组织》一书，公开对人际关系学派进行了抨击。他主要从组织角度来分析影响员工发挥潜力的原因，认为传统的组织设计死扣规章制度，使员工处处听命上级，变得消极被动，依赖成性，这样既束缚了员工的创造性和积极性，又阻碍了个性的成熟发展。在人际关系学说的影响下，管理者在提高福利待遇、增加员工休息时间、放长休假等方面改善了与员工的关系，但始终未能让员工承担更多的责任、满足员工的成就感，结果仍不能解决员工的积极性问题。阿吉雷斯呼吁企业管理者要从组织上进行改革，鼓励员工多负责任，让他们有成长和成熟的机会。

1960 年，麦格雷戈在他所著的《企业的人的方面》一书中总结了人性假设对立的两种观点，即 X 理论和 Y 理论。麦格雷戈认为传统管理理论来源于教会和军队，没有接触现代化的政治、社会和经济，因此把人看成厌恶工作、需要严格控制的消极因素，他将这种假设称为 X 理论；而在现实生活中许多现象并不符合 X 理论的观点，在现代工业社会中，人们并不天生厌恶工作，在工作中也能自我控制，只是没有充分发挥其潜力，他将这种观点称为 Y 理论。他认为现代组织的管理者应该让员工负更多的责任，发挥他们的潜力。如果这样，就如 20 世纪 30 年代发现的原子能一样，开发出难以想象的人力能源。

### （二）组织文化研究的兴起

组织文化，也称企业文化，是组织或企业在长期的运作过程中逐步形成的共同的文化观念，是由领导者倡导、为员工所认同的本组织或本企业的群体行为准则。组织文化的兴起有其历史必然性。其触发的契机是第二次世界大战后日本经济在废墟中奇迹般地迅速崛起，仅仅30多年就在世界经济的竞争中对美国构成了威胁。因此。从20世纪70年代末开始，一些美国学者对日本企业做了深入的分析研究，得出了导致日本企业成功的两条基本经验。一是善于吸收外国的先进经验为己所用，无论是中国的仁与礼、和为贵等儒家教义，还是欧美的先进技术和现代化管理手段，他们都乐于引进，而又决不盲从照搬。均融化在大和民族的魂魄中，变成适合日本国情的一整套管理哲学和方法。二是在企业管理中注重文化因素，注重树立全体员工共同具有的价值观念，注重企业中的人际关系，重视做人的工作，这些因素称为“组织风土”。他们认为“组织风土”是日本企业经过长期管理实践才产生的通过员工的行为举止表现出来的企业文化。相对而言，美国企业的管理注重“硬”的一面，强调理性管理；日本企业在管理中兼顾“硬”的同时，更注重“软”的方面，即企业中的文化因素。战后日本企业正是通过各种手段致力于企业文化的建设，成功地激发了员工的自觉性、责任感、成就欲，增强了员工对企业的向心力、认同感、凝聚力，使全体员工同心协力为企业目标的实现而努力工作，从根本上提高了企业的市场竞争力。

美国学者对企业文化在日本经济腾飞中所起作用的研究，是管理理论研究的新突破。人们对企业是人群的有机协作体这一观念的认识日益深刻和普遍，这也使组织行为学的研究走向更为深入和成熟的阶段。

组织文化理论的崛起带来了组织行为学和管理理论研究中两个基本假设的突破，即关于“观念人”及“生活组织”两个假定的确立。所谓“观念人”的假定认为，人在本能上确有多种需要，也希望自己的需要不断得到满足，然而，作为一个人，更重要的是有自己的信仰和价值观。因为人们一生的生活就是一个社会化的过程，是从自然人成为社会人、成为一个被某一社会群体所接受和需要的人的过程。在这一过程中，人每时每刻都不断地从周围的环境中学到各种行为模式、规范，了解社会对他的期待，并不断地把这些模式、规范内化为自己的东西，即把它们当作理所当然的、正确的、公正的和合乎道德标准的事情接受下来，从而逐渐形成自己的信仰、态度和价值观。模式、规范一旦内化，信仰、价值观一经形成，它们实际上就成了人们思考问题的起点和行为指南，人们自觉地用它们约束和支配自己的行动。所以，一事当前，人们取舍行为的主要判断准则不完全是理性的需要，还有自己的信念和价值观。正像劳伦斯·米勒在其《美国企业精神》一书中所说的那样：“了解企业是在为崇高的目标努力，不但可以产生健全的、具有创造性的策略，而且可以使个人勇于为目标牺牲……他们觉得目标崇高而愿意献身，为崇高的目标牺牲可以获得自尊。”显然，如果将企业的目标变成员工的观念和信仰的一部分乃至全部的话，那么其激励的力量是无穷的。

所谓“生活组织”的假定认为，不能仅从经济角度去考察和认识一个企业，还应该从社会角度来看企业的职能。企业文化理论认为，企业不仅是完成生产和销售的经济机构，也不仅是由指挥和行动构成的“工作组织”。由于员工在企业工作的时间至少占据着人们除了睡眠 8 小时以外的全部时间的一半，对人的生活的重要性是毋庸置疑的，因此，企业不仅是人们工作之处，也是人们的生活场所，人作为劳动者的存在和作为个人的存在是不可分割的。此外，人的生活是由物质和精神形成的统一体，员工来到企业的目的不仅是为了谋求物质利益，还要借助企业这种组织形式向社会证实自己存在的价值，去追求生活的意义和成功的途径。人们都期望有一种方式能把自己的物质生活和精神生活联系起来。显然，企业是成为这种联系方式的一种可选方案。因此，作为管理组织，企业具有社会性和经济性两个方面的功能。如果企业作为社会的肌体不能和谐地运转，那么其作为经济的肌体也会受到严重的干扰，从而会出现组织运转的紊乱。这种社会性和经济性的双重使命，要求企业在经济意义上要生产出物美价廉的产品，获取利润，在竞争中求得生存和发展；在社会意义上要担负起社会的责任，提供职工的就业机会和物质报酬，同时建立职工共同的价值观、基本信念、行为规范等共识。

理论假定的突破，要求对组织行为学的研究转变到社会文化这一更深的层次上。企业文化所体现的是适合本民族特色的优良管理哲学和管理思想；对企业来说，其重要性不亚于经济政策、管理规章和法律条文。企业的组织管理和人际关系的协调只有在合作、信任、友爱、团结、奋进等条件下才能顺利进行，但这些条件只有经过长期的文化均质化才能达到。在长期的历史发展中，一个国家的人民相互融合、彼此适应，最终信奉一组共同的价值观，完成了文化一致性的过程，形成了同质性的民族及民族文化，从而造就出这个国家企业文化的相应特色。然后，把这种适应本国企业管理要求的优良文化再重新灌输到企业中每个员工身上，用来统一每个员工的行为，达到企业的目标。这就要求现代管理者采用的管理策略，要配合文化的变迁，为企业树立积极的、新的价值观。

理论假定的突破，要求组织行为学中对企业个体的研究转变为对企业员工整体的研究。企业文化理论的核心是追求一种企业整体优势，即普遍的卓越和良好的集体感受。企业文化理论力图通过一种“文化优势”创造出一种约定俗成的群体规范，使群体成员在相互作用下彼此接近并趋同，导致个体产生从众行为。共同的价值观在团体中会形成一种无形的压力，虽然它没有强制性，但它在个体心理上所产生的影响，有时反而比权威、命令的效力大得多，更能改变个体行为，使之与集体行为一致。同时，企业文化理论十分重视集体感受，即关心团体中人们情绪状态的共同之处，在良性情绪占上风的集体中，人与人之间的关系就会纳入集体现有的良性情绪的轨道中，集体情绪和观念的和谐一致可以为调节集体行为、完成集体任务创造最佳的氛围。

理论假定的突破，使组织行为学、管理学中的人性假设有了新的发展。传统企业管理理论把企业中的人看成如同机器一样的“经济人”；行为科学的产生，又强调企业中的人是生活在一定社会环境中的“社会人”。企业文化理论对企业中的人性假设要比“经济人”“社会人”更深刻，这就是“观念人”，即应当帮助员工树立正确的价值观。只有这样，才能建立企业内人与人之间的信任、平等关系，劳动者才能充分发挥自己的才能、潜力和创造性，达到一种自由全面发展自己的境界。当然，这种境界的真正实现，只有在马克思提出的“自由人劳动联合体”中才能成为现实。

企业文化理论的出现，使人们对企业管理本质的认识从硬性的方法制度转变为软硬兼备的艺术技巧。根据企业文化理论的要求，对企业中人的管理方式应该是非正式规则的约束、文化的微妙性暗示及集团精神的感召。未来的管理者不能只依赖管理工具和制度，而要越来越多地深入管理的艺术层面，加强软性管理，如作风、观念、人员、最高目标等。美国学者希克曼和施乐尔在《创造卓越》一书中提出“战略—文化结合模式”。他们认为，卓越的基础在于战略与文化的配合，新时代企业领导人应凭借企业文化精心拟定战略，使之付诸实施并取得成效。软性管理的核心是对人的管理，爱护人才，发现人才，调动人的积极性和创造性，并与硬性管理相结合，这是企业成功的法宝。

过去企业一般只注重外部形象的单项指标，例如，靠优质产品或优质服务来树立企业良好的外部形象。在当代经营环境动荡不定、竞争激烈的情况下，企业更需要重视外部形象与内部形象的结合，即企业整体形象的塑造。企业文化理论是塑造企业内部形象的重要手段。企业如果在员工心目中形象丑陋，员工就不会积极参与其外部形象根基的经营。企业内部形象的塑造是需要靠企业文化理论的指导并经过全体员工长期艰苦奋斗才能形成的。企业整体形象的塑造已是现代企业管理的发展趋势之一。

应该说，企业文化理论从其基本假定到具体管理方式和管理措施，都是对传统理性管理模式的突破和超越，这是管理思想的一次重大转变，也是现代管理理论发展的必然趋势，为组织行为学的深入研究提出了重大课题。

### （三）“新组织”的兴起与组织过程的研究

20 世纪 80 年代以来，信息技术得以飞速发展，对全球经济、社会生活产生了巨大的影响。这在以美国为代表的发达国家表现得尤为明显。“新经济”带动了美国经济的全面发展，形成了 90 年代的持续繁荣，美国 GDP 占全世界的份额由 1990 年的 23%增加到 1998 年的 28%。

与宏观层面相对应，组织模式也发生了明显的变化。信息技术的发展应用使企业的组织和环境发生了革命性的变化。在市场上，交易方式改变，交易效率提高；在企业内部，新的管理手段和运作流程从根本上改变了企业的组织方式，降低了管理成本。这使市场机制和跨国公司在比过去更广阔的范围内发生作用，这是经济全球化浪潮的根本原因。自 20 世纪 80 年代初开始，“全面质量管理”从日本推广到其他国家；福特、ABB、通用电器等许多企业进行了基于信息技术的组织变革尝试，到 90 年代初，这种重新设计企业运作流程的组织变革技术被总结为“公司再造”而大行其道。这一系列变革的结果使企业组织呈现出与马克斯·韦伯的“科层制”完全不同的新特点，被称为“新组织”的兴起。美国麻省理工学院教授韦斯特尼、约翰·范·马林等人总结了管理界对“新组织”的论述，认为“新组织”具有以下五个特点。

#### 1. 网络化

竞争的加剧要求企业最大限度地利用内外资源，对顾客要求做出尽可能快的反应，并与环境中的变化因素建立长期稳定的网络关系以减少经营风险。在组织内部，这表现为跨职能的团队成为基本的活动单位，从而使水平和垂直的信息共享广泛实现。在组织外部，这表现为企业与环境高度依存，共享信息。例如，企业和供应商之间建立了紧密的长期合作关系，加强供应链管理；企业与顾客的直接联系从市场和服务部门扩展到生产、研发部门；企业与其他公司也结成战略联盟关系，既竞争又合作。

2. 扁平化

信息技术的发展和员工素质的提高使管理跨度的扩大成为可能，而管理层次减少，使原来高耸型的组织扁平化；既减少了管理人员数目，削减了管理成本，又使得信息传递速度加快，能够对环境和技术变化做出快速灵活的反应。中间层次减少，一方面使基层得到更多的授权，决策重心下移以增强企业的适应性；另一方面使高层便于集权，决策重心上升以保证政策统一。

3. 灵活性

企业内部和外部的网络化必然增加管理的复杂性，同时环境变化越来越快而且难以预测。为了应对这些新形势，就必然鼓励创新，发扬个性，注重结果，不拘成规。组织结构的设置必须符合弹性原则，组织部门、职位、人员会经常变动（例如，根据目标任务的需要量，设立工作小组；定期审查组织部门、职位存在的必要性，随时改组；主管定期考核、更换、能上能下等），以适应环境变化，提高组织的竞争力和工作效率。

4. 多元化

随着企业经营活动的全球化，企业的雇员、利益相关者的组成及其与企业的联系方式越来越多样化，文化分岔越来越多元化。企业必须考虑他们的不同需要，用人体制、信息渠道、激励制度和职业道路也灵活多样。

5. 全球化

随着交通和通信成本的大大降低，全球市场开始形成。充分利用不同国家和地区在社会资源、生产要素方面的相对比较优势成为增强企业竞争力的重要途径。企业的员工、资金、设备、原材料和中间产品都有可能来源于不同的国家，都有可能向其他国家提供自己的产品和服务，都要学习国外企业的管理经验。跨国经营成为企业活动的必然趋势，每个企业都面临着外国企业的竞争，都必须考虑来自外国的供应商、顾客和竞争者。企业活动的网络遍布全球市场。

“新组织”的兴起，不仅带来了企业组织的重大变革，而且使公共部门（如政府、社区机构）与非营利组织（如大学、医院）的管理受到很大的震动，同时为组织理论的研究提出了许多新课题。

第一，经济的全球化，组织的劳动力和产品、资本市场开始多元化。如何针对不同的国籍、宗教信仰、教育背景、生活习惯的员工，安排工作，制定针对性的薪酬、福利、培训计划，以调动员工的积极性，增强组织的有效性。

第二，信息技术发展引起了分工的深化、劳动协作方式的复杂化，以及组织设计的网络化、扁平化、灵活性。因此，团队结构、员工行为与决策方式、组织控制系统的建立、跨文化的沟通与冲突解决系统的建立都需要讨论，以保证组织运作的效率以及服务的及时性、准确性。

第三，信息技术带来了学习成本的降低，劳动者素质、能力迅速提高，“白领”员工比例增大，人力资本的重要性上升。面对新的“知识劳动者”，管理阶层拥有的信息优势减少，导致员工在组织中相对权利的扩大，企业产权结构和治理结构的改变，员工能力结构和组织运作的互动，新型激励制度和劳动关系的建立，加大了授权程度与组织内部上下级指挥体系的重构。

第四，由于技术进步的速度加快，竞争激烈，必然带来劳动市场流动率的提高、临时性增加和员工忠诚度减弱。这样就必须通过组织学习与界限管理，保证组织的核心竞争力，激发变革和创新；在持续提升核心竞争力的同时，舒缓员工的工作压力，改善道德行为等。

上述问题使组织行为分析的条件发生了变化，为管理带来了新的挑战，为组织行为学的研究提出了新的课题，为管理理论的发展提供了机会。与这些变化相适应，信息时代的组织始终处于动态的、持续的变革中。因此，组织研究的重点便由注重结构的行为研究转变为注重变化的过程研究。这是近年来组织研究中的一个新动向。

上述组织行为学的发展历程说明，正是组织的演变、管理实践的需要、管理理论的发展，推动着组织行为学的研究不断深入，理论体系逐步完备。

## 课后思考题

1．什么是组织行为学？研究组织行为学有什么重要意义？
2．组织行为学的研究可以分为几个层次？
3．组织行为学是怎样产生的？
4．组织行为学产生后有哪些新发展？

## 案例分析

### 富士康太原员工冲突背后：严峻的管理挑战

2012年9月23日23时至24日3时，富士康（太原）科技工业园内发生冲突事件。当地警方称，据初步了解是部分员工和园区保安等在宿舍区发生冲突，事件中，共有40人受伤入院救治，事发原因正在进一步调查。富士康发言人胡国辉对外界表示，事件已受控，但公司决定关闭该厂房，停工一天。

**积怨已久**

尽管当地政府称正在进一步调查冲突的原因，但多名富士康员工均称，保安与员工的持续交恶是此事爆发的主要原因。

在园区唐槐路南门，十余米宽的大门，被电动栅栏占去近10米，留给员工的是各一米宽的进出口。由于正是晚饭时间，进出人员颇多，员工们也自觉地在门口排起长队。五六米长的队伍，只有靠后的员工会偶尔交谈，靠前的员工则默不作声。据门口等朋友的一名员工介绍，进出时说话会被保安骂。在唐槐路南门处近两个小时内，也曾数次听到保安大声斥责进出的员工："不要说话，把卡掏出来，赶快进去。"据上述员工称，类似的训斥他们已经习以为常，一般都是一笑而过。

一名女员工小红（化名）也表示，参与此次冲突的很多员工和保安有过节，她以前也曾多次被保安训斥，"有一次我穿着制服从车间出来，在回宿舍的路上解开了领口的扣子，保安看到后大骂了我一顿，都是很难听的话。我回去和舍友诉苦，她们都笑话我承受能力差——她们以前也有过类似的情况，都习以为常了”。

在园区西南角的小饭店门口，员工张昆（化名）也讲述了保安的“劣迹”：“园区内规定不许抽烟，但一些男生不当回事，被逮住后就得罚款。要是乖乖认罚的话是500元，如果不服，被通报到领导那里就要罚 3 000 元，甚至可能被开除，然后就进入富士康的黑名单，不管是哪儿的富士康都不能要。”他说，个别人买烟、买酒“搞定”保安，但多数年轻人并不愿意花这个钱，于是和保安之间的争吵、打架就时常发生。

富士康太原园区的保安以所在的小店区本地年轻人为主。“这些本地人说话冲、下手狠，所有人都怕，跟深圳园区雇的专业保安公司人员相比差多了。”一名从富士康深圳园区调至太原园区的员工说。

**冲突扩大**

此次冲突的双方——富士康员工和保安的矛盾由来已久。有内部员工称，此前常有保安殴打员工的事件发生，“只是被公司给压了下来”。

一名富士康员工称，23 日 19 时许，他听到舍友说一个山东籍的员工被保安按在面包车里打了一顿后，拉走了。

“然后就有人回宿舍叫来了一帮山东老乡，大概有 20 个人吧，又打了一架。”一名参与当晚事件的保安说。

一开始只是保安和山东籍员工之间的冲突。不知何故，河南籍员工随后也卷了进来。员工越聚越多，那个只有 200 人的保安班组，很快就落入下风。据上述保安称，一名李姓队长拿起电话叫所有在家的保安迅速赶来公司“救援”。

据这名保安介绍，将近 24 日 0 时，员工的人数也大增，“正好赶上了一个大车间的工人下班，一下就来了近千人”。

很快，人数占优的工人对保安形成了围攻。事态直到当地警方在派出大批警力后才得以控制。

**争议富士康**

富士康（太原）科技工业园于 2003 年 10 月奠基，2008 年投产，投资额 15 亿美元，曾是山西引进的最大的外商投资项目，主要产品有手机镁合金机构件、铝合金机构零组件、精密模具、热传导产品、镁铝合金压铸件等。据上述富士康内部人士称，此前，富士康希望借助山西的资源优势，将太原厂区打造成为全球最大的镁铝合金生产基地、镁铝合金深加工基地和镁铝合金汽车零组件生产基地。

富士康太原园区目前与周围居民的关系并不融洽。一家全国房地产公司在太原开发的住宅项目，就在富士康厂区西大门对面。每次富士康排放废气时，对面的住户就能闻到刺鼻的气味。在该小区住户多次找有关部门投诉后，富士康改为每周定时排放废气，情况才有所缓解。“但富士康也不完全遵守承诺，经常会不定期地排放废气，小区里的人意见很大。”对面小区一位业主告诉说。有的业主甚至动用了私人关系，找来环保部门秘密检测富士康的排放物，并送到有关领导手里，但收效甚微。

在富士康园区周围人们一直能闻到刺鼻的气味。

按照太原市的发展规划，富士康所在的小店区，即太原南部，是该市下一步重点发展的区域。当地的土地已是寸土寸金，原本荒凉的富士康园区周边，现在已高楼林立。

太原作为富士康“中原金三角制造基地”的一极，承担着苹果公司产品的部分生产任务，是 iPhone 手机构件的生产基地之一。此外，富士康在郭台铭祖籍——山西晋城的工厂也代工苹果产品。

“山西是郭台铭总裁的老家，他有非常浓厚的家乡情结。而河南是内迁的重地，今年年底郑州园区的人数很有可能就超过深圳龙华了。”上述富士康内部人士说，富士康在郑州、洛阳、太原、晋城布局，形成“中原金三角制造基地”，一方面可以带动这一区域的产业升级，同时是富士康中进、西迁的必然选择，“富士康的工厂在大陆已经成为各省争相抢夺的‘香饽饽’”。

在富士康太原厂区的招聘网页上可以看到这样的招聘信息：“太原园区主要生产苹果系列的全部产品（苹果手机、笔记本电脑）等高端数码产品。因进入生产旺季，急需工人 5 000～15 000 名。”当联系客服人员，问有何要求时，对方答复说只要年龄在 16.5 岁以上、有二代身份证即可，能拿到的综合工资基本在 2 800 元以上。

**管理隐患深藏**

虽然富士康吸取了深圳龙华园区此前工人连环跳楼的教训，决定在内迁当中不再新建龙华那样的巨型工厂，单一厂区的规模不过 20 万人，以避免工厂太大带来的管理问题，但新的问题依然出现。

对富士康来说，快速内迁还可能产生一个新问题：“85 后、90 后如何管理？”上述富士康内部人士表示，他们注意到越来越多的厂区招聘的员工平均年龄都在 20 岁上下，有的甚至已经成为管理人员。

“他们在业务上非常拔尖，愿意吃苦，但是如何更好地适应角色转变，对这帮小孩子来说不是一件容易的事情。”他说，越来越多的 90 后成为富士康生产线上的主力，企业需要他们创造效益，而他们其实也需要企业的关心，“对于 90 后来说，富士康是一份工作，但也许这也是他们第一次真正意义上去认识社会、接触社会。更重要的是，不能用原来的管理模式去要求他们。但磨合过程中会忽略一些问题。”

一名富士康深圳 NewPad 生产线上的工人说，目前龙华园区中 90 后的管理人员并不在少数，在他看来，这些管理者的管理方式相对简单、直接、不够稳重，想要服众不是易事，做不好还有可能被大家孤立。

广东省社会科学综合开发研究中心主任黎友焕表示，富士康的代工模式决定了富士康需要巨量的简单劳动工人。由于其生产模式是一条完整加工链上简单的重复劳动，很多年纪大的工人无法应付，因此只能招聘年轻工人。同时，一些具有大学学历的 85 后、90 后工人经过若干年培养被提拔到管理岗位，但他们缺乏管理经验和磨炼，管理同龄人还存在很多问题，这也是富士康面临的管理难题。

“富士康的社会责任一直都被诟病，也多次挑战社会的神经。富士康内迁后，同样面临着对员工的社会责任承担是否到位的问题。”黎友焕称，这都是富士康代工模式决定的，无法回避。如果对员工的社会责任承担到位，则意味着富士康的生产成本将激增。

陆胤也表示，富士康此次事件背后的法律关系并不复杂，而背后暴露的管理问题可能更值得关注，即目前富士康动辄数万人的工厂以及半军事化的管理模式，可能并不太适合现代社会。

“如果是真正军事化的管理，也就不会出现这种问题了。”陆胤说，现在的年轻人观念已经变了，不太能适应这种管理方式，这就意味着富士康得做出转型，不是重回严格的军事化管理，而是要使用更加现代、宽松的管理方式。

“这种转型是必需的，但是目前富士康似乎还没有做好从强硬管理到柔性管理的准备。”陆胤认为，这种转型期的冲突恐怕将来还会发生，在其他企业也可能出现，所以，类似的企业都要做好准备。事实上，富士康保安与员工之间的冲突已非首次。2009 年 8 月，位于亦庄的北京富士康厂区就发生过 2 名员工与 20 多名保安冲突的事件。身为鸿海科技集团总裁的郭台铭，可谓无时无刻不在为集团旗下富士康员工的管理发愁。“每天管理 100 万名员工，头痛得要死。”他此前在台北的一次活动上说。

**思考：**富士康现象透视出组织管理中的哪些问题？

# 第二章 个体认知与行为

**本章重点**

- 了解个体认知的过程以及相关的概念。
- 掌握社会知觉的含义、影响社会知觉的因素以及社会知觉中的偏差。
- 掌握归因的含义以及相关的归因理论。
- 掌握相关的学习理论。
- 掌握个体认知的相关理论知识在组织管理中的应用。

**引例**

经理给两名现场销售代表增加了相同的工资，因为他们都很好地完成了工作。其中一名销售代表对于这种认可表示相当高兴。工资增长使她处于高收入阶层，让她觉得得到了尊重和回报。而另一名销售代表则非常气愤，因为他知道这次工资增长幅度只是最低标准的，所以他认为这不是对他所做的杰出工作的报酬，相反是一种污辱。他感觉没得到应有的认可，并且认为这种小增长是对他自尊心的严重打击。而且，同样的增长还以不同方式影响了员工的安全感。前者感觉到她获得了更多的安全感，而后者认为他的保障处在危险状态。

**思考**：两名销售代表的反应为什么不同？

（资料来源：https://wenku.baidu.com）

对于同样的事情，人们在认知上会存在巨大的差异，而这种认知上的差异又会影响到人们的决策行为。组织中的每个人既有相同之处，又有不同之处，管理者只有明白这个道理并力图去了解员工之间的这种差异，才能获得管理的成效。

## 第一节 个体认知

一个人的知识与技能及其认知水平之间有很大关系。每个管理者都希望下属有相应的知识和技能，因此，了解员工的认知水平是每个管理者的一项重要工作。

所谓认知，是指人们对事物的认识过程，主要包括感知、注意、记忆、表象、思维、言语和智力。换句话说，就是人们对信息输入、变换、检阅、加工、存储和使用的全过程。

## 一、感知

办公室的电话铃响了，坐在电话机旁的小李听而不闻，正对着电脑认真核对一份报价单；坐在远处的小王却一个箭步冲上去接起电话，因为他正在焦急地等待一位重要客户的回电。这表明组织中员工对事物的感知受各种因素的影响。

感知是感觉和知觉的统称。

### （一）感觉

个体的行为来自其对外界环境的认识，而认识是从感觉开始的。感觉是人脑对直接作用于感觉器官的客观事物个别属性的反映，是人对客观事物认识过程的最初的最简单的反映形式。虽然如此，感觉对人类的认识活动并不是可有可无的，而是有着非常重要的意义。感觉是人类认识活动的起点，是构成知觉和思维等复杂的高级的反映形式的基础。没有感觉，也就没有人类的知觉和思维等复杂的高级认识形式。

感觉最基本的特点是只反映客观事物的个别属性。例如，人们对教室内黑板的感觉。黑板是客观事物，它本身有形状、颜色、光滑度等各种属性，这些属性分别直接作用于我们的视觉器官，视神经把这一刺激传递至大脑皮层，大脑则分别对这些属性做出反应，从而形成人类认识事物的感觉。

人的所有感觉都源于外在事物的刺激，是人的感觉器官对外界刺激的反映。根据刺激的来源不同，我们可以把感觉分为外部感觉和内部感觉。外部感觉是肌体以外的客观刺激引起、反映外界事物个别属性的感觉。外部感觉包括视觉、听觉、嗅觉、味觉和触觉。内部感觉是由肌体内部的客观刺激引起、反映集体自身状态的感觉。内部感觉包括运动觉、平衡觉和肌体觉。

### （二）知觉

#### 1. 知觉的概念

人们对事物的认识并不仅仅停留在感觉上，人们通过感觉所获得的只是事物的个别属性，而不是事物的整体和全部。在人类认识活动中，对于事物整体与全貌的认知，是通过知觉实现的。知觉是在感觉的基础上，把所有感觉到的客观事物的各种属性联系起来，在人的头脑中产生的对该事物各种属性的综合整体反映，是个体对环境信息进行选择、组织并形成意义的过程。因此，知觉是比感觉更高一级的反映形式，它比感觉更全面、更深刻。

#### 2. 知觉的基本特征

在管理中，经常发现不同的员工在同一环境中对同一对象会产生不同的知觉。这主要是由知觉的一些基本特征造成的。

（1）知觉的选择性。知觉的选择性是指人们在面对对自身有益的事物时，对它们的感知会显得格外清晰。感知的选择性与下列因素关系最为密切：个体的需要、动机、个性、经验，感知对象的大小、强度、对比、重复、新奇性、活动程度等。

（2）知觉的整体性。知觉的整体性是指人们往往把客观对象作为一个统一的整体来感知。知觉的整体性与下列因素密切相关：两个以上知觉对象的相似、接近、连续、闭合、图形完整或者同属于一个区域等。

（3）知觉的理解性。知觉的理解性是指人们的知觉受到自身知识和经验的影响，对理解的事物能更快感知。知觉的理解性与下列因素关系较为密切：记忆、思维和语言。

（4）知觉的恒常性。知觉的恒常性是指人们的知觉并不随着感知对象的变化而变化，表现得相对稳定。知觉的恒常性在事物的大小、形状、颜色以及明度等方面都可以表现出来。

#### 3. 感觉与知觉的区别和联系

（1）感觉与知觉的区别。感觉与知觉都是人脑对客观事物的反映，但是二者有着重要的区别。其区别在于：感觉是人脑对外在事物的个别属性如颜色、气味、形状等的反映，而知觉是对外在事物的各种属性、各个部分及其相互关系的整体反映，如房子、苹果等。感觉到事物的个别属性越丰富，对事物的知觉就越完整、越准确。

（2）感觉与知觉的联系。感觉是形成知觉的基础，没有感觉就不会形成知觉。

**专栏1**

**“感觉剥离”实验**

1954年，加拿大麦克吉尔大学的心理学家首先进行了“感觉剥离”实验。实验中给被测者戴上半透明的护目镜，使其难以产生视觉；用空气调节器发出的单调声音限制其听觉；手臂戴上纸筒套袖和手套，腿脚用夹板固定，限制其触觉。被测者单独待在实验室里，几小时后开始感到恐慌，进而产生幻觉。在实验室待了三四天后，被测者会产生许多病理心理现象：出现错觉幻觉；注意力涣散，思维迟钝；紧张、焦虑、恐惧等。实验后，被测者需数日方能恢复正常。这个实验表明，人的大脑的发育是建立在与外界环境广泛接触基础之上的。通过与外界环境的接触，人们首先形成感觉，在感觉的基础上形成知觉，进而促进人不断成长。

知觉反映的是人们如何从环境中获得信息从而实现对世界认识的过程。这一过程的复杂性使得不同学者对此产生了不同的理解，但是，大多数学者认为这一过程包括了观察或注意、选择、组织、理解或解释、行为反映等多个阶段，是一个多阶段的过程。

## 二、注意

某总经理坐在明亮、宽敞的办公室里，一边审阅各部门明年的财务预算，一边听他喜欢的古典音乐，偶尔还看一下玻璃门外大办公室中员工的表现。他的注意力分配适当，各项工作都胜任愉快。管理者的注意是影响企业绩效的一个重要因素。

### （一）注意的概念及其功能

#### 1. 注意的概念

注意是心理活动对一定对象的指向和集中。注意可以指向外部事物，也可以指向内部活动或行为。严格地说，注意不是一种独立的心理活动，而是某种心理活动的伴随现象。当人在注意某一对象时，他总是在感知着、记忆着、思维着、体验着什么。

#### 2．注意的功能

（1）选择功能。注意可以选择对个人有意义的、符合需要的和与当前活动有关的信息；避开或抑制不重要的、与需要冲突的和当前活动无关的信息，使心理活动更有效。

（2）保持功能。注意可以使心理活动的对象长期在意识和潜意识中保持，一直到达到目标为止。这对实现目标相当重要。

（3）监督功能。注意可以使个体迅速地综合、概括、转移有用的信息，使个体的心理活动集中在应该完成的方面。有效发挥注意功能的个体可以更有效地提高心理活动的水平，进而更有效地创造业绩。

### （二）注意的分类

注意可以分为两类：有意注意和无意注意。

（1）有意注意。这是一种自觉的、有预定目的的、经过意志努力而产生并保持的注意。有意注意是人特有的一种高级注意形式，也是企业要求员工发展的一种注意形式。

（2）无意注意。这是一种不自觉的、没有预定目的的、不需要意志努力而对某些事物产生的注意。无意注意是注意的一种初级形式。

### （三）注意的特征

注意的特征主要有四个，即注意的广度、注意的稳定性、注意的分配和注意的转移。

（1）注意的广度。注意的广度是指个体在同一时间内能清楚地认知对象的特点的数量。

（2）注意的稳定性。注意的稳定性是指个体在较长时间内把注意保持在某一事物上的一种品质。

（3）注意的分配。注意的分配是指个体在同时进行两种以上的活动时能把注意指向不同的对象。

（4）注意的转移。注意的转移是指个体根据目的主动地把注意从一个对象转移到另一个对象上。

## 三、记忆

在管理活动中，没有记忆的参与是不可想象的。各种例子比比皆是：组长向工人传达厂长的指示；经理向下属讲解销售的技巧；秘书回忆上午客户打来的电话；工程师写下中学时代学的计算公式；等等。

### （一）记忆的概念及其分类

#### 1．记忆的概念

记忆是人脑对过去经验的反映，包括识记、保持、再认或再现三个基本过程。记忆也可以认为是信息在人脑中的输入、编码、储存与提取的认知过程。记忆以感知为基础，是思维的重要桥梁。认识记忆的性质与重要性，对管理者十分重要。

#### 2．记忆的分类

人类的记忆各种各样，因此记忆的分类法也五花八门。在管理中主要有两种分类法：时间分类法和内容分类法。

（1）时间分类法。根据记忆保持时间的长短，主要可以分为瞬时记忆、短时记忆和长时记忆。瞬时记忆，又称感觉记忆，是指保持时间仅约一秒钟的记忆。短时记忆，又称操作记忆、工作记忆或电话号码式记忆，是指保持时间在一分钟以内的记忆。它是处于瞬时记忆和长时记忆之间的一个记忆阶段。长时记忆是指保持时间长达多年，甚至终身的一种记忆。在管理中，员工的长时记忆十分重要。

（2）内容分类法。根据记忆内容的不同，主要可以分为形象记忆、逻辑记忆、情绪记忆和运动记忆。形象记忆，又称情景记忆，是一种以感知过的事物形象为内容的记忆。逻辑记忆，又称语义记忆，是一种以字、词、概念、符号、公式以及它们之间关系为内容的记忆。情绪记忆是以个体体验过的情绪或情感为内容的记忆。运动记忆是以个体做过的运动状态或动作形象为内容的记忆。在管理中，上述四种记忆是相互联系的，其中运动记忆保持的时间最长。另外，每个员工都有不同的记忆专长。

### （二）影响记忆的因素

在一般情况下，员工都希望自己有较好的记忆力，但在实际工作中，员工的记忆力并不理想。影响记忆的因素有很多，主要有以下几种：

（1）态度。如果一个人对记忆的内容有积极的态度，就较容易记忆。

（2）年龄。年龄较小者，机械记忆能力较好；年龄较长者，意义识记能力较好。

（3）知识结构。与个体原有的知识结构相关的内容较容易记忆。

（4）及时复习。感知后尽早再感知的内容较易记忆，因为遗忘有先快再慢的特点。

（5）记忆环境。一般认为较安静的环境有利于记忆；现在也有人认为，在优雅的古典音乐背景下更易记忆。

## 四、表象

当我们回想起退休的老厂长时，他的音容笑貌就会浮现在脑海中，犹如又看见他一样。这就是表象。

### （一）表象的概念及其种类

#### 1．表象的概念

表象是指人或物并没有出现而人脑中出现该人或物的形象。

#### 2．表象的分类

表象分为两种：记忆表象和创造表象。

（1）记忆表象，简称表象，是指过去感知过的事物不在面前时又在脑海中再现出来的形象。

（2）创造表象，又称想象，是指个体以已有的知识、经验为基础，在脑海中经过加工改造，形成新事物的形象。

### （二）表象的特征

表象有两个特征：直观性和概括性。

（1）直观性，是指表象和感知的形象较为接近，但与感知相比得到的形象没有那么鲜明、正确、稳定。

（2）概括性，是指表象反映同一事物或同一类事物在不同条件下多次感知所经常表现出来的一般特点。表象比知觉有更大的概括性，但弱于思维。

## 五、思维

策划部经理正在为明年的企业策划案苦思冥想；车间工人小何反复思考如何向生产部经理提建议；工程部杨工程师正在为产品的纯度达不到标准而绞尽脑汁；营销部经理对下一阶段的促销活动深思熟虑；总经理反复推敲谁适合担任人力资源部经理。企业中的员工在完成组织目标时，几乎都与思维有着密不可分的联系。

### （一）思维的概念及其特点

#### 1．思维的概念

思维是人脑对客观事物概括的、间接的反映。思维是以感知为基础、以记忆为中介的一种高级的认知过程。它主要凭借分析和综合、抽象和概括等思维工具对感知的信息以及记忆中的信息进行加工，以探索事物的本质和内在的联系。

#### 2．思维的特点

思维的特点是概括性和间接性。

（1）概括性，是指思维所反映的不是个别事物或事物的个别属性，而是同类事物的共同特征和本质特征。

（2）间接性，是指思维所反映的不是直接作用于感觉器官的当前客观事物，而是通过其他事物的媒介作用来反映的。

### （二）思维的形式

思维的形式主要有三种：概念、判断和推理。

（1）概念。概念是人脑对同一类事物的属性或特征的抽象的、概括的反映。概念具有抽象性、概括性和间接性的特点。概念具有内涵和外延两个方面。一个概念的内涵增多，其外延就会减少。

内涵是指概念所反映的事物的本质属性的总和。例如，企业概念的内涵包含通过生产、流通商品和提供服务，以获取利润为主要目标的组织。

外延是指具有该概念所反映的本质属性的一切事物。例如，企业概念的外延是所有各种各样的企业。

（2）判断。判断是指对客观现实的对象之间的本质联系给出结论的一种思维形式。判断以概念为基础，以语句来表达。判断一般由主概念、系词和宾概念三部分构成。

（3）推理。推理是指从一个或数个已知的判断中得出新判断。推理以判断为基础，以复合句或句组来表达。推理一般由前提和结论两部分构成。

### （三）解决问题的思维过程

人类的思维是有目的的，因此，思维活动的产生往往是为了解决某个问题。在解决简单问题时，思维过程很难被划分。在解决复杂问题时，思维过程可以被分为四个阶段：发现问题，分析问题，提出假设，检验假设。

（1）发现问题。在这个阶段中，人们发现现有的经验不能解释新情况、解决新问题，而通过思维活动，清晰地确立了一个问题。

（2）分析问题。在这个阶段中，凭借全面掌握的感性材料，通过思维活动对问题进行详细的分析，了解问题的各个组成部分，以及各部分之间的相互关系。

（3）提出假设。在这个阶段中，以假设的形式提出可能解决问题的方法。

（4）检验假设。“实践是检验真理的唯一标准”，提出的假设能否解决问题，需要通过实践来检验。如果问题解决了，该假设就是答案；如果问题未解决，再回到第二阶段。

## 六、言语

“我从来没有见过像你这么笨的人，连这点小事都做不好！”厂长对着助理大声吼道。

“小张，你干得真不错，刚上班三个月，销量已经达到中上水平了，再向同事学一点处理客户抱怨的技巧，你的销量计划一定会有突破的。”销售部经理对新来的推销员和颜悦色地说。

不同的语言反映了不同的心理活动，也影响着他人的心理活动。俗话“一句话让人笑，一句话让人跳”说的就是这个道理。因此，管理者应该对语言有一个深刻的了解。

### （一）语言和言语

语言和言语是两个完全不同的概念。

（1）语言。语言是按照一定的语法规则由词汇所组成的符号系统，如汉语、英语、日语等。它是一种社会现象。

（2）言语。言语是人们运用语言与他人交往或自己思维时的一种过程。

讲话、听说、书写、阅读等都是言语的一种方式。言语主要包括两个方面：表达，如讲话、书写等；理解，如听说、阅读等。它是一种复杂的心理活动。

（3）言语和语言的关系。这两者之间的关系十分密切，言语离不开语言，否则人们不能思维、不能表达思维，也不能与他人交往。同样，语言也离不开言语，如果某种语言不被人们言语，该语言就会被淘汰。

语言有较大的稳定性，而言语则有较大的差异性和多变性。

### （二）言语的种类

言语可以分为内部言语和外部言语。外部言语主要起人际交往作用，内部言语主要是思维时的言语活动。外部言语分为口头言语和书面言语，口头言语又分为独自言语和对话言语。独自言语是指个体在一个较长的时间里阐述自己的观点，传播有关的信息，而不被他人插话打断的口头言语；对话言语是指两人或两人以上之间相互交流信息的口头言语。

## 七、智力

月亮房地产公司招聘了两位推销员小林和小洪，他们都刚刚从学校毕业，都没有推销经验。经过两周的推销上岗培训，小林很快入门了，并在三个月的工作中熟练地运用学到的知识和技能，销售业绩也和老员工不相上下。小洪却在三个月中一点建树也没有，似乎还像一位新手一样，经理不得不安排他第二次参加培训。

企业中员工智力的高低对企业的生存和发展有着举足轻重的作用，因此，管理者应该相当重视员工的智力水平。

### （一）智力的概念及其重要性

#### 1. 智力的概念

智力是指个体的学习能力和适应环境的能力。智力是人的认识水平的综合体现，主要包括观察能力、记忆能力、想象能力和思维能力。人的智力的高低主要受到遗传和环境两方面的影响。绝大多数人出生后智力相差无几，因此，后天环境因素起了至关重要的作用。

#### 2. 智力的重要性

企业的成功与否主要取决于高素质的人，高素质的人的一个重要组成部分是具备较高的智力水平。因此，管理者必须吸引足够多的高智力的人，同时，把每个员工的智力尽可能地发挥出来，这样，这个企业才有成功的希望。当然，高素质的人还需要具备其他的品质，如良好的个性、积极的心态、高尚的品德等。

### （二）智力测验

目前，许多企业采用智力测验来了解员工的智力状况。智力测验是指通过个体的认知活动来了解其智力水平的一种心理科学方法。智力的高低以智商（IQ）来表示。一般人的智商是 90～109；110～119 属于中上水平；120～139 属于优秀水平；140 以上属于天才；79～89 属于中下水平；60～79 属于临界状态水平；60 以下属于智力缺陷，也称智残。

智商通过智力测验获得结果。智力测验的内容多种多样，主要有判断力、推理能力、记忆力、观察力、空间知觉能力、知觉速度、走迷宫、形状分析、快速计算、词汇量、综合知识、注意力、创造能力等。

目前，智力测验的形式主要有纸笔测验和计算机的人机对话。

### （三）对管理中运用智力测验的评价

智力测验在管理中已经被运用了很长时期，但对智力测验有两种截然不同的看法：一种看法认为，智力测验对于了解员工的成功潜力至关重要，因此每个员工必须通过智力测验；另一种看法认为，智力测验完全无效，企业中应该严禁对员工进行智力测验。

其实，以上两种观点均有偏颇。应该说，智力测验有其本身的长短处。其长处在于能较迅速地了解一个人的认知水平，比较科学，在招聘中运用比较公平；其短处在于可能被滥用而导致测试失准，甚至由于对智力有曲解而产生误会。

# 第二节 社会知觉

## 一、社会知觉的含义

知觉是对一切客观事物的反映，而社会知觉是对社会对象的知觉。社会知觉是个体在与他人的交往过程中，观察、了解他人并形成判断的一种心理活动。

社会知觉这一概念是由美国心理学家布鲁纳于 1947 年首先提出来的。从知觉对象看，可以把知觉划分为对物的知觉和对人的知觉。它们都服从知觉的一般规律，但也有自己的特殊性。物是静止的，人在感知事物时，人是能动的，知觉的对象是被动的。但对人的感知就不同了，当人感知人而不是物时，他并不停留在被感知者的音容笑貌、身体姿态、言行举止等外表上，而要根据人的外部特征感知对象整体的另一部分——内部心理状态，即他的态度、动机、观点、个性特点等。这是对人的知觉与对物的知觉的根本区别。

社会知觉本质上是对人的知觉。社会知觉的刺激来源于社会客体。因此，我们可以把社会知觉定义为主体对社会客体的认识。社会客体的内涵十分广泛，既包括他人、群体、人际关系，也包括知觉主体自身。由此，我们又可以把社会知觉定义为主体对社会环境中生活的人及其关系的认识。组织行为学之所以特别注重社会知觉的研究，是因为它跟人的行为密切相关。

## 二、社会知觉的类型

社会知觉可以分为他人知觉、自我知觉、人际知觉、角色知觉和因果关系知觉。

**1．他人知觉**

他人知觉是指在人际交往过程中，通过对他人外在行为表现及特征的观察，得出对其内在情绪、态度、动机、人格等心理状态和特征的认识。

对他人的知觉也遵循知觉的一般规律，即是一个由表及里、由浅入深、由现象到本质的过程。知觉的过程首先是对感性材料，如衣着打扮、仪表风度、言谈举止、表情眼神等形成初步印象，然后在此基础上逐步认识其内在品质，如能力、品格等。

对他人知觉的信息来源是多方面的：

（1）语言。语言是最重要的信息源之一，是人与人之间表达思想、交流信息、沟通情感的最常用方式。无论是书面语言还是口头语言，都能在一定程度上反映一个人的知识修养、兴趣爱好、社会态度、人格特征、能力等内在素质。此外，口头语言中的语调、语速、节奏、停止等特征也是传递个人思想或感情的信息。

（2）面部表情和目光接触。眼睛是心灵的窗户，面部表情是情绪的晴雨表。人的一颦一笑、喜怒哀乐很容易从面部特征的变化中观察到。

（3）体态和动作。体态和动作是社会认知过程中不可忽视的信息源，善于观察的人能够从他人不经意的体态中洞悉其潜藏的态度和情绪。

（4）背景信息。对他人的家庭生活环境、成长经历、接受教育和教养的程度的了解，有助于我们更全面去认识了解一个人。

### 2. 自我知觉

自我是在社会关系和社会实践活动中所形成的每个人的心理、意识、活动及机体自身的统一体。广义地说，自我既包括个体的躯体、生理活动、心理活动，也包括所有与个体有关的存在物，如个人的事业、成就、名誉、地位、财产、权力等。自我知觉是指个人对自己存在的认识、对自己以及与周围事物关系的认识。

人贵有自知之明。人只有正确认识了自己，才能不断地进行自我调节和自我完善。只要处于清醒状态，无论自己在想什么或做什么，都能感觉到当前自己的存在。自己在活动中所担任的角色即自我角色知觉，自己与他人的关系即自我人际知觉。正确地认识自己，对于与他人正常交往、协调人际关系、化解矛盾和冲突具有十分重要的意义。

人不仅在知觉别人时需要通过其外部特征来认识其内部心理状态，同样也要这样来认识自己的行为动机和意图。自我知觉是在人际交往过程中，随着对他人的知觉而形成的。个体通过把对他人知觉的结果和自己加以对照和比较，产生了对自己的印象；同时，在交往过程中，个体通过把别人当作“镜子”来了解自己，进行自我知觉。

自我知觉和他人知觉相比，有以下特殊之处：

（1）在知觉他人时自己是主体，他人是客体；在自我知觉时，自己既是主体又是客体。

（2）人在观察自己时所掌握的信息比观察他人时更多。首先，作为知觉对象的自我，既包括自我的个性心理特征，也包括相应的行为表现；其次，自己对自己的知识、经验和过去的经历要比知道他人的多得多。

### 3. 人际知觉

人际知觉是个体在人际交往过程中，对人与人之间相互关系的知觉，包括对自己与他人的关系知觉和他人与他人之间关系的知觉。人际知觉主要是在人际交往中发生的，其主要特点是有明显的情感因素参与知觉过程。人们不仅相互感知，而且彼此之间会形成一定的态度。在这种态度的基础之上还会形成各种各样的情感，如喜爱、同情和反感等。在人际知觉过程中产生的情感取决于多种因素：彼此接近的程度、交往的多少、彼此的相似程度等。对个人而言，正确认识各种人际关系有利于改善、协调、发展各种人际关系；对组织管理人员而言，正确认识各种人际关系有利于分析、解决各种问题，调动员工的积极性，提高员工的士气，增强群体的凝聚力等。

### 4. 角色知觉

角色是指与某种社会身份相称的行为规范的集合。角色知觉是个体对自己或他人的角色及有关角色现象的整体认识，主要包括三个方面：自我角色知觉，他人角色知觉，角色期待知觉。自我角色知觉是指个人对自己在某种情况下应该做出什么样的适当行为的认识；他人角色知觉是指对于他人在一定情况下应该做出什么样的行为的认识；角色期待知觉则是指个人对他人对自己的期望和要求的认识。

每个人在社会生活中都充当着一定的角色。任何一种角色行为，只有在角色认知十分清晰的情况下，才能使角色得以实现；它是角色得以实现的先决条件。对于组织中的每个人，角色知觉的意义在于，只有具有正确、清晰的角色知觉，才能以合乎身份的态度和行为方式在各种社会情境中行事，达到良好的社会适应。管理者应通过一定的方式，加强员工的角色意识，从而更好地发挥每一角色的作用，以确保生产效率和员工满意度的提高。

#### 5. 因果关系知觉

对人知觉不同于对无生命客体如桌椅、机器、建筑物的知觉。我们总是对人们的活动进行推断，但对无生命客体不是这样。无生命物体受自然规律的支配，它们没有信仰、动机和意愿。当我们观察人时，总是试图对为什么他以某种方式行动进行解释。因果关系知觉就是指在有关的一系列社会知觉中对其因果关系的知觉。这种知觉的形成，一方面取决于有足够的某种社会知觉；另一方面借助于思维的作用，分析出知觉之间的因果关系。

## 三、影响社会知觉的因素

为什么不同的个体看到相同的事物却产生不同的知觉？是因为有很多因素影响到知觉的形成，有时甚至是知觉的歪曲。这些因素可以归纳为知觉者、知觉目标或对象和知觉的情境三个方面。

### （一）知觉者

当个体看到一个目标物并试图对其所看到的目标物进行解释时，这种解释受到了知觉者个人特点的明显影响。例如，你在购买了一辆新车后，会注意到马路上的很多车都与你的相同。显然，不可能是这种车的数目忽然间增加了，而是由于你的购买行为影响到了你的知觉，因此你更有可能注意到它们。在影响知觉方面最相关的个人因素是动机、任务、兴趣、过去的经验和期望。

#### 1. 知觉者的动机

未满足的需要或动机刺激了个体并能对他们的知觉产生强烈影响。一项对饥饿的研究戏剧化地描述了这一事实。研究中的被试者持续没有吃东西的时间不同，一组被试者 1 小时前吃了东西，另一组被试者则 16 小时没吃任何东西。分别给被试者呈现一组主题模糊的图片，结果个体饥饿的程度影响到他们对模糊图片的解释。相比吃完东西才 1 小时的被试者来说，16 小时没吃东西的被试者把图片内容知觉为食物的频率高出很多。

#### 2. 知觉者的任务

给被试者以明确的任务，其对事物的感知就比较完整。例如，平日里楼梯的级数、教室窗户的玻璃数一般不注意到，提问时被试者可能一下子回答不出来，但明确任务之后他们很快就能回答出来。

### 3. 知觉者的兴趣

兴趣的个体差异往往决定着认知的选择性。人们的兴趣往往会使他们把不感兴趣的事物排除到认知的背景上去，而集中注意力于感兴趣的事物上。例如，读书入迷者会在人声嘈杂的环境中旁若无人；一名整容外科医生可能会比一个水管工更容易注意到一个不美观的鼻子。由于个体之间的兴趣差异很大，因此在相同情境中一个人所注意到的东西会与另一个人的非常不同。

### 4. 知觉者过去的经验和期望

过去的经验同样限制了人们的注意力。过去从未经历过的事件或物体显然会更吸引人们的注意。人们更可能注意到一个自己从未见到过的机器，而不是一个很普通、很标准的过去见过的上百个完全一样的文件柜。在很多情况下，一个人的过去经验也会减弱他对客体的兴趣。

期望能使知觉失真，能使你所看到的是你所期望看到的。如果你预期警察都很威严，北方人都豪爽不拘小节，老年人都比较保守，你就会以这种方式知觉他们，而不管他们实际的特点如何。

## （二）知觉对象

观察对象的特点也能影响到知觉内容。例如，声音洪亮的人比安静的人更容易受到注意，明星比普通人更容易吸引公众的眼球。魅力、印象整饰、知名度会影响到人们对知觉对象的认识。

（1）魅力。构成个体魅力的因素既有外表特征和行为反应方式方面，又有内在性格特点方面。说一个人有魅力，意味着他具有一系列积极属性，如容貌美、有能力、正直、聪明、友好等。在实际的知觉过程中，个人往往只需要具备其中一两个特征就可能被认为有吸引力。

（2）印象整饰。知觉对象并非总是被动的，有时他们也通过调整自己的言论和行为，来控制知觉者对自己的知觉。印象整饰是指行为者通过语言与非语言信息的表达，试图操纵、控制知觉者对其形成良好印象的过程。知觉对象可以强调自己许多属性中的某些属性而隐瞒其他属性，试图控制别人对自己的印象。这种方法有时很成功，使得不同的知觉者对同一个人形成完全不同的印象，或者同一个知觉者在不同的时间和场合下对同一个人得出不一致的看法。

印象整饰包括两个方面。一方面是印象动机，是指个体实际上操纵知觉者产生印象的程度，如为工作面试准备穿着的人可能敏锐地意识到要给主考官留下美好的印象；另一方面是印象建构，是指个体有意识地选择要传达的印象以及怎样做，如一位妇女要应聘银行管理职位，她可能在简历中着重强调工作年限（显示稳定和可靠）并略去其在跳伞运动方面的爱好（不展示其鲁莽的一面）。

（3）知名度。一个人知名度的大小也影响着别人对他的知觉。在一个人有一定知名度的情况下，人们通过某种社会传播媒介或周围其他人传递的有关他的信息，实际上已经开始了对他的知觉。人们依据这些间接的材料形成一定的判断，当真正接触时，会首先检验原有的看法。一般来说，知名度高、社会评价积极的人，对于知觉心理有特殊的影响力。例如，很多年轻人喜欢把一些明星当偶像，用心地去模仿他们的一举一动、一颦一笑。这就是明星的知名度在其中起了作用。当然，知名度高也不一定都是好事。例如，普通人犯点错误可能不会引人注意，但明星犯错误就会被媒体无限夸大，甚至可能导致其演艺生涯的终结。

### （三）知觉的情境

不能孤立地看待目标，因为目标与背景的关系也会影响到知觉，所以我们倾向于把关系密切或相似的事物组织在一起进行知觉。知觉的情境因素通过影响人的感受性来改变知觉的结果。感受性，是指人的感觉器官对外界刺激物的感觉能力。人的感受性在不同的情境下会发生变化并表现出不同的感受能力。个体的感受性受情境的影响主要表现在以下四个方面。

（1）适应。这是由于刺激对感觉器官的持续作用而引起感受性发生变化的现象。它可以表现为感受性的提高，也可以表现为感受性的降低。古人云，“如芝兰之室，久闻不觉其香；入鲍鱼之肆，久而不闻其臭”，是嗅觉的适应现象，表现为感受性降低。例如，白天进入熄灯的电影院，开始觉得一片漆黑，慢慢会辨别出周围物体的轮廓，这是视觉的适应现象，表现为感受性提高。

（2）对比。这是同一感受器官接受不同的刺激而使感受性发生变化的现象。例如，吃了糖以后接着吃广柑，觉得广柑很酸，这种情况为先后对比。但对知觉和感受性产生较大影响的是知觉对象和背景的对比。例如，一个女孩和男朋友约会在公共汽车站见面，而她正好站在垃圾箱的旁边，她给男朋友的印象可能会大打折扣，因为她的男朋友在远远看见她的同时，也看见了垃圾箱。这也就是为什么情侣约会总喜欢找一些环境比较雅致的地方，因为这样的环境可以让自己在对方心目中留下比较好的印象。

（3）敏感化。在某些因素影响下，感受性暂时提高的现象称为敏感化。它与适应不同，适应会是感受性提高或降低，而敏感化则都是感受性提高。例如，感觉的相互作用、人的心理活动的变化、兴奋性药物刺激等都能提高敏感化，加深人对某一事物、活动的知觉。

（4）感受性降低。与适应引起的感受性变化不同，它是由其他因素引起的。知觉的相互作用、人的生物因素和心理因素、不良嗜好的作用以及某些药物的刺激等都会引起感受性降低。例如，“欢娱嫌夜短，寂寞恨更长”就是由于心理因素、情绪不同产生的时间错觉。

## 四、社会知觉中的偏差

知觉和解释他人的活动是一项很艰难的工作。为了使这项工作更简单，个体发展了很多技术手段。这些技术是很有价值的，它们使我们能够迅速进行正确的知觉，并为预测提供有价值的资料，然而，它们并不是绝对安全可靠的，它们有时会使我们产生错误的知觉判断，陷入知觉的误区。常见的知觉偏差有下面几种。

### 1. 选择性知觉

当刺激模棱两可时，知觉倾向于更多受到个体解释基础（态度、兴趣和背景）的影响，而不是刺激本身的影响，这种知觉就是选择性知觉。

任何人、事、物的突出特点都会提高人们对它知觉的可能性。我们不可能接受我们所见到的每一件事，只能接受某些刺激。在实际生活中，我们接受的往往是一些零散的信息，而这些信息不是随机选择的，而是观察者依据自己的兴趣、背景、经验和态度主动选择的。选择性知觉使我们能“快速阅读”他人，但同时冒着信息失真的风险，因为我们看到的是我们想看到的东西，我们可以从一个模棱两可的情境中得到没有根据的结论。

### 2. 首因效应

首因效应是指人们根据最初获得的信息所形成的印象较为强烈，从而能左右其对后来信息的理解。首因效应是一种先入为主的效应，也称第一印象效应。如果在一个人的知觉过程中，某人给我们留下了比较美好的第一印象，这种印象就将影响到以后我们对他的知觉，反之亦然。即使我们感知的某人表现已经变化了，第一印象形成的影响也将缓慢地、滞后地改变。

### 3. 近因效应

近因效应是指根据最近出现的信息形成强烈印象，而忽略了过去信息所留下的印象。它和首因效应正好相反。一般来说，在知觉不太熟悉的人时，首因效应起到较大的作用，人们总是用后面得到的信息想方设法地去证实第一印象；在知觉比较熟悉的人时，近因效应起到较大的作用，但也不是绝对这样的。

### 4. 刻板效应

刻板效应，也称刻板印象、定型效应，是指人们对某类社会对象产生了固定的看法，这种看法会对以后有关该类对象的认知发生强烈影响。人们在看待他人时，会不自觉地按其年龄、性别、职业、民族等特征进行分类，然后依据个人对这类人的固定印象做出判断。例如，运动员都是积极进取、勤奋努力、善于处理不利环境的，财会人员都是安静而善于内省的，男性对照顾孩子不感兴趣，老年人无法学会新技能，亚裔移民勤奋而负责，肥胖者缺乏纪律性，等等。刻板印象的问题之一是它们在生活中十分普遍，尽管事实上它们可能毫无真实性或完全不相关。

### 5. 晕轮效应

晕轮效应，也称以点概面效应，是指在观察某一个人的时候，由于他的某种品质或某种特征较为突出，观察者将此扩大成为他的整体行为特征。学生在评价他们的老师时，这种效应经常出现。学生常常分离出某种具体的特征（如热情），并使他们的整体评价受到对这一单独特质的知觉的影响。例如，一位老师可能是安静、认真、知识丰富、水平很高的，但如果他不够热情，则其他方面也不会得到很高的评价。反之，如果这位老师教学非常热情，哪怕其他方面有所缺陷，对他的评价也会较高。因此，我们对人、对事要防止以偏概全。

#### 6. 对比效应

对一个人的评价并不是孤立进行的，而常常受到我们最近接触到的其他人的影响，这种效应就是对比效应。在对一组申请者进行的面试情境中可以明显看到对比效应的影响。对任何一名具体候选人来说，评估的失真可能是他在面试中所处的位置带来的结果。如果排在该候选人之前的是个平庸的申请者，则可能有利于对他的评估；如果排在他之前的是个极出色的申请者，则可能不利于对他的评估。

#### 7. 投射效应

投射是指人们倾向于按照自己是什么样的来知觉他人，而不是按照被观察者的真实情况进行知觉。它能使我们对其他人的知觉产生失真。例如，如果你希望自己的工作富有挑战性并能够自己负责，则会假定其他人同样希望如此。或者，如果你是个诚实可信的人，则你会想当然地认为其他人同样是诚实可信的。而事实并非一定如此。“以小人之心度君子之腹”也是投射带来的知觉偏差。

#### 8. 皮革马利翁效应

皮革马利翁效应，也称心理暗示，表明人们的期望决定他们的行为。如果管理者对员工的期望很高，他们就不太可能令管理者失望；如果管理者预期员工只能完成最低水平的工作，他们就倾向于符合这种低期望。

## 第三节 归　　因

### 一、归因概述

在日常生活中，人们无时无刻不在对自己的行为、对别人的行为、对发生在自己周围的各种各样的事件寻找原因、做出解释。例如，我为什么会迟到？经理今天为什么会对我如此无礼？在公司里，为什么会发生如此荒诞的事情？如此等等。人们是如何对诸如此类的问题做出解释的呢？人们对这类问题做出的解释又是如何影响他们随后的思想、行为和动机，从而有助于或有碍于他们适应新的环境呢？这些问题就是归因理论中讨论和要解决的问题。

归因是指人们从可能导致行为发生的各种因素中，认定行为的原因并判断其性质的过程。从字面含义来说，归因是指“原因归属”，即将行为或事件的结果归属于某种原因。通俗地说，归因就是寻求结果的原因。因此，归因是指根据行为或事件的结果，通过知觉、思维、推断等内部信息加工来确认造成该结果之原因的认知活动。

在心理学中，一般将归因看成一种决策制定过程。面对一种结果，往往存在多种可能的候选因素。到底哪一种因素是造成该结果的原因？这就需要通过比较、推断，最后做出决策，从中选出一种或几种因素作为该结果的原因。

## 二、归因理论

### （一）海德的内因、外因论

归因理论认为我们对个体的不同判断取决于我们对特定行为归因于何种意义的解释。这一理论表明，当我们观察某一个体的行为时，总是首先试图判断它是由内部原因还是外部原因造成的。归因理论的创始人海德区分了导致行为发生的这两种因素。内因是指行为者的内在因素，包括能力、动机、努力程度等；外因是指来自外界的因素，如环境、他人、任务的难易程度等。对于一名上班迟到的员工，你可能把他的迟到归因于他在昨天的晚会上玩到凌晨因而睡过了点，这就是内部归因。但如果你认为他的迟到主要是由他常走的路线交通阻塞造成的，你进行的就是外部归因。

### （二）凯利的三度归因论

到底是该作外部归因还是内部归因呢？美国社会心理学家凯利提出的三度归因论有助于回答这个问题。凯利认为，这种决定取决于三个因素：区别性、一致性和一贯性。

（1）区别性，是指个体在不同情境下是否表现出不同行为。一名今天迟到的员工是否不同于平常？如果是，则观察者可能对行为做外部归因；如果否，则可能将行为归于内部原因。

（2）一致性，是指每个人面对相似情境都有相同的行为反应。例如，所有走相同路线上班的员工都迟到了，则这一迟到行为就符合上述标准。从归因的观点看，如果一致性高，则可能对迟到行为进行外部归因；如果走相同路线的其他员工都准点到达了，则会断定迟到的原因来自内部。

（3）一贯性，是指个体无论何时都有同样行为。如果一名员工并不是在所有情境下都上班迟到 10 分钟，则表明这是一个特例（如他有好几个月从未迟到过）；而对于另一种情况（如他每周都迟到两三次），则说明迟到行为是固定模式的一部分。行为的一贯性越高，观察者越倾向于对其做内部归因。

图 2-1 总结了归因理论中的主要因素。它告诉我们，如果一名员工完成目前工作的水平与其他类似的工作相同（低区别性），而在这项工作中其他员工的水平总是和他的水平十分不同（低一致性），并且他的这一工作绩效无论何时都是稳定的（高一贯性），则认为他自己对这一工作绩效承担主要责任（内部归因）。

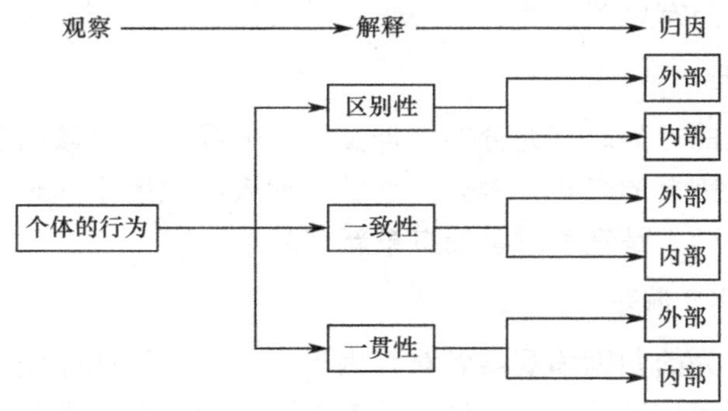


图 2-1　归因理论

### （三）维纳的归因理论

我们对发生在自己或者他人身上的事件做出归因的目的，是为了判断、预测或指导将来的行为。在做出内外部归因之后，我们还要问：哪些因素是可以改变的，哪些因素是不能改变的，或者它们改变的难易度如何？作为管理者，又应该如何通过归因去影响员工的行为呢？

心理学家维纳在海德的内外部归因的基础上提出了另一种尺度，把原因区分为暂时的和稳定的两个方面。依照这两种尺度，就可以得到四种归因结果：稳定的内因，稳定的外因，暂时的内因，暂时的外因。如果按照这四种结果对上面提到的员工迟到行为进行归因，可以得到表 2-1。

表 2-1　对迟到行为的决定因素分类

| 归因尺度 | 内 在 的 | 外 在 的 |
| --- | --- | --- |
| 稳定的 | 天生懒散 | 家离单位很远，交通不便 |
| 暂时的 | 对所从事的工作缺乏兴趣 | 交通事故导致交通阻塞 |

在管理者解释或预测员工的迟到行为时，暂时、稳定尺度是适用的。如果管理者把员工迟到归因于稳定因素，就可以预测将来员工还会迟到，因为员工懒散的天性是很难改变的，员工的家庭住址及交通问题也是短时间之内没法改变的；如果管理者把员工的迟到归因于暂时因素，就可以预测，如果给员工调换工作岗位，让他从事自己喜欢的工作，或者上班途中不再碰到因交通事故而导致的交通阻塞，员工的迟到行为就不会再发生。

## 三、归因偏差

归因理论提出了人们在对他人的行为进行判断和解释过程中所遵循的一些规律。在管理过程中，管理者和员工对行为的归因也不可避免地受到这些规律的影响。管理者要认识到，员工是根据他们对事物的主观知觉而不仅仅是客观现实做出反应的。员工对于薪水、上级的评价、工作满意度、自己在组织中的位置和成就等方面的知觉与归因正确与否，对于其潜力的发挥和组织的良好运作是有重要影响的。同时，管理者在对员工的行为进行判断和解释时也应该尽量避免归因中的偏见和误差。

归因中常见的偏差有以下几种。

**1. 基本归因偏差**

尽管在评价他人的行为时有充分的证据支持，但我们总是倾向于低估外部因素的影响而高估内部或个人因素的影响。例如，当销售代表的业绩不佳时，销售经理倾向于将其归因于下属的懒惰而不是竞争对手拥有革新产品。

**2. 行为者与观察者偏差**

行为者对自身行为的归因和观察者对行为者行为的归因往往是不同的。行为者倾向于强调外部环境等不可控制的因素，做出外部归因；而观察者则倾向于强调行为者本身的特质因素，进行内部归因。例如，员工倾向于将任务没有完成归因于环境的变化，而管理者则认为是员工能力差或者不够努力，这样在员工和管理者之间就容易形成意见的冲突。

### 3. 自我服务偏见

个体倾向于把自己的成功归因于内部因素，如能力和努力，而把失败归因于外部因素，如运气，这称为自我服务偏见。这样做的原因可能是个体都希望给他人留下一个好的印象，希望他人认为自己是有能力的或者是勤奋的，因此倾向于自我标榜。

不过，这种归因偏差受到文化差异的影响。例如，在中国，人们受到的教育是努力是通往成功的道路。我们认为外部原因只有通过内部原因才能起作用，因此导致结果的主要原因还是个人自身。中国人从小受到这种教育，因此形成了相应的归因倾向。无论是面对成功还是面对失败，中国人首先反省自己是否足够努力，以及自己的态度是否端正。在一项关于运动成绩的归因研究中，中国运动员把他们的成功与失败都归结为内部原因，即使有时不好的成绩明显是由外部原因造成的，如恶劣的天气，他们仍然做内部归因。

## 课后思考题

1. 个体认知包括哪些内容？了解个体认知过程会给我们在管理上带来什么启示？
2. 什么是社会知觉？社会知觉可分为哪几类？
3. 影响社会知觉的因素有哪些？
4. 什么是归因？管理者应该如何归因？

## 案例分析

### 哪里出了问题

王晓慧是一名销售人员，由于工作出色，被分配到总公司下属的一家金属冲压厂做经理。王晓慧接到任命后非常兴奋，立志一定不负领导重望，干出一番成绩来。于是，来到新公司后，他主动找到一些员工了解公司目前存在的主要问题，决定发现问题，解决问题。他经过调研后发现，目前公司最主要的问题是员工和管理层之间关系紧张。于是他决定运用他最近参加的一个关于建立工作场所信任的经理研讨班所学到的知识，首先撤去工厂所有的时钟，这表示工厂相信员工会尽力去工作。他相信，这个象征性的举动将建立一种信任，并能加强管理层与员工的联系。

开始，工厂的250名生产工人非常喜欢这样的自由。他们感觉到了尊重，并且认为这是来自新经理的积极变革的一个信号。然而两个月后，问题开始出现，一些人开始迟到、早退，或者午休时间过久。虽然仅仅是5%左右的人这么做，但是其他人认为这是不公平的。而且过高的缺勤率已经开始明显地影响工厂的生产力。这个问题亟待解决。

为了解决新出现的矛盾和问题，王晓慧要求主管观察并且记录员工何时上班和下班，并对迟到、早退、缺勤的员工及时进行纠正。而这些主管以前没有过记录出勤率的经验，也缺乏和下属谈论这一问题的人际技巧，主管与员工之间的关系更加恶化。而且，额外的记录出勤的责任也使得主管无法完成其他的任务。几个月后，公司就发现需要增加主管职位，同时减少每位主管负责员工的数量。即使这样，问题也没有得到解决，员工针对考勤的抱怨和投诉也越来越多，员工与管理层的关系进一步恶化，主管都在超负荷运转。另外，由于出勤率太差以及管理层的过量工作负荷，生产力下降。

**思考**：从个体认知的角度分析该案例给我们带来的启示。

# 第三章 个性心理特征与行为

**本章重点**

- 了解气质、性格、能力三种个性心理特征与个体的心理和行为的关系。
- 掌握个体因为气质、性格、能力的不同表现出的行为特征。
- 认识个体存在的差异。
- 理解并掌握个体心理特征在管理上的应用。

## 引例

王龙是飞腾软件股份有限公司技术部一位难得的人才，他一直刻苦学习，努力钻研，掌握了扎实的理论知识和娴熟的软件操作技术。他经常利用业余时间，努力学习以拓展知识面，不仅掌握了本专业的业务知识，还掌握了相关领域的知识和技术。他能进行抽象的系统思维和形象思维，有良好的创造性和创新性，具有独立工作能力，从不需要别人监督，自觉加班加点，保持工作效率，保证工作效益；按照最高标准严格要求自己，能在有压力有困难的情况下竞争，克服各种阻力取得成绩；对周围世俗不随波逐流，无从众心理，独立思考，不断学习，总结经验，不轻易否定。他到公司七年，始终及时跟踪国际计算机市场上的技术行情，自行研究开发了与美国大型计算机公司的产品不相上下的新型机，为公司占领了国内42%的市场份额。因此，公司任命他为公司技术部经理。王龙上任后，一方面仍然同以前一样兢兢业业，继续钻研计算机技术；另一方面还尽力避免自己限于复杂的人际关系中，尽力保持自己作为科研人员的相对独立性。但是，上任一段时间后，因为他仍然沉迷于对计算机技术的研究，对技术部的管理跟不上，导致技术部的员工不团结，一盘散沙。此外，技术部内部还产生了不少人际关系的矛盾和冲突。

**思考：**你认为王龙现象的根本原因是什么？

个性是指个体的经常影响个体行为的、稳定的心理特征的总和，个性使个体区别于其他个体。个性与我们日常生活中谈到的性格是不同的，性格只是个性的一部分；个性是在一个人先天生理素质的基础上，在长期的生活实践中形成的。

历史上对个性的研究从戏剧和传记开始，如作为神话和文学典型人物出现的嫦娥、哪吒、耶稣、葛朗台等，他们都有独特的个性。历史上还产生过一些推测个性的方法，如观相术是通过人的外貌特征来推测其心理特征的，以及颅相学、看手相等，它们都是伪科学。有研究表明，面相与心理品质之间并无联系。

个性的心理结构由个性心理特征和个性品质倾向两部分组成。个性心理特征主要包括气质、性格、能力等；个性品质倾向主要包括需要、动机、兴趣、态度、理想、信念、价值观等。本章主要探讨个性心理特征。

# 第一节 气质与行为

## 一、气质的概念

气质是个体心理特征之一，主要表现为人在心理活动和行为方面的动力特点。这种动力特点是指个体的高级神经活动的兴奋过程和抑制过程在强度、均衡性、灵活性等方面具有的不同特点，在人的行为方面的表现。它反映个体心理活动过程进行的速度、强度、稳定性和指向性及其外部表现，如知觉、记忆的速度、思维的灵活性、注意的稳定性、情感的强弱和心理活动的内外倾向性，以及一般动作的速度、强度和灵活性等。它使人的个性具有独特的色彩。一般人所谓的“性情”“脾气”是气质的通俗说法。

## 二、气质类型及其特征

### （一）气质类型的划分

每个人都有不同的气质特点，这些特点有规则地互相联系，从而构成一种特定的气质类型。心理学家通过观察研究，把人们表现出来的各种特点进行不同程度的组合，对人们的气质类型进行了划分。

最早提出气质类型学说的是古希腊医师、西方医学奠基人希波克拉底。他根据人体内血液、黏液、黄胆汁、黑胆汁四种体液哪一种占优势，把气质分为四种类型：多血质、胆汁质、黏液质、抑郁质。体液学说虽然早就被废弃，但他提出的上述名词被西方各国语言所吸收，并沿用至今。

到了近代，俄国生理学家巴甫洛夫通过大量实验，提出了关于高级神经活动类型的学说。他根据神经活动的强度、均衡性、灵活性这三种特性的不同组合，将气质划分为四种基本类型：活泼型、兴奋型、安静型和抑郁型。它们恰好分别相当于多血质、胆汁质、黏液质和抑郁质。

高级神经活动类型与气质类型的关系及行为特点如表 3-1 所示。

表 3-1 高级神经活动类型与气质类型的关系及行为特点

| 神经类型（气质类型） | 强 度 | 均 衡 性 | 灵 活 性 | 行 为 特 点 |
|---|---|---|---|---|
| 活泼型（多血质） | 强 | 均衡 | 灵活 | 活泼好动，反应灵活，好交际 |
| 兴奋型（胆汁质） | 强 | 不均衡 | — | 攻击性强，易兴奋，不易约束和抑制 |
| 安静型（黏液质） | 强 | 均衡 | 不灵活 | 安静，坚定，迟缓有节，不好交际 |
| 抑郁型（抑郁质） | 弱 | — | — | 消极防御反应，胆小畏缩 |

### （二）气质类型的特征

多血质的特点是感受性低，耐受性高，反应速度快而灵活，情绪兴奋性高，有较大可塑性，心理活动倾向于外部世界。在日常生活中表现为：精力充沛，活泼好动，善于交际；给人一种亲切感，但往往失于轻浮；热衷于表现自己，难有深交；机智灵活。工作效率高，但持久性稍差；兴趣爱好广泛，但容易转移。

胆汁质的特点是感受性低，耐受性高，反应速度快，情绪兴奋性高而不均衡，心理活动倾向于外部世界。在日常生活中表现为：精力旺盛，动作敏捷，热情直率，易于冲动；心境变化激烈，难以克制自己。

黏液质的特点是感受性低，耐受性高，反应速度缓慢而稳定，有明显的内倾性。在日常生活中表现为：情绪稳定，心境平静，不易波动；情感含蓄不外露，发生较缓慢，一旦形成则较为稳固深刻；安静稳重，不善交际；灵活性较低，动作缓慢；工作踏踏实实、任劳任怨，但易因循守旧，创新精神差；注意和兴趣持久而难以转移。

抑郁质的特点是感受性高，耐受性低，反应速度缓慢而不灵活，不能经受强烈的刺激，具有极鲜明的内倾性。在日常生活中表现为：郁郁寡欢、多愁善感，情绪体验深刻，但很少外露；不善交际，不愿在公开场合抛头露面；比较孤僻，易受伤害；行动迟缓，动作刻板，处事小心谨慎；思考问题比较全面、深刻、细致，善于觉察别人不易觉察到的细小事物。

实际上，生活中只有少数人是上述四种气质类型的典型代表，多数人是介于上述各种类型之间的中间型或者混合型。气质类型本身并不能决定一个人活动的社会价值和成就的高低。历史证明，气质类型完全不同的人经过自己的努力都可以取得优异的成就。在许多杰出人物当中，可以找到不同气质类型的代表。同样，气质类型非常相似的人，由于各自的主观努力不同，可能在实践中会有天壤之别。气质是一种比较稳定的心理特征，但是在一定的生活条件和教育背景的影响下，通过实践活动也是可以改变的。

## 三、气质对行为的影响

在谈到气质类型对行为的影响时，苏联心理学家达维多娃是这样描述四种基本气质类型的人在同一情境中的不同行为表现的。四个不同气质的人去看戏，但都迟到了，他们有不同的行为表现。多血质的人立即明白，检票员是不会放他进剧场的，但入楼厅容易，就跑到楼上去了；胆汁质的人和检票员争吵，企图闯入剧院，他辩解说，戏院里的钟快了，他进去看戏并不会影响他人，并且企图推开检票员进入剧院；黏液质的人看到不让他进入剧院，就自我安慰地想，“第一场戏总是不太精彩，我可以在小卖部等一会，在幕间休息时再进去”；抑郁质的人会说“我运气不好，偶尔看场戏，就那么倒霉”，接着就回家去了。从达维多娃的描述中我们可以看到，个体的气质对个体的行为有着重要的影响。

## 四、气质与职业

气质是一种比较稳定的心理特征，表现了人的心理活动动力方面的特点。管理实践表明，气质类型虽然不能决定一个人社会活动的内容和方向，但能影响一个人的活动效率，往往同一种工作由不同气质类型的人来做，其工作效率差异显著。

（1）在普通职业（包括教师、医生、工程师、会计、售货员、车工、钳工等）中，气质对工作的影响不如特殊职业明显，但这种影响也是存在的。很多时候，不同的人的文化水平、身体素质、敬业精神相差不是很大，但其工作的适应性和工作结果大不一样。例如，让一个黏液质的人去承担会计工作，他会轻松愉快、应付自如，但如果让一个多血质的人去承担，他可能会为处理烦琐的日常事务而疲于应付甚至由于粗心大意而出错；相反，让一个黏液质的人来担任推销员，他将碰到许多困难——难以与人打交道，必须克服自己内向、冷淡的缺点，要比多血质的人付出更多的努力和磨炼才有可能胜任工作。

总体来说，在普通职业中，气质虽然能影响人们工作的适应性和工作效果，但决定工作成败的关键是工作态度、技术熟练程度等因素。此外，气质的补偿作用也能弥补某些缺陷使人较好地适应工作。例如，一个多血质工人的注意力不够稳定，而注意力转移迅速、动作敏捷的优点补偿了注意力不够稳定的缺陷；一个黏液质工人的注意力稳定，而注意力转移却不够灵活，但可以通过注意力的稳定性补偿注意力转移不够灵活的缺陷。

（2）相比普通职业而言，特殊职业主要是指那些与紧张、冒险、动作变化迅速、责任重大相联系的职业（如飞机驾驶员、消防队员、特种部队战士）。这些特殊职业需要从业人员具备冷静、理智、胆大心细、临危不乱的心理素质，在气质上就要求他们具备极其灵敏的反应。在这种情况下，气质特征决定着一个人是否适合从事这类职业。因此，在选择这类职业的工作人员时，首先应对他们的气质类型进行测定，把气质类型特征作为职业选择和淘汰的重要依据。

具体而言，对胆汁质的人，因为他们反应迅速，兴奋速度快，耐受性强，比较适合做应急性强、冒险性大的工作，如抢险、救护、推销、主持节目、新闻报道、表演、消防、采购等；对多血质的人，因为他们的情绪丰富，活动能力强，容易适应新的情况，比较适合担任社交性、多变性的工作，如销售、采购、后勤管理、服务等工作；对黏液质的人，因为他们的感情深刻，办事稳重，沉着坚定，善于自制，比较适合担任原则性强的工作，如医生、法官、会计、出纳等；对抑郁质的人，因为他们谨慎小心，观察细致，不轻易发脾气，比较适合做刻板的、按部就班的工作，如统计、仓库保管、打字等工作。值得一提的是，具有混合型气质的人比单一型气质倾向的人的职业适应性更强。

## 五、气质差异的应用

### （一）气质差异应用的原则

（1）气质绝对原则。气质不能决定一个人的智力发展水平和成就大小。也就是说，气质不能决定一个人能干什么或不能干什么，但气质能影响一个人能胜任什么或不能胜任什么。所以，管理者要注意人的气质类型是否与工作特点相适应，把人安排在适合发挥其能力的岗位上。

（2）气质互补原则。不同气质类型的人组成团体，可以产生互补作用。气质学家研究了气质对群体协同活动的影响，发现两个不同气质或相反气质类型的人的合作，往往会取得更好的成就。各种气质类型都有其优缺点，管理者要做有心人，在分配工作时要注意人的气质的协调与互补。

（3）气质发展原则。虽然人们原始的气质特征是遗传的，不容易对它加以改变，但在主客观条件下，气质可以发生变化。何况，我们大多数人属于混合型，有利于气质行为的改变，向积极的一面发展。

## （二）气质差异在管理中的具体应用

在管理的过程中，管理者应该注意了解员工的气质类型，抓住员工的主要行为特征，因势利导，因材施教。如果应用得当，必将收到意想不到的效果。具体来说，管理者在管理过程中应重点注意以下几个问题：

（1）根据个体的气质特征来调动人的积极性，提高工作效率；

（2）根据个体的气质特征知人善用，合理用人；

（3）根据个体的气质特征来合理调整组织结构，增加团体凝聚力和竞争力；

（4）根据个体的气质特征来做好教育培训工作，加强企业员工的礼仪培训；

（5）根据个体的气质特征对员工采用恰当的教育方式和方法。

### 专栏 1

气质、性格与管理方法如表 3-2 所示。

表 3-2 气质、性格与管理方法

| 气质类型 | 性格特征 | 行为表现 | 管理方法 |
| --- | --- | --- | --- |
| 多血质 | 开朗直率 | 坦白直爽，兴趣广泛，爱发牢骚，不拘小节，其言行有时易被误解 | 表扬为主<br>防微杜渐 |
| 胆汁质 | 倔强刚毅 | 能吃苦，办事有始有终，但缺乏灵活性，与领导意见不一致时不冷静，容易产生抗衡，求胜心切 | 经常鼓励<br>多教方法 |
| 胆汁质 | 粗暴急躁 | 好冲动，心中容不得不公平之事，好提意见，不太注意方式方法，事后常后悔 | 肯定成绩<br>避开锋芒 |
| 多血—胆汁质 | 傲慢自负 | 反应快，聪明能干，过分自信，好出风头，爱发议论，听不进不同意见，虚荣心强 | 严格要求<br>表扬谨慎 |
| 黏液质 | 沉默寡言 | 少言寡语，优柔寡断，任劳任怨，踏实细心，有时工作效率不高 | 少用指责<br>多加鼓励 |
| 抑郁质 | 心胸狭隘 | 小心眼儿，遇到不顺心或涉及个人利益的事，往往患得患失，难以摆脱 | 多用疏导<br>开阔胸怀 |
| 各种气质类型都有 | 自尊心强 | 上进心强，严以律己，争强好胜，听不得批评，情绪忽高忽低 | 开阔视野，正确认识自己和他人 |
| 各种气质类型都有 | 疲疲沓沓 | 大错不犯，小错不断，工作拈轻怕重，漠视规章制度，生活懒散 | 找出闪光点及时鼓励，要求严格而且具体 |

# 第二节 性格与行为

## 一、性格的概念

性格是个人比较稳定的对现实的态度和习惯化的行为方式特征。例如，一位老师在各种场合都表现出的热情开朗、与人为善、严以律己。性格是个性中经常性的、习惯性的、最重要的心理特征，在个性中起着核心作用，贯穿一个人的全部心理活动，调节整个行为方式。人的个性差异集中表现在性格上。

## 二、性格的分类

从不同的角度可以将性格分成不同的类型，不同类型的性格有不同的行为表现。

### （一）类型论

#### 1．外向型与内向型

瑞士心理学家荣格提出外向型与内向型的概念，他根据人的心理活动倾向于外部还是内部，把人的性格分为外向型与内向型。

外向型的人，心理活动倾向于外部世界，通常表现为关心外部的事物，感情流露在外，活泼、开朗，善于交际，当机立断，不拘小节，独立性强，容易适应环境。在实际生活中，有的人很爱交朋友，对人热情，愿意帮助人，兴趣广泛，爱发议论，也爱热闹，很有人缘。这种人就属于外向型。

内向型的人，心理活动倾向于内部，通常表现为做事谨慎，深思熟虑，沉静、孤僻，交际面窄，反应缓慢，适应环境的能力比较差。在实际生活中，有的人喜欢安静，常常独来独往，喜欢一个人做事，遇到问题自己解决，言语不多，经常一个人沉思，推理能力比较强，但适应新的环境比较慢。这种人就属于内向型。

艾森克对外向型和内向型的性格特点描述如下。

（1）外向型性格。喜欢外界发生的事情，追求刺激，敢于冒险；无忧无虑，随和、乐观，爱开玩笑；不假思索地行动；有与别人谈话的需要，好为人师；善于交际，喜欢变化。

（2）内向型性格。倾向于事先计划，三思而行；严格控制自己的感情，很少有攻击性行为；喜欢独立思考，生活有规律；爱好读书，不喜欢交朋友；很重视道德标准；安静，不善交际。

而大部分人则介于外向型与内向型之间，属于中间型性格。

#### 2．个性的机能类型

英国心理学家培因和法国心理学家李波特根据理智、情绪、意志三种心理机能在革新结构中何者占优势，把性格分为理智型、情绪型、意志型和中间型四种类型。

（1）理智型。通常以理智来控制和支配自己的行为，他们处事比较冷静，能深思熟虑地处理问题。

（2）情绪型。言行容易受情绪的控制，凭感情用事，不善于冷静思考，情绪体验深刻。

（3）意志型。行为目标明确，勇于克服困难，行动积极果断，自制力强。

（4）中间型。不以某种心理机能占优势，而兼具某两种心理机能的特点。

#### 3．独立型与顺从型

美国心理学家威特金根据个体独立性的程度，把人分为独立型和顺从型。

（1）独立型的人一般表现为独立程度高，善于处理问题、分析问题和解决问题，有坚定的个人信念，不容易受外界事物的影响，能独立做出判断，遇事比较有主见。但是比较固执，有时喜欢把自己的意见强加于人。

（2）顺从型性格的人则表现为依赖性比较大，容易受环境的暗示，没有主见，对别人的意见常常不加分析全盘接受，缺乏果断性，不善于应付紧急情况。

上述对性格的分类，是从不同角度进行的比较，在管理实践中有助于我们在分析员工性格时广开思路，尤其对设计调查问卷具有一定的参考价值。

### （二）特质论

#### 1．奥尔波特的特质论

美国心理学家奥尔波特是特质理论的创始人。他认为，特质是一种神经心理结构，这种神经心理结构除了能刺激产生行为，还能主动引导行为；它使许多刺激在机能上等值起来，使反应具有一致性。例如，具有谦虚特质的人在不同的情境中会做出类似的反应：和领导在一起工作时，会小心、留意、顺从；访友时，会文雅、克制、依从；遇见陌生人时，会显得笨拙、尴尬、害羞；同伴给予赞扬时，会不好意思，甚至不愿意露面，不愿引人注意等。他认为，同一文化形态下的群体有着共同的特质，而个人的特质则为个人所独有。

#### 2．卡特尔的特质论

美国心理学家卡特尔对决定个性的特质及其测定方法进行了研究，他用因素分析法把个性特质分为表面特质和根源特质，认为表面特质的表现有35个，隐藏在表面特质中的根源特质有16种，如表3-3所示。

表3-3　16种根源特质

| 因　素 | 特质名称 | 低分者特征 | 高分者特征 |
|---|---|---|---|
| A | 乐群性 | 孤独、冷淡、缄默 | 外向、热情，容易相处 |
| B | 聪慧性 | 迟钝，智力较差，学识浅薄 | 聪明，智力较好，富有才识 |
| C | 稳定性 | 情绪不稳定，容易激动，烦恼 | 情绪稳定，平静，能面对现实 |
| E | 持强性 | 谦虚、顺从、随和、慎重 | 好强、固执、自负、武断 |
| F | 兴奋性 | 严肃、谨慎、寡言 | 轻松、兴奋、健谈 |
| G | 有恒性 | 敷衍塞责、优柔寡断 | 有恒负责、做事尽责 |
| H | 敢为性 | 畏怯退缩 | 冒险敢为 |
| I | 敏感性 | 理智，注重实际 | 敏感、感情用事 |
| L | 怀疑性 | 信赖、随和、轻信 | 怀疑、刚愎、固执 |
| M | 幻想性 | 现实，合乎常规 | 幻想，自我陶醉 |

续表

| 因　素 | 特质名称 | 低分者特征 | 高分者特征 |
| --- | --- | --- | --- |
| N | 世故性 | 坦白直率，天真、朴实 | 精明能干，世故、机灵 |
| O | 忧虑性 | 安详、沉着、自信 | 好担心、自责、忧虑 |
| Q1 | 激进性 | 保守，服从传统 | 有实验精神，自由、激进 |
| Q2 | 独立性 | 依赖、随和 | 自立，足智多谋 |
| Q3 | 自律性 | 矛盾冲突，不顾大局 | 知己知彼，自律严谨 |
| Q4 | 紧张性 | 松弛宁静，心平气和 | 紧张困扰，激动挣扎 |

卡特尔认为，根源特质是制约表面特质的基本因素。例如，一个人在日常生活中表现出好强、固执、自负、武断，这些都是个性表面的特质，通过对这些因素进行分析，发现这些特质之间有着很高的相关度，实际上有某个共同的因素在起作用，这个因素就是"持强性"。

此外，还有英国心理学家艾森克的特质论、"大五"因素模型、高尔顿的机遇词汇研究的因素模型、考斯塔和麦格雷的基于问卷研究的因素模型等理论与方法，都是因素分析法更具特色和更深入的分析方法，比较烦琐。在此就不介绍了。

## 三、性格的形成

### （一）生理性因素

生理性因素包括遗传、体格、性别，以及肌肉与神经系统、体内各腺体的发育水平。例如，体格健壮的人性格外向，较活跃，有进取心；体格弱小的人性格内向，沉静，胆小。男性好强、争胜，有表现欲；女性温柔、体贴，心思细密。

**专栏2**

**性格与气质的关系**

气质是指个体心理活动的强度（如情绪体验的强度、意志努力的强度）、速度（知觉的速度、思维的灵活性）、稳定性（注意力集中时间的长短），以及心理活动的指向性特点（倾向于外部还是内部）等方面在行为上的表现。

性格是个体对现实的稳定的态度和一贯性的行为方式。

性格和气质都是描述个体典型行为的概念，这两个概念既有联系又有区别。

性格与气质的区别主要表现在三个方面：第一，从起源上看，气质受先天影响的比重大，一般在个体发生的早期阶段，主要体现为神经类型的自然表现。性格受后天影响的比重大，在个体生命开始时并没有明显表现，它是个体在活动中与社会环境相互作用的产物，反映人的社会性。第二，从可塑性上看，气质的变化较慢，可塑性较小；即使可能变化，但较不容易。性格的可塑性较大，环境对性格的塑造作用是明显的。第三，气质所指的典型行为是它的动力特征而与行为内容无关，因而气质无好坏之分。性格主要是指行为的内容，它表现为个体与社会环境的关系，因而性格有好坏之分。

气质与性格又是密切联系、相互制约的。从气质对性格的影响上看，首先，气质会影响个人性格的形成。因为性格特征直接依赖于教育和社会相互作用的性质和方法。气质作为性格形成的一种变量在个体发生的早期就表现出来，有些婴儿喜欢哭，有些婴儿喜欢笑；有些婴儿安静，有些婴儿好动。这些气质特征必然会影响到父母或哺育者的不同行为反应。一个人的性格就是在这种不同性质的教育和社会环境的相互作用过程中逐步形成的。其次，气质可以按照自己的动力方式，渲染性格特征。例如，同样是乐于助人的性格特征，多血质的人在帮助别人时，往往动作敏捷，情感明显表露于外；而黏液质的人可能动作沉着，情感不表露于外。最后，气质还会影响性格的形成或改变的速度。例如，要形成自制力，胆汁质的人往往需要做极大的努力和克制；抑郁质的人则比较容易形成，他不用特别抑制就能办到。

### （二）环境因素

环境因素包括自然环境、社会文化、经济因素、政治因素、社会生活条件及教育等。它们是个性发展的重要条件。

**1. 家庭**

家庭被称为“制造人性格的加工厂”，是培育个体性格的摇篮。研究表明，小学生的自尊心与家庭的贫富和社会地位无关，而与父母的教养态度和方法有关，自尊心强的男孩，其家庭气氛是民主的。而母亲对孩子的影响更大，母爱是儿童性格健康发展的必要条件。缺乏母爱的儿童会形成不合群、孤僻、任性和冷漠的不良性格。

**2. 学校教育**

学校教育，对人的性格形成和发展具有重要意义。每个学生在班级中都会处于一定的地位，扮演某种角色，担任班干部和受到老师重视的学生会更倾向于形成积极的性格。班风、校风、教师的管教方式也会对学生的性格造成影响。

**3. 社会文化**

社会文化决定性格发展的大方向。例如，传统的中国文化讲究要面子，北方人直率，南方人热情。职业也会对人的性格发展产生影响。例如，警察的性格特征是严肃沉稳，医生的性格特征是镇静和不动声色，政治家不怕挫折，科学家爱好钻研，律师重视公平，会计谨慎、严谨、刻板等。

## 四、性格差异在组织管理中的应用

**1. 应用的范围**

（1）思想教育。就思想教育的内容来说，基本在于改变个体的不良性格，帮助其形成优良性格。了解不同人的性格特点才能“对症下药”。在方法上，也要注意对不同性格的人采取不同的方法。例如，对独立性的人绝对不能采用对顺从型的人的方法。

（2）人员选拔。对于某些岗位来说，性格是十分重要的，如领导者需要德才兼备，德就是优良的性格。

（3）行为预测。性格测验有行为预测的作用，这也是为什么人格测验可以成为招聘工作的一项重要内容。

2. 应用的原则

（1）性格顺应原则。为了开展工作，顺应某人的某些性格特征，采取相应的措施，叫作性格顺应原则。人的性格的改变是有一定难度的，当我们的工作很需要某人时，而他的某些性格特征虽然与众不同，但无碍大局，在某些方面顺应他也不失原则时就应顺应。

（2）性格互补原则。在人际关系中考虑人们的不同性格，尽量使他们之间能够互补，有利于人际关系的发展。

## 第三节　能力与行为

### 一、能力的概念

能力是指人们能够胜任某种任务和活动的条件，特别是掌握知识技能的程度和速度方面所必备的个性心理特征。人的能力具有两种含义：一是指现在已经具备的实际能力，二是指未来可能发挥出来的潜在能力。

人们从事的工作或活动都是复杂的，要完成一种任务，需要多种能力的结合。越是复杂的科学技术，需要的能力越强。一个人的智力和体力能够胜任某一项工作，我们就可以说这个人具备从事这项工作的能力。例如，学习需要观察力、理解力、记忆力和抽象概括能力等，企业管理需要组织协调能力、指挥能力、人际交往能力、分析判断能力和语言表达能力等，科学技术研究人员需要抽象思维能力、实验能力和创新能力等。

个体能力是个人在社会上求生存、求发展的最重要条件，群体能力是企业创造财富的基础条件，而组织就是由各种具有专门技能和能力的人集合而成的。我们的社会由于有了各式各样的人才，才显得如此多姿多彩。

### 二、能力与知识、技能

能力与知识、技能是不相同的。知识是人类社会实践经验的总结和概括的结果。知识只是人获得技能和能力的基础，但并不是有了知识就有了相应的技能和能力。技能是人在实践中经过反复多次的练习而巩固了的行为方式，是相应行为方式概括的结果。能力是调节行为和活动的相应心理过程概括的结果。

能力与知识、技能具有密切的联系。一方面，知识、技能的掌握是以一定的能力为前提的。能力是掌握知识、技能的内在条件和可能，它制约着掌握知识、技能的速度、难易和巩固程度。另一方面，知识和技能的掌握导致优势能力得到提高，但两者的发展不是完全一致的。能力差不多的人不一定具备相同水平的知识和技能；具有相同知识和技能的人，他们的能力也不一定相同。

## 三、能力的分类

（1）按能力的倾向，能力分为一般能力和特殊能力。这是美国心理学家吉尔福特提出的一种理论。一般能力是指在一切活动中都需要具备的能力，即通常所说的智力，包括观察力、记忆力、想象力、注意力和思维能力，以思维能力为核心。一般能力是有效掌握知识和顺利完成活动必不可少的能力，即使最简单的活动，也离不开这种一般能力。特殊能力是指人们在专业活动中表现出来的能力，如节奏感（音乐能力）、彩色辨别能力（绘画能力）、数学能力、管理能力和经商能力等。特殊能力是在特殊领域发挥作用的能力，需要专门的学习和训练才能具备。

（2）按能力的创造性程度，能力分为模仿能力和创造能力。模仿能力是指模仿别人的言行举止以使自己的行为方式达到和被模仿者相同水平的能力。模仿能力是一般人具备的普通能力，是一个人学会生活和基本生产劳动的基础，是人学习所必需的能力。创造能力是指产生新思想，发现和创造新事物的能力，是完成某种创造性活动所必需的条件。新颖性和独创性是区别模仿能力和创造能力的主要特征。

（3）从能力测验的角度，能力分为实际能力和潜在能力。

（4）桑代克将能力分为“社会的智慧——社交能力”“具体的智慧——操作能力”“抽象的智慧——认知能力”。社交能力是指人们在社会交往中表现出来的能力，如组织管理能力、语言能力和感染能力等。操作能力是指在操作技能基础上发展起来的能力，包括操纵机器的劳动能力、体育运动能力、艺术表现能力、实验操作能力等。认知能力是指人们在认知活动中表现出来的学习、研究、理解、概括和分析能力。

（5）按能力的适应性，能力分为智力、专门能力和创造能力。

（6）按能力的发展水平，能力分为能力低下、一般能力、才能和天才。

上述对能力的分类，为测试能力提供了方向和维度。

## 四、能力的个体差异

中国有句俗语：“人比人，气死人，马比骡子驮不成。”由于遗传、环境和教育程度等因素的影响，个体能力具有客观上的差异，主要表现在以下三个方面。

### 1．能力发展水平的差异

人与人之间的能力发展水平存在差异。能力发展水平的差异在智力上有最为明显的表现，即智商。有些人的智商高达 140 分以上，被称为天才；有些人的智商在 70 分以下，被认为智力不足。人的智力在一个国家或地区全部人口中呈现由低到高的分布，中间大、两头小。中间大，大部分人的智力属于中等水平；两头小，只有少部分人的智力超常或超低。

### 2．能力类型的差异

（1）在一般能力上的性向差异。在解决相同问题或完成同类任务时善于利用智力的某些方面去实现。

（2）特殊能力不同和能力组合不同。人们在知觉、表象、记忆、言语、思维等方面存在类型上的差异。例如，有的人具有商业经营的智慧和能力，在商场上纵横驰骋、游刃有余；有的人具有管理生产活动的才能，成为有名的企业家；有的人写作能力强，能够写出优美的文章或小说；有的人具有绘画才能；有的人在音乐上表现出很高的天分；等等。

3．能力表现的时间差异

个体能力的发展有早有晚，有的人“早慧”，少年时代就才华横溢，被人称为“神童”。例如，我国唐代的王勃在少年时就写出了著名的《滕王阁序》；宋代的黄庭坚 7 岁做牧童诗；李白 5 岁诵六甲，十岁观百家。历史上也不乏“大器晚成”的人，如齐白石 40 岁才显露出绘画才能。但是这种人只占总人口的极少数，大多数人的智力和体力发育都集中在青少年时期，人的智力发展的最佳时期是 30～45 岁，也是一个人成才的黄金时期。

## 五、能力的测试

（1）智力测验。智力测验又称一般能力测验；国内外的许多组织选择智力测验来评价员工的能力，主要方法有斯坦福—比纳智力量表。该表是由斯坦福大学的心理学家特曼根据比纳—西蒙量表修订的。该量表出版于 1916 年，并分别于 1937 年、1960 年和 1972 年进行了修订。我国心理学家引进了这一方法并进行了修订，1982 年吴天敏先生对陆志韦先生第二次修订的比纳测验进行了第三次修改并把它称为《中国比纳测验》。另外，智力测验还有韦克斯勒量表、瑞文逻辑推理测验、考夫曼量表、多维能力倾向成套测验等方法。在一般情况下，智力测验对员工的智力水平测试有一定的帮助，但是，过分迷信和依赖智力测验测评员工的能力则是不可取的。因为设计得再好的测验表，也不可能完全准确地测验出一个人的真实智力水平。

（2）特殊能力测验。特殊能力测验主要是指在招聘新员工时，根据某些特殊专业的需要设计的测试方法，依据测试成绩决定录取还是不录取。例如，文书能力（写作能力）、机械操作能力、心理运动能力、视觉能力、音乐能力、美术能力、飞行能力等。

（3）创造力测验。创造力是指产生新思想，发现和制造新事物的能力。测试创造力的方法主要有加利福尼亚大学测验法、托兰斯创造思维测验法、芝加哥大学创造力测验法等。这些方法各具特色，具有一定的实用性。

我国企业在自己的实践中，也研究出一些测试方法。但是在一般情况下，不需要烦琐的测试，大部分企业根据考察对象在实际工作中的表现、成果和业绩进行评估。

## 六、影响能力发展的因素

（1）遗传。一个人能力的强弱，与遗传有很大关系。

（2）知识和技能。一个人的知识和技能在数量和质量上的多寡，对能力的提高具有很重要的作用。

（3）环境和教育。家庭、社区、单位以及同学与朋友等对一个人能力的发展和提高有着重要作用。就像播种在土壤里的种子，虽然具备了成长的先天素质，但能否发芽成长，还取决于土壤的成分、湿度及气候等其他条件。人的能力的先天素质也只是获得知识和技能的可能性，可能性能否改变事实，取决于许多外在条件。社会环境和教育作为外在条件，能激励和推动、压抑和扼杀人的能力的发展。例如，对“狼孩”的研究发现，由于缺少人际环境和教育，狼孩的语言能力、思维能力、交际能力等各方面都受到了损害，即便重返人类社会，也不能发展到正常人的智力水平。

（4）社会实践。社会实践是人们提高能力的重要途径。人们只有参加社会实践，才能够获得真才实学。由于实践性质的不同，实践的广度和深度不同，人们在实践中形成了各种不同的能力。长期从事管理工作的人，组织领导能力得到了发展，他们善于处理组织中的各种人际关系，善于在纷繁复杂的情况下做出正确的决策；整天和油漆打交道的油漆工人，辨别颜色的能力得到了高度发展，有些人能分辨 400～500 种颜色（一般人只能分辨 40 多种颜色）。这些都说明经过长期的社会实践，相应的能力就能得到高度发展。

（5）勤奋和努力。个人能力的大小，与个人的勤奋和努力是分不开的。勤能补拙，即使是先天条件差的人，只要勤奋并且努力，也能获得一般能力和一些特殊能力。

## 七、能力在组织管理中的应用原则

合理用人，从古至今都是成事的关键，也是历来管理的重要原则之一。对现代管理者来说，这一点更为重要。现代管理特别强调：“只有无能的管理，没有无用的人才。”管理者只有根据员工的能力状况做到量才为用，才能把员工的作用最大限度地发挥出来，从而提高管理效率。具体来说，管理者在使用人时，应注意以下原则。

### （一）能职匹配原则

每一项工作对从事该工作的人的能力水平都有一定的要求，而管理者在安排人员时，应尽量使员工本身所具有的能力与实际工作的要求相一致，这就是能职匹配原则。例如，飞行员需要有很强的空间知觉能力和躯体协调能力，管理者要有较高的语言沟通能力，记者要有良好的逻辑推理能力。如果一个人所具有的能力低于实际工作所要求的能力水平，这个人会无法胜任该工作。如果一个人所具有的能力高于实际工作所要求的水平，那么不仅是浪费人才，而且影响员工个人的工作满意度和工作效果。

美国心理学家布兰查德曾举过一个例子说明这个问题。美国建立第一个农业大工厂时，需要雇用一批保安人员。由于当时劳动力过剩，工厂规定雇用保安人员的最低标准为高中毕业生，并要求具有三年警察或工厂警卫的经验。但按这个标准雇用的保安人员工作后，感到所从事的工作（只检查进门的证件）单调、乏味，表示无法容忍，因此对工作漠不关心，不负责任，而且离职率很高。后来工厂雇用只受过四五年初等教育的人来担任这个工作，他们对工作满意，责任心强，缺勤率和离职率都很低，保卫工作做得很出色。这说明，人的能力低于或高于工作的要求时，都会影响工作效果；只有人的能力与工作要求相匹配，才能最有效地发挥人的能力。

### （二）能职优化组合原则

人的能力是多方面的，而且有着类型的差异。在用人时，要从人的“强项”出发，实现工作与长处的结合，使其较强的能力充分发挥出来，这就是能职优化组合原则。值得注意的是，世界上没有十全十美的人。人有所长，必有所短，如何扬长避短也是管理者的工作重点。

彼得·德鲁克在《卓越成效的管理者》一书中写了林肯在南北战争中任命嗜酒贪杯的格兰特将军为总司令的事例。林肯知道喝酒可能误事，但他更知道格兰特是难得的帅才，所以他容忍了格兰特的缺点而委以重任。事实证明，格兰特将军临危受命，使南北战争出现了转折点。因此，管理者应善于发现和发挥人的长处，尽力使每个员工所从事的工作，都是最能发挥其较强能力的工作。

### （三）能力互补原则

在组建群体时，考虑成员之间的能力搭配与协调，使他们在工作过程中配合默契、相互补充，这就是能力互补原则。坚持这一原则应考虑两方面的问题。

（1）人的能力是有类型差异的。要圆满完成群体工作任务，实现组织目标，群体往往需要各种能力类型的人。因此，在组建群体时，群体成员应具有各不相同的特长，这样才能在具体工作中取长补短、相互配合，保证工作任务顺利完成。

（2）组织中的工作岗位分为不同的层次，而不同的工作岗位对人的能力水平的要求也不同。因此，在组建群体时应考虑到这种差异，尽可能根据成员的能力水平和能力结构合理搭配。这样，虽然个人的能力不是很强，但群体内耗小，群体整体可以发挥出很大的力量。有些管理者认为，人才越多越有利于组织发展，所以，总是千方百计聚集人才。但是，事实上，如果人才超过了实际工作的需要，常常会适得其反。

## 小测试

#### 气质类型自测

根据自己的真实情况，对以下各项陈述做出判断。如果某项陈述符合你的情况，回答“是”，得1分；如果某项陈述不符合你的情况，回答“否”，得0分。

1．做任何一件事时，总会想到一切可能性，力求稳妥，从不做没有把握的事情。

2．遇到可气的事就怒不可遏，想把心里话全说出来才痛快。

3．宁肯一个人干事，不愿很多人在一起。

4．来到一个新环境后很快就能适应。

5．厌恶那些强烈的刺激，如尖叫、噪声、危险镜头等。

6．当和人争论时，总是先发制人，喜欢挑衅。

7．喜欢安静的环境。

8．善于和人交往。

9．欣赏那种可以克制自己感情的人。

10．生活有规律，按部就班，从不违反作息制度。

11．在多数情况下情绪是乐观的。
12．和陌生人在一起时很拘束。
13．遇到让自己生气的事，能很好地自我克制。
14．做事总是精力充沛。
15．遇到困难常常举棋不定、优柔寡断。
16．在人群中从不觉得过分拘束。
17．心情好时觉得什么都有趣，心情郁闷时又觉得什么都没意思。
18．当注意力集中于做某事时，别的事物很难使你分心。
19．理解问题总比别人快。
20．碰到危险情境就会胆战心惊。
21．对学习、工作、事业怀有很高的热情。
22．能够长时间做枯燥、单调的工作。
23．只喜欢干自己感兴趣的事情。
24．一件微不足道的事情也能引起情绪波动。
25．讨厌做那种需要耐心、细致的工作。
26．与人交往不卑不亢。
27．喜欢参加热烈的活动。
28．爱看感情细腻、描写人物内心活动的文学作品。
29．工作、学习时间长了，常感到厌倦。
30．讨厌高谈阔论，愿意实际动手干。
31．喜欢侃侃而谈，讨厌窃窃私语。
32．别人说我总是闷闷不乐。
33．遇到问题总是想半天才明白，总是比别人慢半拍。
34．疲倦时只要短暂的休息就能精神抖擞，重新投入工作。
35．心中有事从不愿说出来。
36．认准一个目标就希望尽快实现，不达目的誓不罢休。
37．学习、工作时间相同，却比别人更疲惫。
38．做事只逞一时之快，不考虑后果。
39．老师讲授新知识时，总希望他讲慢些，多重复几遍。
40．能够很快地忘记那些不愉快的事情。
41．做作业或完成一种工作总比别人花的时间多。
42．喜欢运动量大的剧烈体育活动，或参加各种文娱活动。
43．不能很快地把注意力从一件事转移到另一件事去。
44．接受一个任务后，希望把它迅速完成。
45．认为墨守成规比冒风险强些。
46．能够同时注意数件不同的事情。
47．当我烦恼时，别人很难使我高兴起来。
48．爱看情节起伏跌宕、激动人心的小说。

49．对工作抱认真严谨、始终一贯的态度。
50．和周围的人总是闹别扭。
51．喜欢复习学过的知识，重复做已经掌握的工作。
52．希望做变化大、花样多的工作。
53．小时候会背的诗歌，我似乎比别人记得清楚。
54．别人说我“出语伤人”，可我并不觉得这样。
55．在体育活动中，常因反应慢而落后。
56．反应敏捷，头脑机智。
57．喜欢有条理而不甚麻烦的工作。
58．兴奋的事常使我失眠。
59．老师讲新概念，常常听不懂，但弄懂后就很难忘记。
60．假如工作枯燥无味，心情就会变得十分郁闷。

**要求：**

1．将每小题的得分填入下表相应的栏内。

| | | |
|---|---|---|
| 胆汁质 | 题号 | 2，6，9，14，17，21，27，31，36，38，42，48，50，54，58 |
| | 得分 | |
| 多血质 | 题号 | 4，8，11，16，19，23，25，29，34，40，44，46，52，56，60 |
| | 得分 | |
| 黏液质 | 题号 | 1，7，10，13，18，22，26，30，33，39，43，45，49，55，57 |
| | 得分 | |
| 抑郁质 | 题号 | 3，5，12，15，20，24，28，32，35，37，41，47，51，53，59 |
| | 得分 | |

2．计算每种气质类型的总得分数。

3．气质类型的确定标准。

（1）如果某一种气质明显高于其他三种（均高出 4 分以上），则可定为该种气质。如果该气质类型得分超过 20 分，则为“典型”型，如果该种得分是 10～20 分，则为“一般”型。

（2）如果两种气质类型得分接近，其差异低于 3 分，而且明显高于其他两种，高出 4 分以上，则为这两种气质类型的混合型。

（3）如果三种得分均高于第四种，或者接近，则为三种气质类型的混合型。

可能有 13 种气质类型：胆汁质、多血质、黏液质、抑郁质、胆汁—多血质、多血—黏液质、黏液—抑郁质、胆汁—抑郁质、胆汁—多血—黏液质、多血—黏液—抑郁质、胆汁—多血—抑郁质、胆汁—黏液—抑郁质、胆汁—多血—黏液—抑郁质。

## 课后思考题

1．根据所学的气质理论判断自己的气质类型，并分析这种气质类型的特点。

2．根据所学的性格理论判断自己的性格类型，并分析这种性格的特点，以及这种性格是怎样形成的。

3．能力的含义及分类是什么？个体能力的差异表现在哪些方面？

4．能力差异对管理有什么启示？

5．假设你是一名部门主管，应该如何纠正不同气质类型的员工在工作中出现的错误？

## 案例分析

### 谁当经理更合适

某电子电器工业公司是一个由十几家小厂组成的专业公司，公司行政领导班子由一正三副四个成员组成。总经理由于年事已高即将退休，需要物色一位新的总经理。该公司的上级主管部门经过一段时间的研究考察，认为现任三位副经理不宜晋升，新的总经理需从下面挑选。各方面的意见最后集中到从李厂长和王厂长中选拔。下面是有关他们的资料。

李厂长，男，39岁，文化程度大学本科（电子专业），中共党员，原是该厂技术员，高级知识分子家庭出身。"文革"中父母受到严重迫害，他也受到影响。党的十一届三中全会以后，他一反过去的消沉，工作积极努力，认真学习科学文化知识，并善于把学到的知识用于指导工作，为本厂的产品开发、产品的升级换代和提高质量，以及建立科学的检测手段做出了重要贡献。他从技术科长晋升为厂长后，对厂里进行了一系列改革，加强了科学管理，使工厂的面貌大为改观，大大提高了经济效益，年创利和人均创利都居本系统的首位，员工收入也大幅度提高，全厂精神振奋，一派欣欣向荣的景象。

李厂长性格开朗、精力充沛，善言谈、好交际，活动能力很强，积极开展横向联系，在全国10多个省市开设了200多个经销点、30多个加工企业，效益都很显著。他认为，要发展就要靠技术，因此千方百计，不惜重金引进人才，至今该厂已有10多位外来的高级工程师和工程师。他还很重视产品的宣传和推广，每年要花几十万元广告费，电台、电视台、路边广告牌、电车、汽车以及铁路沿线都有该厂的广告，可谓"无孔不入"。他担任市企管会分会的理事，在协会中活动频繁，各方面关系融洽，对厂里工作也有促进。李厂长事业心强，一心扑在工作上，早出晚归，南来北往，一年到头风尘仆仆，不辞辛苦。该厂曾被评为"市企业管理先进单位"，李厂长获"市优秀厂长"称号，该厂的产品也被评为市优质产品。但李厂长有一个明显的缺点，就是骄傲自满，自以为是，常常盛气凌人，有时性情急躁，弄不好还会暴跳如雷，不太把公司领导放在眼里，经常顶撞他们，公司的"指令"常常被他顶回去，因此公司领导对他这一点颇为不满。各科室也不大愿意和他打交道，他同公司下属的其他几个兄弟厂关系也不融洽。这些厂的厂长对他敬而远之，对上级表彰他颇有微词。他也不善于做思想工作，认为这是党支部的事。所以平时遇到思想问题他都是作为"信息"告诉书记，要支部去做工作；他和几个副厂长的关系处理得也不太好，领导几次协调也无济于事。

王厂长，男，37岁，文化程度大专（企业管理专业），中共党员，有技术员职称，家庭出身小业主，在"文革"期间，他不参与任何帮派活动，而是偷偷学文化、钻业务，组建厂时就担任了厂长，至今已近10年。他经历了该厂由衰到盛、几起几落的整个过程。

对电子行业的特点非常熟悉，自己又有动手设计的能力。他最大的特点是精于企业管理，在学校学了计算机原理后，率先把计算机运用到企业管理中。他对全厂的机构设置、行政人员的配备、岗位责任以及各副厂长、科长、车间主任和各级管理人员的职责都有明确的规定，每年考核两次，奖惩分明。因此，平时大家各司其职，他却显得很悠闲自在。常常上这个科室转转，到那个车间看看，以便了解情况，发现问题。公司及有关部门召开的会议，他从不缺席，而有的厂长常常忙得脱不开身。他似乎比别的厂长“超脱”得多，厂长们都很羡慕他。

王厂长性格内向、沉稳，不喜欢大大咧咧地发议论，对什么事情，总要深思熟虑，三思而后行，人们说他“内秀”。他对自己厂今后五年的发展有一个远期规划。听起来切实可行，也颇鼓舞人心。对一些出风头的社会活动，他不太喜欢参加，但对各种开阔思路的业务技术讲座很感兴趣。他很善于做员工的思想工作，他认为企业员工的思想问题都是在生产过程中产生的，都和生产有关。一厂之长，要抓好生产怎么能不做思想工作呢？因此，对一些老大难问题，他从不推诿，都是亲自处理。他还要求各级行政干部做人的思想工作，并把它作为考核的内容。他和党支部、工会的关系都很好，积极支持它们的工作。他待人谦和，彬彬有礼，和本公司上下左右的关系都不错，公司有什么事，只要打一声招呼，他就帮助解决了。因此，他的人缘挺好，厂里进行民意测验，几乎异口同声称赞他。

和李厂长不同，他不喜欢花高价引进工程技术人员，他认为这些人中不乏见利忘义之徒，只能同甘，不能共苦。关键时刻还是要靠自己，宁愿多花些钱来培养自己厂里的技术人员；几年来，厂里也确实培养了一批技术骨干，有些人还很拔尖。他也不喜欢高价做广告。他说：“我们的产品质量自己有数。我不能干这边排队卖、那边排队修的事。”他把做广告的钱用来购买先进的技术设备，为提高质量服务。他说等质量到经得起“吹”的时候再做广告。但实际上，他们厂的产品质量还是不错的。开箱抽查，合格率达98%。

该厂是“市企业管理先进单位”“区文明单位”。工会是“区先进职工之家”，团支部是“区先进团支部”，他本人则荣获“市优秀厂长”和“局优秀党员”称号。但也有不少人认为，王厂长缺乏开拓精神，求稳怕变，按部就班；工作没有多大起色；按照厂里的基础和实力，应该发展得更快些。可他们的效益都比不上李厂长的厂。和李厂长相比，他就显得保守，过于谨慎，不得罪人。王厂长听了这些议论，不以为然，依旧我行我素。

**思考：**试用本节课所学知识分析李厂长和王厂长谁当总经理更合适。

# 第四章 个性心理倾向与行为

**本章重点**

- 掌握需要、动机与行为的关系。
- 掌握价值观的含义、类型、形成以及价值观对管理的影响。
- 掌握态度的含义、种类以及态度与行为的关系。

**引例**

美国西雅图的华盛顿大学准备修建一个体育馆。消息传出，立刻引起了教授们的反对。校方只好顺从了教授们的意愿，取消了这项计划。教授们为什么会反对呢？原因是校方选定的位置是在校园的华盛顿湖畔，体育馆一旦建成，恰好挡住了从教职工餐厅窗户可以欣赏到的美丽风光。为什么校方又如此尊重教授们的意见呢？原来，与美国教授平均工资水平相比，华盛顿大学教授的工资一般要低20%左右。教授们之所以愿意接受较低的工资，而不到其他大学去寻找更高报酬的工作，完全是出于留恋西雅图的湖光山色。西雅图位于太平洋沿岸，华盛顿湖大大小小的水域星罗棋布，天气晴朗时可以到美洲最高的雪山之一——雷尼尔山峰，开车出去还可以游览一息尚存的活火山——海伦火山。

（资料来源：蒋董雷，杜均，徐洪奎．管理之美[M]．北京：中国纺织出版社，2004）

**思考：**雷尼尔效应给我们带来什么启示？

在上一章我们介绍了个性的心理结构由个性心理特征和个性品质倾向两部分组成。个性心理特征主要包括气质、性格、能力等；个性品质倾向主要包括需要、动机、兴趣、态度、理想、信念、价值观等。本章主要探讨个性品质倾向。

## 第一节 需要、动机与行为

### 一、人类行为的产生

人们时刻表现出各种行为：吃饭、睡觉、工作、学习。这些行为是由什么力量驱使的呢？许多心理学家都在探索答案，但见解大相径庭。总体来说，可分为四种观点：本能论、内驱力理论、需要理论和动机认知理论。

#### 1．本能论

本能论认为人类行为的根源和动物一样，都是受着本能的驱使。所谓本能，是先天的遗传倾向，是物种在适应环境的历程中形成的。这种观点忽视了人的社会性，而社会性正是人的本性，是人类个体区别于其他生物个体的最根本的东西。因此这种观点实质上是错误的，它忽视了人的本性，把人等同于动物。

#### 2．内驱力理论

内驱力理论主要观点有：第一，有机体的各种生理系统经常维持在一定的平衡状态，当平衡遭到破坏时，有机体就会产生生理上的内驱力，使机体恢复平衡；第二，提出二级驱力的概念，认为人除了先天的生物内驱力（如饥、渴、性等），还存在后天习得的内驱力，如追求成就、威望等。这种观点仍以人的生物体本能为出发点解释人类的行为，摆脱不了机械性质的局限。

#### 3．需要理论

需要理论认为需要表现为人对某一外界事物的欲望。人的需要可分为本能的机体需要和社会需要，前者如呼吸、饥渴、休息的需要，后者如劳动、学习、娱乐的需要等。有些学者认为动机、兴趣、理想、信念等倾向性的东西，只不过是需要的表现形式。被意识到的需要往往以动机的形式表现出来，成为直接推动行为的动力。这种理论被人们广泛接受，现代激励理论大多以需要作为人类行为的出发点。

#### 4．动机认知理论

动机认知理论认为人类的行为，尤其是复杂的行为，不仅受需要的影响，还受个人认知变量的影响，如人们对目标的选择、兴趣、对成败可能性的分析等。在现实生活中常有这样的例子：有升迁需要的人不一定就会努力工作，除非他认为努力工作后获得升迁的可能性足够大。期望理论、归因理论等都属于动机认知理论。

## 二、需要

### （一）需要的概念

需要是指使特定的结果具有吸引力的某种内部状态，即个体对某种必不可少的事物感到匮乏的心理状态。例如，食物对饥饿的人有吸引力，官职对渴望权力的人有吸引力。

### （二）需要的种类

需要按产生的根源分为以下两大类。

（1）先天性的、本能的需要。这种需要是人类在世代生活过程中，由于生存条件的需要，以本能的无条件反射的方式存在于人体之中，并遗传给下一代的。它是人为了保证生存条件和种族延续所具有的个体活动的动力，如呼吸、饥渴、休息、睡眠、排泄、生殖、母性的爱与关怀、对痛苦的躲避等。应当注意的是，这种需要在人身上已经带有社会性。人和动物都要吃东西，这是简单的生理需要，但人在为解除饥饿吃东西时，其满足方式已不同于动物。马克思曾说过：“饥饿总是饥饿，但是用刀叉吃熟肉来解除的饥饿，不同于用手、指甲和牙齿啃生肉来解除的饥饿。”总之，人的自然需要也具有社会性。

（2）社会性需要。这种需要是人类在社会实践过程中，在本能需要的基础上发展起来的，由外界环境诱发、从实践中学习、领悟到的需要，如交际的需要、劳动的需要、学习和受教育的需要、自尊的需要、成就的需要等。人的社会性活动主要是由这类需要所决定的，这类需要具有文化差异。

需要具有动力性。人要生存和发展，就要通过各种行动去满足各式各样的需要。例如，当人口渴时，对水的需要就成为推动他去寻找水这一活动的动力。原有的需要满足后，人们又产生新的需要，它始终是行为的动力。

## 三、动机

### （一）动机的概念

需要虽然具有动力性，但并非直接导致行为。人类的行为是由动机引发的，而动机是由特定需要引起的。动机是在需要的刺激下直接推动人类行为的动力，引起并维持行为，促使行为朝向某一目标进行。动机本身不属于行为，只是行为的原因。

### （二）动机的分类

在组织行为学的研究中，对动机种类的划分尚无统一标准，这里只介绍几种有代表性的动机分类。

（1）根据引起动机的原因，可以分为内部动机和外部动机。前者是由人的内在需要引起的，后者是与人的外在需要相联系的。

（2）根据动机的社会意义，可分为正确动机或高尚动机和错误动机或低级动机。从社会进步和人民利益出发，造福人类的动机为正确动机或高尚动机；从个人或少数人的私利出发，危害社会、损人利己的动机，称为错误动机或低级动机。

（3）根据动机维持时间的长短，可分为长远动机和短暂动机。前者影响范围广，持续时间长；后者只在短时间内对个别行为起作用。

### （三）动机的功能

动机在激励过程中具有以下四大功能。

（1）唤起行为的始动功能。一般来说，人们有了某种需要，当这种需要与能够满足它的具体目标相结合时，才能转化为动机，并在一定的外部条件下，按头脑中已经储存的模式或新学习的模式去行动。

（2）将活动引向一定目标的指向性功能。动机一旦发挥作用，它就引导人的行为向着满足其需要的方向发展，使行为具有一定的强度和持久性。

（3）强化功能。强化可以是来自外在诱因产生的刺激，也可以是由内在性的动机所产生的行为后果。一个人的成功和失败的体验对他的行为有一定的影响，可以起强化作用，使其活动能够顺利进行。在一般情况下，一个人在成功地完成某项工作后，可以增强把工作做好的信心，希望下次工作做得更好。

（4）形成一定行为模式的调整功能。动机好比是汽车的发动机和方向盘，它既给行为以动力，起发动作用，又及时调整行为的方向。动机对人的行为的调整具体表现为：首先，建立在与人的直接利益有关的基础上的动机（如家庭观念、道德感等）常常使人不自觉地、无意识地使其他动机服从于这种动机；其次，理想、信念等高级动机，可以使那些与自己的观念相矛盾的直接冲动服从于它提出的意图和目标。

## 四、动机与需要

动机与需要是两个密不可分又不可相互等同的概念。需要是人们感到某种重要的事物匮乏的一种心理状态，它是动机的基础和出发点。只有当需要与某种具体目标相结合时，才能转化为动机，而动机才是人们行为的真正动力。因此，有需要不一定有动机，同样，需要与不同的目标相结合会产生不同的动机。

如果满足需要的目标物不存在，人们即使有需要，也不会产生动机。例如，一名被困在井下的矿工，即使他十分饥饿，如果井下没有食物，他也不会产生寻找食物的动机，因为无谓的行动不仅不能满足他的需要，还会浪费他宝贵的体力，使生存需要也得不到满足。

行为是人类有意识的活动。行为产生的原因是心理学家争论的焦点。德国心理学家卢因融合各派理论之长，认为人的行为是环境与个体相互作用的结果。根据这种理论，可以说人的行为是由动机决定的，而动机是由需要支配的。

## 五、动机与行为的关系

人的行为总是由一定的动机引起的。所以，人们还常常将引起个人行为、维持此行为并将此行为导向某一目标（个人需要的满足）的过程称为动机。

动机具有原发性、内隐性、实践活动性的特征，由此又具有三种机能：一是始发机能，动机是个体行为发动的直接原因；二是导向、选择机能，动机指导人们做出相应选择，使行为朝着特定的方向、预期的目标进行；三是强化机能，行为结果对动机有反作用，动机因良好的结果而加强，使行为加强、重复，反之减弱、消失。

一般来说，动机是行为产生的直接动力，行为是动机的外在表现。由优势动机引发人的行为。那么，动机与行为之间的关系是不是完全确定的对应关系呢？否。由卢因的人类行为公式可知：由于任何一种行为都是个人因素与环境因素相互作用的结果，对同一个人，相同的动机，不同的环境会导致不同的行为；在个人因素中，外在表现和内在动机有时一致，有时不一致，关系复杂；内在动机又有积极、消极之分，各种成分混杂。因此，人的行为是这些因素的“综合效应”。这使动机与行为有着复杂的关系。具体表现在以下几个方面。

**1．同一动机可以引起多种不同的行为**

例如，人们都想装修一套较为舒适的住房，这种动机可能在不同的人身上引起不同行为：第一，努力工作，多得奖金，攒钱装修；第二，平时省吃俭用，省钱装修；第三，努力用正当经营赚钱装修；第四，搞歪门邪道、捞不义之财装修；第五，偷钱物来装修等。

**2. 同一行为可出自不同的动机**

例如，一个人埋头工作，可由种种不同的动机引起。第一，争取做优秀职工，为社会多做贡献；第二，为了受表扬得个好名声；第三，得到领导者的好感，以便受提拔重用；第四，为了多拿奖金，改善生活。

**3. 合理的动机可能引起不合理的甚至错误的行为**

有的管理者看到自己的下属工做出了差错很痛心，一心想帮助其改正，但因急于求成，采取了简单粗暴的做法，结果未能使他认识自己的错误，反而使他产生了抵触情绪。

**4. 错误的动机有时被外表积极的行为所掩盖**

在已经查处的经济犯罪分子中，有的犯罪分子早来晚归，对领导者百般殷勤，还被选为“先进工作者”。但其“先进”的行为，正是为了掩盖其犯罪动机。

由此可见，人的动机和行为之间的关系是十分复杂的。

无论动机与行为的关系如何复杂，但需要、动机与行为关系已经较明显地揭示出它们之间的关系以及发展规律，即需要—心理紧张—动机—目标导向行为—目标行为—需要满足—新的需要的产生。遵循这一规律，管理者能从宏观上掌握员工的心理，从而制定较为科学的管理措施，高效地实现组织目标。

## 第二节　价值观与行为

### 一、价值观的内涵

#### （一）价值观的定义与属性

价值观是指个人对客观事物（包括人、事、物）及对自己的行为结果的意义、作用、效果和重要性的总体评价，是推动并指引一个人采取决定和行动的原则、标准，是个性心理结构的核心因素之一。

价值观包括内容和强度两种属性。内容属性告诉人们某种方式的行为或存在状态是重要的；强度属性表明其重要程度。当我们根据强度来排列一个人的价值观时，就可以获得一个人的价值系统。每个人的价值观都是一个层次，这个层次形成了每个人的价值系统。这个系统通过我们赋予自由、快乐、自尊、诚实、服从、公平等观念的相对重要性程度而形成层次。

#### （二）价值观的重要性

价值观对于研究组织行为是很重要的，因为它是了解员工的态度和动机的基础。同时，它影响我们的感知和判断。每个人在加入一个组织之前，早已形成了“什么是应该的、什么是不应该的”思维模式。而且，这些思维模式隐含着一种观念，某种行为或结果比其他行为或结果更可取；也包含着对正确与否的解释。因此，价值观使得客观性和合理性变得含混不清。

价值观会影响一个人的态度和行为。假设你加入一家公司时认为以工作绩效作为薪酬分配的基础是正确合理的，而这家公司却以资历作为付薪的基础。这时，你会做出什么反应？你可能感到失望，这会导致你对工作不满意并且决定不付出更多的努力，因为它不可能给你带来更多的收入。相反，如果你的价值观与这家公司的薪酬政策一致，你的态度与行为是否会不同呢？

## 二、价值观的形成、影响因素及特点

### （一）价值观的形成

一个人的价值观从出生开始就在家庭、学校、社会等的影响下逐渐形成和稳定下来。时代背景、家庭经济、社会地位、父母的职业和价值观、学校教育等，对其价值观的形成具有决定性的作用。网络等媒体提供的信息逐步形成自己对是非的判断。长大以后，与他人的互动形成的经验会加强或改变个体的价值观。

### （二）影响价值观形成的因素

影响价值观形成的因素主要有文化、父母、老师、朋友、经验等。

#### 1. 文化

一个地区的文化具有很强的传承性和稳定性，人的价值观形成受到文化潜移默化的影响。例如，在中国，孝顺父母、勤奋节俭、不蒸馒头争口气等文化观念至今仍然得到广泛认同。

#### 2. 父母

父母是孩子的第一任老师。孩子来到世界上首先通过与父母的交流获得对世界的基本看法。“龙生龙，凤生凤，老鼠生来会打洞”不仅表示遗传基因相同，还表达了价值观作为社会基因在家庭内部的继承和延续。

#### 3. 老师

正规教育对人的价值观的形成具有重大影响，因为正规教育在人生中可谓密集、冗长。老师通过对什么是对的、什么是错的、什么值得表扬、什么该被批判等的引导和教育，形成了个体对世界、对人生的系统看法。

#### 4. 朋友

近朱者赤，近墨者黑；物以类聚，人以群分。朋友往往是个体交往比较多，也比较相似的一个群体，群体内化的压力和归属的需要使得个体在与朋友的交往中不断调整自己对人和事物的基本认知，从而对价值观的形成具有重要的影响。

#### 5. 经验

经验是个体在成功或失败后对成功或失败原因的一种深刻反思。经验可以加强也可以改变人们的价值观，甚至同样的经历由于个体的感知不同，也会对人的价值观产生不同的影响。例如，有的人认为自己在商业上能够取得成功源于冒险精神，于是，他认为冒险具有非常重要的价值；有的人认为自己的人脉关系是成功的首要因素，于是，他就非常注重在日常生活和工作中建立与维持广泛的社会关系；有的人认为成功主要靠自己运用资源的能力，于是，他就在学习和掌控资源能力方面投入足够的精力。

### （三）价值观的特点

（1）价值观是因人而异的。由于每个人的先天条件和后天环境不同，人生经历也不尽相同，每个人的价值观的形成会受到不同的影响，因此，每个人都有自己的价值观和价值观体系。在同样的客观条件下，具有不同价值观和价值观体系的人，其动机模式不同，产生的行为也不同。

（2）价值观是相对稳定的。价值观是人们思想认识的深层基础，它形成了人们的世界观和人生观。它是随着人们认知能力的发展，在环境、教育的影响下，逐步培养而成的。人们的价值观一旦形成，便是相对稳定的，具有持久性。

（3）价值观在特定的环境下又是可以改变的。由于环境的改变、经验的积累、知识的增长，人们的价值观有可能发生变化。只是，价值观的改变非常缓慢。

## 三、个体价值观的类型

### （一）奥尔波特的价值观分类

德国学者斯普兰格在《人的类型》一书中把人的社会生活归纳为六个方面，并因此将人相应地分为六种类型：理论型、经济型、审美型、社会型、政治型和宗教型。美国心理学家奥尔波特及其助手发展了该分类，并编制了问卷，用以了解这六种价值观对被调查者的重要性程度。他们认为这六种价值观是存在的，而不是指有六种类型的人，因为每个人都可能同时具有不同类型的价值观，只不过以一种价值观为主导。这六种价值观在人的行为上表现为：

（1）理论型。重视以批判和理性的方法寻求真理，求知欲强，喜欢追根问底，富于幻想，喜欢空谈，爱做理论分析，不愿与人交往。

（2）经济型。强调有效和实用，务实，讲享受，追求实用价值，不愿高谈阔论，属于现实主义者。

（3）审美型。也称艺术型，注重外在形象的美和心灵的感受，用美来衡量客观事物，自身也注重给人以美感。

（4）社会型。强调对人的热爱，以爱护他人、关心他人为崇高职责，热心社会活动，喜欢与人交往，随和，能容忍他人，肯牺牲自己。

（5）政治型。重视拥有权力和影响力，喜欢支配和控制他人，固执己见，具有反抗性，爱表现自己，对权威则恭敬顺从。

（6）宗教型。关心对宇宙整体的理解和体验的融合，相信命运，注重超自然的力量和感觉的东西，宁愿相信直觉而不愿正视现实或逻辑的推理，喜欢沉思。

### （二）格瑞夫斯的价值层次论

格瑞夫斯根据组织中人员行为表现形态的差异将人的价值观和生活方式划分为七个层次，这一理论对价值观的研究产生了较大的影响（见表 4-1）。

表4-1 格瑞夫斯的价值层次记

| 层次 | 类型 | 价值观特点 |
|---|---|---|
| 一 | 反应型 | 只对自己的基本生理需要做出反应，典型的是新生婴儿，在组织中很少见 |
| 二 | 宗教服从型 | 以高度服从为特征，其行为和观点受权威、传统和权利的影响。他们服从习惯与权势，喜欢按部就班 |
| 三 | 自我中心型 | 关注个人，进取精神强烈，主要服从权威 |
| 四 | 顺从型 | 喜欢事事问个明白，对价值观与自己不同的人很难接受，希望别人接受自己的价值观 |
| 五 | 操纵型 | 渴望通过控制别人或操纵事情来达到自己的目的，是绝对的功利主义者，追求显赫的社会地位和他人的认可，喜欢炫耀自己 |
| 六 | 社会中心型 | 把受人喜欢和与人友好交往看得比个人的表现更重要，为人和善，与世无争，更愿意放弃 |
| 七 | 存在主义型 | 能够高度容忍不确定性和与自己价值观不同的人，喜欢创新和灵活性，反对僵化的体制、限制性的政策、等级地位等 |

## （三）罗克奇的价值观分类

弥尔顿·罗克奇对价值观的分类最经典。他把社会中个体的价值观与行为模式以及存在的终极状态联系起来，把价值观定义为个体关于怎么做人或做什么人以及追求什么人生目标的考虑和判断。

个体的价值观分为工具性价值观和终极性价值观两类。工具性价值观是指达到目标的手段，即为了达到某种终极状态而采用的可接受的行为，如雄心、诚信、勇气等。终极性价值观是指所要达到的目标或存在的终极状态，如幸福、自由、爱、自尊等。终极性价值观反映了个体的奋斗目标，工具性价值观则是实现目标的可行方法。

罗克奇编制了价值观调查问卷，该问卷包括两种价值观类型，每种类型有18个具体项目（见表4-2）。他认为这些价值观在个人心目中的重要性可以用不同的等级来表示，人与人的差异关键在于价值体系中每条价值观的重要性和排列模式的不同。

表4-2 罗克奇的终极性价值观和工具性价值观

| 终极性价值观 | 工具性价值观 | 终极性价值观 | 工具性价值观 |
|---|---|---|---|
| 世界和平 | 诚实 | 友谊 | 情感/爱 |
| 快乐 | 宽容 | 成熟之爱 | 礼貌 |
| 平等 | 乐于助人 | 乐趣 | 理性 |
| 成就 | 自控 | 自由 | 责任 |
| 内心平静 | 独立 | 智慧 | 勇气 |
| 自然与艺术的美 | 服从 | 繁荣 | 能力 |
| 家庭安全 | 雄心 | 国家安全 | 愉快 |
| 自尊 | 开朗 | 社会尊重 | 智力 |
| 救赎 | 整洁 | 刺激、有活力的生活 | 想象力 |

## 四、与工作有关的价值观

### （一）西方的 PE 价值观

古典组织学派的奠基者韦伯认为，是加尔文教派极力倡导的那套价值观推动了西欧工业化的进程。这种被称为“新教徒道德”（简写为 PE）的价值观首次强调劳动本身的内在美德，劳动被视作上帝的号召，而劳动致富则是得到上帝保佑的证明。PE 还要求人们在生活中自我克制和推迟追求享受与满足，把所赚的钱做再投资。它认为人们有义务去劳动，而劳动本身不论多么卑贱，都是一种报偿。

西方学者对 PE 与人们行为间的关系做过大量研究，PE 是理解个人间差异的有益概念，信奉 PE 的人要比不信奉的人能吃苦耐劳和勤奋。这些人对工作的自尊心较强，所以哪怕接受了对自己工作的消极反馈（不利评价），也不会气馁，反而更努力工作以求恢复自尊。他们还发现西方老一代人对 PE 的接受人群远多于年青一代。但这究竟是成人发展阶段的普遍规律，还是放纵享乐价值观泛滥和生活水平提高的双重作用，尚无肯定结论。

### （二）集体/个人主义价值观

在做跨文化价值观比较时，人们发现了一种新的重要因素，即集体/个人导向。这个概念又是一个连续统一体，其两端分别是集体导向与个人导向。这两种导向的差别在于对待集体与个人态度，是更关心和尊重集体及其利益还是个人及其利益。个人主义者相信个人的目标与需求最重要，每个人都被视为独一无二的，人们对自己的评价主要依据自己的成就、地位以及其他特征。而集体主义者相信成为群体成员是一项主要考虑，群体的需要至关重要，主要依据人们所属的群体加以评价，家庭、社会阶层、组织和团队等群体皆优先于个人。荷兰社会学家吉尔特·霍夫斯泰德提出的一种由几类文化维度组成的框架，可以用来比较民族文化价值观，其中一个维度的内容是集体主义与个人主义。一般来说，东方的国家和地区，如中国、日本、韩国，都有较强的集体主义价值观；而西方，如美国、加拿大，则有较强的个人主义价值观。

### （三）职业价值观

人们对各种事物，如学习、劳动、享受、贡献、成就等，在心目中存在主次之分，对这些事物的轻重排序和好坏排序构成一个人的价值取向体系。职业价值观就是人们在职业选择和职业生活中，在众多的价值取向里优先考虑的价值观念。

人们在选择职业的时候往往会受到职业价值观的影响。例如，是要工作舒适轻松，还是要高标准的工资待遇；是要成就一番事业，还是要安稳太平。当两者有矛盾冲突时，最终影响人们决策的是存在于内心的职业价值观。由于个人的身心条件、年龄阅历、教育状况、家庭影响、兴趣爱好等方面的不同，人们对各种职业有着不同的主观评价。从社会来讲，由于社会分工的发展和生产力水平的相对落后，各种职业在劳动性质上、在劳动难度和强度上、在劳动条件和待遇上、在所有制形式和稳定性等诸多方面都存在着差别。再加上传统思想观念等的影响，各类职业在人们心目中便也有好坏高低之分，这些评价都形成了人的职业价值观，并影响着一个人对就业方向和具体职业岗位的选择。

## 五、价值观对管理的影响

### （一）对管理决策的影响

每一名管理者都受到自身价值观的影响，这种影响又会通过管理者的管理行为（主要是管理决策）对其他人产生作用。这些影响和作用具体表现在如下几个方面：

（1）对其他个人及群体的看法，从而影响人与人之间的关系；

（2）个人对决策和问题解决方法的选择；

（3）对个人所面临的形势和问题的看法；

（4）关于道德行为的标准的确定；

（5）个人接受或抵制组织目标和组织压力的程度；

（6）对个人及组织的成功和成就的看法；

（7）对个人目标和组织目标的选择；

（8）用于管理和控制组织中人力资源的手段的选择。

### （二）对管理模式的影响

在人力资源管理中，根据组织的总体目标、基本价值观、对员工的看法等方面的不同划分，存在着以下三种管理模式。

#### 1. 最大利润管理模式

最大利润管理模式在 19 世纪和 20 世纪初被广泛地应用于美国企业中。经营总体目标就是取得最大利润，以在市场竞争中求得生存和发展。一切管理决策和组织行动都服从这个唯一目的。与这种管理模式相适应的价值观是利己主义、适者生存、个人奋斗、竞争等。员工仅仅是企业获取利润的手段而不是目的。领导方式是粗鲁的、个人专断的。组织考虑员工福利是为了组织取得最大利润。

#### 2. 委托管理模式

在生产资料的所有权和经营权分离之后，企业的经营者不仅要考虑企业投资者的利益，还要考虑员工、顾客、社会等各方面的利益。这时，在企业中员工既被看作手段，也被看作目的，而不再单纯是劳动力市场中任人雇用和解雇的资源。委托管理模式承认员工的权力必须得到承认，可以通过组织工会等员工团体来关注他们的利益。但是，它仍然有强烈的利润指标需求。因此，它是一种在谋取利润与社会道德之间进行调和的管理模式。

#### 3. 生活质量管理模式

生活质量管理模式承认企业需要利润，但强调追求利润要合理，要考虑社会利益，企业利润与社会利益是共存的，对社会有利的利益对企业也有利。利润更多地被看成一种手段而不是目的。人本身在组织内部及组织外部的全面自由发展被看成比金钱、物质、技术更为重要的事情，人所拥有的生活质量成为组织所追求的目标。与此管理模式相适应的价值观是使利己主义、竞争和原始的自身利益转变成大家分享、合作和开明的自身利益。生活不再被看作“你胜就是我负”的你死我活的局面，而是“我成功你也成功”

的双赢局面。在管理中强调了人本主义的倾向，每个员工的尊严和价值观都得到承认，注重充分发挥员工的技术和能力，使其参与管理；领导作风也倾向于民主和分权，管理者和员工互相沟通，彼此信任。

#### （三）价值观与组织文化

一个组织是由人构成的，组织成员的个人价值观往往由于自身年龄、背景、经验、成长环境的不同存在着较大的差别。如果面对这种差别，组织令其自然发展，将会给组织成员之间的协作、配合、人际交往等带来潜在的冲突，甚至影响组织的工作效率和工作目标的实现。因此，组织文化的建设就成为一个组织越来越重视的内容。

组织文化是指“在一定的社会经济条件下，通过社会实践所形成的并为全体成员遵循的共同意识、价值观念、职业道德、行为规范和准则的总和”，“是一个企业或一个组织在自身发展过程中形成的以价值为核心的独特的文化管理模式”。组织文化的本质就是组织中大多数员工共同认同的价值观和价值体系。组织价值观是组织文化的核心要素，是组织内全体成员共同遵守和承认的，对事物和现象在思想、感情、信念、观念上的取向准则，是辨别是非的标准。为了实现组织目标，组织成员会自觉遵守组织价值观。正是这种组织价值观，决定了组织的特色。良好的组织文化有利于组织成员之间的理解和协作，会对组织成员产生强大的凝聚效应。

组织文化的形成是一个长期过程。在这个过程中，有众多因素会影响组织文化的形成，如外部的环境文化、所在国家或地区的民族文化、组织原有的传统、领导者（创始人）的思想观念，以及组织的人员状况、产品特征、技术特点等都会对组织文化的形成产生或大或小的影响。但是组织文化形成的核心在于组织核心价值观的形成。

## 第三节　态度与行为

### 一、态度的概念与构成

#### （一）态度的概念

态度是个体对特定事物的心理倾向——相对积极或消极、喜欢或不喜欢。与情绪相比，态度偏向于判断和逻辑，而情绪是对带来愿望状态的对象心理和生理经历，偏向于感觉经历。态度是个体经常有的情感、思想和行为的倾向，是引导和指引个体行为的一个比较重要的因素，是个体在其生理基础上，在一定的历史条件下，通过社会环境的不断影响逐步形成的。

#### （二）态度的构成

态度由三种基本成分构成：感知成分、情感成分和意向成分。在态度的形成中每个成分都起着重要的作用。

##### 1. 感知成分

感知是具有评价意义的叙述，内容包括个体对某个对象认识与乏解、赞成与反对，这是形成态度的基础。例如，你相信你喜欢某门课程。这可能是因为教材非常好，课程的时间安排很理想，教授很优秀或作业负担轻。感知基于对真实和现实的感知，而感知与现实的切合程度大不相同。

#### 2. 情感成分

情感是指个体对于对象的体验，对其喜恶情感的反应深度。它通常表现出对对象是喜欢还是反感，是爱戴还是憎恶，是愉悦还是悲伤。情感伴随感知过程产生，并保持态度的稳定性。例如，绝大多数对“爱”“恨”“性”“战争”等词汇的反应与这些词汇所传递的含义的反应是一样的。

#### 3. 意向成分

意向是个体对对象的反应倾向，是一种引导行为的要素，即行为的准备状态，准备对态度对象做出反应。如果你喜欢你的教师，你可能会在下学期选修他的另一门课程。不过，意向不一定总会变成实际行动。如果这位教师的课程安排在早晨 8 点，你也许马上觉得上另一位教师的课也不错。

总之，态度是很重要的，因为它会导致行动。如果态度是积极的，组织就会受益；如果是消极的，组织就不会受益。因此许多组织越来越关注对成员态度的衡量和监控。

## 二、态度的种类

既然态度是针对人、客体和事物的，而这些对象又是无限多样的，那么态度自然也就有无限多种。不过，这里只关心那些与组织和工作有关的态度。组织行为学对态度研究的注意力集中在有限的、与工作相关的几种态度上。这些态度包括对工作的满足、对工作的投入、对组织的认同，在组织中具体表现为工作满意度、工作参与度和组织承诺三个方面。

### （一）工作满意度

#### 1. 工作满意度的概念

工作满意度是指员工由于对工作特点进行评估而产生的对工作的积极感觉。如果员工拥有较高的工作满意度，说明他对该工作持积极的态度；如果员工的工作满意度较低，说明他对该工作持消极的态度。人们在谈论员工的态度时，往往是指工作满意度，因此，这两个词经常可以互换。

#### 2. 影响工作满意度的因素

哪些与工作有关的因素决定了工作满意度呢？有证据表明，决定工作满意度的重要因素包括具有心理挑战性的工作、公平的报酬、良好的工作环境和融洽的同事关系，以及上下级关系。当然，还有一个非常重要的因素就是人格与工作的匹配。

（1）工作性质与内容。员工喜欢选择这样的工作：这些工作能够为他们提供使用自己的技术和能力以展示自己价值的机会，能够提供各种各样的任务，有一定自由度，并能对他们工作的好坏予以反馈。这些特点使得工作更富有挑战性。缺乏挑战性的工作使人感到厌烦，但是颇具挑战性的工作也会使人产生挫败感。在挑战性适中的工作中，大多数员工都会体验到愉快和满意。

（2）报酬。员工希望组织的分配制度和晋升政策能与其期望一致，并做到公平、公正、公开。当员工认为他们所获得的报酬是公正地建立在工作要求、个人技能水平以及行业平均工资标准的基础上时，就会表现出较高的满意度。当然，金钱和职务本身不一定是每个人的终极追求，但通常被员工看成管理者对于他们对组织贡献大小的看法的一种反映。与绝对的报酬数量相比，员工更看重与自己的付出、别人的付出以及行业整体水平相比较后的相对公平。因此，如果员工觉得分配制度和晋升决策是以公平和公正为基础制定的话，他们更容易从工作中体验到满意感。

（3）工作环境。员工对工作环境的关系既是为了个人的舒适，也是为了更好地完成工作。研究表明，大多数员工希望所工作的物理环境是安全的、舒适的和最小干扰的。如果工作环境较好（如洁净、设备比较现代化、有充足的工具和机械设备），则员工不会有工作满意度上的问题；相反，如果条件很差（如燥热、嘈杂、肮脏的工作环境），则员工很容易不满。但是，除非工作环境实在太差，否则大多数人不会太受这一因素的困扰。

（4）人际关系。对大部分人来说，工作不仅意味着对物质需求和权力欲望的满足；或者说，人们从事工作不仅是为了挣钱养家和获得权力、地位上的成就。社会交往是组织成员在工作中追求的另一种满足。许多人宁愿接受较少的报酬，而在一个温馨、和善的组织中工作，也不愿为了赚更多的钱忍受冷漠、势利、敌对的同事关系。所以，友好的和支持性的同事关系会提高员工对工作的满意度。

（5）领导的管理方式。上司的行为也是一个决定满意度的主要因素。研究发现，影响工作满意度的上级管理似乎有两个维度。一个是员工中心性，可以通过员工的直接主管对其个人的关注程度来测量。当主管是善解人意的、友好的，对好的绩效进行表扬，倾听员工的意见，对员工表现出个人兴趣时，员工的满意度就会提高。相当多的经验性证据表明，员工离开一家公司的主要原因之一就是他们的上级不关心他们。另一个是参与和影响。也就是说，管理者允许其下属参与一些会影响其本职工作的决策过程。一般来说，参与会提高员工的工作满意度。

（6）人格与工作的匹配。1959 年心理学家约翰•霍兰德提出了人格与工作匹配理论。他认为，员工的人格与职业的高度匹配将给个体带来更多的满意度。当人们的人格特征与所选择的职业相一致时，他们会发现自己有合适的才能和能力来适应工作的要求，并且在这些工作中更有可能获得成功；同时，由于这些成功，他们更有可能从工作中获得较高的满意度。对霍兰德的结论进行的一些重复性研究几乎都得到了完全支持性的结论。因此，在考虑工作满意度时人格与工作的匹配这个因素是非常重要的。

**3．工作满意度对组织绩效的影响**

如果工作满意度高，员工会做得更好吗？组织会更有效率吗？如果工作满意度低，会带来绩效问题和效率问题吗？这些年来，管理者和学者们一直在对这些问题穷究不舍。在早期，关于满意度和绩效关系的观点基本上可以概括成一句话——“快乐的员工是生产率高的员工”。但是以“快乐员工”为主题的信念主要建立在美好的愿望上，而不是确凿的证据上。事实上，有关工作满意度和绩效之间的问题不仅这么简单，它们之间有着复杂而间接的关系。

（1）满意度与生产率。世界上有一些通常被人们认为是自然而然的事情却往往被证明是不成立的，有关对满意度和生产率之间关系的猜想就是其一。许多年来，人们大多认为工作满意度高的员工，其生产率也高，就像前文所说的那样“快乐的员工是生产率高的员工”。然而，至少到目前为止的研究都证明，满意度和生产率之间并没有很强的联系，只有 0.14 左右。除了满意度，还有很多因素可以影响到生产率。

另一个问题是因果关系箭头的指向问题。究竟是“快乐的员工是生产率高的员工”，还是“生产率高的员工是快乐的员工”？传统的观点似乎倾向于前一论断，但是研究发现，后一种论断更能站得住脚。这一点也很好理解，如果你的工作做得很好，你就会从内心里感觉良好。另外，如果你所在组织对生产率设置奖励的话，你较高的生产率就会引起组织的重视和表扬，你的收入水平因此而提高，晋升机会也随之增加。反过来，这些收获又会提高你对目前所从事工作的满意度。

我们想当然的结论也并不总是错误的。研究证明，个人的工作满意度并不能必然地引起个人生产率的提高，但如果组织中所有成员的工作满意度都很高，那么这一组织的生产率会高于同类组织。

（2）满意度与缺勤率。满意度与缺勤率之间存在着一种稳定的消极关系，但是这种关系并不强，通常小于 0.40。因为除了满意度，还有一些其他外部因素，如组织制度、社会实践等也会影响两者的相关程度。例如，如果组织有病假工资制度，可以想象的结果是，有些即使非常满意的员工，也会设法休假。

（3）满意度与离职率。满意度与离职率之间也是负相关关系，也就是说，不满意的员工可能更容易离开组织。但是其他因素，如劳动力市场的状况、改变工作机会的期望、任职时间的长短、对组织的承诺等，都对是否真正决定离开自己的工作岗位起着重要的作用。例如，当总体经济形势较好、失业率低时，离职率一般会有一定的增加，因为人们会去其他组织寻求更好的机会。如果其他组织所能提供的机会更好，即使他们对自己目前的工作感到满意，很多人还是会选择离开。相反，如果经济形势不好，找工作很不容易，裁员、并购、合并以及收购事件风起云涌，那么即使不满意的员工，也会自愿地留在他们目前的岗位上。

总体而言，工作满意度的高低对员工离职率仍然起着重要的作用，两者之间呈中等强度的负相关关系。

### （二）工作参与度

工作参与度是指个体从心理上对其工作的认同程度以及认为他的绩效水平对自我价值的重要程度。工作参与度高的员工对工作有强烈的认同感，并非常在意自己的工作。心理授权与工作参与度密切相关，是指员工对工作环境、工作能力、工作意义以及工作自主性的影响程度的感知。优秀管理者可以通过授权让员工参与决策，让员工感觉到自己的工作很重要，并且让员工认为他们是在做自己的事情，从而增加员工的心理授权。

### （三）组织承诺

#### 1．组织承诺的概念

组织承诺是指员工对于特定组织及组织目标产生认同，并且希望保持组织成员身份的一种心态。组织承诺强调员工对所在组织的认同，而工作参与度强调员工对自己工作的认同。

#### 2．组织承诺的构成

组织承诺包括三个维度。

（1）情感承诺。情感承诺是指员工对组织的情感依赖以及对组织价值观的认同。例如，老李乐善好施，他在一家社会责任感很强的公司工作，公司每年都要在慈善事业上捐献大笔金钱。这让老李对公司产生了很强的情感承诺。

（2）持续承诺。持续承诺是指员工感受到的留在组织中比离开组织更高的经济价值。例如，一家公司的老板非常重视与公司员工家人的沟通和联系。对于在公司服务满三年的员工，公司都会全额出资让员工的家人到上海旅游一周，每年公司还给员工的父母发放 2 000 元红包。因此，一旦有员工想离开公司，就会遭到家人的强烈反对。这就是员工持续承诺的一种。

（3）规范承诺。规范承诺是指员工基于道德及伦理原因而产生的留在组织中的责任感。例如，与老板一同打江山的员工，当公司遇到困难或者面对其他组织的高薪诱惑时选择留在企业就是出于自己对公司的规范承诺。

#### 3．组织承诺的形成

组织承诺是员工的组织社会化过程的产物。员工在组织中工作和生活，与组织不断地交往、对话，并相互作用，逐渐接受它的影响，感受它的关切、培养和爱护，了解、接受进而信仰、认同它的宗旨与价值观，学会并被同化于它的行为模式和准则，形成了对它的忠诚和责任感。

但是，对于组织承诺的形成问题，国内外学者说法不一，形成了不同的理论。例如，克尔曼将组织承诺的形成区分为由顺从或交换阶段、敬重性与倾慕性阶段到内在化或一致化阶段的过程。但是，鉴于文化与价值观的特殊性，我国很多学者并不提倡搬用外国的模式。他们在广泛的研究下认为组织承诺的形成包括五个阶段：震荡期、认同期、平稳期、反刍期和固化期。

（1）震荡期。这一时期，个体刚刚被吸引进一个组织，他的个人价值观和目标与组织的价值观和目标还未达到一致，也没有建立深厚的感情承诺，规范承诺方面较低。因此，在这期间，一方面，新员工对组织只有较低的认同感和承诺，离职倾向较高；另一方面，组织的某种优势或诱因又对组织成员有一定的吸引力，双方面的因素互相作用，此消彼长，表现为新员工的组织承诺水平有时较高，有时较低，呈震荡趋势。

（2）认同期。如果在震荡期中新员工没有离开组织，那么，在与组织及其他成员的相处过程中，新员工的价值和目标与组织的渐渐融洽，这时开始进入认同期。在认同期，由于新员工已经安然度过了试用期，并且已与组织签订了一定年限的合同，因此其离职倾向开始降低。此外，新员工通过不断学习，认知能力增强，薪酬、福利增加，与同事、上级关系逐渐融洽，对环境的适应能力增强，并逐渐得到组织认同，员工的工作满意度增加，因而其组织承诺水平呈显著上升趋势。同时，员工开始逐渐接受组织的规章制度、组织文化、价值观等，这也在一定程度上提高了员工的组织承诺水平。

（3）平稳期。这一时期，随着员工的认知能力、工作经验以及工作技能的进一步增加，其感情承诺显著增加，规范承诺也不断增强。但受外部人力资源市场拉动效应的影响，员工留在该组织的机会成本也随之增加，被觉察的流动机会和寻找工作的机会增加，员工开始产生离职的想法。所以，这一时期员工继续承诺水平开始出现下降的趋势。继续承诺水平持续偏低，直到与感情承诺水平和规范承诺水平达到均衡。内部的动荡却表现为外部的波澜不惊，在这一时期，员工组织承诺水平保持不变，处于一个平稳的均衡状态。

（4）反刍期。借用生物学上描绘牛食草时的术语，我们将这一时期定义为反刍期。在这一时期，员工的工作经验、技能和知识持续增长，其增长速度甚至超过了组织的成长速度和福利待遇的增长速度，这使员工感到继续留在这个组织中的机会成本增大，不公平感加剧，感情承诺和规范承诺的递增速度减慢，继续承诺的降低超过了感情承诺和规范承诺的增长，因此上一时期的均衡结构被打破，总体组织承诺水平下降。这一时期如果组织不采取一定的措施提高员工的组织承诺，如提高福利待遇，强化感情交流，则员工的组织承诺将持续下降，那么，员工要么离开组织，要么降低工作绩效。

（5）固化期。组织承诺的过程必须经历最后一个时期，即固化期。由于员工不断对企业投入资本，感情分量不断加剧，如果员工没有离开组织，那么员工的组织承诺将逐步上升直至退休为止。一方面，员工由于其所具有的在某一个特定组织的专业技能被镶嵌在该组织中，其所具有的特定技能或核心能力在其他企业不能复制，因此离职可能性减小。另一方面，由于年龄增长的缘故被觉察的流动机会减少，员工的组织承诺增加。此外，由于对组织的价值、组织文化的根深蒂固，对组织的感情形成特定的依赖，因此也促成总体组织承诺的增加。

**4．影响组织承诺的因素**

（1）环境因素。个人和组织所处的环境状况对个人的组织承诺水平存在很大影响。具体的环境因素可以从如下三个角度来分析。

第一，从劳动力市场看，失业率的高低决定了个人就业机会的多少，失业率与个人的组织承诺水平存在正相关关系。

第二，从文化角度看，文化中的静态因子和动态因子的多少直接影响到个人的组织承诺水平。例如，在主张创业、冒险和单干的动态文化中，组织中的不安定因素受到这种文化的激发，降低了个人的组织承诺水平。

第三，从行业性质看，在人才竞争激烈的行业中，个人的组织承诺感较低，同行的人才争夺使得个人更换工作的收益提高，推动个人在行业内部的流动。

（2）组织和工作因素。员工在组织内工作，组织自身的一些因素和工作方面的因素都会影响到组织承诺。

第一，组织变革。如公司合并，企业裁员等。在此种情况下，员工通常会担心自己的发展前途及是否被解雇等问题，此时组织承诺相对来说就是比较低的。

第二，组织特征。调查表明，大部分员工认为，企业的效率、发展前景、工资福利、领导者的素质能力、经营理念、组织文化、管理运行机制，是影响员工组织承诺的重要因素。

第三，工作性质。调查表明，组织承诺与工作性质有很大关系。相对稳定、风险较小、劳动负荷不是很大，而且有愉快的工作经历的工作，则组织承诺水平较高；相反，工作环境恶劣、风险较大的工作，则组织承诺水平较低。

第四，人际关系。组织中员工之间的合作非常愉快、气氛融洽、沟通无障碍，在此种情形下，员工的组织承诺水平高。

第五，工作投入。工作投入是指员工对其本职工作的积极主动态度和热爱迷恋程度。工作投入测量的是一个人在心理上对其工作的认同程度，以及其绩效水平对自我价值的重要程度。工作投入程度高的员工对他们所做的工作有强烈的认同感，组织承诺也比较高。

（3）个体因素。根据影响组织承诺水平的个体因素来源，个体因素可以分为以下三类。

第一，年龄和任期。研究表明，新老员工在组织承诺和离职之间有微妙的关系。新员工的组织承诺高，但离职率也高；与此相反，老员工的组织承诺低，但离职率也低。同时，工作年限越短，员工的流动率越高。这是因为新员工对所在企业的依赖性不强，自身适应性强，有更多进入新工作岗位的机会。另外，年轻人调动工作的成本较年长者低。一个人在企业内工作的时间越长，其社会联系的纽带越来越强，与之相应地，离开企业的社会交往损失就越多。

第二，种族和性别。一些研究资料表明，性别差异会造成组织承诺水平的差异，女性比男性的组织承诺水平高。这是由于女性存在养育孩子的任务，可能形成职业中断，许多组织在接纳新员工时对女性构筑了壁垒，因此，女性进入组织的成本要高，更换工作的成本也高。但她们一旦进入某个组织，就会产生较高的组织依赖感，逐步形成较高的组织承诺水平，相比较而言，男性员工则不存在女性的困扰和顾虑。

第三，婚姻。由于已婚员工的各种顾虑，如配偶、子女等的工作、学习问题，都影响员工对组织的承诺水平。而且，一般来说，已婚员工的组织承诺明显高于未婚员工，离职率也低于未婚员工。

### （四）其他工作态度

（1）感知到的组织支持。感知到的组织支持是指员工对组织如何看待他们的贡献以及关心他们的利益的一种感知和看法。研究表明，如果员工认为他们的报酬是公平的、能够参与决策，并且管理者能够提供支持，他们就会认为组织具有支持性。

（2）员工敬业度。员工敬业度主要是指员工对工作的参与度、满意度以及工作的热情。员工敬业度可以通过询问员工资源是否有效、是否具有学习新技能的机会、工作对他们的重要性和意义、与同事或上级的互动是否有收获等问题来了解。

研究表明，这些与工作相关的态度之间存在着强相关关系，说明这些态度之间存在着大量的交叉重叠。因此，作为管理者，如果知道了员工的工作满意度，也就大致知道了员工对组织以及工作的基本看法。

## 三、态度与行为的关系

人们常常认为态度与行为具有一致性，但这似乎不符合实际情况。研究结果往往显示态度与行为之间的关系是很复杂的，并不是一种简单直接的关系。例如，一个人对其上级的态度可能是消极的，却未必对其采取相应的消极行为。在现实的生活和工作中，如下因素影响着态度与行为之间的关系。

**1．一般态度和特定态度**

一般来说，越是特定态度，与行为的关系就越紧密。例如，某银行员工可能支持人类健康事业（一般态度），也可能支持一个因主张股东利益最大化而给烟草公司贷款的信贷执行官（特定态度）。不过，该员工可能不会去参加反对烟草事业的集会或游行，而可能在言行上支持信贷执行官。

**2．态度与自身的相关性**

如果个体认为某问题很重要，那么与此相关的态度与该人的行为的一致性较高。例如，关于师范类大学生免费读书的政策，会引起师范类院校学生的强烈关注。在这个问题上的态度对他们会不会赞成相关政策有着较强的预测性。

**3．人格因素**

人的性格对态度与行为之间的关系影响很大。例如，自控能力低的人，在态度和行为之间表现出更多的一致性；而自控能力高的人，其行为更依赖于外部环境，因此难以预测。

**4．环境约束因素**

社会环境和文化氛围包含了关于广泛认可的态度和行为方面的信息。例如，受中国传统文化的影响，工作中太锋芒毕露的人往往会受到大家的非议，而中庸的人会比较容易得到多数人的认同。

充分了解和理解上述因素，将有利于管理者在工作实践中比较准确地以态度预测行为，而提高管理工作的针对性和有效性。

## 四、与态度相关的理论

### （一）态度的一致性

研究表明，人会自动地在各种态度之间以及态度和行为之间寻求一致性。这意味着，人们会自行调和其分歧的各种态度，设法使态度和行为同步，以证明自己是理性的、言行一致的人。一旦行为与态度不一致，人们就会试图改变其中一方，或是态度，或是行为，使它们之间变为一致；或者，找出一种合理的解释来说明态度与行为之间的不一致，为其自相矛盾自圆其说。

需要注意的是，态度和行为的一致性并不意味着它们之间必然有某种因果关系。态度影响行为，但未必决定行为。曾经一度有人认为，态度决定了行为，态度是行为的原因，这就好比说“人们因为喜欢看电视才看电视”。可又有谁能说“人因为看电视才喜欢看电视”的说法不对呢？20 世纪 60 年代后期人们认为两者之间没有因果关系。

最近研究发现，有一些中介变量是说明态度与行为相关一致性的重要原因。一个原因是，态度、行为越具体，越针对特定的事物，其间的相关程度就越高。例如，“男女平等”是笼统的、一般性的态度，而是否同意在企业某部门同等任用“女性职员”，则是具体的态度。显然，持前一种态度的人不一定采取某一具体行动，而持后一种态度的人必然会诉诸行动，导致态度与行为的高度一致。

另一个中介变量是社会压力。社会压力既可能使态度与行为保持一致，也可能使态度与行为相分离。例如，一个人对某一事物持激进态度，而决策时群体中的大多数人持保守态度，趋于从众压力，这个人在行为上不得不同群体意见与其保持一致。

此外，经验也是协调态度与行为的重要变量，因为长期的经验本身就使态度和行为都变得更具适应性，与情境更容易协调。

## （二）态度改变理论

态度形成之后比较持久，但不是一成不变的，也会随外界条件的变化而变化，从而形成新的态度，这就是态度的改变。

态度的改变有两种方式：一是一致性的改变，即只改变原有态度的强度，如由极端反对改变为稍微反对；二是不一致性的改变，即改变了态度者的方向，如由反对改变为赞同。

态度的改变受许多因素的影响，这些因素首先来自态度本身的特性。个体年幼时形成的态度、习惯性较强的态度、较为极端的态度，以及与个人的基本价值观密切相关的态度，都较难改变；原有态度所依赖的事实越多、越繁杂，就越巩固，越难改变。

西方组织行为学关于态度改变的理论主要有以下几种。

### 1. 凯尔曼的三阶段论

该理论以满足人们的需要和期待有利于态度的改变为基础，提出态度改变过程的三个阶段——服从、同化、内化。服从是态度改变的第一阶段，是受外来的影响（包括团体规范和他人态度的影响）而产生的，是为了赢得好感而改变原有的态度。同化是态度改变的第二阶段，与服从相比前进了一步，不是受外界压力而被动产生的，而是从模仿中不知不觉地把别人的行为特性并入自身的个性特征中，逐渐改变原来的态度。但这种改变还不是信念上和价值观上的，因此是不巩固的。内化是态度改变的第三阶段，是在同化的基础上真正从内心深处相信并接受一种新思想、新观念，自觉地把它纳入自己的价值观中，从而彻底改变自己原有的态度。

#### 2．费斯汀格的感知失调理论

该理论把人的感知分成若干基本元素，包括思维、想象、需要、态度、兴趣、理想和信念等。其中，任何两种元素的关系又分为协调、失调、不相关三种。失调主要来自两个方面：一是个人在多个相似价值的方案中做选择的行为；二是与自己的态度相矛盾的行为。这种失调能够产生某种力量，使人们逐渐改变自己的态度。当个体发觉自己所持有的两种或两种以上的感知元素相矛盾时，便会出现感知失调，内心就会有不愉快和紧张的感觉，产生一种驱使个体解除这种不协调状态的动机。解除和减少失调状态的办法：一是改变某种感知元素，使其与其他元素之间的不协调关系趋于协调；二是增加新的感知元素，以加强感知系统的协调；三是强调某一感知元素的重要性。

#### 3．勒温的参与改变理论

美国心理学家勒温在研究中发现，个体态度的改变同群体的规范和价值观密切相关。个体在群体中的活动可以分为主动型和被动型两大类。主动型的人主动地介入群体活动，参与政策的制定，参与权力的实施，自觉遵守群体的规范等。被动型的人被动地介入群体活动，服从权威，服从别人制定的政策，遵守群体的规范等。对这两种类型的人进行的参与实验表明，主动参与群体活动的人的态度往往难以转变。因此，个体态度的改变依赖于其参与群体活动的方式和程度。

## 五、态度的改变

### （一）影响态度改变的因素

#### 1．原有的态度与要求改变的态度之间距离的大小

态度改变的难易程度与前后两种态度之间差距的大小有关。具体来讲，如果一个人原有的态度与要求改变的态度之间两者的差距太大，甚至截然相反（如劝一个抽烟成瘾的人戒烟），那么想改变这个人原有的态度就很难，甚至会适得其反，使其产生对立情绪，更加坚持原有的态度。

#### 2．个体的个性特征

人们在同一情境内接受宣传，有的容易改变，有的难以改变，这些都与每个人的个性特点（如智力、性格、性别、年龄等）有关。

一般来说，智力水平高的人比智力水平低的人更不容易接受宣传而改变态度。这是由于这种人的知识经验丰富，善于分辨他人的宣传是否真有道理。智力水平高的人对于不同性质内容的宣传，其接受程度不同。例如，对于强调对方要相信与执行的宣传不易接受，而对于强调对方要注意与了解并具有说服力的宣传则易接受。但是，对于智力水平低的人则情况相反，对简易的宣传易接受，而对于复杂、深奥的宣传则不易接受。

还有，自尊心强的人比自尊心弱的人更不容易改变态度。这是因为自尊心强的人自我评价较高，非常自爱并注重维护自己的人格尊严，他们在认知和情感方面比较牢固，并且对自己现有的认知和情感相当自信。而自尊心弱的人总是把自己想象得很差，对自己的决定不自信，因此便很容易被他人的意见所左右，从而被说服而改变自己的态度。

此外，研究人员发现，女性比男性更容易被说服从而改变态度，年轻者比年长者更容易改变态度。

**3．个体与群体的关系**

个体态度的改变也依赖于其参加群体活动的方式。在很多情况下，引导人们积极地参与有关活动，比口头劝说更能有效地改变人的态度。

第二次世界大战期间，由于食品短缺，美国政府当局希望能说服家庭主妇购买动物内脏做菜，但问题是美国人一直以来都不喜欢食用动物内脏。为了有效地改变家庭主妇的这种态度，美国社会心理学家库尔特·勒温做了以下实验。勒温把参加实验的主妇分成两组：一组为控制组，他对这一组被试者采用演讲的方式，亲自讲解动物内脏的营养价值、烹调方法、口味，以及食用这些食品对国家的贡献等，说服她们改变对内脏的厌恶态度，把其列为日常食品；另一组为实验组，勒温组织这一组的主妇展开讨论，共同探讨动物内脏的营养价值、烹调方法等，他还为这组被试者列出使用内脏做菜时可能遇到的困难（如家人不喜欢吃的问题、清洁问题等）并逐个加以解释和解决，最后再由营养专家指导每个人亲自实验烹煮。实验结果是：实验组有32%的人改变了她们对动物内脏的态度，而控制组中仅有3%的人开始接受食用内脏的饮食习惯。

## （二）态度改变的方法

在了解影响态度改变的因素之后，我们可以进一步总结出促进态度改变的方法。

（1）员工参与法，是指让员工参与某些活动来改变其态度的一种方法。它又分为两种：强迫参与法和诱导参与法。

1）强迫参与法，是指不管个体是否愿意，规定其一定要参加某些活动来改变其态度的一种方法。

2）诱导参与法，是指通过某些方法使员工对某些活动感兴趣、自愿参加后改变其态度的一种方法。

（2）团体规定法，是指通过权威人士或权威机构公布团体成员必须遵守的规章制度来改变员工态度的一种方法。在许多情况下，宣传的效果会显得缓慢和微小，这时用团体规定法可以取得快速而有效的结果。

（3）角色扮演法，是指让员工身临某种情景、担任某一角色来改变其态度的一种方法。这种方法又称“心理剧”，在管理中运用时，可以使员工设身处地地了解对方的困难和心境，从而改变对对方的错误态度。

（4）管理者预言法，是指通过管理者对员工进行积极的预言，使其改变错误态度的一种方法。

这种方法的理论基础是：一个人（或一群人）被他人给予一种预定的看法之后，这种预定的看法就可能实现。在管理中，这个理论可以用下列公式来表示：

员工的态度和行为=*f*（管理者期望）

也就是说，员工的态度和行为是管理者期望的函数，是随着管理者期望的变化而变化的。

为了有效地达成组织目标，管理者要根据不同的情景、不同的对象，采取不同的方法，才能帮助员工形成正确的态度，改变错误的态度。员工只有在正确态度指导下，才能充分发挥潜能，充分运用自己掌握的知识和技能，有效地为组织工作。

## 六、态度在管理中的应用

### （一）态度调查

态度调查是指借助调查问卷了解员工工作态度的一种方法。调查问卷一般是由一套陈述性的题目或者问题以及代表其同意程度的用分数表示的评估等级构成的。

态度调查有助于管理者了解员工的工作态度，预测员工的工作行为，从而为管理员工态度提供有用信息。

### （二）在管理中改变员工的态度

改变员工的态度是管理者经常要做的重要工作之一，这是因为员工的态度会直接影响员工的工作效率和质量。

#### 1. 态度的改变

个体态度一旦形成就比较稳定，但态度并不是一成不变的，后天形成的态度在一定的条件下是可以变化的。

（1）极性改变与程度改变。态度具有两极性：积极的与消极的。从积极的态度改变为消极的态度，或者从消极的态度改变为积极的态度，都是极性改变。如果都在同一极，只是程度上有所改变，就是程度改变。

例如，原来小周极力反对计件工资制，害怕自己的工作强度会增大，收入会降低。一种情景是：公司强制推行之后，小周按照计件算下来工资比以前高出许多，而且比同事拿得还多，因此，他由原来的极力反对变成了衷心赞成。这是一种极性改变。另一种情景是：经过同事的劝说，小周虽然还不支持计件工资制，但已明显变成轻微反对了。这就是一种程度改变。

（2）积极态度与消极态度。积极态度不一定是一种正确的态度。例如，老张支持小李装病去请病假，目的是能够与他一起去郊外钓鱼。显然，老张对小李的装病持积极态度，但这是一种错误的态度。消极态度不一定是错误的态度。例如，小张讨厌同事们下班去打麻将而影响第二天的工作。显然，小张对打麻将持消极态度，但这是一种正确的态度。

管理者的工作之一就是使员工形成正确的态度，改变错误的态度。

#### 2. 培训——改变员工态度的主要方法

现代企业中，改变员工态度的一个主要方法就是培训。以前，企业培训的主要任务是提高员工的知识水平和技能水平。认知心理学认为，个体不可能去做自己认为做不到的事情。因此在许多情况下，员工具有完成任务的知识和技能，但是由于缺乏正确的态度，导致不能完成任务。

目前，改变员工态度的培训日益受到企业界的重视。这类培训一般以心理学理论为基础，以正确的态度为导向，以员工参与为基本手段，在轻松愉快的气氛中使员工改变原来错误的态度，进而收到良好的效果。

**3．宣传——改变员工态度的常用方法**

宣传主要是指通过口头语言沟通改变他人观点的一种方法。如果运用恰当，就会对改变员工态度起到快速而明显的作用。如果宣传不当，有时效果几乎为零，有时反而会有负效果。要使宣传成功，我们必须注意四个方面：宣传者、被宣传者、宣传内容和宣传形式。

## 课后思考题

1．动机是怎样影响行为的？

2．兴趣对组织行为学有哪些重要意义？

3．影响价值观形成的因素有哪些？

4．在管理中应该如何改变员工的态度？

## 案例分析

### 张林这一辈子

张林，1949年出生，恢复高考后考取某财经学院，毕业后在一家造船厂做成本会计，一年半后，辞职到一家集装箱公司做管理工作，三个半月后被解雇。在谋求新的工作岗位时，他到一家职业介绍所做了能力测试并寻求帮助和建议，测试结果表明他最适宜做推销工作。那家职业介绍所为他找了一份药品推销工作，任职于一家大型医药公司。他喜欢这份工作，在那里干了一年半。后来，他又到了另一家更满意的医药公司工作。进入90年代，他的妻子下岗了，他感受到了来自各方面的压力。于是，他在别人的建议下做了一次心理咨询。记录如下。

心理医生：你干过很多工作，是因为你不知道自己适合干什么工作，对吗？

张林：确实是这样，甚至在今天仍是这样，我仍不能确定究竟何种类型的工作或职业最适合我。

心理医生：你在造船厂做成本会计，为什么要辞掉这份工作呢？

张林：首先它很烦人。我不喜欢整天跟数字打交道。另外，我认为那份工作毫无前途，那时我有很大的抱负，我要做较高层的管理人员，挣较多的钱。

心理医生：因此你去了一家公司做管理职位？

张林：是的。那是一个我可以向公司证明我的能力、真正的管理职位。

心理医生：你为什么又离开了呢？

张林：我不适应那种类型的组织。我监督工人们操作制造箱子的机器设备。这些工人都是从最偏远的农村招来的，很难管理。他们对工作和公司没有积极的态度，毫无感情。我的老板总是要求我对他们狠一些，督促我要求他们提高工作速度，可是我不喜欢那样做，后来老板告诉我不适合做管理工作。

心理医生：你对此有何反应？

张林：我十分难过。那时我真不知道如何是好。我不能确定我究竟适合什么工作，因此我去一家职业介绍所去做能力测试。

心理医生：那么，测试结果怎么样？

张林：他们说我不适合做生产管理工作。测试结果显示我最适宜做推销工作。于是我到了××药材公司从事现在的工作。

心理医生：那为什么又辞掉了那份工作？

张林：我希望得到提升，但在那家医药公司根本不可能。于是，我去了另一家药材公司工作。

心理医生：张林，你在这家公司工作了很长一段时间，你肯定喜欢它。与你为之工作的前一家医药公司相比，你觉得它怎么样？

张林：它的产品比前医药公司的产品好，当然，我很喜欢这一点。我不喜欢让医生用那些并非是市场上最好的药，卖最好的产品对我来说非常重要。而且，医生们对我也很热情，因为他们知道我的产品质量最好。他们当然想用最有效力的药品。他们必须对他们的病人负责。

心理医生：来到这家公司你仍然没有晋升，对这家公司的工作你满意吗？

张林：满意，因为我喜欢这里自由自在，有机会接触各种各样的人，特别是一些睿智的人，像医生。我从与我交谈的医生那里学习了很多东西。有时，我没有很多时间去他们办公室聊天，但我们可以在我举行的会议或药品展示会上一起待很长时间。我也经常和医生们出去吃饭。我喜欢在一家声誉较好的公司工作。我们公司有同行业最好的研究部门，而且总能研究出更好的药品让我推销。这家公司不生产“你是，我也是”之流的产品，而是尽力使产品具有独特性。

我不喜欢文字工作。但我必须请医生在领用试用品时在我准备的材料上签字，还必须把我的药品样品的分配情况以及每周都做了什么写成报告上交备案。当然，我也知道这一步骤很有必要。我喜欢在一个美丽的小镇工作，我喜欢开车的时候观赏景色，我几乎认识所有居住在那里的人。我和医生们聊天，在他们的接待会上畅谈，同我所认识的人聊天，包括那些在各种各样的饭店、汽车旅馆和服务站工作的人聊天。

心理医生：看来你是个性格外向的人，你和其他人聊天从不感到不自在吗？

张林：我和偶然遇上的人谈得都很投机。我相信这样可以学到一些东西。他们告诉我他们经历的一些事情，我们谈论婚姻、抚养孩子、政治、体育、世界大事等各种各样的话题，具体话题取决于别人对什么感兴趣，所以我从不感到孤独。

心理医生：你对你的工作还有什么其他感觉吗？

张林：没有，我想我已经谈完了。我现在相当喜欢我的工作，不想再做什么别的工作。我告诉你，我是希望挣更多的钱，但我想我不会为了挣更多的钱而牺牲现有的生活模式，我意识到过一种幸福生活是何等重要。但我在一段时间内都不知道什么是幸福生活，而现在，我想我懂了。

（资料来源：https://wenku.baidu.com/view/）

**思考：**

1．张林是一个什么类型的人？他的个性、他的需求是什么？

2. 张林的工作态度如何？对这样的人如何调动他的积极性？

3. 张林现在的工作和过去的工作在多大程度上适合他？

4. 张林的职业生涯设计与开发存在什么问题？

# 第五章 激励理论与应用

**本章重点**

- 对比马斯洛的需要层次理论和奥尔德弗的 ERG 理论。
- 描述期望理论模型，并讨论它在激励员工方面的现实意义。
- 总结公平理论模型，包括人们怎样试图减少不公平的感觉。
- 了解激励理论的应用。

## 引例

万豪国际集团位列 2017 年全球酒店排行榜首位，董事长兼 CEO 小马里奥特一再强调的经营核心信念是："人是我们最重要的资产，这是我们不可动摇的信念。"万豪国际集团把"员工"称为"伙伴"，而不是"雇员"。

在这种"伙伴"观念的指导下，万豪国际集团制定了许多具体的规定。例如，过去在集团的一家汽车旅馆中，集团前任总裁、小马里奥特的父亲常常坐在大厅的沙发上，听员工谈论他们的私人问题，并且协助他们解决。这种关心员工的做法至今仍然深植集团之中。小马里奥特定下大家互助的规定，其中一条是，员工可以将累积未用的休假时间捐给生病需要请许多假的同事。

集团把员工看作公司的"合作伙伴"，看作公司的"资产"，因此对员工实行了一系列人性化的管理，包括：创造为伙伴成长和个人发展的环境；营造家庭般的氛围以及友好的工作关系；不论是小时工，还是正式员工，都认同他们的重要贡献并给予报酬。

其实，"胡萝卜（金钱/晋升）+大棒（行政解雇权）"的政策并不能真正有效地激励员工。尽管集团的员工并不完全是现代意义上的知识工作者，但是，正如彼得·德鲁克指出的那样，不论是体力劳动者，还是知识工作者，企业都必须把他们看作企业的"资产"，而不是"成本"。"对于任何组织而言，伟大的关键在于寻找人的潜能并花时间开发潜能。如果失去了对人的尊重，这里的开发潜能很可能被理解成仅仅为了组织的绩效而把人视为使用的工具。只有恢复对人的尊重，才可能真正把人的才能释放出来。"看来，要激励员工，必须首先尊重员工。

**思考：**

1．万豪国际集团是如何激励员工的？

2．员工激励有什么意义？

# 第一节 激励概述

## 一、激励的基本概念

在充满不确定性和全球竞争的时代，激励员工比以往任何时候都重要。激励是指激发、鼓励。利用某种外部诱因调动人的积极性和创造性，使人有一股内在的动力，朝向所期望的目标前进的心理过程。激励的实质在于通过有效的外在刺激引发内在的动机，达到激发潜能、努力工作、实现组织目标的目的。激励是生产力的促进剂和推动剂，是企业规范员工工作行为、提高员工工作效率、不断改善员工生活质量、提升企业形象的重要手段。

工作绩效与激励和能力之间的关系，常以下列函数式表示：

$$\text{工作绩效}=f\text{（能力×激励）}$$

$$P=f\text{（}A\times M\text{）}$$

式中，P 代表工作绩效（Performance）；A 代表能力（Ability）；M 代表激励（Motivation）。

可见，个人的能力、天赋不能直接决定其对组织的价值，对一个人的工作积极性的激励，对工作绩效和组织受益都非常重要。

## 二、激励的特性

### （一）激励是外力正向作用于人的内在动力的结果

人的行动积极性受三种力量的支配：内在动力、目标引力、外在压力。内在动力是人由某种需要而产生的动机形成的原动力；目标引力是人经过努力达到某种目标而得到满足需求的吸引力；外在压力是不付出努力会受到某种损失或惩罚的威胁力。激励就是通过强化目标引力和外在压力作用于人的内心，进而激发人的内在动力，调动主观能动性和行动性的过程。激励成功与否，就在于外力的作用是否激发了人的内在动力，并且发生组织期望的行为，进而达到组织发展的目标。

### （二）激励内容要考虑的三个问题

#### 1. 行为方向

激励要考虑一个人面临多种可能的目标时会选择哪个去为之奋斗，即行为方向问题。高水平的工作绩效需要有高水平的努力，并且这种努力的方向是有利于组织发展的方向。激励要有明确的目标，要将组织成员的努力引导到有利于组织发展的方向上，同时要引导员工的行为保持正义性和科学性，这才是激励的最终目标。

#### 2. 行为强度

一个人实现目标的积极性不同，努力的程度也会不同。为实现个人或组织目标而投入多大的精力，付出多大的努力，即行为强度问题。激励的任务是在明确目标的基础上，调动员工更高的积极性，发挥更大的潜能，投入更多的精力，加大行为力度，提高行为效率。

3．行为持久程度

一个人为实现目标而努力时，特别是当遇到挫折和困难时，能否保持长时间的积极性，能否坚持长久的努力，即行为持久程度问题。激发人的短期积极性和努力工作状态是比较容易的，但是保持长久的积极性和坚持不懈的努力是比较困难的。激励不仅要产生一时的成效，更要研究如何将人的积极性长期保持下去，建立激励的长效机制。只有这样，才能建设一支具有长久凝聚力和战斗力的员工队伍。

## 三、激励过程

依据心理学对人的心理和行为关系的基本研究结果，可以用图 5-1 表示激励过程。

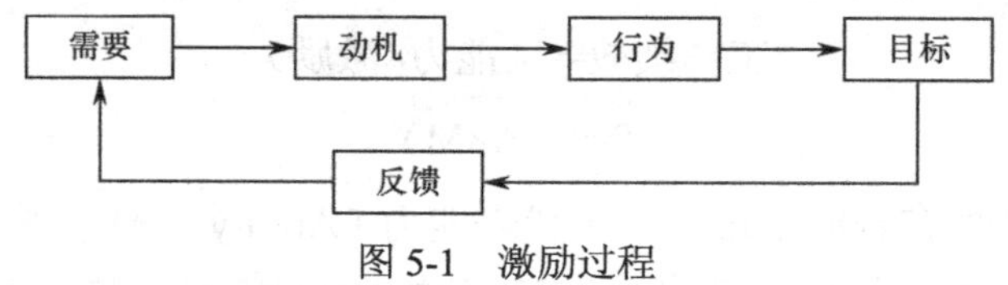


图 5-1　激励过程

图 5-1 表明，激励过程由需要未能满足开始，需要引起动机，动机激发行为，行为又指向一定的目标。目标的实现反过来又作为结果反馈而使人产生新的需要，继而产生新的动机与行为。

在这个过程中，动机的激发是关键。所以，激励的目的在于使人产生动机，而要想使人产生动机，就应当让他出现需要，即让他对某种重要事物产生缺乏的主观体验。当一个人无论是在生理上还是心理上有了某种需要时，他就会对大脑产生一种刺激，其心理就会进入一种紧张不安的失衡状态。为了改变这种失衡状态，便产生一种力求实现需要的满足、消除紧张感的内在的驱动力，也就是动机。可见，动机是将需要和目标联系起来的关键环节。当达到目标后，需要得到满足，紧张感得以消除，新的需要继而产生。激励过程就是这样周而复始、循环进行的。

# 第二节　内容型激励理论

内容型激励理论，也称动机激励理论，主要研究行为的动机因素。大多数当代理论都认为激励起始于个人的需要和他们的潜在动机。需要产生动机，是激励人们工作的基础和源泉。内容型激励理论就是要研究如何满足人们的需要来激励人们努力工作，取得最好的效益和业绩。

## 一、马斯洛的需要层次理论

### （一）需要层次理论的内容

一个最早和最著名的行为理论是需要层次理论。1943 年，心理学家亚伯拉罕·马斯洛在《人类动机论》一书中提出了需要层次理论，把学者们提出的无数需要归结为五个基本层次，如图 5-2 所示。

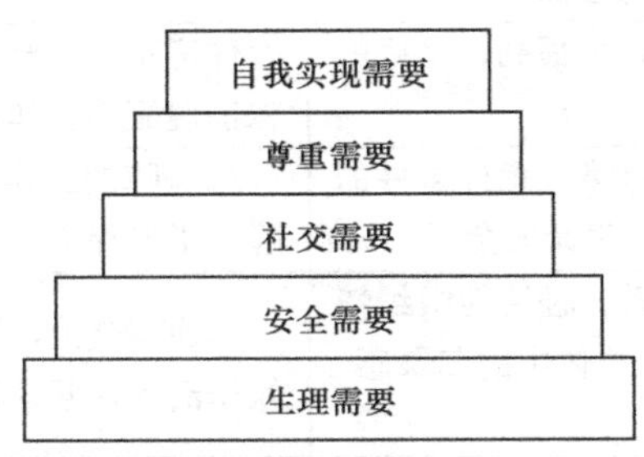


图 5-2 马斯洛的需要层次理论

（1）生理需要：包括衣、食、住、行、婚姻、疾病治疗等人类最原始、最基本的维持个体生存的生物性需要。

（2）安全需要：渴望安全和稳定的环境，远离痛苦、威胁或疾病的需要。

（3）社交需要：包括对爱情、友情及人际交往的需要。

（4）尊重需要：包括通过个人得到的自我尊重需要，通过被他人承认和尊敬获得的社会尊重需要。

（5）自我实现需要：一种追求个人能力极限的内驱力，包括成长、发挥自我的潜能和自我实现。

### （二）需要层次理论分析

马斯洛认为人们同时会有多种需要，但行为总被最不满足的需要所激励。当低层次的需要得到满足时，高一层次的需要就成为主要动机，这就是所谓的满足前进过程。即使高层次的需要不能得到满足，也会被它激励直到这种需要最终得到满足。生理需要是最原始、最重要的需要，人们最先被激励去满足它们。当生理需要得到满足后，安全需要成为最强烈的激励因素。当安全需要得到满足后，社交需要成为最强烈的激励因素。以此类推，满足推进过程的例外是自我实现需要，当人们体验过自我实现后，他们对这种需要的要求是更多而不是更少。

马斯洛认为满足低层次需要比满足高层次需要的途径更多。所以低层次的需要容易得到满足，越是高层次的需要，实现的难度就越大，满足需要的可能性就越小，但是激励的力量就越强。

在特定时期内，人可能受到各种需要的激励，但存在某种占优势地位的需要。任何人的需要层次都会受到个体和环境的影响，并随着时间的推移而发生相应的变化。对于管理者，为了激励员工，要了解其下属要满足什么需要，哪些是最迫切的需要，并且寻求不同的途径和方法满足他们的需要，以调动其工作的积极性。

表 5-1 是管理者如何根据员工的不同需要和追求的目标而采取的相应激励手段和管理措施。

表 5-1 需要层次与激励手段对照

| 需要层次 | 追求的目标 | 相应的激励手段 |
| --- | --- | --- |
| 生理需要 | 住房、薪金、各种福利、良好的工作环境 | 住房基金，合理报酬，身体保健，度假与休息，保证健康的工作环境 |
| 安全需要 | 工作和职位的保障、意外事件的预防、生活稳定、生命安全 | 有保障的工作前景，安全的工作条件，医疗保险，工伤保险，失业保险，养老保险，困难补助 |
| 社交需要 | 良好的人际关系、融洽的组织情感、友谊与合作、群体中的归属感、快乐感、温暖感 | 沟通与交流，团队建设，培训教育，谈心活动，娱乐活动，互助活动，营造家庭氛围 |
| 尊重需要 | 地位、权利、名誉、责任、自尊心、信任感、器重感 | 科学的考核，合理的奖励，晋升，表彰，领导重用，选拔进修，民主管理，参与决策，合理化建议制度 |
| 自我实现需要 | 具有挑战性的工作、个人理想和兴趣、能够充分发挥个人能力的工作环境、自我价值的实现 | 员工职业生涯规划，科学的岗位和任务安排，大胆使用人才，委以重任，提供自由发挥的空间，兴趣小组活动 |

马斯洛的需要层次理论是一个著名的行为理论，被专业出版物广为引用，然而，学者们并不经常引用马斯洛的理论，这是因为它太刚硬以致不能解释员工需要的动态性和不稳定性。研究者发现，个人的需要并不能被清晰地归为模型中的五种类型。而且，一个需要层次的满足并不必然地增加满足更高需要层次的激励。

## 二、ERG 理论

组织行为学者克莱顿·奥尔德弗提出 ERG 理论，旨在克服马斯洛需要层次理论的问题。ERG 理论把人们的需要归结为三个大类：生存（Existence）、关系（Relationship）、成长（Growth）。生存需要对应于马斯洛的生理需要和安全需要，关系需要对应于马斯洛社交需要，成长需要对应于马斯洛的尊重需要和自我实现需要，如图 5-3 所示。

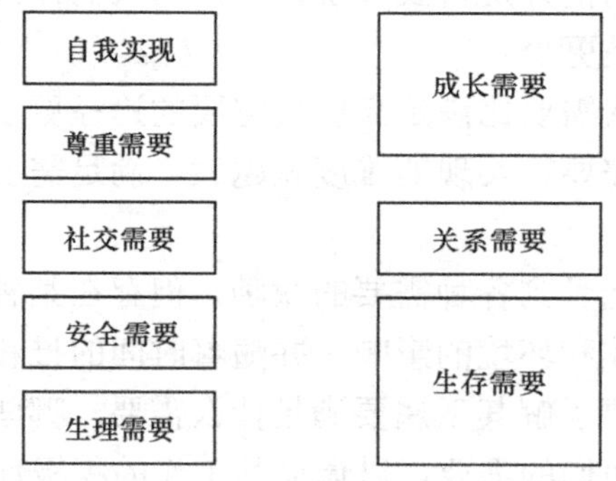


图 5-3 马斯洛的需要层次理论和奥尔德弗的 ERG 理论的对比

第一种需要是生存需要，是指满足人的基本生存要求的需要，包括一个人的生理和与生理有关的安全需要，如对食物、房屋和安全的工作条件的需要。

第二种需要是关系需要，包括一个人与其他人交往、获得公众认可、在人群中感到安全的需要。这种需要与马斯洛的社交需要和尊重需要中的外在部分相对应。

第三种需要是成长需要，是个人发展的内部需要，包括马斯洛的尊重需要的内在部分和自我实现需要的一些特征。

除了以三种需要代替五种需要，ERG 理论还证实了：

（1）多种需要可以同时并存。马斯洛的需要层次是一个严格的阶梯式序列，ERG 理论却不认为必须在低层次需要获得满足后才能进行高层次的需要满足。例如，一个人甚至在生存关系需要没有得到满足的情况下，也可以为成长而工作，或者三种需要同时起作用。

（2）ERG 理论还包括挫折—倒退维度。马斯洛认为，一个人会滞留在某一特定的需要层次直到这一需要得到满足。ERG 理论却认为，当一个人较高层次的需要不能得到满足时，那么满足低层次需要的愿望会更强烈。例如，无法满足关系需要可能带来对更多的工资或更好的工作条件的需求，所以受挫以导致倒退到较低层次的需要。

总之，ERG 理论像马斯洛的理论一样，认为较低层次需要的满足会带来满足较高层次需要的愿望；但是认为多种需要作为激励因素可以同时存在。并且，满足较高层次需要的努力受挫会导致倒退到较低层次的需要。

ERG 理论比马斯洛的需要层次理论更受欢迎，主要是因为人们的需要可以更容易地被归纳为奥尔德弗提出的三种类型而不是马斯洛提出的五种类型。满足前进和受挫后退的结合也可以更好地解释员工需要为什么会随时间而变化。但是，学者们也在怀疑人类天生具有相同的需要层次，相反，有些人认为人们会根据个人价值观对需要进行排序，也有些人认为人们当社会身份变化时会改变他们的需要优先性。特别是当员工认为他们是独一无二时会受到成长需要的驱动，而当他们认识到自己的团队成员属性时，会受到关系需要的驱动。总之，人们可能有需要层次，但在人类的本性中它可能不像 ERG 理论和马斯洛需要层次理论所假设的那样一成不变。

## 三、赫兹伯格的双因素理论

### （一）双因素理论概述

双因素理论，也称激励—保健理论，由心理学家弗雷德里克·赫兹伯格提出。赫兹伯格与他的同事在 20 世纪 50 年代后期，考察了一批会计师和工程师的工作满意感与生产率的关系，通过对这群人的采访，他们积累了影响这些人对其工作感情的各种因素的资料，提出了存在两种性质不同的激励因素——激励因素和保健因素。

赫兹伯格认为，使员工感到不满意的因素和使员工感到满意的因素是不同的。前者往往由工作环境引起，如公司政策及行政管理、监督者、与主管的关系和工作条件等。后者通常由工作本身引起，如工作富有成就感、工作成绩得到认可、责任大小、晋升、成长等。

赫兹伯格认为，满意的对立面不是不满意，不像通常人们认为的那样。消除工作中的不满意因素并不必然带来工作满意。赫兹伯格的观点认为，带来工作满意的因素和导致工作不满意的因素是不相关的和截然不同的，如图 5-4 所示。因此，管理者若努力消除带来工作不满意的因素，可能会带来平静，却不一定有激励作用。他们能安抚员工，却不能激励员工。因此，赫兹伯格把公司政策、监督、人际关系、工作环境和工资这样的因素称为保健因素，当具备这些因素时，员工没有不满意，但是它们也不会带来满意。如果我们想在工作中激励人们，赫兹伯格提出，要强调成就、认可、工作本身、责任和晋升。这些因素是激励因素。

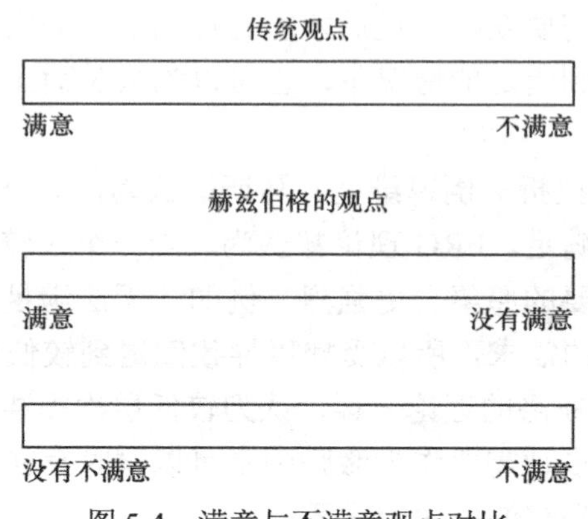


图 5-4　满意与不满意观点对比

赫兹伯格提出的双因素理论，引起了管理界的极大重视，但也存在着一些局限性。

（1）赫兹伯格运用的程序受到方法论的限制。当事情满意时，人们倾向于把功劳记在自己身上；相反，把失败归于外部环境因素。

（2）赫兹伯格研究方法的信度值得怀疑，既然评价者必须对回答结果做出解释，那么，他们有可能用一种方法来解释这个回答，却用不同的方法来解释另一个相似的回答，这就可能使调查结果失真。

（3）没有对满意度进行整体的测量，也就是说，一个人可能讨厌他的工作的一部分，但仍认为工作是可以接受的。

（4）这个理论与以前的研究结论不一致。激励—保健理论忽视了环境变量。

（5）赫兹伯格假设满意和生产率之间有一定关系。但他所用的研究方法只考察了工作满意度，没有考察生产率。为了使研究有参考意义，人们必须假设满意度和生产率之间有密切关系。

### （二）双因素理论的应用

赫兹伯格的双因素理论强调内在激励。虽然其有一定的局限性，但在组织行为学中具有划时代的意义，为管理者更好地激发员工工作的积极性提供了新思路。

（1）管理者在实施激励时，应区别保健因素和激励因素，前者的满足可以消除不满意，后者的满足可以产生满意。

（2）管理者在管理中不应忽视保健因素。如果保健性的管理措施做得很差，就会导致员工产生不满情绪，影响劳动效率的提高。同时没有必要过分地改善保健因素，因为这样做只能消除员工对工作的不满情绪，不能直接提高工作积极性和工作效率。

（3）管理者想持久而高效地激励员工，必须改进员工的工作内容，进行工作任务再设计，注意对人进行精神激励，给予表扬和认可，注意给人以成长、发展、晋升的机会。

通过这些内在因素来调动人的积极性，才能起到更大的激励作用并维持更长的时间。

## 四、麦克莱兰的成就需要理论

成就需要理论是由美国哈佛大学心理学家麦克莱兰提出的。他曾对企业家、科学家等人士的成就需要做过广泛的研究，他认为人有三种基本需要，即成就需要、权力需要和友谊需要。

（1）成就需要是指想按高标准做事的愿望，要在竞争中取胜，获得较大成就的愿望。成就需要是麦克莱兰理论的核心。

（2）权力需要是指渴望控制所在环境中的各种资源的需要。具有高权力需要的人喜欢承担责任，努力影响他人，喜欢处于竞争性和重视地位的环境。与有效的绩效相比，他们更关心威望和对他人的影响。

（3）友谊需要是指一种希望与他人为伴、归属于某些群体的需要。具有高友谊需要的人努力寻求友爱，喜欢合作性而非竞争性的环境，渴望有高度相互理解的关系。

### （一）高成就需要者的特征

（1）高成就需要者喜欢制订计划，设定奋斗目标。他们不满足于现状，想把事情做得更好。他们追求的是个人成就而不是成功的报酬本身。他们有一种使事情做得比以前更好或更有效率的欲望，并且能够为解决问题的方法承担责任。

（2）高成就需要者敢冒风险，但不是冒险家。因此当选择目标时，他们倾向于回避极端困难和极端容易的目标，而喜欢中等难度的目标。

（3）高成就需要者需要及时获得对自己绩效的反馈，以便判断自己是否有改进。

（4）高成就需要者是积极进取的现实主义者，时刻注意自己的处境，克服困难，取得成就，从中得到乐趣。

### （二）成就动机的培养

高成就需要者是可以通过一定的方式进行判断的，如问卷法或投射测验法。如果工作中需要高成就需要者，就要选拔具有高成就需要的人，或者通过建立强化高成就需要的培训计划，来开发员工的成就需要。

（1）要不断找到学习的榜样。可以是他人成功的故事，也可以是商业游戏中成功的实践。

（2）及时反馈成就。做计划时，总目标下要有许多分目标。当实现每个分目标时，要及时鼓励自己的成就，增进自己完成下一个目标的信心，直至实现总目标。

（3）改变自己的形象。由于高成就感的人喜欢担当重任，并不断得到他们取得成绩的反馈，因此如果在工作实践中能有意识地增加自己的体会，并以这种体会增强自我满足感，这种满足感将起到自我强化的作用。通过自我形象的强化，不断改变自己的形象，就会增强成就动机。

## 第三节 过程型激励理论

过程型激励理论是从连接“需要”和“行为结果”的心理过程角度来研究激励问题的，着重研究从行为动机的产生到行为的产生、发展、变化这一过程中人的心理活动规律，阐明如何通过心理激励使人的行为积极性维持在一个较高水平上。

### 一、弗鲁姆的期望理论

美国心理学家和行为科学家维克多·弗鲁姆于1964年在《工作与激励》一书中首次提出了期望理论。该理论阐述了人们的行为会受理性思考过程的影响。期望理论基于这样的观点：工作被引导向人们相信可以以此获得期望结果的行为。

#### （一）期望理论模型

期望理论模型如图5-5所示。期望理论的关键变量是努力（Effort），即个体能量的真实付出。个体的努力水平取决于三个因素：努力到绩效（E→P）期望，绩效到结果（P→O）期望，结果效价（V）。员工的激励受到期望理论模型三元素的综合影响。如果一个元素弱化了，激励就弱化了。

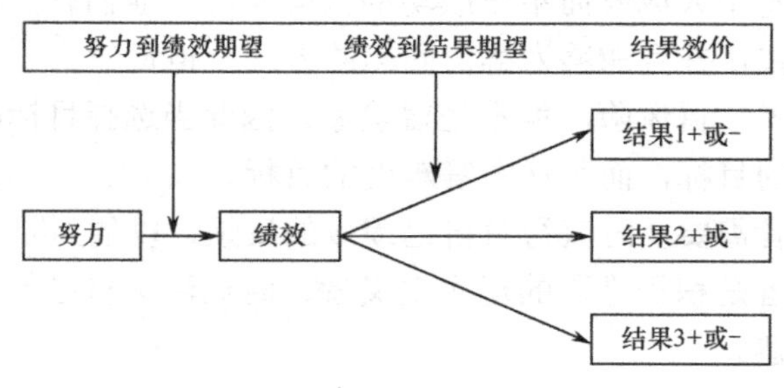


图5-5 期望理论模型

##### 1. E→P期望

努力到绩效（E→P）期望是个体对他的努力可以导致特定水平绩效的期望。期望可以用概率来定义，范围从0.0到1.0。在一些情况下，员工觉得他们可以确定无疑地完成任务（概率为1.0）；在另一些情况下，他们觉得即使付出最大的努力也不可能达到期望的绩效水平（概率为0.0）；在大多数情况下，E→P期望落在这两个极端之间。

##### 2. P→O期望

绩效到结果（P→O）期望是对特定行为或绩效水平导致特定结果的认知概率。这一概率由先前的学习获得。例如，高校学生通过一些经历学习到，逃课要么会葬送获得高分的机会，要么根本没有任何影响。在极端情况下，员工会相信完成特定的任务（绩效）肯定会有一个特定的结果（概率为1），或者他们会相信这种成功的绩效对结果没有任何影响（概率为0）。P→O期望常常落在这两个极端之间。

P→O期望的一个重要问题是我们考虑什么样的结果。我们的确不能估计每个可能结果的P→O期望值，因为结果太多了。相反，我们只考虑感兴趣的结果。激励依赖于一种行为或工作绩效水平会导致某种想要结果的可能性。

### 3．结果效价

期望理论的第三个因素是考虑的每个结果的价值。效价是指一个人对某个结果的期望满意或不满意。效价表明一个人对结果的感觉，取决于他对该结果可以在多大程度上满足或干扰人们需要和动机的认知。它也受到个人价值观的影响。当结果和价值观一致，直接或间接满足我们的需求时，结果效价就是正的；当结果和价值观相违背，不能满足我们的需要时，结果效价就是负的。例如，如果你有强烈的关系需要，你就会对集体活动或其他有助于满足这种需要的事情评价很高；而那些不能使你满足关系需要的结果（如单独在家里工作）将得到很低的评价。

## （二）期望理论应用

期望理论的一个显著特征是它为通过改变人们的 E→P 期望、P→O 期望和结果效价来提高员工激励提供了明确的途径。期望理论的实际应用如表 5-2 所示。

**表 5-2　期望理论的实际应用**

| 期望理论因素 | 目　的 | 应　用 |
| --- | --- | --- |
| E→P 期望 | 增加员工对能够成功完成任务的信心 | 选择那些有必要知识技能的员工；<br>提供必要的培训，明确工作要求；<br>先安排简单或较少的任务，直到员工可以掌握它们；<br>提供成功完成工作的员工范例；<br>为那些缺乏自信的员工提供培训 |
| P→O 期望 | 增加员工对好绩效可以有好结果的信心 | 正确衡量绩效；<br>清晰解释成功绩效可能产生的结果；<br>描述员工的奖金如何和过去的绩效挂钩 |
| 结果效价 | 提高特定绩效结果的期望价值 | 分配员工重视的奖金；<br>使奖励个性化；<br>使负的效价最小化 |

### 1．提高 E→P 期望

E→P 期望受到个人自我效能的影响。自我效能是指一个人相信自己有能力、有动机并且环境允许去成功完成一件任务的程度。具有高度自我效能的人对某项特殊的任务会采取“能做”的态度。一些企业通过确保员工具有完成既定绩效水平所必要的能力、清晰的任务理解和愉快的环境条件来增强这种“能做”的态度。这包括基于员工能力进行员工的合理匹配，就工作需要进行清晰的任务沟通，为员工完成任务提供足够的资源。培训可以提高自我效能，正面反馈通常会加强员工的自我效能。

### 2．提高 P→O 期望

提高 P→O 期望的最明显途径是正确衡量员工绩效，多奖励那些高绩效的员工。员工看到日常行为和报酬的联系越大，他们提高绩效的激励就越强。但这一事实必须沟通。分配奖金时，应该理解他们的报酬如何和过去的绩效挂钩。一般地，企业要有计划地通过范例、公开仪式解释基于绩效的薪酬体系。

### 3. 提高结果效价

绩效结果只有当员工重视时才会影响工作努力的程度。企业要关注员工的需要和奖励偏好，要建立个性化的激励体系以使绩效好的员工获得选择奖励的权力。管理者要善于发现和综合具有相反效应的需要。这些需要会产生负的效价并会降低现有薪酬体系的有效性。

## 二、亚当斯的公平理论

公平理论，又称比较理论，是美国心理学家亚当斯在 20 世纪 60 年代提出来的。该理论主要研究奖酬分配制度的公平性、合理性对员工行为与工作积极性的影响。

### （一）公平理论的基本内容

该理论的基本观点是，在组织中，员工对自己是否受到公平合理的对待是十分敏感的，他们有时更关注的不是自己所获得的报酬的绝对值。人们往往喜欢不断地与他人进行比较，并对公平与否的程度做出判断，从而对自己的工作积极性产生影响。

在管理活动中，员工会将自己付出的投入（包括教育、智慧、经验、培训、技能、工龄和年龄等）和所得的报酬（包括工资、福利、资历津贴、工作地位和职务象征等）的比值与他人付出的投入和所得的报酬的比值进行横向的社会比较，或者会进行现在与过去的纵向的历史比较。比较的结果，如果两种比值是相等的，就会产生公平感；否则，就会产生不公平感。这种关系可以用表 5-3 来表示。

表 5-3 公平感

| 比 率 比 较 | 感 觉 |
|---|---|
| $O/I_a < O/I_b$ | 由于报酬过低产生的不公平 |
| $O/I_a = O/I_b$ | 公平 |
| $O/I_a > O/I_b$ | 由于报酬过高产生的不公平 |

注：$O/I_a$ 代表员工的产出/投入之比；$O/I_b$ 代表相关的其他人的产出/投入之比。

### （二）分配公平感的特点

（1）相对性。不平等是比较出来的，是社会比较的结果，且无绝对标准。

（2）主观性。完全因个人特点而异，甲认为不公平的事，乙可能认为是公平的。

（3）不对称性。人们常在自己稍有吃亏时，便怨声载道，但在占了便宜时，却心安理得，毫无内疚之心。

（4）扩散性。人们在某项分配上感到不公，心存不满，会波及整个情绪。

### （三）不公平感的行为反应

（1）改变自己的投入。

（2）改变自己的产出。

（3）改变自我认知，如设想自己获得某种额外奖励，或贬低对方所获价值。

（4）改变对其他人的看法。

（5）改变参照对象。

（6）退出比较，辞职另谋高就。

### （四）公平理论对管理者的启示

（1）重视了解员工的公平感。公平比较是一种客观存在的普遍现象。管理者应该尽可能公正地对待每个员工，做到一视同仁，并注意了解员工的公平感，对症下药。

（2）建立赏罚分明的制度。组织要建立赏罚分明的制度，消除有功不奖、有过不罚的不良现象。

（3）增加透明度，进行量化管理。由于不公平感更多来自员工的主观感受，人们总是倾向于认为自己得到的比别人少，而付出的比别人多。因此，组织要在绩效考评和激励制度上实行一定程度的量化管理，并提高整个工作的透明度。

（4）加强员工的教育，战略为主，平衡为辅。在组织中做到绝对公平是不现实的，为了实现相对公平，管理者一方面要从战略方面建立一套制度，另一方面要适当采取平衡和补偿策略，加强对员工的思想教育，要对有不公平感的员工进行心理疏导。

## 三、洛克的目标设置理论

美国马里兰大学管理学兼心理学教授洛克在研究中发现，外来刺激（如奖励、工作反馈、监督的压力）都是通过目标来硬性规定动机的。目标是员工试图努力完成的即时或最终目的。目标设定是通过建立绩效目标激励员工和明确角色认知的过程。目标设定可以从两方面提高员工绩效：一是延伸努力的强度和持久度；二是为员工提供清晰的角色认知，以使他们将努力付诸可以提高工作绩效的行为。

### （一）有效目标的特点

设定目标不是简单地告诉某人“努力去做吧”，而是很复杂的。要使绩效最大化，在目标设定时要符合以下基本要求。

（1）明确的目标。只有目标明确，管理者才能更好地传达绩效期望，员工才能更加有效和可靠地引导自己的努力。目标明确规定了在一个明确或相对短的时间里，发生变化的可衡量标准。

（2）相关的目标。目标必须与个人的工作相关，要在其可控范围之内。例如，如果员工不能控制生产过程的浪费，则降低废料的目标就没有价值。

（3）挑战性的目标。当员工完成的是一个具有挑战性的目标时，才满足了一个人的成长需要，才会付出更持久的努力。但这一挑战性的目标必须当员工获得了必要的资源并在过程中没有过度压力时，才能有效。

（4）认可的目标。只有目标的挑战性是员工所能承受的，员工才能接受委任。如果目标的挑战性强度过高，完成目标的困难水平超过员工的承受度，完成任务的 E→P 期望较低，员工就没有动力接受委任。

（5）参与制定的目标（有时）。现代社会员工更强调参与组织的各种决策。当员工参与目标设定时，会提高目标的质量，会对自己参与设定的目标更具有认同感。这就保证了员工接受目标后有能力和资源去完成。

（6）目标反馈。反馈是指人们接收到自己行为结果的任何信息。反馈能够使人明确是否达到了目标或是否正确地朝着目标付出努力。反馈是激励的基本因素。只有在接到目标完成信息后，员工的成长需要才得以满足。

### （二）有效反馈的特征

反馈对目标设定及提高员工绩效都非常关键。反馈通过经常提供改进绩效问题的信息，使员工能力提高。这就是改进绩效。它使人们意识到绩效误区，帮助人们迅速改正错误。反馈也是激励的来源，它使人们更加自信自己可以完成既定的目标，满足人们的成长需要。

反馈是目标设定的基本条件，有效反馈的特征如下：

（1）反馈是具体明确的。反馈提供的信息必须关系到目标的具体问题。

（2）反馈是相关的。反馈必须和个人的行为有关，而不是和个人不能控制的条件有关。这保证反馈不受环境因素的干扰。

（3）反馈是及时的。行为或结果之后立即反馈，及时帮助员工明白行为和结果之间的明确关系。

（4）反馈是足够频繁的。反馈的频率主要受两个因素的影响。第一个因素是员工对任务的知识和经验。从事一个任务新员工与老员工需要的反馈是不同的。第二个因素是任务周期。周期长的工作比周期短的需要的反馈少。

（5）反馈是可信的。员工更愿意获得来自信任途径的反馈。为了提高员工接受工作绩效信息的可靠性和质量，越来越多的组织采取多渠道反馈——360度反馈，即绩效反馈来自员工周围所有的人。

## 第四节　行为改造型激励理论

行为改造型激励理论主要是研究人的行为是如何转化和改造的，如何使人的心理和行为变消极为积极的理论。强化理论和综合激励理论都属于行为改造型激励理论。

### 一、强化理论

强化理论是由美国心理学家斯金纳于1953年提出的。该理论主要是在巴甫洛夫的条件反射论、华生的行为主义论和桑代克的尝试学习论的基础上，提出的一种新行为主义理论。

#### 1．强化理论的内容

斯金纳认为，人们为了达到某种目的，都会采取一定的行为，这种行为作用于环境，当行为的结果有利于个体时，这种行为就可能重复出现，行为的频率也会增加。这种状况在心理学中称为“强化”。凡能影响行为频率的刺激物，就称为强化物。因此，人们可以通过控制强化物来控制行为，求得员工行为的改造。这一理论就称为强化理论。

### 2. 强化理论的类型

（1）正强化。积极的强化，在某种行为发生后，立即用具有吸引力的结果肯定这种行为，在这种刺激下，个体感到对其有利，从而增加该行为出现的频率。正强化的刺激物主要包括组织中的各种奖酬，如认可、赞赏、加薪、晋升以及创造令人满意的工作环境等。

（2）负强化。消极的强化，预先告知某种不符合要求的行为或不良绩效可能引起的不良后果，从而让员工通过按组织所要求的方式行事或避免不符合要求的行为来回避这些令人不愉快的后果。

（3）消退。在某种行为发生后，对该行为不予理睬，以表示对该行为的轻视或某种程度的否定，使其自行消失或减少该行为出现的频率。

（4）惩罚。以某种带有强制性和威胁性的结果（如批评、降薪、降职、罚款、开除等）来创造一种令人不快甚至痛苦的环境，以表示对某些不符合要求行为的否定，从而消除这种行为重复发生的可能性。

### 3. 强化理论的形式

（1）连续强化。对员工的每一个、每一次行为都给予强化。

（2）间隙强化。在员工的多次行为后再给予强化。间隙强化还可按强化时间间隔的稳定性分为固定时间间隔强化和变动时间间隔强化。前者如职工每月定期发放工资、季度奖金、年终分红等，后者如职工不定期升级、临时性奖励、不定期的工作检查等。

### 4. 强化理论的应用原则

强化理论较多地强调外部因素或环境刺激对行为的影响，忽略人的内在因素和主观能动性对环境的反作用，具有机械色彩。但强化理论的一些具体做法在实践中很有用。强化理论的应用原则主要有：

（1）要有针对性，力度要恰当。要按照强化对象的不同需要采用不同的强化措施。员工的年龄、性别、职务和文化的不同，导致需要不同，因此强化方式也应不一样。奖惩的力度要恰当，要让接收者感受到影响力。奖惩力度太小，不会产生较大的激励作用；奖惩力度太大，不但成本高，也会失去进退的余地，还会对员工产生负向作用。

（2）要小步子前进，分阶段设立目标。在鼓励人前进时，不仅要设立一个鼓舞人心而又切实可行的总目标，而且要将总目标分成许多小目标。完成每个小目标都要及时给予强化，不仅对实现目标有益，而且通过不断的激励可以增强被激励者的信心。

（3）要及时反馈。要通过某种形式和途径，及时将工作结果告诉行动者。无论结果好与坏，对行为都具有强化的作用，好的结果能鼓舞人心，让人继续努力；坏的结果能促使人分析原因，及时纠正。

（4）要以奖为主、以罚为辅。强化理论认为奖励和惩罚都有激励作用，但是应该以正激励为主，负激励为辅，才会收到更好的效果。如果只奖不罚，会降低奖励的价值，影响奖励的效果，还会使不良行为得不到纠正，不良风气滋长蔓延；如果只罚不奖，就难以激发员工的进取心、荣誉感、信任感，达不到调动员工工作积极性的目的。

## 二、综合激励理论

激励是一个非常复杂的问题，它涉及人类行为的诸多方面。对现实中复杂的激励问题，应该从各个方面综合地加以考虑。为此，波特和劳勒提出了综合激励理论。

### 1．影响激励的主要变量

（1）努力程度。个人所受到的激励程度和所发挥出来的能力的大小综合取决于个人对某项奖酬价值的主观看法，以及个人对努力将导致这一奖酬可能性的主观估计。奖酬对个人的价值因人而异，取决于它对个人的吸引力。而个人的每次行为最终得到的满足，又会以反馈的形式影响个人对这种奖酬的估计。同时，个人对努力可能导致奖酬概率的主观估计又受上一次工作绩效的影响。

（2）工作绩效。员工的工作表现和实际成果。工作绩效不仅取决于个人所做出的努力程度，而且有赖于一个人的能力与素质，以及对自己所承担角色的理解程度。

（3）奖酬。绩效所导致的各种奖励和报酬，包括内在性奖酬和外在性奖酬两种。内在性奖酬、外在性奖酬以及主观上所感受到的奖酬的公平感，共同影响着个人最后的满足感。内在性奖酬更能给员工带来真正的满足。

（4）满足感。个人实现某种预期目标时所体验到的满意感觉。它是一种态度，一种内在的认知状态，是各种因素的总和。

综合激励理论的关系主要体现为，员工的努力程度产生其工作绩效，而工作绩效将使员工获得组织给予的内在性奖酬和外在性奖酬，各种奖酬将影响员工的满足感。具体来说，几个主要变量之间的关系如图5-6所示。

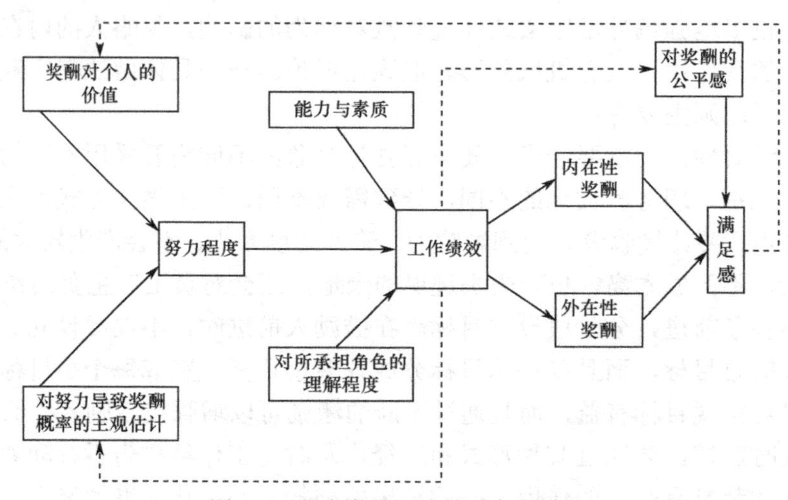


图5-6 综合激励理论关系变量模式

### 2．与其他激励理论的关系

从图5-6所示的关系来看，波特和劳勒的综合激励理论实际上是弗鲁姆的期望理论、亚当斯的公平理论、赫兹伯格的双因素理论以及斯金纳的强化理论的综合。

### 3．综合激励理论的应用

（1）对员工的激励是十分复杂的问题，要从各个角度进行激励。

（2）对员工进行激励方式的选择要有针对性。

## 第五节　激励理论的应用

### 一、股权激励

#### （一）股权激励的产生

从激励理论到实践，报酬始终是激励的重要手段。在新经济时代，股权作为一种长期报酬形式，对企业组织中的人力资本具有独特的激励作用。

自 20 世纪 60 年代以来，人力资本日益成为一种重要的资本融入经济生活中，人才已成为企业竞争最锐利的武器，尤其是高科技企业。谁拥有最优秀的人才，谁就能获得快速发展并获得最好的经济效益。但是，由于企业的经营管理人才和高科技人才人数少、需求大，很多企业用高于竞争对手的薪酬来吸引他们，因此优秀人才的流动性较大。企业为了激励高管和关键的技术人才，达到长期留住他们的目的，就发明了股权激励的方式。

股权激励最先出现在美国，之后欧洲各国纷纷仿效。现在，世界上发达国家的大多数企业都实行了这种激励方式。股权激励作为一种长期的激励制度，在组织管理的过程中发挥了重要的作用。

#### （二）股权激励的形式

（1）虚拟股票。公司授予激励对象的一种“虚拟”的股票，激励对象可以享受一定数量的企业分红权和企业资产增值权。如果实现了公司的业绩目标，则被授予者可以据此享受一定数量的分红，但对此没有所有权和表决权，不能转让和出售，在离开公司时此权益自动失效。

（2）股票期权。公司参照当前股票的市场价格，授予其经营者在一定时期（国外一般为 3～10 年）内，以预定的行权价格购买公司一定数量流通股票的一种权利。股票期权往往是公司无偿赠予激励对象的，但行权有时间和数量限制。股票期权持有者在行权以前没有任何收益，在行权时，如果股票价格上升，股票期权持有者可获得股票市场价与预定行权价格的价差收益；在行权时，如果股票价格下跌，股票期权则会失去价值，股票期权持有者会选择放弃行权，个人没有损失。

（3）股票增值权。公司给予激励对象的公司股票在年度末比年度初的净资产的增值价差。股票增值权不是真正意义上的股票，是在期初激励对象按照每股净资产值购买一定的公司股份，在期末再按照每股净资产期末值回售公司。激励对象没有所有权、表决权和配股权。

（4）业绩股票。在年初确定一个较为合理的业绩目标，若激励对象到年末时达到预期的目标，则公司授予其一定数量的股票或提取一定的奖励基金购买公司股票。业绩股票的流通变现通常有时间和数量限制。

（5）限制性股票。事先授予激励对象一定数量的公司股票，但对股票的来源、抛售等有一些特殊限制。一般只有当激励对象完成特定目标后，才能抛售限制性股票并从中获利。

（6）延期支付。公司为激励对象设计一揽子薪酬收入计划，其中有一部分属于股票激励收入，股权激励收入不在当年发放，而是按照公司股票公平市价折算成股票数量，在一定期限后以公司股票形式或根据届时股票市值以现金方式支付给激励对象。

（7）经营者/员工持股。让激励对象持有一定数量的本公司股票，这些股票是公司无偿赠予激励对象的，或是公司补贴激励对象购买的，或是激励对象自行出资购买的。激励对象在股票升值时可以受益，在股票贬值时受到损失。

## 二、知识型员工的激励

### 1．知识型员工管理中面临的问题

知识型员工在企业内担负着重要的技术开发和技术管理工作，对企业的发展和经济效益的提高有着重要的影响。知识型员工具有素质高、自主性强、学习欲望高、劳动复杂程度高、有较强成就动机、蔑视权威、崇尚平等、流动意识强、流动频率高等特点。目前，大多数企业对知识型员工的管理没有单独的激励，存在着不少问题，影响了知识型员工的工作积极性。在知识型员工管理中，企业主要存在以下问题：

（1）认为知识型员工与一般员工没有多少差别，在管理上和支付报酬上一视同仁。

（2）认为只要有高工资、高福利，就能吸引知识型员工。对他们缺乏必要的关心和爱护，尤其是缺乏起码的尊重，不注意创造良好的工作环境。

（3）不了解知识型员工流动性高的特点，对跳槽过分敏感，措施不当。

（4）对知识型员工的工作动机缺乏深刻了解，认为知识型员工是打工者，缺乏精神需求方面的满足。

（5）对知识型员工的工作方式有误解，因为他们喜欢对企业存在的问题提意见，认为他们难于管理。

（6）忽略知识型员工的职业生涯规划，对他们的学习、培训要求往往置之不理，影响了他们的自我提高和自我发展等。

这些问题对充分发挥知识型员工的作用非常不利。

### 2．对知识型员工激励的意义

（1）激发他们的创新能力。知识型员工的这种创新能力，是企业的无价之宝，是企业利润增长的源泉，也是企业的核心竞争力。

（2）防止员工的负面行为。知识型员工的努力程度关系企业的生存与发展，对他们进行激励，可以避免怠工和不愿意创新等消极行为，还可以防止他们有意泄露公司的技术秘密和商业机密的行为，避免故意拖延使企业错过良好的发展时机。

（3）尽可能降低管理成本，克服不可预测性。知识工作的不可预测性以及知识型员工和管理者在信息占有方面的不对称性，是激励知识型员工制度设计需要考虑的两个问题。当一个系统分析员对企业经济运行情况非常关心并认真分析时，谁也无法排除他正在为竞争对手收集商业信息的可能性；当一个软件设计员工作的时候，谁也无法排除他会在企业系统程序里埋下导致企业系统程序瘫痪的逻辑炸弹；当企业领导得知竞争对手最新上市的产品与自己公司处于试制期的产品非常相似时，他根本就不知道这项产品中是否有自己公司外泄的关键技术。这些都是高层管理者需要在激励制度中考虑的问题，激励制度必须能够激发知识型员工内在的工作热情和对企业的忠诚，唤起他们献身工作的强大动力。通过激励，降低监控成本，从而最大限度地降低信息不对称带来的管理风险和管理成本。

（4）确保不让差劲的知识型员工进入。差劲的知识型员工一旦进入企业，很可能发生所谓劣币驱逐良币的行为，导致企业整体人员的素质下降，工作效率下滑，甚至威胁到企业的生存。因此合理地激励知识型员工，就有可能将知识型员工中的差劲者拒之门外。

（5）有效降低知识型员工的流失。防止优秀知识型员工流失对企业分外重要，在优秀知识型员工日益缺乏的情况下，关键岗位的优秀知识型员工极易流失。如果企业失去了他们，将是致命的损失。所以，合理的激励可以吸引和留住优秀知识型员工。

**3．知识型员工的激励方法**

（1）对组织知识创新进行激励。实现知识和技术创新是企业管理的目标。要千方百计地通过激励手段促使知识型员工不断进行创新，使他们的隐性知识在企业中得到充分分享，进而将它们转变为企业的竞争优势和强大的生产力。

（2）激励要体现知识的价值。知识和技术在企业中显得日益重要，企业的激励要充分体现知识和技术的价值，按照业绩、贡献大小和工作年限，通过现金、实物、股权、期权等奖励方式使优秀知识型员工安心留在企业，对于他们的努力和贡献，要给予高于市场平均价格的鼓励与奖励。

（3）注重精神激励，但不要忽视物质激励。我国当前知识型员工的收入不是很高，在企业中与高级管理人员的收入相比有很大差距，多数人的生活还不富裕，很多人还在为购房、买车努力，经济压力很大。所以，重奖有重大贡献的知识型员工，使他们获得更多的收入是十分必要的。但是，对知识型员工的激励不能一味注重金钱，还要考虑他们的特点，满足他们在精神和物质等方面的需要。

（4）重视情感激励。对于知识型员工来说，最有效的情感激励是对他们的尊重，以及对他们的工作给予理解和支持，对他们的生活给予关心和体贴。由于知识型员工的工作是一种创新性劳动，他们要进行长期的艰苦劳动，体验着常人难以理解的痛苦、困难与欢乐，因此，企业领导者要充分认识到他们的价值，尊重和信任他们，对于他们的努力和贡献，要给予及时的鼓励与关怀，要对他们采取宽容的态度。

## 课后思考题

1．激励的内涵是什么？激励内容要考虑哪些问题？

2．什么是内容型激励理论？它主要包括哪些理论？

3．双因素理论的保健因素和激励因素各发挥什么作用？

4．如何在实际管理中应用期望理论？

5．如何在管理实践中应用强化理论？

6．组织管理者如何实现对知识型员工的管理？

## 案例分析

### SEMCO 公司盈利的秘密

SEMCO 公司是巴西最有吸引力的雇主企业之一。该公司有 200 个固定职位的员工，年营业额超过 4 000 万美元，产品有大功率洗衣机、厨房设备、生活用品，也有数字扫描仪、汽车机油滤芯、卫星驱动燃料等。产品线如此之长，SEMCO 公司是如何做到盈利的呢？

核心秘密是该公司有三根支柱：分权原则、激励机制和信息系统。

**分权原则**

首先减少公司的管理层级。就传统企业而言，层级的减少意味着权力和利益的分割和再分配，容易遭受管理层的抵制。尽管如此，SEMCO 公司总裁小塞姆勒下决心进行改革，他把企业传统的金字塔模式转变为“三圆模式”：

（1）内圆层。除了小塞姆勒，还有六个顾问（把以前的总经理、首席工程师、厂长、首席财务官、首席法律顾问等岗位囊括进来）组成内圆层。这七个人承担了高层管理、技术开发、经营管理和法律事务等领导岗位责任，他们在内圆层内是一个整体，不再划分层级，其主要职责是制定经营政策和管理规定。

（2）核心圆。小塞姆勒在内圆层的角色是一个总务官，处于内圆层的中心，构成了核心圆。

（3）外圆层。企业的其他员工组成了外圆层，他们不属于任何人领导，只对项目负责。每个项目有一个团队，团队成员分为全日制员工和计时制员工。团队有一个协调人，负责与内圆层和团队成员的联络沟通。这种新型结构极大增强了员工的责任感，因为每个成员在团队内都有相当的话语权，自己就能做决定，而不是听命于上级领导。他们甚至有权不听总务官的指令。

员工的聘用选拔程序也发生了根本的改变：员工聘用和解聘由团队决定，而不是上级领导或企业专门的人力资源管理部门。公司规定，全体员工每半年或一年填写一份表格，对包括总务官在内的内圆层的经营政策和可信度进行测评。一旦测评不合格，将对内圆层人员进行新的选举。

不仅是内圆层，团队领导者的职务也不是一成不变的，每个项目负责人的角色相当于导师或督导。新员工在培训阶段可以自由流动到各个项目，找到能发挥个人作用、适合自己的位置。

公司不规定着装。除了安全保护的原因，正常情况下任何人都可以根据自己的喜好在公司内部或面对客户时选择穿什么衣服。

**激励机制**

事实上，仅靠分权是无法支撑整个结构的，自我负责的思想还必须依靠物质和非物质的刺激，由此形成了以下的激励机制：

1．盈利参与

这是该公司自我管理的基石。外圆层的员工有权获得税后利润的 23%，每半年或一年分配一次，由员工代表大会决定其用途，包括分配方式。

2．选择收入

所有员工均可获得自己要求得到的工资。一般而言，企业会接受最低工资要求，但很难满足员工的最高工资要求。在 SEMCO 公司，高工资要求没有问题，但有一个观察期，如果员工在此期间未能完成项目任务，就面临两个选择：要么自我降低工资，要么离开公司。实践证明，除了个别例外，多数员工都能挣到自己想挣到的工资。

3．名头随意

该公司对每个人的名头不做规定，任何人都可以随心所欲按自己喜欢的职位称呼，如采购经理、运营经理等，甚至叫“某某大师”亦无不可。

4．出差住宿不分等级

任何员工，不论职位高低、工龄长短，出公差时，均可自主决定住宿在什么等级的酒店，公司对此没有任何限制，也没有任何财务监督措施。

5．灵活的工作时间

除了个别例外，公司不规定工作时间，员工自我决定工作时间的长短。

6．轮岗制

每个员工 3～5 年交换到其他工作岗位，这样能培养员工更多的工作能力，也使他们对公司全貌有更多的认识和了解。

**信息系统**

透明而全面的信息是该公司良好运作的第三根支柱。员工参与利润分配，如何让他们知道利润是多少呢？只有一个办法：财务信息透明。所有员工每月都会得到一份公司的财务报表，其中包含盈利或亏损分析及资金进出项报告。员工可充分了解合伙人和顾问的工资收入，因此公司没有任何财务秘密。

对一般公司而言，许多具有重要战略价值的信息不对普通员工开放。但是，在 SEMCO 公司不存在这个问题，员工可以了解他所需要的信息。一方面，公司对员工充分信任；另一方面，在信息化时代，信息更新很快，也许昨天的信息到了今天就毫无价值了。

这三根支柱的建立，使员工对企业有强烈的参与感和认同感，从而激发了他们的自我负责意识，SEMCO 公司也因此成为一家自我负责的企业。

**思考：**

1．SEMCO 公司综合运用了哪些激励手段来激励员工？

2．SEMCO 公司的员工激励对其他公司的借鉴意义是什么？

# 第六章 群体与团队行为

**本章重点**

- 掌握群体的概念和类型，群体的组成要素和特征，群体的发展阶段。
- 了解社会惰化现象、社会促进、社会干扰、社会标准化效应和社会从众行为的含义。
- 理解影响群体绩效的因素。
- 了解头脑风暴法、德尔菲法、名义群体法。
- 掌握团队的概念、性质、角色和类型。
- 掌握高绩效团队的特征以及如何构建高绩效团队。

## 引例

李刚是某电器制造企业的技术部主管，手下有八名工程师，均为男性。多年来，小组成员之间的关系良好。随着工作任务的增加，李刚招聘了刚刚获得某名牌大学工学硕士学位的郑红，将她安排在一个正在研究一项提高生产效率的技术小组。该项目组原先只有三人，由王强任组长。

作为一名刚毕业的大学生，郑红很喜欢有挑战性的工作。她工作十分认真，对该项目组其他成员也很友好，但在业余时间，她从不和同事闲聊。由于工作主动，郑红总是率先完成自己分担的那份任务，而且经常帮助其他同事。

几个月后，王强找到李刚讨论项目组的问题。王强汇报说："郑红骄傲自大，好像什么都明白一样。对人不友好，大家都不愿意和她一起工作。"李刚回答说："据我所知，郑红是个优秀的工程师，成绩突出。大家对她的印象这么不好？这怎么可能呢？这几天我找她谈谈。"

一周后，李刚找郑红谈话说："郑红，自从你来到技术部，工作很勤奋，能力很出众，我本人非常赞赏。但是，听说你和同事的关系处理得不好，怎么回事？"郑红大吃一惊，回答说："没有啊！"李刚提醒道："有些同事说你骄傲自满，好像无所不能，而且常常对别人的工作指手画脚。"郑红反驳道："我从来没有公开批评过其他同事。而且，每当我完成自己的任务后，还经常帮助别人。"李刚问："那为什么别人对你的意见那么大呢？"郑红感到愤愤不平，说："那几位同事根本没有尽全力工作，他们的时间都用在足球、音乐、酒吧。还有，他们从没把我当作一名真正的工程师。"李刚说："工程师的考评和激励属于人力资源管理的工作，你的职责是做好本职工作。公司招聘你是由于你的能力、知识符合条件，好好干，把管理问题留给我。"

**思考：**郑红为什么得不到其他成员的认可？

# 第一节　群体概述

## 一、群体的含义

### （一）群体的概念

群体是指一个介于组织和个体之间的人群集合体，具体来说，就是指在组织机构中，由两个或者两个以上个体组成的，为实现组织的目标相互依存、相互影响、相互作用，并规定其成员行为规范的人群集合体。组织、群体和个体是不可分割的整体，群体介于组织与个体之间。管理部门所面临的群体不是个体的简单结合。例如，几个人乘坐一辆公交车就不能把他们称为群体，群体应是一个整体。作为群体的一个显著标志是，群体成员在心理上是否有一定的联系，是否有共同的需要和共同的目标。从这个意义上讲，构成群体必须具备以下条件：

（1）群体成员之间有共同的目标和利益；

（2）群体要满足各成员的归属感；

（3）群体成员之间要有工作、信息、思想及感情上的交流。

美国心理学家霍曼斯经过研究认为，任何一个群体的社交活动都包括以下三个因素。

（1）任务活动。人们所从事的工作活动。这种活动一般比较容易为他人所觉察，如工作、学习、交流等。

（2）相互作用。完成任务时，人与人之间的行为影响。例如，彼此之间语言或非语言的相互沟通和接触，以及分析他人在做什么，有什么反应，与自己有什么关系。

（3）情感活动。个体之间、个体与群体之间、个体与工作之间的情感反应。它虽然不容易被直接察觉到，但是在一般情况下可以通过人们的任务活动和相互作用表现出个人的态度、感受、意见和观点。

霍曼斯的观点得到了许多研究者的认同。首先，群体必须有工作任务，没有工作任务，群体的存在就没有任何意义。其次，任务的完成又取决于人们对任务的认识、态度和情感。

### （二）加入群体的原因

人们加入群体是要完成某项任务或者要满足自己的社会需要。当然，这两个原因不是截然分开的。具体来说，人们在群体中可以获得如下需要的满足：

（1）安全需要。群体可以为个体提供安全感。作为一个大型组织的成员可能产生不安全感的焦虑，但归属于一个小群体则可以减轻这种焦虑。

（2）情感需要。群体可以满足个体的友谊和情感需求。被他人所接纳是一种重要的社会需求，可以增强个体的自信心。

（3）尊重和认同的需要。群体给个体提供了得到称赞和认可的机会，使他们感到了自己的重要性。

（4）完成任务的需要。群体产生的主要原因是为了完成任务。有许多任务必须通过协调努力才能完成。

### （三）群体的心理效应和行为趋向

群体是由单个的个体组成的，群体应该具有不同个体心理和行为特征，从而势必形成群体的心理效应和行为趋向。

**1．从心理效应看，群体成员之间的相互影响产生的心理效应**

（1）群体价值观。群体成员在长期的活动中会逐步形成共同的价值取向，即以共有的价值评估为基础看待组织中的人和事。这种价值观一旦形成，将对群体成员产生无形的、巨大的影响，群体成员将受群体价值观的制约和指导。

（2）群体凝聚力。群体一旦形成，将会对群体成员产生一种吸引力，即群体成员对群体的向心力，它是群体价值观和行为准则一致的反映，是群体生存和发展的必要条件。这种凝聚力来自群体成员的归属感、角色感和力量感。

（3）群体责任感。群体成员在实现群体目标中逐步形成的对群体生存与发展的责任观念和对所担任角色的明确认识，在行动上表现为认真履行职责。建立起群体责任感，群体成员就会关心集体，尽心尽力地为群体发展做贡献。

**2．从行为趋向看，群体成员的行为方式产生的作用**

（1）社会助长作用。生活在群体中的个体在与其他成员的交往过程中有助于消除单调、孤独、沉闷的心理状态，有利于激发群体成员的工作热情和行为动机，提高了工作效率。

（2）社会致弱作用。个体在大众面前感到拘谨，有所顾虑，从而影响工作效率。

（3）行为趋同作用。生活在群体中的个体在个性差异方面逐步变小，受群体规范的影响，其行为逐步趋于同一标准。

（4）行为遵从作用。个体按照社会要求、群体规范或他人的意志而产生的行为。这种遵从行为来自两个方面的影响：一是在一定的组织团体规范影响下的遵从；二是对权威人物的遵从。

## 二、群体的类型

群体的类型很复杂，按照不同的划分标准，可以将群体划分为不同的类型。

**1．根据群体构成的原则和方式可以分为正式群体和非正式群体**

正式群体是指组织正式确定的具有明确的组织方式、任务目标的群体。正式群体中的成员有明确的分工、职责、权利和义务，他们要遵守统一的规章制度。非正式群体不是根据组织正式的规定形成的，而是组织成员出于某种需要自然而然组成的群体。非正式群体相对比较松散，没有正式的组织形式，对群体中成员的责任、权利和义务也没有明确的规定。

正式群体通常有两种主要类型，即命令型群体和任务型群体。命令型群体是由组织结构中有直接汇报关系的主管和下属人员构成的群体。例如，工厂厂长与各部门负责人之间、车间主任与所属部门各班组长之间、各班组长与工人之间等都属于命令型群体。与命令型群体不同的是，任务型群体中成员不一定具有组织结构上的直接汇报关系，而是围绕特定的工作任务建立起来的。例如，为了保证公司的产品和服务质量，公司决定由各个不同部门的人员组成全面质量控制小组，这个小组中的人员只是为了质量管理这个任务而形成的群体。除此之外，还要承担他们原岗位的工作。

非正式群体发生作用是靠大家约定俗成、心照不宣的一些行为规范，群体成员之间存在某种默契。非正式群体有各种各样的类型，比较典型的是利益型群体和友谊型群体。利益型群体中的成员是为了某种共同的利益而走到一起的。例如，公司里的一些员工为了反对老板拒付加班费的行为，争取到自己的权益而走到一起，形成一个群体。友谊型群体则是由于群体成员有着共同的爱好、兴趣，或者性格相同、脾气秉性相投，或者具有其他共同的特点而结合在一起的，如摄影小组、书画协会等。综上，根据群体构成的原则和方式划分的群体类型如图 6-1 所示。

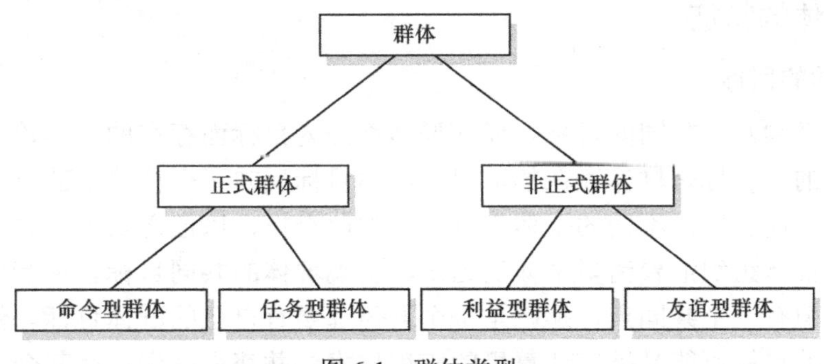


图 6-1　群体类型

### 2. 根据群体规模的大小可以分为大群体和小群体

这种划分具有相对的意义。车间相对于工厂就是小群体，相对于班组就是大群体。凡是成员之间有直接的、个体间的、面对面的接触和联系的群体就是小群体，这些成员容易在感情上和心理上接近。大型群体是指成员之间是以间接方式（通过群体的目标、各层组织机构等）联系在一起的群体。一般情况下，大群体包含许多小群体。

### 3. 根据群体的开放程度可以分为开放型群体和封闭型群体

开放型群体经常更换成员，成员来去自由，地位、权力不稳定，与外界联系密切，内部联系相对松散。开放型群体不适合完成长期任务，但也有其好处。例如，因经常输入“新鲜血液”而可以吸收新思想，他们对周围环境的适应能力都很强。封闭型群体成员相对比较稳定，变动较少，关系严密明确。一般来说，封闭型群体思想相对保守，对外界的新鲜事物接受得较慢，有的甚至有抵触情绪，但其好处在于比较稳定，适合完成长期任务。例如，对于长期规划，封闭型群体更好一些；对于发展新产品而言，开放型群体更加有效。封闭型群体具有历史发展的眼光，开放型群体则着眼于现在。以上两种类型的群体适合不同类型的活动。

## 三、群体的组成要素和特征

### （一）群体的组成要素

（1）角色。占据某一组织中特定位置的个人所期望的一套行为模式。

（2）规范和遵从。群体中所有成员必须要接受的标准。它规定了该群体的产出水平、工作节奏的快慢、工作中相互帮助的程度、努力程度、工作绩效以及对组织的忠诚度。

（3）地位。个体在群体中所处的威望等级、位置和阶层。地位与个体的某些特征有一定的关系，如教育程度、年龄、技能、经验等。地位有正式地位和非正式地位之分，非正式地位并不意味着不重要和不认可，应该使个体所感受到的地位和群体所授予的地位利益相一致。

（4）群体规模。规模扩大后，群体成员个体的贡献往往下降。

（5）群体凝聚力。群体成员相互吸引及共同参与群体目标的程度。

### （二）群体的特征

#### 1．有共同的目标

一个群体必须具有共同的目标。任何群体都是为目标而存在的，不论这种目标是明确的还是隐含的。目标是群体存在的前提。群体目标反映了个体追求的方向，但需要依靠群体的力量才能实现。不同的个体在群体中彼此合作，以己之长补人之短，以人之长补己之短，使群体组织汇聚诸多个体的力量，实现群体的共同目标。尽管群体的目标有较大的区别，但有一个共同点，那就是每个群体都要有自己的群体目标。例如，某个计算机开发公司的目标可能是推广计算机的应用技术，并获得利润；而某个大学的目标是培养高科技人才。

#### 2．有共同的价值观和行为规范

群体成员都是具有共同的价值观与行为规范的。为了实现群体目标，群体成员应有的价值观和行为规范尤为重要。共同的价值观与行为规范是在群体成员相互磨合的过程中共同制定并共同遵守的。正是这些共同的价值观与行为规范才可以把不同的个体凝聚为一个群体，这是一个群体存在和发挥作用的灵魂所在。

#### 3．有一定的（或稳定的）结构

一定的结构、分工和合作是一个群体存在的机构基础，分工与合作是由群体目标限定的。群体中每个成员都将扮演一个角色，担负一定的义务和责任，并在做好自己工作的同时要积极配合他人的工作，从而保证群体目标的有效实现。企业为了达到经营目标要有采购、生产、销售、财务和人事等部门。不同分工之间又要相互配合，才能达到高效率的群体运作。同时，群体中有不同层次的权力和责任制度，分工之后，就要赋予每个部门、每个人相应的权力和责任，以便实现群体的目标。

#### 4．有群体意识和归属感

一个群体想成功地保持并发挥功能，就要使每个成员具有群体意识和对群体的归属感，这是在实际中最能够体现群体特征的方面。一个成员对于一个群体的忠实和服从往往取决于其对群体整体的认同，这是建立在共同价值观和行为规范基础之上的，具有更加内化的思想特征。

## 四、群体的发展阶段

群体是怎样形成与发展的？这是多年以来学者们关心和研究的一个问题。人们也提出了很多关于群体形成与发展阶段的不同观点。有人认为群体的形成与发展有特定的过程和规律，有人则认为群体的形成与发展没有什么特定的过程。尽管人们的观点不一，但有两种关于群体形成与发展的观点受到了比较多的认同：一种是群体发展的五阶段模型，另一种是间断—平衡模型。

### （一）五阶段模型

从20世纪60年代中期起，人们大多认为，群体的发展要经过五个阶段。

第一阶段：形成阶段。其特点是群体的目的、结构、领导都不确定，群体成员各自摸索群体可以接受的行为规范。当群体成员开始把自己看作群体的一员时，这个阶段就结束了。

第二阶段：震荡阶段。群体内部冲突阶段，群体成员接受了群体的存在，但对群体给他们的约束，仍然予以抵制。而且，对于谁可以控制这个群体，还存在争执。当这个阶段结束时，群体的领导层次就相对明确了。

第三阶段：规范化阶段。在这个阶段中，群体成员之间开始形成亲密的关系，群体表现出一定的凝聚力。这时会产生强烈的群体身份感和友谊关系。当群体结构稳定下来，群体对于什么是正确的成员行为达成共识时，这个阶段就结束了。

第四阶段：执行任务阶段。在这个阶段中，群体结构已经开始充分地发挥作用，并已被群体成员完全接受。群体成员的注意力已经从试图相互认识和理解转移到完成手头的任务。

第五阶段：中止阶段。对于长期性的工作群体而言，执行任务阶段是最后一个发展阶段，而对暂时性的委员会、团队、任务小组等工作群体而言，因为这类群体要完成的任务是有限的，因此，还有一个中止阶段。在这个阶段中，群体开始准备解散，高绩效不再是压倒一切的首要任务，注意力放到了群体的收尾工作。在这个阶段中，群体成员的反应差异很大，有的很乐观，沉浸于群体的成就中；有的则很悲观，惋惜在共同的工作群体中建立的友谊关系不能再像以前那样继续下去。

五阶段模型的许多解释者都带有这样的假设：随着群体从第一阶段发展到第四阶段，群体会变得越来越有效。虽然这种假设在一般意义上可能是成立的，但使群体有效的因素远比这个模型所涉及的因素复杂得多。在某些条件下，高水平的冲突可能导致较高的群体绩效。所以，我们也可能发现这样的情况：群体在第二阶段的绩效超过了第三阶段和第四阶段。同样，群体并不总是明确地从一个阶段发展到下一个阶段。事实上，有时几个阶段同时进行。例如，震荡阶段和执行任务阶段就可能同时发生，群体甚至可能回归到前一个阶段。因此，即使这个模型的最强烈的支持者也没有假设所有群体都严格地按照五阶段或者四阶段发展。

### （二）间断—平衡模型

有的研究者认为，群体发展的过程并不一定像五阶段模型中所描述的那样需要经过统一的一系列阶段，而是在群体如何形成和发展的方式上有一些明显一致的地方。这种模型认为，在群体发展的过程中基本上以接近中间的某个时间作为分水岭划分成两个阶段，第一个阶段群体运行的方式与第二个阶段有着明显的不同。

在第一个阶段中，群体首先界定任务、确定目标，并且这些在第一个阶段中不太容易发生改变。即使有的群体成员有新的想法提出，大多也不会被付诸行动。因此，这个阶段群体的运行处于一个平衡阶段。

当群体发展到它的寿命周期的中间阶段时，就仿佛拉响了警钟一样经历着一场危机。群体成员感到时间的压力和完成任务目标的紧迫，他们认识到必须迅速采取行动，必须对原有的运行方式做出某些改变。于是，群体就放弃了旧的思维方式，采纳新的见解，进入效率更高的第二阶段。群体的运行进入了新的平衡阶段。第二阶段发展到最后，以最后冲刺迅速完成任务而宣告结束。

研究者发现，无论是寿命周期很短，如只有几小时的群体，还是寿命周期较长的群体，其发展过程都会遵循这样的规律。我们不妨想象一下，当自己在一个项目组中时，如果完成项目的时间限制是 5 周，那么在前面两周会比较平静地度过，到了中间阶段，群体会采取积极的变革行动，在后面阶段表现出更好的绩效水平，而最后一次项目会议往往会比其他几次会议时间更长，最后很多问题都得到了解决。

## 第二节　影响群体绩效的因素

群体绩效是群体成员共同的工作成果。影响群体绩效的因素是比较复杂的，主要包括群体规模、群体构成、群体规范、群体角色和凝聚力。

### 一、群体规模

### （一）群体规模会影响群体的整体行为及群体绩效

群体规模对群体行为和群体绩效的影响力取决于所考察的变量。群体规模可以从 2 人到 12～16 人。研究结果发现，5～7 人的群体在执行具体任务时，比更大或更小规模的群体更有效。就解决复杂和困难的任务而言，大群体总是比小群体做得更好，大群体有利于获得各种渠道的信息。因此，如果群体的目标是搜寻和发现事实，则规模较大的群体会更有效率。较小群体在利用信息从事生产方面的效果更好。一般来说，7 人左右的群体在采取行动时效率最高。

### （二）社会惰化现象

群体行为与群体规模有关的最重要发现是社会惰化现象。社会惰化，又称社会懒惰行为，是指一个人在群体中工作不如其单独一个人工作时更努力的一种倾向。这种社会惰化行为倾向，使得群体规模的增大与个体绩效的提高呈现负相关关系，挑战了群体作为一个整体的生产力等于或大于群体成员个体生产力总和的逻辑。

## 专栏 1

### 社会惰化试验

法国人瑞琼曼（1913）做了一个拔河比赛的试验，他要求被测者分别在单独与群体的情境下拔河，同时用仪器测量他们的拉力。结果发现，随着被测人数的增加，每个被测者平均使出的力减少了。一人拉时，平均出力 63 千克；三人群体拉时，平均出力 53.5 千克；八人拉时，平均出力 31 千克。在这种共同完成一项任务的情况下，群体人数越多个人出力越少的现象，后来在其他人的试验中也得到了证实。这种现象不仅在实验室里可以看到，在日常生活中也很普遍。根据有关研究和统计，在苏联，私有土地占总农用地的 1%，但产量是农业总产量的 27%；在匈牙利，农民曾在 13%的自有耕地上生产出了全国 1/3 的农产品；在中国，自 1978 年土地承包责任制后，农作物总产量每年递增 8%，这一速度是过去 26 年里平均增幅的 2.5 倍。在东西方很多国家里，社会惰化现象较为普遍。

社会心理学家通过研究已经证实，出现社会惰化的原因，是个人的评价焦虑减弱，使个人在群体中的责任意识下降，行为动力也相应降低。拉特纳在 1979 年以及威廉等人在 1981 年的研究都发现，如果让被测者相信自己的行为效率可以被鉴别出，或者对个人的贡献单独测量，则即使与群体一起完成一项工作，也不再存在社会惰化作用。单独测量使人们保持了足够的被评价焦虑，因而行为动机也得到激发。20 世纪 80 年代中后期的进一步研究表明，群体共同完成一项工作并不一定导致“浑水摸鱼”式社会惰化作用。社会惰化的主要原因是：个体在群体活动中责任意识降低，被评价的焦虑减弱，因而行为的动力也相应地降低。

（资料来源：许芳. 组织行为学[M]. 北京：清华大学出版社，2014）

为什么会出现这种现象呢？

造成惰化的原因之一是不公平感。人们常常习惯把自己付出的努力和所得的奖励，与别人或自己过去所得的奖励进行比较。如果比较结果证明是公平的、合理的，就会心情舒畅地努力工作；如果比较后得出相反的结果，就会产生不公平感，影响积极性的发挥。

原因之二是责任分散。所谓责任分散，是指在与他人共同工作时，个人的责任感下降，有将工作推给他人去做的倾向。产生责任分散的原因在于，指向群体的责任压力分散开来，落到每个人肩上的责任就少了。因此，个人没有责任压力，而且互相依赖、互相推诿扯皮，人们常说的“龙多靠，龙少涝”“一个和尚有水吃，两个和尚抬水吃，三个和尚没水吃”就是这个道理。

现实中也是这样的，只要是责任不清晰，任务不明确，就会产生指标落空、严重影响工作效率的情况。相反，尽管人数少，但一旦责任清晰，任务明确，指标落到实处，工作效率也一定会得到提高。

人们在以下情境下，较少出现社会惰化现象：

（1）群体成员之间关系密切。

（2）工作本身具有挑战性、号召性或能有效激发人们的工作动力。

（3）以群体整体成功为目标的奖励引导和利益驱动。

（4）群体有鼓励成员投入的团队精神。

（5）个人相信群体成员也像自己一样努力工作。

总之，当团队成员认为自己的贡献无法被衡量时，团队的合作效率就会下降。所以，为了削弱社会惰化效应，在团队合作中，团队应该注意解决成员的公平感和归属感的问题。公平地、客观地测量群体中每个成员所要完成任务的数量和质量，并加强指标的制定、分解、考核和落实，使得成员人人肩上有指标，做到责任清晰，指标明确，任务落实，形成千斤重担众人挑的局面。另外，要缩小群体规模，从而避免责任分散的问题出现。

## 二、群体构成

群体构成，即群体组成成分的构成，是指在一个群体中各个成员所具有的各项个体特征的分布和组成情况。根据群体成员的构成，群体可以分为异质性群体和同质性群体。

**1. 异质性群体**

异质性群体，也称异类群体，是指群体成员在性别、年龄、个性、专业、观点、能力、技能、视野、经历等个体特征方面存在显著不同的群体。这种群体更可能拥有多种能力和信息，在需要具备多种技术和知识的群体活动中，运行效率会更高。但是这种群体冲突会较多，沟通相对困难，不太容易随机应变。一般认为，异质性群体在完成复杂任务、集体任务以及时间性不强的任务时效果较好，更为适宜。例如，企业中的新产品开发小组，大学中一些综合课题组，一些组织的领导班子、委员会，政府等组织中的决策机构、咨询委员会等一般多采用异质性群体。

**2. 同质性群体**

同质性群体是指群体成员在性别、年龄、个性、专业、观点、能力、技能、视野、经历等个体特征方面都比较接近的群体。这种群体的特点与异质性群体基本相反。一般认为，同质性群体在完成简单任务、连续任务、合作任务以及要求速度快的任务时效果较好，更为适宜。例如，机械制造工厂的车床组、钳工组、铣床组都是以同质性来组建的群体。

在实践中，是采用同质性群体还是异质性群体来组建群体，还需要考虑组织的管理能力。一般而言，同质性群体的成员容易沟通，冲突较少；异质性群体的成员在很多方面差别较大，沟通困难，容易发生冲突。处理这些潜在的沟通和冲突问题就需要领导者具有相应的管理能力。否则，异质性群体是很难取得良好绩效的。

总之，群体构成对群体的心理气氛、和谐程度、凝聚力和工作成效都会有较大的影响。组建工作群体时，应根据工作的性质、类型、特点、员工个体特征以及领导者的管理能力等实际情况进行合理的人员搭配，从而优化结构，建设高效群体。

## 三、群体规范

### 1．群体规范的含义

群体规范，又称群体行为规范，是群体所形成或确定的，群体成员应当共同遵守的一些行为准则。群体规范意味着，群体对其成员在一定情境下一定行为方式的期望和潜在约束。群体规范规定了群体成员在一定环境条件下的行为范围和行动规则。它使其成员知道什么可以做、什么不可以做、应该怎么做、不应该怎么做等行为准则和是非标准。群体规范一旦被群体成员认可并接受之后，就会成为一种可以用最少的外部控制来影响群体成员行为的手段。任何群体都会有自己的群体规范，不同群体会具有不同的群体规范，它会以不同形式、不同程度、不同内涵去影响和塑造群体的成员。

### 2．实施群体规范的理由

一个群体并不会对所有能够看见的情况建立和实施规范，只会为某些对自己非常重要的行为建立和实施规范。人物维护责任和社会维护责任之间的区别解释了群体有选择地对某些行为实施规范控制的原因。与个人一样，群体总是试图增大成功地完成工作任务的机会，而尽力减小失败的可能性。

首先，群体会实施有利于自己生存的规范。它会尽力保护自己不受组织内和组织外的群体的干扰和侵袭。

其次，群体希望能够更好地预测群体成员的行为。规范为预测他人行为提供了基础，使得群体成员能够预测彼此的行为，并迅速做出反应。

再次，群体希望能够确保其成员感到满意，尽可能地防止人与人之间发生不愉快的事情。群体可以实施规范避免出现令人窘迫的人际关系。

最后，规范还具有表达功能。实施规范使群体成员有机会阐述自己的核心价值观，说明这个群体与众不同之处，以及群体的主要特点。

### 3．群体规范的类型

按照不同的划分原则可以把群体规范划分为不同的类型。而群体规范是每个组织所特有的，不同群体的规范就像人的指纹一样，绝无重合的可能。这里，只就大多数工作群体的某些共同特点概括划分出其一般类型。

（1）按照群体规范的性质，可以分为正式规范和非正式规范。正式规范是指成文的规章制度，是写入组织手册，用正式文件明文规定的员工应当遵循的规章制度、行为规则和程序等。群体的正式规范主要受到组织正式规范的影响和限制，如员工不能无故旷工等；非正式规范是群体自发形成的、不成文的，以习惯和言传身教的方式传承的人们共同接受的行为标准，如员工之间沟通的方式和态度、风俗习惯等。但无论是正式规范还是非正式规范都有约束和指导成员行为的效力，有时非正式规范的作用甚至会超过正式规范。

（2）按照群体规范的内容，可以分为与群体绩效有关的规范、与群体形象有关的规范、与资源分配有关的规范、与群体中成员行为有关的规范等。

#### 4. 群体规范的影响因素

群体规范的建立和发展要受其相关因素的影响。对群体规范产生影响的因素可以概括为以下几点：

（1）个体的特征。群体成员智力越高，就越不愿意建立和遵循规范。例如，比起工厂里流水线作业的班组，一个科研小组更不容易形成行为的规范，因为后者更倾向于视自己为具有独特价值观、人格、动机的个体。

（2）群体的构成。同质性群体比异质性群体更容易确认规范。

（3）群体的任务。如果任务较常规、清楚，那么规范容易形成。

（4）地理环境。如果成员们工作地点离得近，相互作用机会多，则容易形成规范。

（5）组织规范。多数群体规范与组织规范是一致的，但如果群体成员不赞成组织规范，就会发展与组织相对抗的规范，如怠工、罢工等。

（6）群体的绩效。一个成功的群体将维持现有的规范并发展与其一致的新规范，而一个失败的群体将不得不改变有关的规范，而重建一些可能导致好结果的规范。

#### 5. 群体规范的作用

（1）群体规范对于群体有维持作用。群体的存在必然要体现出整体性，否则就是一盘散沙。群体规范通过约束群体中个体的行为、情感和认知，促使群体产生一致的观点和目标，实现相同的目标，从而尽力减少其他群体和个人的干扰。

（2）群体规范有认知标准化的作用。日常生活中每个人的看法是不同的，而群体规范使群体中的个体在交往中相互制约着对事物的知觉、判断和态度。

（3）群体规范的行为矫正作用。群体规范在思想上统一群体成员的意识，在行动上监督群体成员的行为，明确什么可以做、什么不可以做。

（4）群体规范的去个性化作用。群体规范反映的是群体的整体意见，把全体成员都限制在一个中等水平上，一些创造性的想法和行为会被看成不符合群体要求的越轨事件。

## 四、群体角色

每个人都在一定的社会组织和群体中扮演着这样或那样的角色。组织或群体中的角色是指人们对在某个社会性单位中占有一定职位的人所期望的一系列行为模式。群体成员在群体中承担的角色异同，也同群体成员个性特点的组合一样，会影响群体的运作过程及其产出。由于群体和群体的领导者很难改变成员的个性特点，因此在群体运作中侧重于影响或改变群体成员的行为角色则更为有用。

### （一）群体角色的种类

每个成员在群体中都表现出自己特定的行为模式，称为角色。几乎在任一群体中，都可以看到成员有三种典型的角色表现，即自我中心角色、任务角色和维护角色。这些不同的角色对群体绩效会产生不同的影响。

#### 1. 自我中心角色

自我中心角色是指成员处处为自己着想，只关心自己。这类人包括：

（1）阻碍者。总是在群体通往目标的道路上设置障碍。

（2）寻求认可者。努力表现个人成绩，以引起群体注意。

（3）支配者。试图驾驭别人，操纵所有事务，也不顾及对群体会产生什么影响。

（4）逃避者。对群体漠不关心，似乎自己与群体毫无关系，不做贡献等。

研究表明，这些角色表现对群体绩效会带来消极作用，造成绩效下降。

#### 2. 任务角色

任务角色的表现：

（1）建议者。给群体提建议、出谋划策。

（2）信息加工者。为群体收集有用信息。

（3）总结者。为群体整理、综合有关信息，为群体目标服务。

（4）评价者。帮助群体检验有关方案，筛选最佳决策。

#### 3. 维护角色

维护角色的表现：

（1）鼓励者。热心赞赏他人对群体的贡献。

（2）协调者。解决群体内冲突。

（3）折中者。协调不同意见，帮助群体成员制定大家都能接受的中庸决策。

（4）监督者。保证每个人都有发表意见的机会，鼓动寡言者，压制支配者。

任务角色和维护角色都起积极作用。每个群体不仅要完成任务，而且要始终维持自己的整体。而成员的任务角色和维护角色的作用正是为了达到这两个目的。研究发现，在任务角色、维护角色和群体绩效之间有正比关系。

### （二）群体角色对绩效的影响

#### 1. 群体角色构成的群体模型

一个群体要想取得高绩效，以上所说的任务角色和维护角色都是很重要的。但是哪种角色更重要，要视群体发展阶段而定。在形成阶段，监督者和建议者的角色有助于群体奠定一个良好的基础。前者可以使每个成员都增强主人翁责任感，后者可以为群体提出努力方向。在风暴阶段，总结者、信息加工者、协调者和折中者的角色可以帮助群体解决不可避免的冲突，顺利进入正常化阶段。在群体正常化和发挥作用阶段，任务角色和维护角色都很重要。总之，一个有效的群体应激发成员扮演任务角色和维护角色的需要，而避免自我中心角色。

如果以任务角色的表现为横轴，以维护角色的表现为纵轴，可以把群体分为四种类型，如图 6-2 所示。

在一个群体中，如果成员扮演任务角色的多而扮演维护角色的少，则被称为任务群体。这种群体对于应付紧急任务很适合，但很容易瓦解。作为管理者，就应该多扮演维护角色以帮助群体发展为团队群体。

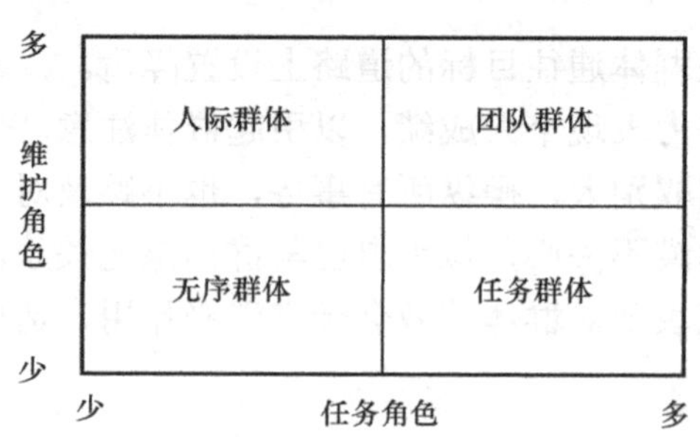


图6-2 以任务角色和维护角色两维度构成的群体类型

在团队群体中，任务角色和维护角色都很多。对于长期目标来说，团队群体是最有绩效的，这种群体的领导者可以放心大胆地充分授权给下级。

如果群体成员扮演维护角色的多，扮演任务角色的少，则称为人际群体。在这种群体下，管理者需要扮演任务角色，以免群体成员自我陶醉、忘乎所以而耽误了任务的完成。

在无序群体中，任务角色和维护角色都很少。在这种群体中，多数成员只顾自己，很少关心任务及人际关系。无序群体是最没有绩效的。管理者需要既扮演任务角色又扮演维护角色。一般是先着重任务角色，待群体有几次成功经验后，就可以削弱任务角色而更多地注意维护角色。

**2. 群体角色的特点**

每个人在工作和生活中都必须扮演多种不同的角色，个人的行为会随着其所扮演角色的不同而不同。理解一个人的行为，关键是弄清他当时在扮演什么角色。不同的群体对个体的角色要求不同，同一个群体扮演不同角色时的行为模式也不同。理解和影响群体成员的角色行为，需要了解角色同一性、角色知觉、角色期待、角色冲突等组织和群体角色的概念。

（1）角色同一性。角色同一性是指个体对一种角色的态度与该角色的实际角色行为模式保持一致性。也就是说，当人们清楚地意识到环境条件需要自己做出重大改变时，就能够迅速变换自己所扮演的角色行为。例如，一个人在营销部门负责时就想争取更多的产品宣传和销售费用，而如果他被调到财务部门负责的话，他就会把如何节约各项开支作为工作的重点。人的这种角色同一性的现象源于角色知觉。

（2）角色知觉。角色知觉是指一个人对于自己在某种环境中应该做出什么行为反应的认识和理解。人们的角色知觉及其所做出的相应行为反应，是以个体对群体或他人对自己所扮演角色的期望行为模式为样板，以自己对于外界希望自己怎样做的感知和解释为基础的。角色知觉源于对角色行为的认知，这种认知过程既可能是一种亲身经历，也可能是习得的，如通过书本、电视、电影等渠道获得某一角色的认知。例如，在许多组织或企业中，设立学徒制、导师制的目的就是要让初学者在有经验的员工或专家指导下，在工作实践中进行角色知觉，从而学会按照组织或他人的期望模式来采取恰当的角色行动。

（3）角色期待。角色期待是指群体或他人对个体所扮演角色的期望行为模式，也就是群体或他人认为，承担某种角色的个体在特定的情境中应当做出什么行为反应。个体的行为方式在很大程度上由其做出反应的背景所决定。例如，当一名警察巡逻时看到了一个歹徒，人们本能地认为警察就应该奋不顾身地去抓歹徒而不是逃跑，而对于过路的其他人，人们就不认为他必须去抓歹徒。当人们的角色期待集中于一般的角色类别层面时，就变成（角色）刻板印象或角色定式了。

心理契约是一个有助于我们更好地理解角色期待的概念。组织或工作群体中的心理契约，一般是指雇主和雇员之间伴随着正式契约或协议的同时，双方存在的一种不成文的心理约定。这种约定是交往双方对对方所抱有的一系列微妙而含蓄的期望——预料和期待对方将满足自己的某些需要。这种心理契约规定了劳资双方的期待，规定了对每个角色的行为期待。例如，企业的所有者、管理者期待员工努力工作，忠于企业，听从指挥；员工期待企业的管理者能公平对待自己，合理分派任务，提供工作条件，公平计发薪酬等。

心理契约许多时候是隐藏于人们心里，有待双方去细心体察、领悟和估测的。心理契约是影响组织或群体行为的权威决定者之一。当人们心理契约中所蕴含的角色期待不能得到满足时，就会使工作绩效和工作满意度受到消极影响，或者使个体或群体受到某种形式的损害和处罚。

（4）角色冲突。任何组织或群体中的个体都不得不扮演多种不同的生活角色和工作角色，不得不应对多种角色期待。当个体面临多种角色期待，如果个体服从于某一种角色的期待或要求，却很难遵从另一种角色期待时，便发生了角色冲突。更为复杂的情况是，个体有时候不得不去面对两种或两种以上相互矛盾的角色期待。例如，一位边防军官在过年过节时，作为军人角色，他应该坚守工作岗位，守卫祖国边防；作为丈夫和儿子角色，他应当回到家乡与父母、妻小团圆，孝敬父母，爱惜儿女。由于不同角色期待的矛盾和差异很难调和，因此便在他身上发生了角色冲突。

每个人都会经历多种多样的角色冲突。组织或群体内部的不同角色期待会给个体带来角色冲突，角色冲突会增加个体内心的紧张感和挫折感。个体既可能做出正规而积极的行为反应，也可能做出非正规而消极的行为反应。角色冲突会影响个体行为以及群体行为和组织行为。

## 专栏 2

### 津巴多的模拟监狱实验

一个相当具有说服力的角色实验是由斯坦福大学心理学家菲利普·津巴多和他的同事所完成的。他们在斯坦福大学心理学系办公大楼地下室里建立了一个“监狱”，他们以每天 15 美元的价格雇 24 名学生来参加实验。这些学生情绪稳定，身体健康，遵纪守法，在普通人人格测验中，得分属于正常水平。实验者对这些学生随意地进行了角色分配，一部分人为“看守”，另一部分人为“罪犯”，并制定了一些基本规则。然后，实验者就躲在幕后，看事情会怎样发展。

两个礼拜的模拟实验刚刚开始时，被分配做“看守”的学生与被分配做“罪犯”的学生之间，没有多大差别。而且，做“看守”的人也没有受过专门训练如何做监狱看守员。实验者只告诉他们“维持监狱法律和秩序”，不要把“罪犯”的胡言乱语（如“罪犯”说，禁止使用暴力）当回事。为了更真实地模拟监狱生活，“罪犯”可以像真正的监狱中的罪犯一样，接受亲戚和朋友的探视。模拟看守 8 小时换一次班，而模拟罪犯除了出来吃饭、锻炼、去厕所、办些必要的其他事情，要日日夜夜地待在牢房里。“罪犯”没用多长时间，就承认了“看守”的权威地位，或者说模拟看守调整自己，进入了新的权威角色之中。特别是在实验的第二天“看守”粉碎了“罪犯”进行反抗的企图之后，“罪犯”的反应就更加消极了。不管“看守”吩咐什么，“罪犯”都唯命是从。事实上，“罪犯”开始相信，正如“看守”经常对他们说的，他们真的低人一等、无法改变现状。而且，每一位“看守”在模拟实验过程中，都做出过虐待“罪犯”的事情。

例如，一位“看守”说，“我觉得自己不可思议，我让他们互相喊对方的名字，还让他们用手去擦洗厕所。我真的把‘罪犯’看作牲畜，而且我一直在想，‘我必须看住他们，以免他们做坏事’”。另一位“看守”补充说，“我一到‘罪犯’所在的牢房就烦，他们穿着破衣服，牢房里满是难闻的气味。在我们的命令面前，他们相对而泣。他们没有把这些只是当作一次实验，一切好像是真的。尽管他们还在尽力保持自己原来的身份，但我们总是向他们表示我们才是上司，这使他们的努力收效甚微”。

这次模拟实验相当成功地证明了个体学习一种新角色是多么迅速。由于参加实验的学生在实验中表现出病态反应，在实验进行了六天之后，研究人员就不得不终止了实验。参加这次实验的学生，就像我们大多数人一样，是通过大众传播媒介和自己的亲身经历，如在家庭、在学校，以及在其他包含有权和无权关系的场合，学习到了关于罪犯和看守的角色定式的内容。在这个基础上，这些学生就能够不费力地、迅速地进入到与他们原来的人格迥然不同的假设角色中。在这个例子中，我们可以看到，人格正常、没经过新角色要求训练的人，也会非常极端地表现出与他们所扮演的角色一致的行为方式。

（资料来源：罗宾斯. 组织行为学：概念·争议·应用[M]. 北京：清华大学出版社，1997）

## 五、凝聚力

凝聚力是指群体成员之间相互吸引并愿意留在群体中，为群体承担义务的愿望的强烈程度。凝聚力是把成员维持在群体中的一种合力，是组织活动的主要构成因素，是一种深层次的心理因素。它通常表现为成员对群体的向心力。当一个群体的成员强烈希望留在群体中，并且都接受群体的目标时，就可以认为这个群体凝聚力强，而凝聚力弱的群体恰好相反。但是，是不是凝聚力强的群体就一定很有绩效呢？到底是什么因素影响着群体凝聚力的强弱呢？群体凝聚力对于组织绩效究竟又产生了什么影响呢？这是本节要讨论的问题。

### （一）影响群体凝聚力的主要因素

影响群体凝聚力强弱的因素有很多，有效控制和利用这些因素，可以改变群体的凝聚力。这些因素主要包括：

（1）群体内部的一致性。群体成员在价值观、工作态度、生活兴趣方面的一致性，以及群体成员有共同的利益和目标。当群体成员普遍认同并接受群体的目标时，凝聚力就强；反之，凝聚力就弱。

（2）群体的绩效和地位。成功可以增加成员之间的好感，增强群体的凝聚力；失败会引起相互之间的埋怨，削弱群体的凝聚力。一个群体在组织中的声誉和地位越高，就越会让成员产生成就感，越容易产生凝聚力。

（3）群体的领导方式。尊重员工、愿意与员工沟通、虚心听取员工意见的民主式的领导方式，更能活跃群体的气氛，促进群体成员之间的交往，增强群体的凝聚力。

（4）群体的规模。群体规模的大小与凝聚力成反比，即群体规模越大，凝聚力越弱；群体规模越小，凝聚力越强。这是因为群体规模的大小直接影响着群体成员之间交往机会的多少和交往强度的大小。但是群体规模太小，又不利于任务的完成，一般群体规模在 7 人左右，凝聚力可达到最佳。

（5）群体与外部的关系。群体外部的压力会增强群体成员之间相互合作的需要，从而提高群体的凝聚力。与外界相对比较隔离的群体，凝聚力较强，反之则较弱。

除了这些因素，群体内部的奖励、群体内部的信息沟通、成员之间的相互学习等，也都会影响群体的凝聚力。

### （二）群体凝聚力的作用

#### 1．满意度

强凝聚力群体的成员比弱凝聚力群体的成员可以得到更大的满足。他们认为，作为群体的一员很值得，也很愿意参加群体的活动，并忠诚于群体。同时，凝聚力使得成员们更加遵守群体规范。

#### 2．沟通

强凝聚力群体中的成员比弱凝聚力群体中的成员沟通的机会要多得多。因为凝聚力强的群体成员之间往往有共同的价值观和目标，相互之间愿意交流，因此有更多的沟通机会。这样的沟通反过来加深了相互之间的关系和了解的程度，促进了凝聚力的增强。

#### 3．生产率

关于群体凝聚力和生产率之间关系的研究得出了矛盾的结果。有些研究发现，凝聚力强，生产率也高；有些研究则发现，凝聚力强的群体生产率还不如低凝聚弱的群体；还有些研究发现，在生产率和群体凝聚力之间没有关系。最具典型的研究是社会心理学家沙赫特的实验：沙赫特等人在严格控制的实验条件下检验了群体凝聚力和对群体成员的诱导（宣传）对于生产率的影响。实验的自变量是凝聚力和诱导，因变量是生产率。选择了两个凝聚力强的实验组 A、B，两个凝聚力弱的实验组 C、D，以及一个对照组 E，同时制作棋盘。工作的前 16 分钟五个组的工作效率相差无几，然后对 A、C 两组提出了“提高生产量”的要求作为正诱导，对 B、D 两组提出“不要太快工作”的负诱导，对 E 组不做任何要求。实验条件如图 6-3 所示，实验结果如图 6-4 所示。

图 6-4 结果说明：两种诱导产生了明显不同的效应，极大地影响了凝聚力与生产率的关系。无论凝聚力强弱，积极诱导都提高了生产率，而且强凝聚力组的生产率相对更高。而消极诱导则明显降低了生产率，强凝聚力组的生产率更低。这说明强凝聚力条件

比弱凝聚力条件更易受诱导因素的影响。

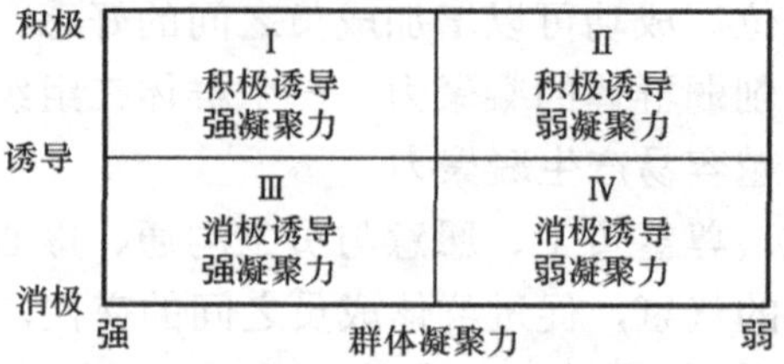

| 诱导 \ 群体凝聚力 | 强 | 弱 |
| --- | --- | --- |
| 积极 | Ⅰ<br>积极诱导<br>强凝聚力 | Ⅱ<br>积极诱导<br>弱凝聚力 |
| 消极 | Ⅲ<br>消极诱导<br>强凝聚力 | Ⅳ<br>消极诱导<br>弱凝聚力 |

图 6-3　沙赫特实验有关凝聚力与生产率关系的条件

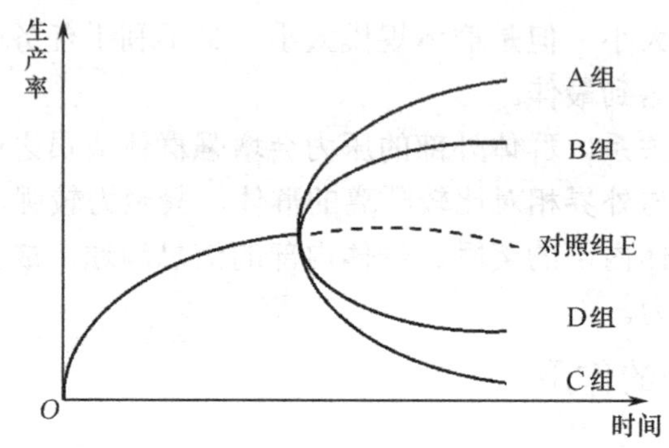


图 6-4　沙赫特实验有关凝聚力与生产率关系的结果

# 第三节　群体互动

群体对于个人的态度和行为是有很大影响的。我们通常讲，好的群体是个大熔炉，在这个群体中，会营造一种精诚团结、你追我赶、奋发向上的工作氛围，后进的可以变先进，先进更先进；坏的群体是个大染缸，中间的可变后进。所以，群体对每个成员都会产生一定的影响。这就是群体互动。那么，群体互动在群体中的影响有哪些具体表征呢？

## 一、社会促进和社会干扰

社会促进是指个体活动由于有他人同时参加或有他人在场旁观而使其活动效率得到提高的现象，反之则称为社会干扰。如图 6-5 所示。

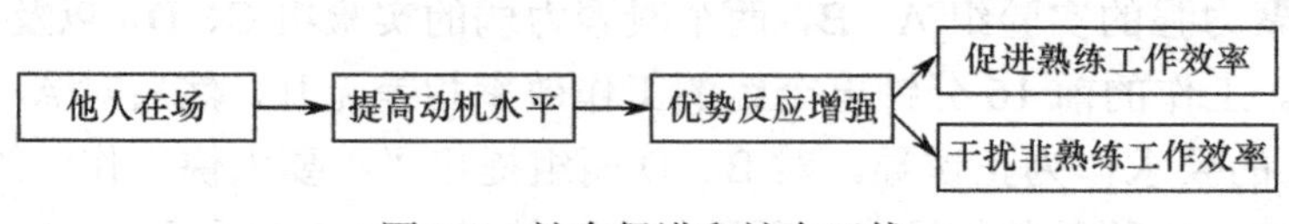


图 6-5　社会促进和社会干扰

奥尔波特为被试者在个人单独工作和多人工作这两种不同的条件下设计了多项难易程度不同的活动，结果发现有些工作多人一起做比一个人单独做的工作效率高，而有些工作相反。分析表明，这是优势反应的影响。优势反应是指那些已经学习和掌握得很熟练，成为不假思索就可以表现出来的习惯动作。进一步的研究表明，群体中个体受他人影响的程度与个性有关，内向、独立性差、易受暗示的人对他人在场的反应要更强烈一些；另外，在场其他人的权威性、严肃性和陌生程度，与个体受影响的程度存在正相关关系。

一般来讲，性格开朗、乐于表现的人在群体环境中工作效率会提高；而一个性格内向、喜欢独处的人在群体环境中工作容易受到负面影响。当工作的复杂度和难度都大，需要相互协调时，一些个体的绩效会下降。

## 二、社会标准化效应

社会标准化效应是指成员在群体共同活动中对事物的知觉和判断，以及工作的速度和效率趋于统一化的倾向。任何一个群体都有许多成文或不成文的，却被大家所认可的行为标准。这些标准很少是群体领导者规定的，往往是自然形成的。而这些标准对大家的行为有极大的影响，成为群体成员的行为规范，我们称之为常规。

常规是一种非道德行为标准，它表明群体对成员的要求和希望。常规的具体内容取决于群体的性质和目的，但是一般而言，常规受社会标准的影响。例如，干活的速度不能太快也不能太慢，一天完成的工作量不能太多也不能太少，既不可太勤快也不可太懒惰，否则就会受到谴责和讽刺。个体行为不只受所在群体的影响，一个群体和个体也要受到社会其他群体的行为、社会舆论、宣传和报道的影响。

由此可见，要改变个体的行为，不仅个体要做工作，更重要的是，要改变社会行为和群体行为。

## 三、社会从众行为

从众是指当一个人在群体中与多数人的意见有分歧时，会感到群体的压力，进而在知觉、判断、信仰及行为上违背自己的意愿，表现出与群体多数成员一致的倾向及行为。大量事实证明，群体能够对其成员施加巨大压力，使他们的态度和行为符合群体的标准。

美国心理学家阿希所做的著名的阿希实验充分证明了群体对个体的从众压力，如图 6-6 所示。他将试验的大学生每八人为一组，让他们一起来比较实验者手中的两张卡片，要求他们指出图 6-6 中的 A、B、C 三条线中哪一条和 X 线等长。其中，每组只有一人是真正的被试者，安排在每组的最后。让每组的前七人都经过“深思熟虑”做出错误判断，结果有 37%的真正被试者放弃了自己正确的判断，遵从了群体的压力，给出了同样的答案，尽管他们明知自己的答案是错的。这说明个体渴望成为群体的一员，而不愿与众不同。阿希实验也表明，并不是所有个体都遵从了群体的压力。

会产生从众行为的主观原因是自我怀疑和不愿意被孤立。当个体的意见与众不同时，心理上就有了一种紧张感，往往产生自我怀疑，甚至有一种孤立的感觉，从而使个体产生不愿意标新立异，而愿意顺从多数人的倾向。

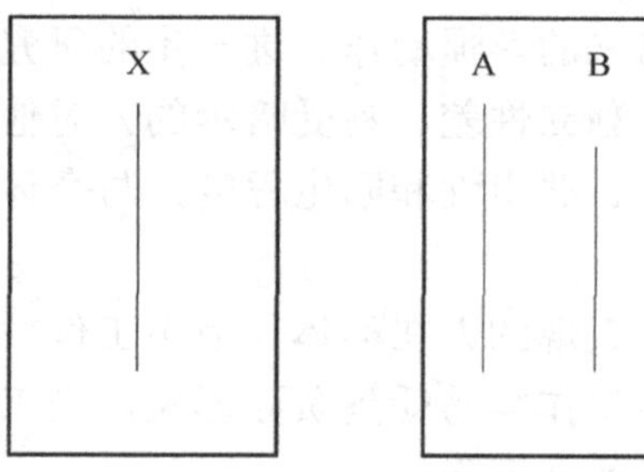


图 6-6 阿希从众实验示意图

从众行为的客观原因是外来的影响和压力。当群体中出现不同意见时，为了保持群体一致性，达成群体的目标，使群体免遭分裂，群体确实会对持有异议的成员施加影响和压力。这种影响和压力是逐渐施加的，它的形式和强度也是逐渐改变的。开始是讨论协商，进而劝说、诱导，再而批评、攻击，以至孤立、排斥。

正由于上述两方面的原因，通常从现象来看，群体成员都有顺从群体的倾向，但也不都是这样。实际上有顺从，也有不顺从。顺从有口服心服的真顺从，有口服心不服的假顺从，或权益顺从。哪些因素决定群体成员顺从不顺从呢？这取决于群体、个体及问题性质三个方面因素。

**1．群体方面**

（1）群体的性质起重要作用。人越需要这个群体，则越愿意从众。

（2）如果这个群体一贯是团结的，群体成员的感情深厚，则容易从众；反之，不容易从众。

（3）如果这个群体的气氛是民主的，允许发表不同意见，则个体的不同意见容易坚持；如果这个群体是专横的、排除异己的、打击报复的，则个体的意见不容易坚持。

（4）如果群体的多数意见受到社会支持，个体的意见不受社会支持，则容易从众；反之，则不容易从众。

**2．个体方面**

（1）如果个体在群体中的地位比别人都高，则不容易从众；反之，则容易从众。

（2）如果个体的智慧和能力高，则不容易从众；反之，则容易从众。

（3）如果个体的情绪是稳定的和自信的，则不容易从众；反之，则容易从众。

（4）重视人际关系的个体，则容易从众；反之，则不容易从众。

（5）态度和价值观对个体是否产生从众行为也有影响。如果个体整体价值观强，则容易从众；反之，则不容易从众。

**3．问题性质方面**

（1）对非原则性问题比对原则性问题容易从众，对一般问题比重大问题容易从众。

（2）有明确答案的，不容易从众；没有明确答案的，容易从众。

# 第四节　群体决策

## 一、群体决策的含义

群体决策，又称集体决策，是指由群体的多数成员而不是个体实行的决策行为。组织中的许多决策，尤其是对组织的活动和人事有极大影响的重要决策，多是由群体来完成的。这些群体包括委员会、工作组、研究小组等。

对于群体决策的认识，可以从如下三个维度进行理解。

（1）群体成员参与决策的程度，从很少参与决策到充分参与决策，不同的参与程度对于决策结果的可接受性有很大影响。

（2）群体决策的内容，包括管理、日常人事、工作本身和工作条件四个方面。

（3）群体决策的范围，可分大范围和小范围。

个体在行动之前要进行思考和推理。正因为如此，了解人们做出决策的方式有助于我们解释和预测他们的行为。群体决策是组织行为学中一个值得关注的领域，随着员工受教育程度的普遍提高，参与意识的不断增强，人们不仅像过去那样只关注组织内决策的结果，而且越来越在意决策过程的公开和透明。

群体决策是实现群体目标的有效手段，恰当地运用这一手段，将大大提高群体决策的效率。我们可以把群体决策看成群体中的一个开放的动态系统，既包括群体成员在各决策阶段的活动和作用，也包括来自群体外部的各种信息的影响。

## 二、群体决策与个体决策的比较

群体决策和个体决策究竟哪个更好？这取决于界定决策效果的标准。就准确性而言，群体决策可能更准确；但就速度而言，个体决策更占优势。

在考察决策效果的同时，不能不考虑决策效率。就效率这一点来说，群体决策几乎总是劣于个体决策的。如果处理一个问题，群体决策所用的时间几乎总比个体决策多。一般情况下，群体不如个体效率高，因此，在决定是否采用群体决策时，应该权衡一下群体决策在决策效果上的优势能否超过它在效率上的损失。

群体决策在信息收集的深度和广度上有很大优势。如果群体成员来自不同的背景，他们能想出更多的办法，做出更深刻的分析。当最终做出决策时，也会得到更多人的支持，有更多的人来执行这项决策。不过，群体决策的这些优势可能被一些不利因素所抵消。例如，群体决策浪费时间，容易引发内部冲突，令群体成员感到从众的压力。

在什么情况下采取群体决策，需考虑下列各方面。

（1）待解决问题的类型。群体决策适合解决复杂且重大的问题，而个体决策适合解决创造性的问题；当复杂问题需要分若干阶段完成时，个体决策更便于阶段之间的协调。

（2）群体成员的接受对实施的影响。当大家的接受与认同对贯彻与实施影响大时，用群体决策更合适，否则用个体决策。

（3）对决策的要求。一般来说，集思广益，群体决策质量偏优，但不一定好于最内行的个体。如果能够确认内行的个体，可选择个体决策。

（4）个人特点。群体成员若有共同合作、集体共事的经验，宜采用群体决策；若个体竞争性强，不愿合作，则只能用个体决策。

（5）组织文化与氛围。组织提供和支持群体协作时，宜采用群体决策。

（6）时间限制。群体决策比个体决策更费时。若情况紧迫，不容大家从容研究，则唯有用个体决策才可行。

到底应该采用群体决策还是个体决策？显而易见，要看具体情况而定。有时个体是做决定的最佳选择，有时群体决策更适合要解决的问题。

## 三、群体决策的优劣势

### 1. 群体决策的优势

（1）决策质量高。通过综合多个个体的资源，可以获得更全面的信息和知识，可以使我们在决策过程中投入更多的信息。

（2）决策一贯性强。除了更多的信息，群体决策还能够增加观点的多样性，给决策过程带来异质性，这就为多种方法和多种方案的讨论提供了机会。

（3）决策的可接受性高。许多决策方案在做出之后，因为不为人们接受而夭折。但是，如果那些受到决策影响的人和将来要执行决策的人能够参与到决策过程中，他们就更愿意接受决策，并鼓励别人也接受决策。这样，决策就能够获得更多支持，执行决策的员工的满意度也会提高。

（4）增加合法性。群体决策的过程与我们所倡导的民主是一致的，越来越多的管理政策要求相关决策要经过多数人的讨论和认同。因此，群体决策被认为比个体决策更合乎法律要求。如果个体决策者在进行决策之前没有征求其他人的意见，决策者的权力可能被看成独断专行。

### 2. 群体决策的劣势

（1）浪费时间。组织一个群体需要时间。群体产生之后，群体成员之间的相互作用往往是低效率的，这样，群体决策所用的时间与个体决策所用的时间相比，就要多一些，从而就限制了管理人员在必要时做出快速反应的能力。

（2）从众压力。群体中存在社会压力。群体成员希望被群体接受和重视的愿望可能导致不同意见被压制，在决策时使群体成员都追求观点的统一。

（3）少数人控制。群体讨论可能被一两个人所控制。如果这种控制由低水平的成员所致，群体的运行效率就会受到不利影响。

（4）责任不清。群体成员对于决策结果共同承担责任，但谁对最后的结果负责呢？对于个体决策，责任者是很明确的；而对于群体决策，任何一个成员的责任都会降低。

群体决策与个体决策相比，既有其有利的一面，又有其不利的一面，但两者之间的利弊是相互对应的，可以互相取长补短。群体决策的优势可能是个人决策所缺乏的，而个人决策的优势又是群体决策所缺乏的。

## 四、群体思维

### （一）群体思维的含义

群体思维是指由于从众压力使群体对不寻常的、少数人的，或不受欢迎的观点得不出客观的评价（因为该观点未被充分表达）。群体思维表现为：成员继续强化假设而不顾事实；成员对不同观点者施加压力；不同观点者往往用沉默来避免观点不一致；若有人沉默，往往被认为表示赞成。

美国心理学家贾尼斯详细研究了美国历史上一些失败的高层政治和军事决策事件，如20世纪60年代的越南战争、尼克松的水门事件以及侵略古巴的“猪湾事件”。发现了一种称为“群体思维”（或者称“小集团思想”）的现象。所谓群体思维，用贾尼斯的话来说，是“参与一个统一群体中的人们的一种思想作风，在这个群体中，认为追求思想一致比现实地评价各种可能行动方案更为重要”。这个群体的成员认为，保持群体的统一、创造和谐的气氛有特殊意义。由于把这样的目的摆在首位，因此往往不能理智地分析各种可能的备选方案，使决策质量受到很大影响。

### （二）群体思维的特点

#### 1. 顺从性思维

在这种群体中顺从作风占主导地位。如果某一群体成员不接受领袖人物或多数人的意见，就会受到孤立、嘲笑或排斥。在这种条件下，即使群体成员对采取的决策有怀疑，也不敢公开发表意见。因此，群体思维会造成一批俯首帖耳的顺从者。

#### 2. 有倾向性地选择信息

在具有群体思维的群体中，其成员往往会封锁怀疑群体决策正确性的信息，尤其是对群体领导人封锁这种信息。这样，会严重影响群体决策的质量。

#### 3. 盲目乐观情绪

在这种群体中往往过高估计成功的概率，过低估计失败的概率，认为本群体的决策一定会成功，其结果往往适得其反。

#### 4. 相信群体无所不能

这种群体中的成员往往认为，一切都取决于他们的行动，过高估计自己拥有的物质手段、自己的组织和专长，而对外部力量估计过低。例如，在第二次世界大战期间，美军指挥机关认为日本不敢攻击珍珠港军事基地，结果，日本偷袭珍珠港使美军遭受严重损失。

#### 5. 首创精神的假象

这种群体认为自己在解决经济或政治问题上具有首创精神，人们或社会组织的命运取决于它的决策。而实际上，这种信念只不过是一种假象。

总之，群体思维一方面会提高群体的凝聚力和群体成员的自我满意感；另一方面会降低决策的质量，使群体决策的效果比个人决策的效果更差。应当指出，贾尼斯群体思维的概念并不是以实验研究为基础的，而是在分析了美国历史上若干重大决策失败的案例之后所得出的结论，这种研究方法并不是十分可靠的。此外，贾尼斯过分夸大群体思维在群体活动中的作用，而没有充分估计其他因素的作用。例如，珍珠港事件的发生实际上取决于政治、经济、军事等一系列因素，把它仅仅归结为群体思维，则是一种把一切社会现象简单地归结为心理因素的错误倾向。

尽管如此，群体思维的特点确实在某些决策群体中出现过。这提醒人们要注意这种现象，并采取适当的措施克服和防止这种现象的不利影响。一般来说，在组织群体活动时应鼓励发表不同的意见，群体的领导者在做出最后决策之前应持中立态度。此外，可以听取不属于本群体的各种专家的意见等。

## 五、群体决策技术

群体决策是群体成员相互作用的产物，群体的行为受群体规范、群体规模、群体领导、成员构成、外界环境等多种变量的影响，群体会对成员个体形成压力，迫使他们从众。在组织事件中，人们设计了头脑风暴法、德尔菲法、名义群体法、电子会议法等多种决策技术。

### （一）头脑风暴法

头脑风暴法，又称头脑激荡法、头脑振荡法，最早由奥斯本于 20 世纪 50 年代提出。头脑风暴的原意是指精神病人的胡言乱语，用于群体决策则是指让人敞开思想、畅所欲言的一种方法。这种方法的主要特点是把有关的人员召集在一起，让他们就某一专门问题无拘无束地发表意见。

在一个典型的头脑风暴法的讨论中，需要 6～12 人围坐在桌子周围。由主持人提出要解决的问题，鼓励群体成员进行创造性思维，尽可能多地提出解决问题的各种新颖方案。在此过程中，不允许任何人对他人提出的意见进行反驳；即使提出了极其荒谬的意见，也不允许反驳。在这样的讨论会上也不做结论，鼓励大胆自由地思考问题，思路越广越受欢迎，意见提得越多也越受欢迎。允许人们经过协商联合提出某种意见。所有观点都记录在案，直到最后才允许群体成员来分析评价这些观点和意见，综合集体智慧形成最终的决策意见。

采用头脑风暴法时，由于群体的每个成员都受到了其他成员提出意见的刺激和启发，能激起他的发散性思维，因此在同样的时间里，能够产生两倍于其他独立思考时的意见数量。据统计，这种方法每小时可产生 60～150 项建议，比一般方法多 70%。另外，由于大家相互交流想法的气氛与相互启发，会使个体对原本不会关注的问题产生兴趣，迫使个体去思考，从而起到了创造性思维的启发作用。在采用此方法时，要注意一个问题，即个体常因注意别人发表意见，而使自己的思维受到干扰或中断，影响了新思想的产生。

一般来说，采用这种方法应针对比较单一明确的问题。如果问题涉及面很广，因素很多，则应把复杂问题分解为单一性的小问题。这种方法的优点是使人解放思想，敢于大胆地想问题，而缺点是整理意见、分析意见要花很长时间，拖延决策。

## （二）德尔菲法

德尔菲法，又称专家意见法，是一种通过反复通信的方式来解决问题的方法，也是一种集中各方面专家的意见预测未来事件的方法。德尔菲法是20世纪40年代由美国兰德公司设计的一种方法。其特点是，不需要群体成员面对面地聚在一起，而采用背对背匿名通信的方式进行决策。其实施步骤如下：

（1）在问题明确之后，要求群体成员通过填写精心设计的问卷，提出可能解决问题的方案。

（2）每个群体成员匿名并独立完成第一份问卷。

（3）把第一次问卷调查的结果在另一个地点进行归纳整理。

（4）把整理和调整的结果分发给每个群体成员。

（5）在群体成员看过整理结果后，要求他们再次提出解决问题的方案。结果通常会启发出新的解决办案，或使原有方案得到改善。

（6）如果有必要，重复第（4）步和第（5）步，直到找到大家意见一致的解决办案为止。

就像名义群体法一样，德尔菲法能够保证群体成员免受他人的不利影响，个体可以更自由地独立思考，更充分地发表意见。德尔菲法不需要群体成员相互见面，可以使地理位置分散的群体成员参与到一个决策中，这样可以节省召集群体成员到一起的巨额费用。同时，个体以书面形式表达意见往往比口头表达更为慎重、认真、理智。当然，德尔菲法也有不足之处，因为这种方法要耗费大量时间，如果需要快速做出决策，就不适用此方法。另外，因为缺乏群体成员之间热烈的相互讨论，所以没法提出丰富的解决方案。

## （三）名义群体法

名义群体法，又称非交往程式化群体决策术，是与德尔菲法密切相关的群体决策技术。名义群体，简单而言，就是指一个“纸张群体”，在这个群体中的成员是不可以进行言语交流的。在群体动力学的研究中，社会心理学家将完全互动的群体与名义群体进行比较。就思想的数量、想法的新颖性、想法的质量而言，研究结果发现名义群体优于真实群体。名义群体法是一种为专门目的而设计的群体决策过程，包括若干已标准化的步骤和环节，形成了如下的固定程序。

（1）预先通知决策小组成员开会的时间、地点，却不预告议题。其实，每次只讨论一个议题，不超过两小时。

（2）沉默准备。主持人在小组成员到齐后，宣布决策议题，并指定一段时间，令每人各自专心准备，写下尽可能多的意见与方案。此期间不允许交头接耳，不允许看报纸和文件，不允许吸烟，必须专心构想。据统计，一个7～12人的决策班子可提出18～25条意见，比常规决策中同样大小的群体所想出的意见多3倍左右。

（3）轮流发言，陈述己见。不允许任何人一次把准备的意见全部讲完，而是每轮发言每人只陈述一条意见；与别人已谈意见基本一致的就不用再谈，以节约时间。每条意见都由专人把要点记录在黑板或大纸上，使人人可见。每轮发言均由主持人随机指定发言起点与顺序，以保证尽可能使每个人都获得均等发言的机会。如此一轮发言下去，直到全部准备好的意见都陈述完为止。

（4）提问与回答。对已陈述意见有不够清楚之处，可提出澄清要求。在提问及做补充说明时，都不得做任何评论，既不鼓吹，也不批评，每人只就事论事，客观说清事实。

（5）主持人要求每人从已陈述并记录在黑板或大纸上的意见中，按其有效性以书面方式列出一定数量（由主持人酌情判断，一般为 8～12 条）的较佳方案。然后唱票统计，由主持人确定筛选标准（如凡支持率超过 80%者入选），从中获得一定数量的方案，即群体决策的最终方案，也可以是主持人要求参与者将众多备选方案按其他标准（如重要性、相似性等）整理分类。

不难看出，虽然德尔菲法是背靠背式，名义群体法是面对面式，但两法都使每个人获得均等参与机会，相信每个人的责任心与判断力，做到“非交往”，即具有无辩论、无批判氛围，做到决策真正民主化。

名义群体法比较好地解决了德尔菲法的一些缺点，又结合了头脑风暴法的一些优点，是一种比较好的群体决策方法。

### （四）电子会议法

这种群体决策方法是名义群体法与复杂的计算机技术的结合。具体实施步骤是：大概 50 人围坐在马蹄形的桌子旁，面前只放一台计算机。通过计算机屏幕把问题呈现给参与者，要求他们把自己的意见输入计算机终端屏幕，个人意见和投票都显示在会议室的投影屏幕上。

电子会议法的主要优势是匿名、可靠、迅速。参与决策的人可以采取匿名形式发表自己的任何意见。专家认为，电子会议法比传统的面对面的会议决策速度快 55%。

但是这种方法也存在一些问题。通过电子会议得到的信息往往不如面对面沟通所能得到的信息丰富；而且那些想出最好建议的人无法在现场得到别人的赞扬和反馈；此外，打字速度会影响参与者表达自己的观点。

表 6-1 呈现了各种群体决策方法效果的评价标准。

**表 6-1 群体决策方法效果的评价标准**

| 评价标准＼决策方法 | 传统决策法 | 头脑风暴法 | 名义群体法 | 德尔菲法 | 电子会议法 |
|---|---|---|---|---|---|
| 观点的数量 | 低 | 中 | 高 | 高 | 高 |
| 观点的质量 | 低 | 中 | 高 | 高 | 高 |
| 群体压力 | 高 | 低 | 中 | 低 | 低 |
| 财务成本 | 低 | 低 | 低 | 低 | 高 |
| 决策速度 | 中 | 中 | 中 | 低 | 高 |
| 任务导向 | 低 | 高 | 高 | 高 | 高 |
| 潜在的人际冲突 | 高 | 低 | 中 | 低 | 低 |
| 成就感 | 从高到低 | 高 | 高 | 中 | 高 |
| 对决策结果的承诺 | 高 | 不适用 | 中 | 低 | 中 |
| 群体凝聚力 | 高 | 高 | 中 | 低 | 低 |

# 第五节　团队和团队建设

在当今企业中，团队越来越成为组织工作的主要方式。据统计，在大约 80%的《财富》500 强企业中，有一半或一半以上的员工以团队方式工作。团队比单独的个体具备更多种技能、经验和判断，结构更为灵活，对外界的反应也更为迅速。

## 一、团队的内涵

### （一）团队的概念

西方学者从不同角度对团队下了定义。斯特芬·罗宾斯认为，团队是指一种为了实现某一目标而由相互协作的个体所组成的正式群体。刘易斯认为，团队是由一群认同并致力于为达成沟通的结果而努力的组织。沙勒斯认为，一个团队是由两个以上具有不同背景及特色的人所组成的，他们被赋予特定的角色与功能，并表现出不同的功能，在有限的期间内紧密地在一起互动，相互依存，机动式地完成共同目标或具有特别价值的任务。

综上所述，我们可以这样理解团队：一小群具有不同技能的人相互依存地工作在一起。这群人认同某一共同目标，为了达到这一目标，他们扮演好自己的角色，贡献自己的力量，彼此分工合作，沟通协调，为完成目标而齐心协力，并为此目标的实现与否共同承担责任。

### （二）团队与群体

团队是一类特殊的群体，团队中的个体具有相互补充的技能，且愿意为了共同的业绩目标而共担责任、积极协同。一般群体的目的在于共享信息、进行决策，帮助每个成员更好地承担自己的责任。团队则不同，它需要成员的共同努力产生积极的协同效应，取得远远大于个体绩效之和的团队绩效。团队与群体的区别如表 6-2 所示。

表 6-2　团队与群体的区别

| 项　目 | 团　队 | 群　体 |
|---|---|---|
| 目标 | 集体绩效 | 信息共享 |
| 协同配合 | 积极 | 中性 |
| 责任 | 个体的或共同的 | 个体的 |
| 技能 | 互相补充的 | 随机的或不同的 |

团队与一般意义的群体的明显区别在于以下几点：

（1）群体的绩效依赖于群体中的每个成员，而团队的绩效不但取决于每个成员的贡献，还应该产生团队共同的工作成果。

（2）在群体中，尽管群体成员将自己的资源聚集在一起实现目标，但一般来讲，个体只为个体的工作结果承担责任，也就是说，群体不会为个体承担责任，个体也不会为群体承担责任；而在团队中，工作结果的责任则被视为团队共同的责任。

（3）团队不但像一般性的群体一样有着共同目标，而且要对这个目标做出承诺。

（4）在群体中，群体成员的技能有时是相同的，有时是不同的；而在团队中，团队成员的技能通常是互补的，他们在各自擅长的领域发挥贡献，共同实现团队的目标。

## 二、团队的类型

### （一）问题解决型团队

问题解决型团队是一种临时性团队，专注于其职责范围内的特殊问题。它会得到部分授权，用以实施自己的解决问题的方案，但权力不大。它不能从职能上重组工作或改变管理者角色。这些团队成员一般由来自某一具体部门的 5～12 名员工组成，他们定期地聚集在一起，讨论如何提高产品质量、生产效率和改善工作环境等。例如，我们常见的企业质量小组、高校课题组等都属于这种类型。在问题解决型团队中，成员就如何改进工作程序和工作方法，各自承担的任务和分工，互相交流看法或提出建议，但是这种团队几乎没有权力根据这些建议单方面采取行动。

20 世纪 80 年代，应用最广的问题解决型团队之一是质量圈。这种工作团队由职责范围部分重叠的员工及主管人员组成，人数一般是 8～10 人。他们定期聚会，讨论所面临的质量问题，调查问题的原因，提出解决问题的建议，采取行之有效的行动。

**专栏 3**

**问题解决型团队——“质量圈”**

20 世纪 50 年代，美国管理学家戴明到日本，为企业讲授质量管理。戴明提出一个观点：如果我们更信任和尊重员工，他们就可以负起责任，并且将更加努力地从事自己的工作。作为这一思潮的一部分，许多企业形成了一个机制，鼓励员工就公司经营方面提出建议。在日本，这一机制逐渐演变为质量小组。最初，质量小组是由同一单位的员工及主管人员组成的，他们定期聚会，讨论研究生产过程中出现的质量问题，提出实际解决问题的建议，并自主采取行之有效的行动。80 年代，这一概念又输回美国，并在全世界推广。例如，惠普公司引入“质量团队”的工作方式后，在 6 个月内，这些团队就使整个公司的工作效率提高了 50%。他们对主管人员进行了长达 40 小时的培训，然后让他们自己找到了在员工中实施这一做法的恰当方式。团队成员迅速在他们的工作中参与这一改革，他们变得更加负责，生产效率更高。

（资料来源：张一纯，王蕴，陈葵晞．组织行为学[M]．北京：清华大学出版社，2009）

在我国，工业企业引进全面质量管理是在 1984 年。推行全面质量管理的方式，对我国工业企业的质量管理工作取得了很大的管理成效。就问题解决型团队而言，确实能够促进生产及工作效率的有效提升。但是，这种团队无权执行解决问题的方案，因此，它在调动成员参与决策的积极性方面尚有不足。

### （二）自我管理型

自我管理型团队通常由 10～15 人组成，他们承担部分以前自己的上司所承担的责任，同时仍然负责完成他们以前的责任和任务。这是一种真正独立自主的团队，他们不仅探讨解决问题的方案，而且亲自执行解决方案，并对工作承担全部责任。自我管理型团队的成员可以就工作日程、分配任务、培训技能、评估绩效、挑选新人和控制质量等方面进行自主决策。

在自我管理型团队中，成功的行为呈现出五个特征：

（1）成功对工作结果负责，并表现出相应的工作态度。

（2）以一种持续方式监控绩效，预先收集数据和测定反馈，做到不打无把握之仗。

（3）对每个人的绩效做出评估，随时纠正错误的做法。

（4）为取得优异成绩，积极寻求组织资源和各种帮助及指导，因为它们是达到目标的必备要素。

（5）帮助其他岗位的人改善工作，从而提高整个团队的真正的绩效。

应该注意的是，自我管理型团队并不是对所有组织、团队都适用的。在设计这种团队以及期望它们的工作效率之前，组织应开展一项环境分析，以确定自我管理型团队是否与一些组织因素保持一致。具体应该做到以下几点：

（1）企业对团队有明确和具体的要求，并赋予其相应的权力和责任。

（2）组织的价值观和目标与团队具有一致性，组织文化和领导的支持为团队运行提供了环境。

（3）组织的资源、政策和训练保证团队具有竞争力，成功地实施和使用自我管理型团队通常取决于组织是否为这样的团队做好了准备。

### （三）多功能型

多功能型团队是由来自不同部门、不同工作领域、具有不同职能和经验的员工组成的团队，他们走到一起的目的就是完成某项任务。它能够监督、改善涉及组织中不同部门的工作程序，使之标准化，并有效地提高工作效率。当今，大型项目的开发和管理大多采用多功能型团队的方式。

总之，多功能型团队是一种有效的方式，它能使组织内甚至组织之间不同领域的员工交换信息，产生新的观点，解决面临的问题，协调复杂的项目。但是，多功能型团队在其形成的早期阶段往往要消耗大量时间，因为团队成员需要学会处理复杂多样的工作任务。在成员之间，尤其是那些背景、经历和观点不同的成员之间，建立信任并真正合作也需要时间。

### （四）虚拟型团队

由于计算机和通信技术的飞速发展，虚拟型组织、虚拟型团队越来越普遍。虚拟型团队是指一群在不同地域的个体，通过一个或多个项目上的多元化信息技术进行合作。团队成员可能来自一个或多个组织。团队成员由计算机网络联系在一起，为了共同的目的和任务在一起工作。

虚拟型团队在团队成员不能面对面协商的情况下，提供了有效的工作方式，并且提高了工作效率，有效控制了成本。但是尽管通信技术使得相隔很远的人能够相互沟通，但成员之间可能很少有“个人”的接触，这就使虚拟型团队缺乏和谐，缺乏成员之间的直接沟通。虽然以计算机为媒介可以更专注于事实和客观信息，但在一定的社会背景下，它可能增加决策制定的风险。

## 三、团队的角色

英国学者贝尔滨博士和他的同事在 20 世纪 80 年代，经过多年在澳大利亚和英国的研究与实践，提出了著名的贝尔滨团队角色理论，认为高绩效团队应该由八种角色构成，如图 6-7 所示。

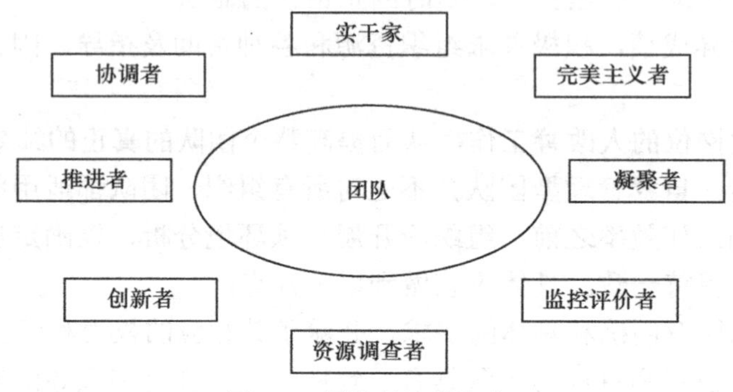


图 6-7 团队的八种角色

### 1. 实干家

实干家的典型特征是保守、顺从、务实、可靠、勤奋，有组织能力和实践经验，有自我约束力，但是缺少灵活性，对没有把握的观点不感兴趣。在团队中，实干家能够考虑哪些建议是可行的，哪些建议是不可行的，能够归纳、整理建议，能够把建议化为实际行动。

### 2. 协调者

协调者的典型特征是沉着、自信，有控制局面的能力，对各种有价值的观点不带偏见地兼容并蓄，看问题比较客观。在团队中，协调者帮助团队成员明确目标和方向，选择需要决策的问题，帮助团队确定角色分工、责任和工作界限。协调者做事的目标性强，但是其智慧和创造力一般。

### 3. 推进者

推进者的典型特征是思维敏捷，性格开朗，主动探索，有干劲，随时准备向传统、低效率、自满自足挑战。在团队中，推进者积极寻找和发现团队中可能实施的行动方案，帮助团队成员完成目前特定的目标和任务，积极推动团队成员形成一致的意见，并采取积极行动。但是，推进者急躁易怒，容易引发争端。

### 4. 创新者

创新者的典型特征是有个性，才华横溢，想象力丰富，充满智慧，知识渊博。在团队中，创新者善于提出有价值的观点和建议，对已经形成的行动方案提出新的看法。但是，创新者往往自负，容易骄傲自满、目中无人，不愿意做一般性工作。假如安排他一般性工作，他心存不满和怨气，牢骚满腹。

### 5. 资源调查者

资源调查者的性格外向，待人热情，好奇心强，善于与人交流，消息灵通，思维敏捷，头脑清楚，分析、判断能力强。资源调查者有很强的人际沟通能力，能不断地探索新的事物，勇于迎接新的挑战，对组织内外的变化有较强的应对能力；但容易产生疲倦感。

### 6. 监控评价者

监控评价者比较冷静、理智、多谋，做事谨慎、认真，脚踏实地，工作作风严谨，有很强的分析力和判断力，但缺乏鼓动和激发他人的能力。在团队中，监控评价者能够客观地分析问题，能够对繁杂的材料进行简化，能够澄清模糊不清的问题，并能够对他人的判断和作用做出客观的评价。

### 7. 凝聚者

凝聚者性格温和，同时比较敏感，在团队中有一定的社会地位，能够起导向作用。这种人对团队成员和出现的情况能够做及时响应，能够鼓舞整个团队精神；但在关键时刻往往优柔寡断。凝聚者在团队中的作用表现在能够给他人帮助和支持，能够打破讨论的沉默，积极采取行动解决团队的分歧。

### 8. 完美主义者

完美主义者勤奋有序，工作认真，尽职尽责，有紧迫感。这种人是理想主义者，能够完成任务，追求完美。由于这种心理，完美主义者过于拘泥于小节，不愿让任何事情随意通过。在团队中，完美主义者的作用是强调任务的目标要求和活动日程表，在方案中寻找并指出错误、遗漏和被忽视的内容，激励其他团队成员参加活动，并促进团队成员产生紧迫感。

贝尔滨指出，如果团队构成中有一位塑造者和一批素质、能力好的成员，团队的绩效水平往往较高。尤其是当众人对团队的期望值较高时，更是如此。在实践中，团队也许不止一位推进者为团队带来更多的主张和见解。团队中很可能存在互不喜欢、互不买账的团队成员，这些团队成员很难与人相处和协调工作。

在实践中，成功的团队首先是这八种角色的综合平衡。管理者在组织团队时，应该充分认识到各角色的基本特征，容人短处，用人长处。真正成功的管理者，对团队角色的秉性和特征了解透彻，在此基础上能构建高绩效团队。

## 四、高绩效团队的构建

高绩效团队会带来愉快的经验和成功的体验，在圆满完成组织任务的同时，为成员带来进步与成就感。因此，高绩效团队的构建无论是对组织还是对个人，都非常重要。

### （一）高绩效团队的特征

（1）明确的目标。团队成员清楚地了解所要达到的目标，以及目标所包含的重大现实意义；清楚任务的分派、工作的进度，知道如何集中精力完成任务。

（2）内部与外部的支持。既包含内部合理的基础结构，如明确的角色与任务分派，也包括外部给予的必要的资源条件，如合适的设备、及时有效的反馈等。

（3）多元化风格。团队成员拥有多种实现目标所需的相关技能，成员之间的个性有所差异但相互吻合。

（4）良好的人际氛围。每个团队成员对团队内其他人的品行和能力都确信不疑；乐于与其他人分享成功的喜悦，而不在意贡献的大小；对于其他人要说的事表现出极高的兴趣；运用幽默感创造轻松的气氛。

（5）共识。经过公认的程序，当团队达成最后的决定时，每个人都能够在行动上支持最后的结果。

（6）合适的领导。有效团队的领导往往起到教练或后盾的作用，他们对团队提供指导和支持，而不是试图去控制下属。

（7）建设性冲突。每个人都可以自由地表达意见，没有破坏性敌意与诋毁。

（8）合理的绩效评估体系。根据个人贡献的评估和奖酬体系与基于团队绩效的利润分享和团队激励相结合，在个体和集体两个层次上提升团队的责任心。

## （二）高绩效团队的塑造

塑造高绩效团队是许多企业管理者的主要任务之一，也是对企业管理者管理能力的特殊挑战。企业在塑造高绩效团队时主要应考虑以下几方面。

### 1. 确立清晰明确的目标和愿景

共同的目标是团队存在的基础。马斯洛曾说，杰出团队的显著特征便是具有共同的愿望和目标。由于人的需求不同、动机不同、价值观不同、地位和角度不同，对企业的目标和期望值有着很大区别。因此，要使团队高效运转，就必须有一个共同的目标和愿景，即让大家知道“我们要完成什么”“我能得到什么”。这一目标是成员共同愿望在客观环境中的具体化，是团队的灵魂和核心。它能够为团队成员指明方向，是团队运行的核心动力。为了使团队的目标更具激励作用，在设计目标和愿景时，必须坚持以下原则：

（1）明确原则。必须明确团队的目标、价值观和指导方针。

（2）激励原则。目标和愿景必须能够激励团队成员，使每位团队成员都相信并愿意努力去实现它。

（3）切实可行原则。团队目标应该根据团队及其企业现有内外环境资源及市场机会理性、综合评判，必须建立在团队能够做到的愿景基础之上。目标不能定得太高，也不能太低。

（4）共识原则。团队目标应该是团队成员利益的集中体现，不仅要合乎规范，而且要与团队成员的价值取向统一。

（5）未来潜力原则。团队发生变化以后，理念和目标也必须更新，否则就会丧失其导向功能和动力作用。目标必须得到有效的贯彻和推行。

### 2. 培养良好的团队氛围

健康和谐的人际关系能使团队成员之间从生疏到熟悉、从提防到开放、从动荡到稳定、从排斥到接纳、从怀疑到信任，可以在长时期内使成员保持亲密。团队成员之间需要相互帮助和支持。通过团队方式开展工作，可以促进成员之间的合作并提高成员的士气，培养一种积极向上、锐意进取、爱岗敬业、尽职尽责的工作氛围和团队精神，以此激发团队成员的工作热情，较好地完成工作任务。

### 3. 选择合适的领导和团队结构

团队应该选择合适的领导和内部结构来协调团队成员之间的不同意见，并解决团队中的日常问题。例如，如何安排工作日程，如何解决内部冲突，如何分配具体的工作任务并使之与团队成员的个人能力相匹配等。

### 4. 培养成员的信任感

团队成员之间的相互信任对于创建高绩效团队至关重要。研究表明，信任包括五个维度：正直、能力、忠实、一贯、开放。而且，正直程度和能力水平是一个人判断另一个人是否值得信赖的两个最关键的特征。因为如果对别人的道德和基本的诚实缺乏把握，信任的其他维度就没有意义了。

人际关系表明，信任是脆弱的，信任感需要很长时间才能建立起来，却又很容易被破坏，而破坏之后要恢复又很困难。因此，培养团队成员之间的信任感需要采取有效的思路和方法。总结起来有如下几种方法可以借鉴。

（1）表明你既是在为自己的利益工作，又是在为别人的利益工作。

（2）成为团队的一员，用言语和行动来支持你的团队，表现你的忠诚。

（3）开诚布公，让人们充分了解你，解释你做出某项决策的原因，对于现存问题则坦诚相告。

（4）涉及利益分配时，要客观、公平、不偏不倚。

（5）表明指导你进行决策的基本价值观是一贯的。

（6）真诚地说出你的感受。

（7）保守秘密。

### 5. 建立合理的激励机制

团队应建立平等明晰的评价标准，让每个团队成员的贡献都可以被衡量，让每个成员都可以清楚地看到谁做了什么，并且都要对自己的行为负责。要制定统一的业绩标准，以防止“鞭打快牛”的不公平现象，避免团队内由此引发的冲突。

要改变传统的以个人导向为基础的绩效评估与奖酬体系。除了根据个人贡献进行评估和奖励，还应当以团队为基础进行绩效评估和利润分享，鼓励合作而不是鼓励某个优秀的人。除了基本的个人薪酬系统，还可以设定一种以团队完成目标为前提的个人奖金。另外，给团队成员的晋升、加薪以及其他各种激励都应以他们在团队合作中的表现为衡量标准。

### 6. 确立适当的团队规模

为了使团队成员之间都能够充分了解并且互相影响，保证团队结构的简单化，应当严格控制团队成员数目，一般不要超过12人。因为适当的团队规模，容易形成较强的团队凝聚力、忠诚感和相互信赖感。

### 7. 开展高质量的团队培训

通过培训使团队成员的价值观与团队的价值观保持一致，矫正团队成员的个人行为，保证团队成员工作的高效率。在团队培训中，成员对新知识和新信息的接受至关重要。培训已经不是传统意义上集中时段的训练，而是即时的、全方位的学习。要让团队成员感觉到学习的紧迫性，并把每个学习机会转变成交流和合作的机会。因此，必须制订周密的培训计划，来实现培训思路的根本转变。

### 8. 将团队文化建设贯穿到团队管理的各个环节

高绩效团队需要相应的团队文化来配合。首先，要增强团队成员对团队的认同感，使他们为自己是团队的一员而感到自豪。如果团队成员都有“风雨同舟”的感觉，将会对团队管理非常有利。其次，让每个团队成员认识到他们之间的协作以及贡献对团队的成功来说是至关重要的。

团队文化建设可以贯穿到管理的各个环节。例如，在绩效考核和薪酬管理方面，充分体现团队的特点，以集体的成果来决定创造的价值；把团队价值观贯穿于培训的始终；在宽松的环境中树立团队的榜样；等等。总之，要持之以恒地把团队管理必需的理念渗透到每个团队成员的行为中。

总之，同其他形式的管理一样，构建高绩效团队是一件复杂的事情，不存在确保成功的简单易行的规则。将上述原则和方法整合起来，进行系统思考，并根据实际情况有针对性地采取措施，就可以构建高绩效团队，并不断提高团队效能。

## 自我诊断

### 你知道你在团队中的角色吗

对下列问题的回答，可能在不同程度上描绘了你的行为。每题有8句话，请将10分分配给这8句话。分配的原则是：最能体现你行为的句子分数最高，以此类推。最极端的情况也可能是10分全部分配给其中的某句话。

1. 我认为我能为团队做出的贡献是：

a. 我能很快地发现并把握住新的机遇

b. 我能与各种类型的人一起合作共事

c. 我生来就爱出主意

d. 我的能力在于，一旦发现对实现集体目标很有帮助的人，我就及时把他们推荐出来

e. 我能把事情办成，这主要靠我个人的实力

f. 如果最终能导致有益的结果，我愿面对暂时的冷遇

g. 我通常能意识到什么是现实的，什么是可能的

h．在选择行动方案时，我能不带倾向性也不带偏见地提出一个合理的替代方案
2．在团队中，我可能有的弱点是：
a．如果会议没有得到很好的组织、控制和主持，我会感到不痛快
b．我容易对那些有高见而又没有适当地发表出来的人表现得过于宽容
c．只要集体在讨论新的观点，我总是说得太多
d．我的客观看法使我很难与同事们打成一片
e．在一定要把事情办成的情况下，我有时使人感到特别强硬甚至专断
f．可能由于我过分重视集体的气氛，我发现自己很难与众不同
g．我易于陷入突发奇想之中，而忘了正在进行的事情
h．我的同事认为我过分注意细节，总有不必要的担心，怕把事情搞糟
3．当我与其他人共同进行一项工作时：
a．我有在不施加任何压力的情况下去影响其他人的能力
b．我随时注意防止粗心和工作中的疏忽
c．我愿意施加压力以换取行动，确保会议不是在浪费时间或离题太远
d．在提出独到见解方面，我是数一数二的
e．对于与大家共同利益有关的积极建议我总是乐于支持的
f．我热衷寻求新的思想和新的发展
g．我相信我的判断能力有助于做出正确的决策
h．我能使人放心的是，对那些最基本的工作，我都能组织得井井有条
4．我在工作团队中的特征是：
a．我有兴趣更多地了解我的同事
b．我经常向别人的见解进行挑战或坚持己见
c．在辩论中，我通常能找到论据去推翻那些不甚有理的主张
d．我认为，只要计划必须开始执行，我有推动工作运转的才能
e．我不在意使自己太突出或出人意料
f．对承担的任何工作，我都能做到尽善尽美
g．我乐于与工作团队以外的人进行联系
h．尽管我对所有的观点都感兴趣，但并不影响我在必要的时候下决心
5．在工作中我得到满足，是因为：
a．我喜欢分析情况，权衡可能的选择
b．我对寻找解决问题的可行方案感兴趣
c．我感到，我在促进良好的工作关系
d．我能对决策有强烈的影响
e．我能适应那些有新意的人
f．我能使人们在某项必要的行动上达成一致意见
g．我感到我的身上有一种能使我全身心地投入到工作中的气质
h．我很高兴能找到一个可以发挥我想象力的天地
6．如果突然给我一件困难的工作，而且时间有限，人员不熟：

a．在有新方案之前，我宁愿先躲进角落，拟定出一个摆脱困境的方案
b．我比较愿意与那些表现出积极态度的人一道工作
c．我会设想通过用人所长的方法来减轻工作负担
d．我天生的紧迫感将有助于我们不会落在计划后
e．我认为我能保持头脑冷静，富有条理地思考问题
f．尽管困难重重，我也能保证目标始终如一
g．如果集体工作没有进展，我会采取积极措施去加以推动
h．我愿意展开广泛的讨论，意在激发新思想，推动工作
7．对于那些在团队工作中或与周围人共事时所遇到的问题：
a．我很容易对那些阻碍前进的人表现出不耐烦
b．别人可能批评我太重分析而缺少直觉
c．我有做好工作的愿望，能确保工作的持续进展
d．我常常容易产生厌烦感，需要一两个有激情的人使我振作起来
e．如果目标不明确，那么让我起步是很困难的
f．对于遇到的复杂问题，我有时不善于加以解释和澄清
g．对于那些我不能做的事，我有意识地求助他人
h．当我与真正的对立面发生冲突时，我没有把握使对方理解我的观点
请同学在老师的帮助下诊断自己在团队中的角色。

（资料来源：http://www.baidu.com）

## 课后思考题

1．什么是群体？群体有哪些类型？
2．群体有哪些特征及组成要素？
3．描述群体的五阶段模型。
4．什么是间断—平衡模型？
5．什么是社会惰化现象？为什么会产生社会惰化现象？
6．什么是群体规范？其受哪些因素的影响？
7．群体凝聚力的影响因素有哪些？群体凝聚力的作用有哪些？
8．什么是群体决策？群体决策的利弊是什么？
9．简述群体思维的含义及其特点。
10．什么是团队？团队的类型有哪些？
11．结合实例谈谈如何构建高绩效团队。

## 案例分析

星巴克咖啡自 1987 年在西雅图的一家街头小咖啡馆开始，发展到今天已有遍布全世界 34 个国家和地区的 8 300 家咖啡店。除了它在打造其品牌上的独到策略，团队建设也是它维持品牌质量的至关重要的手段，还是它不可替代的竞争力所在。以商店为单位组

成团队，星巴克倡导的是平等快乐工作的团队文化。星巴克对自己的定位是“第三去处”，即家与工作场所之间的栖息之地，因此让顾客感到放松舒适、满意快乐是公司的愿景之一。

与大多数企业不同，星巴克从不强调投资回报，却强调快乐回报。他们的逻辑是：只有顾客开心了，才会成为回头客；只有员工开心了，才能让顾客成为回头客。而当二者都开心时，公司也就成长了，持股者也就开心了。而团队文化则是他们获得快乐回报的最重要手段。那么，星巴克是如何创造这种平等快乐工作的团队文化的呢？

首先，领导者将自己视为普通一员。虽然他们从事计划、安排、管理的工作，但他们并不认为自己与众不同，应该享受特殊的权利，不做普通员工做的工作。例如，该公司的国际部主任当去其他国家星巴克巡视时，也会与店员一起上班，做咖啡，清洗杯碗，打扫店铺甚至洗手间，完全没有架子。

其次，每个员工在工作上都有较明确的分工。例如，有的员工专门负责顾客的点菜、收款，有的员工负责咖啡的制作，有的员工专门管理内部库存，等等，但每个员工对店里所有工种所要求的技能都受过培训，因此在分工负责的同时，又有很强的不分家的概念。也就是说，当一个咖啡制作员忙不过来的时候，其他人如果自己分管的工作不算太忙，会去主动帮忙缓解紧张，完全没有“莫管他人瓦上霜”的态度。这种既分工又不分家的团队文化并不是一蹴而就的，而是有针对性地强化训练的结果。

最后，鼓励合作，奖励合作，培训合作行为。所有在星巴克工作的员工，无论来自哪个国家，在商店开张之前，都要集体到西雅图（星巴克总部）接受三个月的培训。学习研磨制作咖啡的技巧当然用不着三个月，培训大部分的时间主要用于磨合员工，让员工接受并实践平等快乐的团队文化。由于各个国家之间的民族文化差异，有时在实施过程中会遇到很大阻碍。例如，日本、韩国的文化讲求等级，很难打破等级让大家平等相待。最简单的例子就是彼此之间直呼其名，因为习惯了加上头衔的称呼，不加头衔称呼对方对上下两级都是挑战。为了实践平等的团队文化，同时又尊重当地的民族文化习惯，结果就想出用给每个员工起一个英文名字的方式来解决这个矛盾。另外，公司还设计了各种各样有趣的小礼品，用来及时奖励员工的主动合作行为，让每个员工都时时体会到合作是团队文化的核心，是受到公司管理层高度认可和重视的。

**思考：**结合案例谈谈星巴克的团队管理。

# 第七章 权力与冲突

**本章重点**

- 了解权力的概念和来源。
- 掌握授权的含义和原则。
- 掌握冲突的含义和类型。
- 掌握冲突管理的含义和基本原则。
- 理解影响冲突管理的因素。

**引例**

某网络公司是一家专门从事电子产品生产和服务的中韩合资企业。公司自2000年7月成立以来发展迅速，销售额每年增长50%以上。与此同时，公司内部存在着不少冲突，影响着公司绩效的继续提高。如果冲突得不到有效解决，公司就很难继续发展。

因为是合资企业，尽管韩方管理人员带来了许多先进的管理方法，但是韩国式的管理模式未必完全适合中国员工。例如，在韩国，加班加点不仅司空见惯，而且没有报酬。该公司经常让中国员工长时间加班，引起了大家的不满，一些优秀员工还因此离开了公司。

该公司的组织结构由于是直线职能制，部门之间的协调非常困难。例如，销售部经常抱怨研发部开发的产品偏离顾客的需求，生产部的效率太低，使自己错过了销售时机；生产部则抱怨研发部开发的产品不符合生产标准，销售部的订单无法达到成本要求；等等。

研发部吴经理虽然技术水平首屈一指，但是心胸狭窄，常常压制其他工程师。这使得工程部人心涣散，士气低落。

**思考**：案例中该企业管理存在的具体问题是什么？

## 第一节 权　　力

### 一、权力的概念

#### （一）权力的内涵

权力问题一直是我们时代的敏感问题。权力是什么？权力的作用是积极的还是消极的？如何正确、高效地发挥权力的作用？这些问题与我们每个人的命运息息相关，很值得我们加以研究和解决。

马克斯·韦伯认为，权力是“一个人或一些人在某一社会活动中，甚至是在不顾其他参与这种行动的人进行抵抗的情况下实现自己意志的可能性”。斯蒂芬·罗宾斯指出，权力是“个体A对于个体B的行为产生影响的能力”。

这些学者对权力的解释虽然着眼点不同，但都从不同角度揭示了“权力”的特性：权力是一种力量，借助这种力量可以或可能产生某种特定的预期局面和结果。

那么，什么是权力呢？

从管理的角度来看，权力是特定管理主体在实现组织既定目标的过程中对管理对象的理念、行为等方面的影响力和控制力。管理主体可以是个人，也可以是群体或组织。

在现代社会学和政治学中，权力被认定是个人或群体控制或影响他人活动的能力。假如A能够影响B的行为，使B做出在其他情况下不可能做的事，我们就说A对B拥有权力。那么，我们应该如何理解权力的内涵呢？

（1）权力是潜在的，无须通过实际行动来证明其有效性。例如，尽管领导没有因为下属迟到了而立即进行惩罚，但实际上下属都知道领导拥有进行惩罚的权力，这表明拥有权力的人并一定马上行使权力。权力也具有外显性。例如，领导命令下属必须在一定时间内完成的生产任务，下属就一定要按照命令执行。

（2）权力关系中必须有权力的主体和客体的存在。不存在没有主体的权力，也不存在缺少客体的权力。因此，权力不是单向的发布命令，也不是单向接受命令，而是双向互动的。

（3）权力是依赖性的函数。B对A的依赖性越强，则在他们的关系中A对B拥有的权力就越大。依赖性取决于个人拥有他人需要的重要的、不可替代的、稀缺的资源。例如，对微软这样的高新技术公司而言，软件开发工程师因为拥有对公司发展至关重要的、不可替代的、稀缺的资源——专业知识和技术，因此，软件工程师在微软公司比在宝洁公司更有权力。

### （二）与权力相关的概念

#### 1．职权

职权是指组织正式授予某一特定职位的权力。职权往往是授予特定职位而不是授予某个人的。因此，当某个人处于某个职位上时，就可以行使该职位的权力；而当他脱离某个职位时，就不再有资格继续使用该职位的权力。人们常说的“有权不用，过期作废”，实际上就准确地描述了职权这种特性。

#### 2．领导

领导是另一个容易与权力相混淆的概念。在管理学中，领导一般被作为管理的职能之一，是通过影响他人实现目标的过程；领导者必须利用权力完成任务、实现预期目标；权力是领导者实现目标的一种手段。

权力与领导的区别在于：

（1）目标的相容性不同。权力不需要构成权力关系的双方有一致的目标，只需要依赖性。领导则要求领导者和被领导者双方的目标具有相当的一致性。

（2）影响的方向不同。领导权一般侧重于向下属施加影响，而尽量减少横向和向上的影响。权力则不同，被领导者由于知识、资源、决策等因素，也可以导致领导者对被领导者产生依赖，形成权力。

（3）研究的领域不同。在组织行为学中，有关领导的研究集中于领导方式，探讨与研究领导者对下属的支持程度、决策范围等。有关权力的研究包括更为宽泛的领域，集中于探讨和研究如何获得权力。

### 3. 影响力

影响力也是一个与权力相似的概念。所谓影响力，是指影响他人思想、行为和情感的能力。在现代管理活动中，影响力的研究更加广泛和深入。哈格斯认为，影响力涉及目标行动者的态度、价值观、信念或行为的改变。权力可能会改变人们的行为，但改变不了人们的态度、价值观和内心的认同感。管理者影响力的实现主要是通过自身的素质、魅力和品格去影响下属自觉自愿地、愉快而努力地完成组织目标。

因此，影响力的概念要比职权和领导都要宽泛得多，包括如何赢得信任、服从，如何以无形资产、人格魅力唤起人的不可估量的动能等，二者存在本质的不同。

## 二、权力的来源

美国社会学家佛伦奇和雷文在 1959 年提出被广泛接受的权力的来源理论。他们指出，在组织环境中，权力来自五个方面：法定性权力、强制性权力、奖赏性权力、专家性权力和参照性权力。

### 1. 法定性权力

法定性权力是组织内各等级领导职位所具有的正式权力，其核心是指挥和命令、决定和否定，通常是由组织按照一定程序和形式赋予领导者进行命令和指挥的权力。法定性权力的作用基础是职位的权威性，凡是处于某一职位上的领导者都拥有一定的法定性权力，可在其职权范围内行使有关权力。被领导者也必须服从领导者依权发布的指示。

法定性权力包括强制性权力和奖赏性权力，但是，法定性权力涵盖的内容比强制性权力和奖赏性权力更加宽泛。值得注意的是，法定性权力包括组织成员对职位权威的接受和认可。例如，部队首长的训话士兵们洗耳恭听，而且通常是必须服从的。

### 2. 强制性权力

强制性权力是一种对下属在肉体、精神或物质上进行威胁，强迫其服从的权力。这种权力是建立在惧怕基础之上的，个人如果不服从就可能产生不好的后果。出于对这种后果的惧怕，个人就对强制性权力产生了反应。这种权力取决于使用或威胁使用处罚，如肉体上的痛苦，精神上的打击，对基本生理、安全需要的控制等。例如，管理者对被管理者进行训导、批评和警告，就是在执行强制性权力；上级有时安排的工作很不合理，而下属不得不硬着头皮去处理上级交代的工作，是因为怕降级和停职；有些下属明明知晓上级的违法行为却睁一只眼闭一只眼，是怕一旦揭发后遭到恶意的打击报复，也就是说，当下属意识到违背上级的指示或意愿会导致某种惩罚，如降薪、扣发奖金、分配不均、降低待遇、免职等，就会被动地遵从其领导。在所有权力的来源中，强制性权力是被经常使用的一种权力，也是最容易遭到谴责和最难以控制的权力。

### 3. 奖赏性权力

这是决定给予还是取消奖励、报酬的权力，是一种通过提供益处对他人施加影响的权力。管理者拥有很多潜在的奖励资源，如加薪、晋升、好的工作安排、更有挑战性的工作、赞扬等。当下属认识到服从领导者的意愿能带来更多的物质或非物质资源的满足时，就会自觉受其领导，领导者也因此享有相应的权力。在组织中，领导者对奖酬的控制力越大，对下属人员的奖酬方面拥有的权力就越大。

奖赏性权力与强制性权力相反，奖赏性权力是指权力客体服从权力主体的指示，权力主体能够给予权力客体奖励的能力。在组织中，强制性权力与奖赏性权力实际上是一组相对的概念，如果你能够剥夺他人有价值的东西，你就对他人拥有了强制性权力；如果你能够给他人带来利益，你就对他人拥有了奖赏性权力。

### 4. 专家性权力

专家性权力来自专家和技术人员的专业知识和专业技能。现代社会经济的发展日益取决于专业技术的发展，专业知识和专业技能因此成为权力的主要来源之一。这种权力是以敬佩和理性崇拜为基础的，领导者本人学识渊博，精通本行业务，或具有某一领域的高级专门知识与技能，即获得一定的专长权。领导者拥有的专长权越多，越容易赢得下属的尊敬和主动服从。例如，如果一个医生取得更了多的专业知识和技能，而且他治疗的成功病例越多，病患就越信任他，他的医疗方案就越容易被同行医生认可。因此，诸如网络工程师、会计师、营销策划专家、理财顾问等职业的从业者，都因为他们掌握的知识和技能获得了影响人们工作和生活的权力。

### 5. 参照性权力

参照性权力，又称感召性权力，是一种基于对理想人格的崇拜和对高尚品格的敬仰而形成的权力。通常，人们也称之为个人魅力。组织中的领导者认真负责、敢于管理、清正廉洁、勇于进取，这些个性特征都可能成为被下属尊重的个人魅力，成为参照性权力。它一般包括以下三种权力。

（1）个人魅力权力。这是一种无形而难以用言语表达或概括的权力。个人魅力权力建立在对个人素质的认同及对人格的赞赏这一基础之上。领导者的个人魅力构成了他的权力，吸引组织成员去欣赏他、追随他，并且以接近他为荣。同时，领导者的个人魅力激发了追随者的热忱和忠诚，因此这种权力具有巨大而神奇的影响力。

（2）背景权力。这是一种由于辉煌的经历或者特殊的人际关系背景、血缘关系而获得的权力。

（3）情感权力。这是一种由于领导者和追随者之间感情融洽、心灵契合而形成的权力。

在上述五种权力的来源中，强制性权力、奖赏性权力和法定性权力属于组织赋予的正式权力，其大小取决于个人在组织中的地位和职务。任何人，只要他拥有了一定的职位，就拥有了这类权力。我们称这类权力为职务性权力。而专家性权力和参照性权力属于个人拥有的非正式权力，是由个人素质决定的，即领导者不是凭借特权，不是组织赋予的正式权力，而是能说服、影响、指导他人行为的能力。这类权力的大小取决于领导者品质的感召力和个人才能。我们称这类权力为个人性权力。因此，要成为一个出色的领导者，必须加强自身素养的锻炼和提高，学会充分挖掘人的潜能，正确运用组织上赋予的权力，以巧妙的管理技巧和方法，特别要注重专业特长、个人魅力、高尚品格来影响下属，最大限度地调动其积极性和创造性。只有这样，下属才能发自内心的信服、跟随和认可。

## 三、授权

### （一）授权的含义

授权是指组织管理者为激发下属的参与性和责任感，共同实现组织目标而采取的下放管理权限，授予下属一定的权力和责任，使其在一定范围内拥有相对的自主权，共同参与组织管理的过程。授权者对被授权者有指挥权、监督权，被授权者负有向上级汇报及完成任务的责任。

有一个与授权相近的概念叫作分权。分权是指领导者将其一部分权力分配给下属，让下属代表领导者处理某些工作。二者的区别主要在于，授权的本质是领导将工作任务交给下属完成，不管下属完成得好不好，领导者必须承担责任；而分权的本质是权力的转移，分权后下属将对任务完成的结果负直接责任。

现代组织面临异常复杂多变的环境，领导者面临的问题也是各种各样的。每个领导者的精力、能力和时间也都是有限的，他们没有分身术，无法解决所有问题。通用电气前CEO杰克·韦尔奇有一句经典名言："管得少就是管得好。"那么，怎样才能做到管得少呢？授权是管理者必须做的事情，好的管理者都是善于授权的人。只有能够自如地、合理地授权，才能做好管理工作。因此，学会正确地向下属授权是领导者的基本技能。

对员工而言，授权的益处有：

（1）授权能有效提高被授权者的积极性、创造性和责任感，进而提高他们的工作满意度和成就感；

（2）被授权者不仅获得了权力，而且被提供了资源，从而能较充分地发挥其个人的潜能为组织工作；

（3）向员工充分授权能够培养员工的团队合作精神，营造积极进取、团结合作的工作氛围。

由此可见，授权是有效激励员工的重要的途径之一，因此，有效授权日益成为一项管理技巧。

一般来说，管理者向员工的授权包括三个步骤：

（1）委派任务，明确所要实现的工作目标；

（2）授予必要、适度的职权；

（3）下属必须对管理者做出授权的承诺。

成功的授权一定要在组织中建立两种责任：前两步确定的责任是管理者交给下属的责任；第三步确定的责任是下属对管理者承诺的责任。

### （二）授权的原则

尽管授权很重要，但是，很多管理者不愿意或者不敢授权，因为授权不当比不授权造成的后果更严重。为了提高授权的效率，防范下属可能出现的失误，管理者正确的授权应当遵循相应的原则。

#### 1．目的性原则

授权是让下属分担领导者的工作任务。因此，领导者在授权之前必须对自己的职责进行科学的分解，确定交给下属所要执行的工作任务和工作职责。领导者必须明确告诉下属所授任务的目的是什么，如何才能达到目的，完成任务的质量标准与奖惩是什么。

#### 2．自担责任原则

领导者授权时，把职责分派给下属，但不能把最终的责任也转嫁给下属。不管下属任务完成得好还是不好，领导者都要准备为此承担责任。因此，授权后领导者应当对下属行使监督权力，当发现下属在执行权力过程中有问题时，应立即收回权力。

#### 3．责权对等原则

授“权”过程就是授“责”过程。授权要避免发生下属“有权无责”或者“有责无权”的现象，权大责小，容易使下属不负责任、滥用职权；权小责大，容易使下属难以开展工作。因此，责权对等尤为重要。

#### 4．择人授权原则

授权能否取得成功，很大程度上取决于下属的成熟度。因此，领导者应认真观察、考察下属的素质、品格、能力和个性，选择那些品格端正、值得信赖、综合能力强的下属并逐步授予其权力。同时，对那些未能很好运用权力的下属，要及时予以指导和帮助，必要时逐步收回赋予的权力。

#### 5．正式性原则

授权必须当众进行，只有这样，赋予下属的权力才能被他人确认，从而避免工作程序混乱或他人不认可的现象。在通常情况下，要以文件、聘书、授权书等形式进行确认，使授权双方以及他人都明确权力和职责的转移。

## 第二节　冲突概述

冲突存在于人类生活的各个领域，因此冲突的含义非常广泛。它既包括个人内心的冲突，也包括人与人之间的争论、争吵，甚至国与国之间的争端。冲突的形式既可以是轻度的意见分歧，也可以是挑衅性的身体攻击，甚至是战斗和战争。冲突的原因既可能是道德观、价值观的差异，也可能是物质的、利益的对立，甚至是文化的、宗教的分歧。因此，要对冲突给出一个统一的定义是非常困难的，但这并不影响我们对冲突概念的把握。

## 一、冲突的含义

### （一）冲突的内涵

冲突是心理学、社会学和哲学等学科中的重要概念。心理学学关注微观层面，探讨个体的内在冲突，认为当个人在面临两个不兼容的、矛盾的、相互排斥的目标或行为时就会出现冲突；社会学家从社会关系的强制性和社会变迁的普遍性出发，主要关注人际冲突或群体冲突；哲学家则探讨问题的根本，探寻冲突背后的根源，并进行价值分析判断。组织行为学主要研究广泛存在于组织内部和组织之间各项活动中的冲突。这些冲突作为组织活动的基本内容和基本形式之一，影响和制约着组织和组织成员的行为倾向和行为方式。

组织行为学及其相关文献中的冲突定义有很多。

（1）彼得·康戴夫把冲突定义为“……一种彼此相关或互动的形式，在这种形式中，我们发现我们自己（要么作为个体，要么作为群体）处于某种被察觉到的对我们个人或集体目标的威胁之下。这些目标通常要涉及人与人之间的需求关系。这些被察觉到的威胁可能是真实的，也可能是想象出来的”。

（2）莫顿·多伊奇认为“无论何时有不一致的活动出现，就有冲突的存在”。冲突是“对不一致，或者至少是对表面上不一致的目标的追求，以至一方获得利益必须以牺牲另一方的利益为代价”。

（3）芬克认为冲突是“在任何一个社会环境或过程中两个以上的统一体被至少一种形式的敌对心理关系或敌对互动所连接的现象”。

（4）托马斯认为冲突是“一方感到另一方损害了或打算损害自己利益时开始的一个过程”。

（5）托纳倾向于认为“冲突是两方之间公开与直接的互动，冲突中的每一方的行动都是旨在禁止对方达到目标”。

尽管对冲突概念的观点不一致，但都有着共同的理论取向和观点。通过对以上冲突概念的解释和归纳，可以总结出比较全面的关于冲突的内涵。

（1）冲突是不同主体或主体的不同取向对特定客体处理方式的分歧，而产生的行为、心理的对立或矛盾的相互作用状态。前者主要表现为行为主体之间的行为对立状态，后者主要表现为主体内部心理矛盾状态。

（2）冲突的主体、客体具有多元性。冲突的主体可以是组织、群体或个人；冲突的客体可以是利益、权力、资源、目标、方法、意见、价值观、感情、程序、信息、关系等。

（3）冲突是一种主观感受。冲突是否存在不仅是一个客观问题，也是一个主观的知觉问题。如果没有“知觉”到冲突的存在，就没有所谓的冲突。

（4）冲突是互动关系行为。冲突中各方所采取的行动，会招致相应的措施。采用建设性的做法，双方关系得到改善，可以减缓冲突；采取破坏性的做法，会引发更激烈的冲突。

（5）冲突是一个过程。它反映了冲突主体之间交往的状况、背景和历史。冲突本身也有一个发生、发展和结束的过程。

综上所述，可以把冲突定义为行为主体在人际交往或工作互动中，一方感知到另一方对自己的利益和偏好产生了消极影响或者将要产生消极影响而导致对立的心理状态或采取相应行动的过程。

### （二）冲突观念的变迁

人们对冲突的认识和理解随着社会的变化和发展也在不断地变化。社会学家和管理学家对冲突的看法经历了一个发展演进的过程，从开始把冲突视为消极的、具有破坏性的组织大忌，逐渐演变到认为冲突是组织难以避免的自然现象，直到发现冲突也有良性作用。斯蒂芬·罗宾斯把人们对冲突的认识过程分为三个阶段。

（1）传统观点（19 世纪末到 20 世纪 40 年代）。传统观点认为所有冲突都是破坏性的、消极的、有害的，冲突会破坏组织和群体的人际关系，是群体内工作失调的结果。造成组织、群众、个人之间的矛盾，产生分裂和对抗，降低工作效率，影响工作绩效，最终阻碍组织目标的实现。因此，管理者最好的办法是尽量减少冲突，最理想的状态是避免冲突发生。在这种观念下，许多组织的管理者把防止和消除冲突作为管理工作的主要任务之一。

（2）人际关系理论观点（20 世纪 40 年代到 70 年代）。这个阶段，人际关系学派在管理学研究中非常活跃，他们对冲突的观点受到人们的重视。他们认为对于任何组织、群体和个人来说，冲突都是与生俱来的，是无法避免和客观存在的。冲突虽然有其消极的影响，但也有其积极的影响，管理者应接纳冲突。

（3）相互作用观点（20 世纪 80 年代以后）。人际关系学派建议管理者接纳冲突，而相互作用理论认为冲突对组织来说，既有积极的、建设性的作用，也有消极的、破坏性的作用（见表 7-1）。一个组织如果过分融合、平静、融洽、安宁，组织内形成一团和气，反而就会缺乏活力和创新精神，也容易对环境表现出冷漠和迟钝。相反，适当的冲突能够刺激组织始终保持旺盛的生命力，健康地发展。相互作用理论提醒人们关注冲突的积极作用，控制其消极作用。

表 7-1 冲突的作用

| 正面作用 | 负面作用 |
|---|---|
| 产生新的观点 | 耗费工作精力 |
| 刺激创造性 | 威胁心理健康 |
| 激励变革 | 浪费资源 |
| 提升组织的活力 | 产生消极的工作氛围 |
| 帮助个体和群体建立认同感 | 破坏群体的凝聚力 |
| 作为暴露问题的安全阀 | 增强敌意和攻击性行为 |

（资料来源：黛布拉·纳尔逊. 组织行为学[M]. 北京：中信出版社，2004）

在此基础上，冲突被分为两类：功能性冲突和功能失调性冲突。前者具有建设性，能够提高组织群体的绩效，冲突发挥其积极作用，后者具有破坏性，阻碍组织目标的实现，冲突显现其消极作用。

## 二、冲突的类型

根据人们看待冲突的不同视角，我们把冲突划分为不同的类型。

### （一）根据冲突产生的原因划分

根据冲突产生的原因，可以把冲突分为认知冲突、权力冲突、情感冲突和目标冲突四种类型。

（1）认知冲突。冲突主体内部或冲突主体之间的建议、意见和想法与他人或组织存在不一致或不相容的结果时产生的冲突。例如，员工认为公司的薪酬制定方式不够合理，不能够客观地反映薪酬与劳动程度的关系，而管理层认为这种考评方式是适用的，这时就产生了认知冲突。

（2）权力冲突。一般发生在组织出现机构调整、职位空缺或权责不明时。例如，当某主管退位或离职时，组织中有两人或更多人都认为自己可以接替这一位置时，就可能形成权力冲突。

（3）情感冲突。由于人与人之间因为生气、不信任、厌恶、害怕、憎恨或喜欢等感情而产生的交流障碍。这种冲突会出现在不同情境中，尤其会出现在合作共事者和直接上下级之间的关系中。

（4）目标冲突。冲突主体内部或冲突主体之间在目标结果追求上的不一致。例如，营销部门认为做出最精彩的产品宣传是最重要的，可以获得更高的销售额从而得到更多的利润；财务部门却觉得合理开支、节约支出最为实际。

### （二）根据冲突对组织的影响划分

根据冲突对组织的影响，可以把冲突分为建设性冲突和破坏性冲突。

（1）建设性冲突。或称功能正常的冲突，是对个人、群体或组织提供创造性，带来积极利益的冲突。它能够解释组织深层次的问题，使人们仔细考虑甚至重新考虑原先所做的决定，以保证在行动中采取正确的方法。

（2）破坏性冲突。或称功能失调的冲突，是对个人、群体或组织不利的冲突。它分散人们的精力，破坏群体的凝聚力，加深人际冲突，在员工中形成消极的工作环境。例如，组织内的两个员工由于性格不合而产生矛盾导致无法在一起共事就属于破坏性冲突。

### （三）根据冲突的激烈程度划分

根据冲突的激烈程度，可以把冲突分为论辩性冲突、战斗性冲突和竞争性冲突。

（1）论辩性冲突。冲突主体在理性控制状态下的分歧和对抗，采用摆事实、讲道理等方式来维护自身，处理冲突。

（2）战斗性冲突。冲突主体认为双方的冲突牵涉到根本利益，无法协调解决，只能存在一个受益方，于是不惜用尽各种方法来处理矛盾。在这种情况下，一方的行动会成为另一方行动的起点，双方矛盾会不断升级乃至失控。

（3）竞争性冲突。一种良性冲突，冲突各方都会考虑采取什么策略对自己有利，自己的决定和行为会如何影响对方，会招致对方的何种反应，最终自己会落得什么样的结果。各方会在相同的游戏规则下，追求有利于自身的差别均衡状态。

## （四）依据冲突的影响层面及范围划分

依据冲突的影响层面及范围，可以把冲突分为个人内心冲突、人际冲突、群体间冲突和组织间冲突四种类型。

### 1. 个人内心冲突

个人内心冲突是指个人内心的认识、情感和目标冲突，即当个人意识到其行为会带来相互矛盾的后果时，内心产生的紧张、挫折和不安的感觉。当冲突发生在个体内部时，就属于个体内部冲突。个体内部冲突又可分为角色间冲突、角色内部冲突和个人角色冲突。角色是外人对某个体的一系列期望。

（1）角色间冲突。当某个人所承担的两种或多种角色之间发生冲突时，就属于角色间冲突。例如，当一女性在事业和家庭两种角色之间不能很好地协调时所发生的冲突。

（2）角色内部冲突。当某个个体在组织内部承担两个或两个以上的不同工作任务时所发生的冲突。例如，当部门主管和企业高层管理者对某个员工的角色期望不一致时，就可能发生角色内部冲突。

（3）个人角色冲突。当角色指派者对扮演特定角色的某个个体的期望破坏了个体的价值观时，就会出现个人角色冲突。例如，一个很诚实的销售员在介绍产品时要按照主管的要求将产品的实际功能扩大化，就产生了个人角色冲突。

德国心理学家勒温曾按个人心理冲突的接近和回避两种倾向为参照，提出了个人心理冲突的四种模式：

第一，双趋式冲突。也称接近—接近型冲突，是指一个人同时要达到两个目标，但这两个目标是背道而驰、不可能同时达到的。要走出这种困境，必须放弃一个目标，或者同时放弃两个目标而追求另一个折中的目标。

第二，双避式冲突。也称回避—回避型冲突，是指一个人同时要回避两件具有危害性的事情。这两件事的危害程度差不多，且只能回避其一，因而陷入的内心冲突状态。

第三，趋避式冲突。当一个人一方面想接近一个目标，另一方面又想回避这一目标时产生的心理冲突。当一个人越接近目标所需投入的精力或付出的代价越大时，回避的愿望就会快速增长，这时会陷入犹豫不决的状态，直到做出决定或情况突变。

第四，双趋避式冲突。个人面临两个互相矛盾的目标，它们同时既有利又有弊，很难做出决定。

### 2. 人际冲突

人际冲突是指两个或两个以上的个体因个人对问题、目标或行动产生不同的认识、态度、立场时所产生的冲突。由于组织中成员的生活背景、教育程度、年龄、性格等方面有诸多差异，因此其对价值观、客观事物的理解程度以及沟通能力等方面的影响，增加了人际冲突的发生。人际冲突产生的原因是多种多样的，主要归纳为性格差异、彼此间缺乏信任和归因错误。

人与人之间存在性格差异。两个人互相不信任、相互不喜欢或者无法共处都有可能产生人际冲突。人际冲突大多源于人与人之间对工作的信念、知觉、处事方式的不同，还可能来自个人之间的过度竞争。例如，两个对同一领导岗位感兴趣的个体就会产生人际冲突。如果竞争者认为对方的行为有问题，心理会很不服气，即使在赢家已经确定之后，这样的冲突仍然可能主导两人的关系。

人与人之间越缺乏信任，冲突的概率就越多；反之，冲突的概率就越少。减少冲突的最有效方法是彼此间要建立和谐的人际关系，遇事以大局为重、出以公心，对待同事以诚相待、宽容大度。

归因错误也是产生人际关系冲突的原因之一。如果个体利益受到他人侵害，利益受损的一方就会认真地分析、揣摩另一方的动机和行为。如果认为这个人是故意所为，人与人之间的冲突必定产生；如果认为不是故意所为，冲突的概率就会降低。归因在很大程度上取决于人格特质与行为动机，归因错误还会造成人与人之间信任度的减弱或降低。

### 3. 群体间冲突

群体间冲突是指组织内部不同群体之间在互动过程中，由于强调自身的立场、观点、利益，忽略对方和共同的利益等多种因素，彼此间发生分歧、争论、对抗行为，使得彼此间关系出现一定程度的紧张状态并为双方所意识到的对立情形或现象。

群体间冲突可以划分为以下几种类型：

（1）纵向冲突。组织内部不同级别的群体间所发生的冲突。这种冲突通常发生在下级群体认为上级群体的部署根本无法完成或者上级妨碍了他们完成工作的自由。

（2）横向冲突。组织内部同一级别的职员群体间的冲突。主要是由不同群体之间不同的价值观、利益和权力引起的。

（3）一线人员群体与职能部门群体之间的冲突。职能部门通常会掌握一线人员所需的部分资源，当一线人员感受到职能部门的羁绊、牵扯或职能部门认为一线人员不遵守规矩、为所欲为时，会产生这类冲突。

（4）多样性冲突。随着组织发展的区域化和国际化，组织成员的民族、信仰等也趋于多样化，再加上组织中存在着形形色色的非正式群体，决定了群体间多样性冲突的存在。

### 专栏 1

造成群体间冲突的主要原因主要体现在三个方面：工作的协调；内部资源的争夺；群体间的竞争。

1. 工作的协调

为了实现组织目标，组织必须有效协调不同群体的工作。在协调的过程中，冲突常常不可避免。领导者要做好解释和说明工作，尽可能减少冲突。群体间的工作往往是相互依存的，越相互依赖，冲突产生的可能性就越大。例如，企业内部的处室与车间、生产车间与辅助生产车间的工作都有一定的依赖关系。群体之间的工作依赖主要有顺序性依赖和互惠性依赖。

顺序性依赖是指一个群体为了完成工作任务必须依赖组织其他群体提供的保证程

度。通常情况下表现为一个群体的产出是另一个群体的投入，或者一个群体的工作结果将直接影响另一个群体的工作绩效。再如，市场研究部的消费者调查结果成为广告部促销设计的依据；建筑师、工程师设计的产品规格、参数成为工程施工的基本要件。由此看出，一个群体的活动对另一个群体的绩效影响越大，群体间冲突的可能性就越大。

互惠性依赖是指活动流在群体之间的双向传输。这是最复杂、出现冲突可能性最大的依赖。例如，在高档酒店，订房部、前台、客服部之间就存在着互惠性依赖的关系。订房部必须向前台提供入住客户的预计数，客服部有多少房间需要优先清理，前台需要了解多少房间已经预订，还要了解有多少房间已经清理完毕，还有多少房间可以再行办理入住。三个部门中任何一个部门没有完成工作，其他两个部门都会受到不同程度的影响，冲突也就会产生。

群体之间需要协调还表现在，一是组织中各职能群体在对时间的看法上存在差异。例如，组织中研发部的工作要比生产部的目标长远得多，组织对生产部的绩效评价的依据是某一时间段所生产的产品质量和数量，对研发部的绩效评价只能等到很长一段时间的产品开发试验之后。二是不同群体的目标差异很大。生产部的目标要比研发部的目标更具体、更明确，生产部在产量、成本消耗和产品合格率上都有明确的目标，而研发部的目标比较笼统而且不易评价。三是不同群体内部成员之间的人际关系存在差异。研发部与生产部成员之间也存在明显不同。正因为这些不同的差异，群体间就容易发生冲突，所以，组织上要注重协调工作，减少和杜绝群体间的冲突。

2．内部资源的争夺

绝大多数组织的资源都是有限的。为了争夺有限的资源，如资金、人力和设备等，各部门为了更好地完成任务，群体间必定要想尽办法争夺组织中有限的资源。例如，两家独立核算的公司为了在总部争取预算分配指标或人力资源而展开争夺。例如，别克和雪佛莱等公司经常因为争夺公司研发的新品种而发生冲突。

3．群体间的竞争

组织管理者通常运用群体间的竞争作为激励的手段。这种策略的基本假设是：员工在有压力时会生产出更多的产品，因而群体间的竞争对于组织是有利的。然而，实际上群体间的竞争常常导致群体间冲突的增加，生产率却没有得到提高。事实上，不竞争群体生产率更高。一般来说，相互合作的群体能更好地协调和沟通信息，从而能够提高群体的生产率。如果相互竞争的群体在工作上高度依赖，竞争将使生产率降低很多。销售部门是合作还是竞争是对生产率产生影响的一个例子。一般来说，组织中销售群体之间常常相互竞争，销售最多的群体能够得到销售提成和特别奖金。诚然，如果销售群体之间相互合作、资源共享，组织的生产率以及效益就会更好一些。

（资料来源：樊建芳，张炜，黄琳．组织行为学[M]．杭州：浙江大学出版社，2009）

**4．组织间冲突**

发生在两个或多个组织之间的冲突称为组织间冲突。竞争会增加组织间的冲突。系统管理学派的创始人巴纳德认为，组织是一个“由两个或两个以上的人有意识地加以协调的活动或效力的系统”。任何组织都是一种生存于特定环境中的开放系统。不同组织为了自身的生存与发展，在与外界环境之间进行各种要素的交换过程中，必须与其生存环境中的其他一些组织发生关系，当发生关系的组织之间由于目标、利益的不一致，或者由于市场、资源、人才等的竞争（或争夺）而形成矛盾、对立、对抗时，就会发生多种多样的组织之间的冲突。组织间冲突有时是有利的，如有些企业为了竞争把自己的产品提高质量，这对消费者是有好处的；但有时组织间竞争是有害的，如组织间不切实际的价格战，不仅损害了单个企业的利益，而且阻碍了整个行业的发展。除了与竞争对手之间的冲突，组织还会因为与供应商、客户、政府机构、社会团体等之间的相互依存关系而发生冲突。

### （五）杜布林对冲突的分类

杜布林根据冲突的结果和原因两个维度将冲突分为四种类型。从结果看，冲突可以分为有益的和有害的（有作用的和机能失调的）；从原因看，冲突可以分为以实质为主的和以个人为主的。实质性冲突主要指由技术和管理上所关切的事情引起；个人性冲突则指憎恨和忌妒，其中有个人情绪和态度，个人冲突就属于这一类。他把两种维度的划分综合起来，形成了二维空间中的四种类型，如图 7-1 所示。

| | 有益 | 有害 |
|---|---|---|
| 实质 | 类型Ⅰ（有益—实质） | 类型Ⅱ（有害—实质） |
| 个人 | 类型Ⅲ（有益—个人） | 类型Ⅳ（有害—个人） |

图 7-1 杜布林划分的冲突类型

（1）类型Ⅰ。例如，两个生产部门竞争开发一种产品，尽管是重复生产，但产品都成功地投放到市场。

（2）类型Ⅱ。例如，两个部门为购买一部昂贵的设备发生冲突，最后以购买一部相比而言价格较低的设备而取得妥协。

（3）类型Ⅲ。例如，财务部门和采购部门之间经常有矛盾。财务部门总是指责采购部门忽视公司的财会制度，最后从账目中查出采购员有不法行为，于是制止了这种行为的重现。

（4）类型Ⅳ。例如，企业的生产经理对上级不满，故意拖延生产，延期交货，引起用户不满，造成企业损失，最后这个生产经理被解雇。

# 第三节 冲突分析

## 一、冲突的系统分析

杜布林运用系统的观点来观察冲突问题，提出了冲突的系统分析模式，如图 7-2 所示。

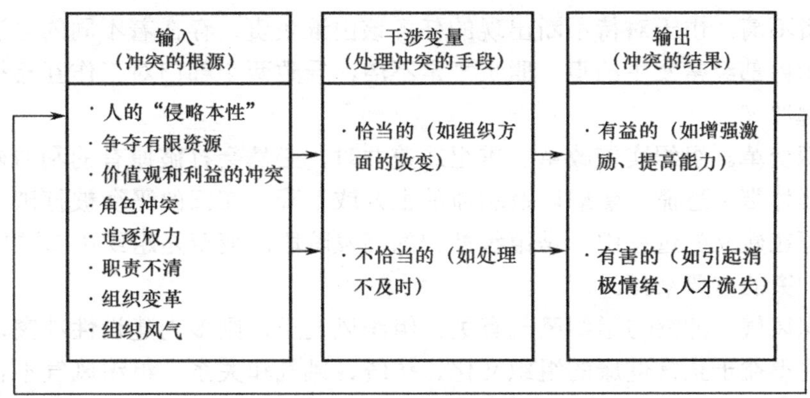

图 7-2 杜布林的冲突的系统分析模式

这个模式包括三个要素，即输入、干涉变量和输出。输入部分是指冲突的根源；输出部分是指冲突的结果；干涉变量是指处理冲突的手段。杜布林列举了八个方面作为输入部分，并且认为处理冲突的手段恰当与否将影响冲突的结果。如果恰当处理冲突，将产生有益的结果；反之，将产生有害的结果。而冲突的结果又会产生进一步冲突，图 7-2 中的反馈箭头表示了这种冲突。

## （一）冲突的根源

在一个组织的日常活动中，存在着许多导致冲突的潜在根源。杜布林模式列举了如下八个方面的冲突根源。

（1）人的“侵略本性”。心理学研究表明，许多人存在着潜在的侵略意识，并想寻找机会表现出来。战争、攻击、杀人以及球赛等现象都是这种侵略性的证据。这种潜在的侵略性，是冲突的根源之一。在组织中，恶意的攻击和中伤、使用带有敌意的尖刻的语言，有时就是发泄“侵略性”的表现，从而引起了“冲突”。组织和群体是人们经常表现这种个性的基本场所。

（2）争夺有限资源。企业中各个部门常常因为争夺材料、资金、人员而发生冲突。资源的稀缺性与资源需求主体的多元化、资源需求的无限性，所造成的个人、群体之间的有限资源的争夺乃是导致冲突的普通根源之一。很难做到完全合理的配置，所以源于资源争夺的冲突便在所难免。

（3）价值观和利益的冲突。价值观的不同和利益的不一致也是引起冲突的根源之一。不同的个人和群体参与生产和社会活动过程的动机之一是追求自身的目标和利益。在错综复杂的交往与互动过程中，彼此间价值观和利益不可能协调一致，常常存在着多种形式的分歧或对立，从而导致彼此间的冲突发生。

（4）角色的冲突。当组织中的个人和群体在履行职责、承担任务、从事活动、表现形象时，常常不得不扮演两种或两种以上的相互矛盾或相互排斥的角色，这种角色矛盾会引发个人或群体的紧张状态，从而导致冲突发生。

（5）追逐权力。冲突有时是因为人的贪婪和对权力的追逐而引起的。为了取得某项权力攻击对方，抬高自己，打击别人。消极的影响作用于与自身发生交往和互动关系的其他个人或群体，从而在彼此间可能导致冲突的发生。

（6）职责不清。由于对待不断出现的任务该由谁负责，存在着不同的看法而出现冲突，这是组织内部经常发生的事。职责规定不清，导致两个部门对工作互相推诿或者争着插手，引起冲突。

（7）组织变革。组织实施改革、重组或兼并时，必然会打破原有的利益格局，为不同的个人或群体带来恐慌、焦虑以及利益的上升或下降。在旧的平衡被打破，新的平衡尚未建立或正在建立的过程中，是组织冲突的高发阶段。变革是组织中重要的压力源，也是群体间冲突的重要来源。

（8）组织风气。冲突与组织风气有关。组织风气正，则多为建设性冲突，且冲突程度适中，往往得益于正常健康的组织文化、传统、风气和关系。组织风气不正，人际关系庸俗化，则多为破坏性冲突，且冲突程度失控。此外，冲突的程度与人的互依性、目标差异和知觉差异有关。

## （二）冲突的结果

在冲突的系统分析模式中，输出部分就是冲突的结果。它包括两类结果：有益的结果和有害的结果。

### 1. 有益的结果

（1）加强组织内部的凝聚力。冲突会冲淡内部的某些分歧，增加群体的凝聚力，使成员变得更加忠诚于群体。

（2）建立和谐的组织关系。旧的关系引起冲突，说明在某个方面出现了问题。冲突过后，可能消除了分裂因素，取得了更加一致的意见，使组织内重新形成团结和谐的气氛，冲突者可能会感到相互之间更加接近。

（3）促使企业管理者做出适当的调整。冲突过后，特别是一些重大冲突过后，会发现有些冲突是由领导者引起的，这时只有改变原来的领导者、产生新的领导者，才能缓解或解决冲突，同时有利于组织的发展；有些冲突是由组织制度不完善引起的，如绩效考核方式的不当，通过调整冲突，可以了解问题究竟出在哪里，找出组织制度不完善的地方，然后加以修正；有些冲突是因为组织目标制定得不够科学合理，旧的不合适的目标可能被修改，取而代之以合适的目标。

（4）促进创新。由于不同意见、观点的交锋，人们的认识逐步深化，从而引发创造性思想。

（5）阐明观点与立场。冲突双方为了说服对方和说明自己观念的正确性，往往会千方百计寻找论据支持自己的观念。因此，有关冲突的观点会越来越明白，这对于解决某些疑难问题大有益处。

（6）发泄员工的不满情绪。在冲突中，员工会宣泄自己的不满情绪。这种不满情绪如果不宣泄出来，对于员工的身心健康相当不利。因此，冲突是一个“出气筒”，适当的宣泄对员工相当有益。

### 2. 有害的结果

（1）引发消极情绪。冲突会给一些人造成情绪上的压力。发生冲突时，每个参与者都会情绪激动。这种消极的情绪状态和精神压力会使员工产生一些极端的不理智行为，如罢工、打架、破坏工具和设备，甚至行凶或自残等。

（2）造成人才流失。如果冲突长期得不到解决，一部分员工会觉得再留在组织中也不能很好地发挥作用，从而选择“跳槽”。这样，组织可能会失去一部分人才。

（3）造成资源损失。剧烈的冲突常常造成组织资源的错误分配，给组织的整体效果带来损失，还会浪费时间和金钱。最严重的是，由于冲突造成的离心力，对其破坏性不可低估。

（4）恶化员工关系。有些冲突由于引起的原因比较复杂，如果处理不当，员工之间的关系就会不断恶化。这时往往会出现恶意攻击、无端谩骂、人身侵犯等现象。

（5）曲解组织目标，走上歪道，给组织造成损失。当冲突蔓延时，一部分员工会对组织的指示、命令茫然无措；一部分员工根本不听组织的指示，自行其是，不受上级约束，严重地破坏了组织结构和秩序。

## 二、冲突的过程

冲突是一个动态的过程。冲突一般是从冲突的相关主体的潜在矛盾映射为彼此的冲突意识，再酝酿成彼此的冲突行为意向，然后表现出彼此显性的冲突行为，最终造成冲突的结果与影响，这样一个逐步产生、发展和变化的互动作用过程。组织冲突是由相互依赖、相互作用的不同冲突主体之间的差异性和矛盾性所引起的一种对抗情形的产生、发展与变化的过程。

目前，有关冲突形成过程的分析影响最大的理论是美国行为科学家庞地提出的“五阶段模式”，如图 7-3 所示。

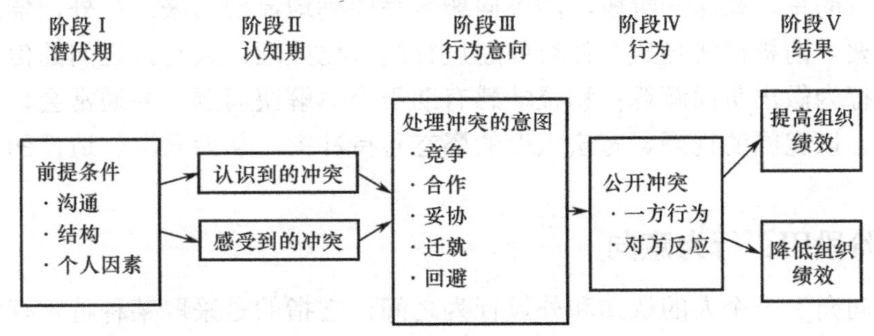


图 7-3 冲突的五阶段模式

### （一）阶段Ⅰ：潜伏期

冲突过程的第一阶段是潜在的对立，这一阶段可能是产生冲突的条件。这些条件不一定导致冲突，但它们是冲突产生的必要条件。这些条件也就是冲突产生的根源，它包括沟通、结构和个人因素。

#### 1．沟通

沟通因素来自误解、语义理解困难以及沟通渠道中的“噪声”。这些因素构成了沟通障碍，成为冲突的潜在条件。沟通过多或过少都会增加冲突的可能性。人们之间传递信息会进行过滤，来自正式的或已有的渠道中的沟通，都有产生冲突潜在的可能性。

**2. 结构**

结构因素包括群体的规模、任务的专业化程度、管辖范围的清晰度、员工与目标的匹配度、领导风格、报酬体系、群体间相互依赖的程度等方面。研究表明，群体的规模和任务的专业化程度可能成为激发冲突的原因。群体规模越大，员工的分工越细，越容易引起冲突。管理者管辖范围的清晰度越低，冲突出现的可能性就越大；管辖范围的模糊性也增加了群体间为控制资源和领域而产生冲突的可能性。组织内不同的群体有着不同的目标，群体间的目标差异以及难易程度是冲突产生的主要原因之一。严格控制下属行为的领导风格，会增加冲突出现的可能性。如果一个人获得的利益以另一个人的损失为代价，这种报酬体系就会产生冲突；如果一个群体依赖于另一个群体，而不是相互独立，或者群体之间的依赖关系表现为一方的利益是以另一方的损失为代价的，这两种情况都会成为冲突产生的原因。

**3. 个人因素**

个人因素包括个体价值观和个性特征。例如，胆汁质的人更有可能导致冲突的产生。价值观的差异，如对自由、幸福、勤奋、诚实、服从和平等的看法不同，也是导致冲突产生的重要原因。

### （二）阶段Ⅱ：认知期

在第二阶段，潜在的对立和失调会显现出来。一方或双方对冲突已经体验到紧张或焦虑，此时冲突问题已经明朗化。在这一阶段，双方将决定冲突是什么性质的，这一点很重要。因为定义冲突的方式会极大地影响到冲突的解决办法。

值得注意的是，在这一阶段，冲突问题容易明确地显现出来。另外，情感对知觉的影响十分重要。消极情绪导致个体对问题进行简单化处理，人与人之间的信任度降低，对对立方的行为做出负面解释；积极情感有助于个体解决问题，并通常会以积极友善的情感和意愿，以宽阔的视野、宽宏大度的姿态看待冲突，从而采取创造性的方法、途径来解决冲突。

### （三）阶段Ⅲ：行为意向

行为意向介于一个人的认知和外显行为之间，它指的是采取某种特定行为的决策。之所以把这一阶段作为独立阶段划分出来，是因为行为意向导致行为。很多冲突不断升级，主要是由于一方对另一方进行了错误的归因。另外，行为意向与行为不尽一致。行为意向的种类如图 7-4 所示。

图 7-4 中一个维度代表相互合作程度，即冲突的一方愿意满足对方愿望的程度。另一个维度代表自我肯定程度，即冲突的一方愿意满足自己愿望的程度。共有五种处理冲突的行为意向：竞争、合作、妥协、迁就、回避。

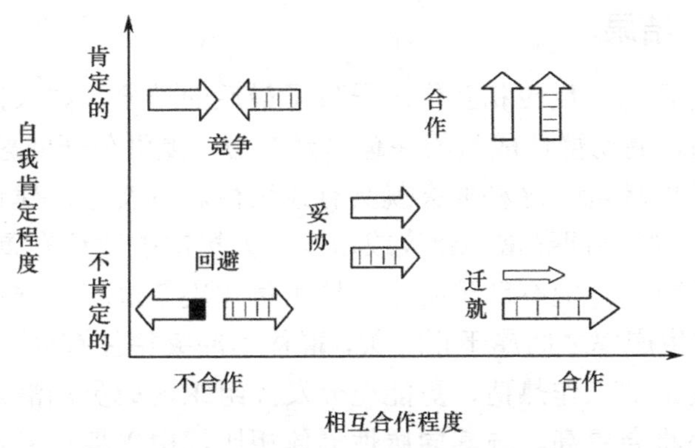

图 7-4　处理冲突的行为意向

（1）竞争。一个人在冲突中寻求自我利益的满足，而不考虑他人的影响。例如，试图说服对方赞同自己的观点和意见。

（2）合作。冲突双方均希望满足两方利益，并寻求相互受益的结果。在合作中，双方的意图是坦率澄清差异并找到解决问题的办法，而不是迁就不同的观点。

（3）回避。一个人可能意识到了冲突的存在，但希望逃避它或抑制它。

（4）迁就。为了维持相互关系，一方愿意做出自我牺牲。

（5）妥协。冲突双方都放弃某些东西，而共同分享利益。在妥协中，没有明显的赢者或输者。他们愿意共同承担冲突问题，并接受一种双方都达不到彻底满足的解决办法。

行为意向界定了各方的目标，但人们的行为意向并不是固定不变的。在冲突过程中，由于重新认识或对对方行为的情绪性反应，行为意向可能发生改变。

### （四）阶段Ⅳ：行为

在这一阶段，冲突是明显可见的。行为阶段包括冲突双方进行的声明、活动和态度。冲突行为通常是冲突各方对行为意向的公开尝试。它与行为意向不同，这些行为带有刺激性。由于判断失误或在尝试过程中缺乏经验，有时外在行为会偏离原本的行为意向。

所有的冲突都处于行为连续体的某一位置上，如图 7-5 所示。在连续体的低端，冲突以微弱、间接、高度控制紧张状况为特点。如果冲突水平升级到连续体的顶端，则具有极大的破坏性。例如，游行示威、罢工、骚乱、恐怖活动、战争等行为。在大多情况下，处于连续体的顶端的冲突通常都是功能失调、失控的，功能正常的是处于连续体的中端和低端。

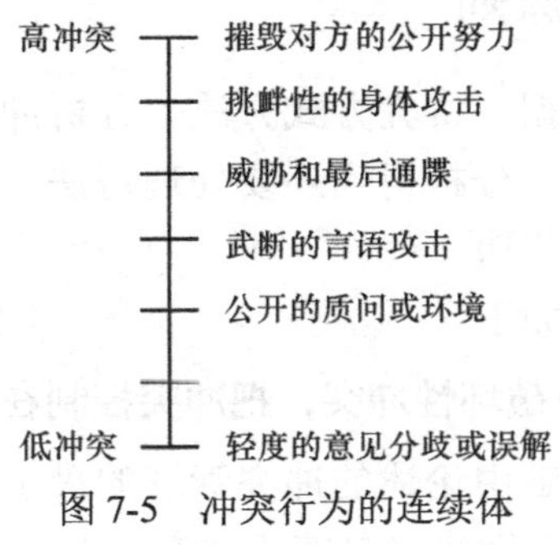

图 7-5　冲突行为的连续体

### （五）阶段Ⅴ：结果

冲突各方之间的行为—反应相互作用导致了最后的结果。如果冲突能提高决策的质量，激发革新与创造，调动群体成员的兴趣与好奇心，提供公开问题、解决紧张的渠道，培养自我评估和变革的环境，这种冲突就具有建设性。事实上，建设性冲突有利于形成百家争鸣的局面，使一些不同寻常的建议或由少数人提出的建议在重要决策中受到重视，并因此提高决策的质量。冲突有助于防止和校正集体决策过程中群体思维的极端化。通过研究发现，冲突与生产率之间属于正相关，群体间冲突往往有助于竞争机制发挥作用，时时激励员工积极向上的工作热情，更能充分发挥组织内成员的潜能。在这种环境下，组织内的劳动生产率将会更高。与其同质性群体相比，由兴趣、专业、特长等不同的成员组成的群体，解决问题的质量更高。因此，在异质性的群体中，成员的多样性和灵活性有助于提高创造力和决策质量，进而促进变革。如果群体中沟通不畅，凝聚力不强，面对冲突不能很好地利用和解决，就会影响到组织的生存。

## 第四节　冲 突 管 理

我们研究冲突的过程、冲突的类型，以及对冲突进行系统的分析都是为了更好地认识冲突，然后为解决冲突提供依据，认识冲突、分析冲突、解决冲突的全过程就是冲突管理的过程，也就是说，使冲突能够更大限度地发挥功能正常的结果而避免功能失调的结果。

### 一、冲突管理的含义

冲突管理有广义与狭义之分。广义的冲突管理包括冲突主体对于冲突问题的发现、认识、分析、处理和解决的全过程和所有相关工作，也就是对于潜在冲突（潜在的对立或不一致阶段）—知觉冲突（认识和个性化阶段）—意向冲突（行为意向阶段）—行为冲突（行为阶段）—结果冲突（结果阶段）的全过程进行研究管理；狭义的冲突管理则着重把冲突的行为意向和冲突中的实际行为以及反应行为作为研究对象，研究冲突在这两个阶段的内在规律、应对策略和方法技巧，以便有效地管理好实际冲突。

### 二、冲突管理的基本原则

处理冲突必须以效果为依据，讲究方式方法。分析冲突是为了处理冲突，分析为处理提供依据，但不能代替处理。分析得当还要处理得法，才能收到处理预期效果。得法者事半功倍，而不得法者事与愿违。

处理冲突管理的基本原则如下。

**1．倡导建设性冲突，避免破坏性冲突，把冲突控制在适当水平**

这是现代西方冲突理论文献中论述的冲突管理的最主要原则。冲突具有客观性，因为冲突本身不可避免，但可以避免冲突向破坏性方向发展，引导冲突向建设性方向转化。

适度地诱发建设性冲突并把冲突控制在所需的水平之内，以达成“弃其弊而用其利”。

**2. 实行全面系统的冲突管理，而不是局限于事后的冲突控制和解决问题**

以往对冲突的管理总是放在冲突发生后对冲突控制、解决冲突上，这种管理方式比较被动和片面。而现代的冲突管理理论认为，冲突的形成、发展、变化是一个系统工程，要对冲突全过程中所有冲突的相关因素以及矛盾和问题进行全面系统的管理，才能把握冲突管理的最佳时机，最大限度地减少破坏性冲突带来的消极作用，充分发挥建设性冲突的积极作用，降低冲突管理的成本。

**3. 防止走极端，持中、贵和地处理冲突**

这一原则源于中国传统文化的儒家思想。在儒家思想中，所谓“持中”，就是指凡事不能走极端，去其两端则其中以达和谐之境界；所谓“贵和”，就是指和而不同，以此作为解决矛盾的上策和根本。将其思想应用于冲突管理中是要以和来统一差异性和多样性，求大同存小异，追求“共赢”，维护整体利益，从而减少冲突的恶性发展风险和冲突管理的成本。

“贵和”和“持中”思想是中国的传统思想，是中国人本就十分注重和谐局面的实现和保持；对做事不能走极端、着力维护集体利益，有着积极的意义。但是，这也有可能造成个人创造性的萎缩，抑制组织中群体、成员的竞争性。

**4. 具体问题具体分析，因地制宜处理冲突**

对冲突的处理方式不是一成不变的，没有哪一种处理方式适用于所有组织的所有冲突。最为科学、有效的冲突管理的基本原则以及方式就是要具体问题具体分析，根据冲突的类型、程度、影响因素等来解决冲突问题，以求得冲突管理的有效性。

## 三、影响冲突管理的因素

影响冲突管理的因素与冲突双方的依赖程度、结构、风险等因素有关，这些因素直接影响着冲突管理的过程，以及冲突是否容易得到管理，如表 7-2 所示。

表 7-2 影响冲突管理的因素

| 影响因素 | 难以管理 | 易于管理 |
|---|---|---|
| 争论中的问题 | 有关原则性的问题——价值观、伦理道德，或问题关键部分的先决条件 | 可分解的问题——很容易就可以分解为细小部分、单元的问题 |
| 风险 | 很大——影响重大 | 很小——结果不重要或影响不大 |
| 双方的依赖程度 | 零和游戏——一方所得，即另一方所失 | 正和游戏——都相信合作比单独行动的结果要好 |
| 相互作用的连续性 | 一次性交易——没有过去和未来 | 长期合作——将来仍然会发生作用 |
| 双方的结构 | 无组织——结构松散，领导不力 | 有组织——结构严谨，有强有力的领导 |
| 第三方的卷入 | 没有中立的第三方 | 有可信任的、强有力的、具有良好声誉的第三方 |
| 对冲突过程的感觉 | 不平衡——一方感觉受到太多伤害，并寻求报复和补偿 | 平衡——双方都受到同样的伤害，获得同样的收获，并愿意称此为平局 |

## 四、冲突管理的策略

美国行为科学家托马斯认为，冲突发生之后冲突各方至少存在两种可能的行为反应：关心自己和关心他人。其中，关心自己是试图使自己的关心点得到满足，以此作为纵坐标；关心他人则是试图使他人的关心点得到满足，以此为横坐标。根据关心自己和关心他人这两个维度，来定义冲突行为的二维空间，托马斯并以此为依据提出解决冲突的五个策略：竞争、合作、回避、迁就和折中，如图7-6所示。

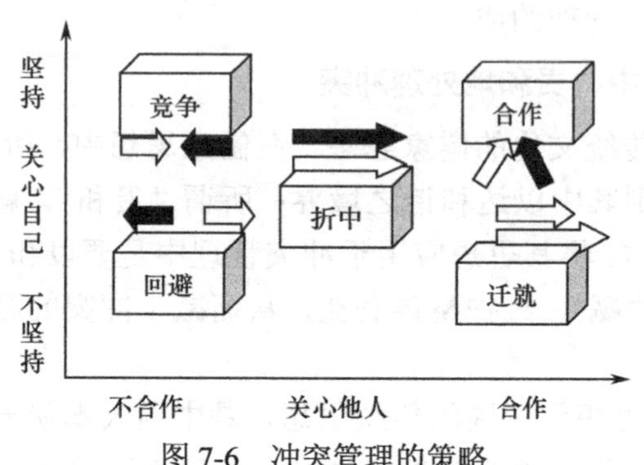


图7-6 冲突管理的策略

### （一）竞争策略

竞争是一方为寻求自我利益的满足，当未达到自我利益的满足时而无视他人利益，它是一种不合作的冲突管理策略。冲突一方一般会通过权力、地位、资源、信息等优势向另一方施加压力，迫使另一方放弃来解决冲突问题。这种策略因为施加的压力，使得冲突一方对另一方威吓、处罚，难以使另一方心悦诚服。此策略并不是解决冲突问题的最佳策略，但在冲突双方实力悬殊或应对危机时比较有效。

竞争策略常用于下列情境：冲突中有一方具有强大力量；冲突各方的利益彼此独立、互不干扰；无法达到冲突双方或多方的双赢或共赢；冲突对利益的影响不大；冲突一方或多方坚持不合作立场。

### （二）合作策略

合作是一种积极地解决问题的策略，通常也被认为是解决问题的首选策略。在此情形下，人们将冲突视为有益的、自然的，如果处理得当，会给组织带来意想不到的收获。在合作中，双方的意图是找到解决问题的方法。合作是冲突双方均希望满足各方利益而进行相互之间的协作以求得相互受益的结果。冲突双方积极地寻求双赢的解决方法，从而实现双方目标或寻求可以综合双方意见的最终结论。

合作策略常用于下列情境：冲突双方不参与权力斗争；冲突双方未来的正面关系很重要，未来结果赌注很高，双方都是独立的问题解决者；冲突双方力量对等或相互依赖性很强。

布莱柯和莫顿等人提出了合作的具体步骤：①双方共同议定、讨论问题；②问题应得到具体阐述，从一开始就对目标先后次序上认识的异同加以认定；③双方共同找出可行方案，若不行，双方各提出一个可接受的范围，而不是先假定一个最佳方案；④如果某方案能使双方利益最大化，但对某一方更有利，该方应提供补偿，以使双方利益均衡。

### （三）回避策略

回避是一种不武断也不合作的行为，既不满足自身的利益，也不满足对方的利益，冲突的一方努力将自己置身事外，任凭冲突自然发展，通常也被认为是一种无效的冲突管理策略。回避策略可以避免冲突问题扩大化；在明确自身是正确的以及冲突需要尽快解决的时候，它又是必要的。但当冲突双方相互依赖性很强时，回避策略会影响工作，降低绩效，并可能会忽视某些重要的看法、意见和机会，招致对手的非议和影响冲突的解决。

回避策略常用于下列情境：冲突主体中没有一方有足够的力量去解决问题；忽略冲突并希望冲突消失；与冲突主体自身利益不相干或输赢价值较低；要求放慢节奏以抑制冲突；采取保密手段以避免正面冲突；冲突一方或多方不关心、不合作。

### （四）迁就策略

迁就是合作和不武断的行为，往往只考虑他人的利益而牺牲自我利益，屈从于对方意愿，压制或牺牲自己意愿，是冲突一方为了安抚另一方，愿意把另一方的利益置于自己的利益之上。换言之，迁就是指为了维持相互关系，一方愿意做出自我牺牲，从长远的角度出发希望能和另一方继续合作。

迁就策略常用于下列情境：冲突的另一方过于强大，不得不屈从对手的意愿才能使自己的损失最小化；问题对冲突的另一方来说更加严重，达到目的的意愿更加强烈；为了长期的利益而放弃眼前利益，特别是保持和谐、避免分离在短期内格外重要；人际关系比较紧张，必须采取手段缓和紧张的关系。

### （五）折中策略

折中是中等水平的合作与武断，是冲突各方都选择放弃一些利益，从而共同分享利益时会选择的冲突管理策略。这种策略是一种实用主义的解决方法。在折中策略中，没有明显的赢家和输家。大家愿意共同承担冲突问题，并接受一种双方达不到彻底满足的解决方法。因此，妥协策略的突出特点是，双方都倾向于放弃一些利益。但它也可能带来负面影响，即为了眼前利益而牺牲长期利益。这种策略的成功取决于双方要进行良好的协商。

### 专栏 2

**模拟买卖汽车实验**

齐托夫（1967）利用模拟买卖汽车的实验进行研究，他让被试者充当汽车的买主或卖主，有关信息由主试者告诉被试者。被试者首先收到的信息与他们希望卖出或买进汽车的价格有中等程度或很大程度的差距，最后考察达成一致性价格。结果发现，当主试者提出的最初价格与被试者的希望价格有很大差距时，买主愿意付更高的价钱，卖主愿意接受更低的价格。可见，在协商中比较适当的策略是开始时提出差距很大或非常强硬的要求，这样能使他从对方那里获得更大的让步。当然，最初的强硬立场未必总是有利的。它有时会激起对方的愤怒，使对方也采取相应的强硬立场，从而使协商中止。所以，最初采取强硬立场也会产生负效应。因此，适当地做些让步有利于协商的顺利进行。考墨吏特等人对这个问题进行了研究。他们要求被试者与某个假想的人就某个商品的价格进行协商，直至达成一致为止。主试者通过操纵假想者的让步发现，当主试者只做出小小的让步时，被试者就愿意付出更高的代价。因此，他们认为，协商的最佳策略是开头采取强硬立场，然后只做出小小的让步。

（资料来源：裴利芳，胡德旺．组织行为学教程[M]．北京：经济管理出版社，2003）

折中策略常用于下列情境：冲突双方实力均衡，旗鼓相当，无法获得双赢，从而决定按各方的有限资源和利益来分配；双方未来的利益有一定的相互依赖性和相容性，有某些合作、切磋或交换的余地；暂时化解冲突，防止问题复杂化；尝试竞争或者合作都没有取得成功。

研究发现，上述五种策略中的合作策略能更好地、更有效地解决冲突问题。竞争策略效果不是令人满意的。折中策略在合作和竞争无法实现时也是比较实用的一种策略。回避和迁就策略一般情境下很少用，使用的效果也不是很理想。

## 专栏3

### 知识链接：谈判

尽管组织中的冲突无处不在，但是任何一次冲突都不可能无休无止地延续下去。无休无止的冲突不仅会对冲突双方产生毁灭性的打击，甚至会对组织造成致命的伤害。谈判可以使冲突双方进一步了解对方的需求，明确自己的意图，寻找双方都可以接受的方式和过程，是解决冲突的一种特殊的技能，可以贯穿整个冲突过程的始终。

1．谈判的类型

依据不同的标准，可以将谈判分为不同的类型，如多方谈判和双边谈判、组织内谈判和组织外谈判等。根据谈判的目的，将谈判分为分配谈判和综合谈判的方法较为常用，表7-3列举了这两种类型谈判的主要特点。

表7-3 分配谈判和综合谈判的主要特点

| 主要特点 | 分配谈判 | 综合谈判 |
|---|---|---|
| 目标 | 获得尽可能多的“蛋糕” | 把“蛋糕”做大，使双方满意 |
| 动机 | 零和 | 双赢 |
| 焦点 | 立场 | 利益 |
| 利益 | 相互对立 | 相互融合或一致 |
| 信息共享 | 低 | 高 |
| 关系的维持时间 | 短期 | 长期 |

（资料来源：斯蒂芬·罗宾斯，蒂莫西·贾奇．组织行为学[M]．李原，孙健敏，译.北京：中国人民大学出版社，2008）

（1）分配谈判。分配谈判最明显的特点是在零和条件下操作，即一方的收益来自另一方的损失，因此谈判双方的目的都是尽可能提高自己的收益，或者说降低自己的损失，如图 7-7 所示。

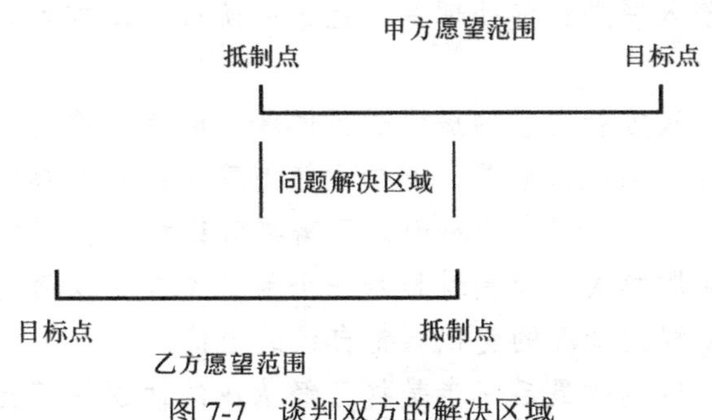


图 7-7　谈判双方的解决区域

谈判双方都有自己希望实现的目标点和自己希望止损的抵制点。抵制点表明了可接受的最低水平；如果谈判的预期低于这个点，人们会终止谈判。于是，每一方的目标点与抵制点之间会有一个范围，称为愿望范围。如果双方的愿望范围存在重叠，则这一区域就被称为问题解决区域，双方最终达成的解决方案会在这一区域产生。

分配谈判的过程，是使最终的解决方案在问题解决区域内尽量靠近目标点而远离抵制点，采用以下一些方法会影响对手调整自己的目标点，有助于你实现自己的谈判目标：让对手感觉到他的目标点是毫无可能性的，而在你的目标点上接受解决方案是明智的；让对手感觉到你的目标是公正的，而他的是缺乏公正性和合理性的；调动对手的情绪，让他从感情上感觉到应该对你慷慨；如果可能的话，己方谈判代表可以扮演不同的角色，有的演红脸、有的演白脸，以影响对方的感情和判断；透露谈判最后的截止期限，打乱对方的部署，迫使对方重新考虑自己的立场。

（2）综合谈判。综合谈判最大的特点是可供分配的利益不是固定不变的，或者双方有可能创造更大的价值。例如，当网上商家和顾客为了货到付款还是款到付货而争论不休的时候，第三方支付的出现就解决了这个问题。创造价值需要开放性的思维和积极乐观的情绪，因此充分交换信息、努力寻找更多的解决方案就成了综合谈判的关键，但也是一个难点，毕竟信息公开的内容和程度严重依赖于双方的诚实和信任的程度。做到以下几点，会帮助你更好地开展综合谈判：加强交流和沟通，培养双方的信任感；保持乐观的情绪和维持灵活性的愿望；营造融洽的谈判氛围，鼓励更多的想法和建议；遇到瓶颈时善于重新定义问题，发现新的框架；不要轻易采用折中方案，也不要放弃对双赢方案的追寻；以团队成员的身份进行谈判的个体比单独谈判更有可能获得综合的结果。

2．谈判的过程

按时间顺序，谈判可以分为以下五个阶段。

（1）准备与计划。准备与计划的过程，就是分析自己并了解对方、制定谈判策略的过程。从了解自己的角度讲，要弄清楚为什么卷入了冲突，期望从谈判中得到什么，自己的目标点和抵制点是什么等问题。从了解对方的角度讲，要弄清楚对方是谁，对方会提出什么要求，对他们来说有哪些重要的利益等问题。弄清楚这些问题后，就可以制定出切实可行的谈判策略，同时事先估计出对方的反应，避免陷入被动。

（2）界定基本规则。任何谈判都需要双方遵守基本规则，以保证谈判过程的顺利进行。例如，确定谁将参加谈判，谈判在哪里进行，谈判是否要设定期限，谈判中有哪些问题需要设定，谈判陷入僵局如何处理等。在这一阶段，双方可以交流他们最初的报价和要求。

（3）阐述与辩论。双方就自己的提议进行解释、阐明、澄清、论证和辩论。在这一阶段，主要就为什么这些问题很重要，怎样才能使双方达到最终的要求等问题进行讨论和信息交换，提供能支持己方观点的材料，不需要针锋相对、剑拔弩张。

（4）讨价还价与问题解决。谈判过程是一个为了达成协议而讨价还价、相互让步的过程，谈判双方都需要根据情况的变化调整自己的报价。

（5）结束与实施。谈判的最后一步是将已经达成的协议规范化，并为实施和监督制定出必要的程序。

（资料来源：任浩. 组织行为学——现代的观点[M].北京：清华大学出版社，2011）

## 课后思考题

1．什么是权力？权力的来源有哪些？

2．授权的含义是什么？授权的原则有哪些？

3．冲突的含义是什么？冲突的类型有哪些？

4．冲突产生的根源及可能产生的结果有哪些？

5．冲突管理的含义是什么？影响冲突管理的因素有哪些？

## 案例分析

### 职场中的冲突

2006年4月发生的“邮件门”事件曾传遍全国外资企业圈。事件发生的一周内，从北京、上海到成都、广州、南京……全国所有知名外资企业都在疯狂地转发一封来自某公司北京总部的电子邮件——公司总裁和他的高级女秘书因工作琐事发生激烈争吵，导致后者被迫离职。这起本该在企业内部消化的事件却因牵连“老外和中国员工的文化障碍”的敏感话题，数天之内成为各大外资企业员工和网络舆论谈论的热点。

1．下班锁门引起总裁不满

4月7日晚，该公司总裁回办公室取东西，到门口才发现自己没带钥匙。此时，他的私人女秘书已经下班。他试图联系后者未果。数小时后，他还是难抑怒火，于是在凌晨1时13分通过内部电子邮件系统给他的女秘书发了一封措辞严厉且语气生硬的“谴责信”。

总裁在这封用英文写的邮件中说：“我曾告诉过你，想东西、做事情不要想当然，结果今天晚上你就把我锁在门外，我要取的东西都还在办公室里。问题在于，你自以为是地认为我随身带了钥匙。从现在起，无论是午餐时段还是晚上下班后，你要跟你服务的每一名经理都确认无事后才能离开办公室，明白了吗？”（事实上，英文原信的口气比上述译文要激烈得多。）总裁在发送这封邮件的时候，同时传给了公司几位高管。

2．秘书回了咄咄逼人的邮件

面对总裁的责备，秘书应该怎样应对呢？一位曾在通用电气公司和甲骨文公司服务多年的资深人士认为，正确的做法应该是，同样用英文写一封回信，解释当天的原委并接受总裁的要求，语气要委婉有礼。同时给自己的顶头上司和人力资源部的高管另外去信说明，坦承自己的错误并道歉。

但是，女秘书的做法大相径庭。两天后，她在邮件中回复说："第一，我做这件事是完全正确的，我锁门是从安全角度上考虑的，如果一旦丢了东西，我无法承担这个责任。第二，你有钥匙，你自己忘了带，还要说别人不对。造成这件事的主要原因都是你自己，不要把自己的错误转移到别人的身上。第三，你无权干涉和控制我的私人时间，我一天就 8 小时工作时间，请你记住中午和晚上下班的时间都是我的私人时间。第四，从到该公司的第一天到现在为止，我工作尽职尽责。我加过很多次班，也没有任何怨言。但是如果你们要求我加班是为了工作以外的事情，我无法做到。第五，虽然咱们是上下级关系，也请你注重一下你说话的语气，这是做人最基本的礼貌。第六，我要在这强调一下，我并没有猜想或者假定什么，因为我没有这个时间，也没有这个必要。"

本来，这封咄咄逼人的回信已经够令人吃惊了，但是，女秘书选择了更加过火的做法。她回信的对象选择了"北京、成都、广州、上海分公司"。这样一来，该公司中国公司的所有人都收到了这封邮件。

近一周内，该邮件被数千外资企业白领接收和转发，几乎每个人都不止一次收到过该邮件，很多人还在邮件上留下诸如"真牛""解气""骂得好"之类的点评。其中，流传最广的版本居然署名达 1 000 多个，而这只是无数转发邮件中的一个而已。

3．女秘书已离开公司

邮件被转发出公司后不久，总裁就更换了秘书，女秘书也离开了公司。目前，公司内部对此事噤若寒蝉，一些参与转发邮件的员工挨个儿被人事部门找去谈话。

尽管无论是邮件附加的个人点评还是网上的讨论，力挺女秘书的声音都超过了八成，但外资企业人力资源部的管理层并不买账。女秘书也没有料到邮件会被转发出去，更没有料到目前的局面。

4．公司回应"邮件门"

"邮件门"对该总裁有何影响？该公司的美国公司声明："这位北京员工的离职完全是一个个人行为和独立的事件，该公司中国区的员工都充满了信心与该公司一起取得更大的发展。"有 IT 业资深人士分析，像对大中华区总裁这种高管的评价，一般只有美国总部的总裁和总部人力资源部的主管才有发言权。

**思考：**

1．本案例中的冲突根源是什么？

2．老板应该如何应对女下属？职业女性如何应对上司？

3．用冲突理论如何解决这次冲突？

4．本案例对如何处理上下级人际关系冲突有何启发？

# 第八章 人际关系

**本章重点**

- 掌握人际关系的含义和特征。
- 认识人际关系的类型和功能。
- 掌握人际交往中存在的障碍、产生障碍的原因和克服障碍的办法。
- 了解人际交往的基本礼仪。

**引例**

在每周一的例行高管会议上，人力资源部张经理提出了一项临时动议，原因是该公司运营部李经理因为对本年度的业绩考核结果不满意而提出“不加薪，就跳槽”的要求。张经理认为若一口回绝李经理的要求，李经理很可能愤然离职，公司便会出现一个毫无准备的严重空缺。财务部高经理认为训练一个优秀的运营部负责人需要很长时间和巨额成本，这期间生产会受到极大影响。财务部高经理认为李经理这种以离职相威胁的行为是一种不忠的行为，如果同意了李经理的要求，就显示了公司管理当局屈服于威胁，从而产生不必要的副作用。

**思考：**

1. 若你是总经理，应该如何应对“不加薪，就跳槽”的李经理？
2. 作为总经理，应该如何协调各部门经理在这件事情上的不同意见？

“关系”就像围绕在我们身边的空气一样，虽然看不见也摸不着，但是无处不在，时时刻刻影响着我们的学习、工作和生活，甚至在很大程度上左右着我们的事业发展和前途命运。因此，“关系”自然而然成为我们研究的热门话题，成为社会学、社会心理学、组织行为学等多门学科的综合研究对象。

## 第一节 人际关系概述

### 一、关系的含义和特性

#### 1. 关系的含义

“关系”一词，从哲学意义上讲，是指事物之间相互联系、相互影响的一种状态。但关系必须依赖于人而存在，离开了人事物之间的各种关系就变得抽象而没有意义了。人类面临着三类关系：一是人与自然的关系；二是人与人的关系；三是人与自身的关系。这三类关系依次递进，在人与自然的关系基本得到解决后，人与人的关系、人与自身的关系问题（人生问题）必将依次暴露出来。马克思有句名言："人的本质并不是单独个人所固有的抽象物。在其现实性上，它是一切社会关系的总和。"社会是由各种人际关系按一定模式组建的一个总体网络，任何人都在关系中出生，在关系中成长，在关系中取得成功并最终在关系中消亡。

由于不同国家社会的历史文化背景不同，因此，各自具有独特的人际关系格局。由于中国传统社会以家庭为本位，西方社会以个人为本位，因此中西方社会呈现出的人际关系的格局也各有不同。中国传统社会的人际关系结构呈现出一种"差序格局"，以"己"为中心，与别人所联系成的社会关系像"水的波纹一样，一圈圈推出去，越推越远，也越推越薄"。西方社会的人际关系结构则呈现为"团体格局"，在团体格局里个人之间的联系靠着一个共同的架子，先有了这个架子，每个人结上这个架子，而相互发生联系。这个共同的架子，一方面是平等观念，即在一个团体中各分子之间地位平等，个人不能侵犯大家的权利；另一方面是宪法观念，即团体不能抹杀个人，只能在个人所需交出的一份权力上控制个人。

**2．关系的特性**

正确了解"关系"的含义对于我们正确认识和把握人际关系的特性至关重要。我们认为"关系"具有三个基本特性：客观性、广泛性和效能性。

（1）关系的客观性，是指关系是不以人的意志为转移的客观存在。"凡一切实存的事物都存在于关系中，而这种关系乃是每一个实存的真实性质。"（黑格尔）关系的客观属性是双重的：一方面，它以人的存在为先决条件，有了人，有了社会才会产生关系；另一方面，关系一旦因人的存在而存在，便又超越了人的意志，成为人的外在对象物，影响和控制人的行为，想要摆脱它是不可能的。人际关系的存在，是一种客观实在，从深层次的原因分析，主要是由于关系是人类生存发展的前提和需要。"个人的脆弱性和种种限制，使得他无法单独达到自己的目标。如果只有一个人孤零零地活着，并且他只想凭自己的力量来应付自己的问题，他必然会灭亡。他必须和他人发生联系，此种联系是由他的脆弱、无能和限制所造成的。"（阿德勒）在很多方面，人类确实是自然界所有动物中最弱小的种类，有很多动物比人类更适合单独地应付生存挑战，虽然它们也会团结起来弥补它们的弱势而成群结队地生活。人之所以为人，一方面是因为人类具有发达的大脑，能发明制造工具，弥补自身各种功能的不足；另一方面是因为人类能够而且善于合作。因此，人类为了自身的进一步生存和发展，需要建立更加良好和健康的社会关系以求得深刻的合作。

在承认关系客观性的同时，并不意味着抹杀人在各种关系中的主观能动作用。相反，正如马克思所说的，"正是个人相互之间的这种私人的个人的关系，作为个人的相互关系，创立了——并且每天都在重新创立着——现存的关系"。

（2）关系的广泛性，是指关系所具有的普遍的多种多样的联系。关系不仅是一种客观存在，还是一种广泛而多样的客观存在。社会关系网络纵横交错、千头万绪，但从总体上看，在社会交往中，人与人的关系一般分为三个层次：一是以个体为主体与支点而结成的各种社会关系，即人际关系；二是以组织为主体与支点而构成的各种社会关系，即公共关系；三是以国家为主体和支点而形成的各种关系，即国际关系。

（3）关系的效能性，是指关系所具有的各种社会功能。关系具有它的效能。如果不承认这一点，就难以理解关系存在的合理性及其价值。从管理学的角度看，一切有使用价值的东西均可作为资源，关系是有使用价值的，因此它也是一种资源，而且是一种无形的潜能巨大的社会资源。这种资源一旦得到开挖和利用，便可转化为巨大的社会财富。这种财富不仅是一种物质财富，而且是一种精神财富。就物质财富而言，良好的人际关系可以做到人尽其才、地尽其利、货畅其流、物尽其用，从而转化为巨大的生产力。从精神财富而言，各种社会关系的协调，也是社会主义精神文明建设的题中之义。

## 二、人际关系的内涵

### 1. 人际关系的含义

人际关系的含义十分广泛，学者们对此意见并不统一。总体上看，人际关系的含义有广义和狭义之分。广义的人际关系，泛指人们在社会交往过程中所形成的各种关系，即社会关系，具体包括经济关系、政治关系、法律关系、伦理关系、心理关系等。狭义的人际关系，是指个人与个人之间通过相互交往和作用而形成的一种心理关系，或称心理距离。本书所讲的人际关系主要是指狭义的人际关系。

人际关系不同于社会关系，从逻辑上讲，人际关系属于社会关系范畴，但并不能与社会关系等同，同时不能简单地把人际关系看成社会关系的一个组成部分或某一个层次。事实上，人际关系渗透在所有的社会关系中。

为了更准确地理解和把握人际关系的内涵，必须把握人际关系的具体特性。

（1）人际关系主要是指个体与个体之间的关系。其主体与对象都是个人，具有显著的个体性。这就与社会关系、公共关系具有社会性、组织性的特点有了明显的区别，人际关系的本质体现在具体的个人与个人之间的互动过程中。

（2）人际关系的实质是人与人之间的心理距离。这与其他社会关系层面上的经济关系、政治关系、法律关系、伦理关系等有了本质区别。人际关系必然要受到社会生产关系以及建立在这种生产关系基础之上的上层建筑的各种社会关系的深刻制约和影响，以至于离开这些因素，人际关系也无从建立。但是，人际关系的形成和发展也有其独特的运行和发展规律，如果把人际关系外在的影响因素等同或者替代内在的心理因素，就无法真正理解人际关系的真谛。

（3）人际关系的亲疏主要取决于人及其心理距离的远近。这种心理距离主要以情感活动为基础，因此体现出强烈的情感色彩。一般而言，人与人之间的心理距离越近，人际关系就越亲密；人与人之间的心理距离越远，人际关系就越疏远。不过从审美角度而言，人际心理距离不能太远，也不宜过近，即使最亲近的人际关系，也应该保持一定的距离，包括时间、空间和心理距离，否则摩擦、矛盾、冲突、斗争和痛苦也就在所难免了。

（4）人际关系是在人与人之间相互交往的过程中建立和发展起来的。从动态结构上看，人际关系主要包括主体、对象与媒介三大要素。媒介就是交往，是连接主体与客体的渠道和桥梁。没有交往，就谈不上人际关系，人际关系是在人们直接的乃至面对面的交往过程中逐渐形成和发展起来的，因此人们可以切实地感受到它的存在，具有可感性，即被人们所直接体验到的。

### 2. 人际关系的心理结构

人际关系的心理与人的心理结构一样，分为三个层面，包括人际认知、人际情感和人际行为。

（1）人际认知，是指人与人在交往过程中的相互认知，即通过彼此相互感知、识别与理解而建立的一种心理联系。人际关系的建立总是从人与人之间的相互认知开始的，只有在人际相互认知和理解的基础上才能建立和发展良好的人际关系。人际认知是双向可逆的过程，一方面要使自己了解他人，另一方面要使他人了解自己。为了使他人更好地了解自己，一定程度上的“自我暴露”是必要甚至必需的，每个人都要向他人开放一定的自我领域。良好的人际关系不仅需要深入地互相认知和理解，而且需要相互欣赏和赞同，但人际认知仍然是建立人际关系不可回避的前提。

（2）人际情感，是指人际交往中各自的需要是否得到满足而产生的情绪、情感体验。一般把人际情感分为积极情感、消极情感和中性情感三种类型。积极情感能够使人际关系更加亲近和融合，如喜爱、喜欢等；消极情感则能够造成人际关系的疏远和分离，如讨厌、仇视等。事实上，人际情感除了上述两种类型，还有一种若即若离、不即不离的中性情感，这种情感在人际关系中大量存在着，是不容忽视的现象。人际情感是人际关系的核心，是人际关系中最本质、最具有决定性影响的因素，是衡量人际关系好坏的晴雨表。

（3）人际行为，是指双方在相互交往过程中的外在行为的综合体现，包括人们的仪容仪表、服饰打扮、言谈举止、精神面貌等。在人际关系中，不论是认知因素还是情感因素，都要通过人际行为表现出来。人际行为是人际关系的调节剂，人们可以通过各种行为调节、修补和改善各种人际关系。

总之，人际认知、人际情感和人际行为构成了人际关系的三个层面的支撑系统。三者相互联系、相互作用、相互渗透、相互影响，构成了人际关系的整体系统。

### 3. 人际交往的原则

（1）平等原则。社会主义社会人际交往，首先要坚持平等原则。无论是公务还是私交，都没有高低贵贱之分，都要以朋友的身份进行交往才能深交。切忌因工作时间短、经验不足、经济条件差而自卑，也不要因自己各方面条件的优越而趾高气扬。这些心态都将影响人际关系的顺利发展。

（2）相容原则。主要表现在心理相容，即人与人之间的融洽关系，与人相处时的容纳、包含以及宽容、忍让。主动与人交往，广交朋友，交好朋友。不但交与自己性格相似的人，还要交与自己性格相反的人，求同存异、互学互补，处理好竞争与相容的关系，更好地完善自己。

（3）宽容原则。表现在对非原则性问题不斤斤计较，能够以德报怨、宽容大度。在人际交往中难免会产生误解和矛盾。这就要求人们在交往中要谦让大度、克制忍让，不计较对方的态度和言辞，并勇于承担自己的行为责任，做到“宰相肚里能撑船”。宽容克制并不是软弱、怯懦的表现，相反，它是有度量的表现，是建立良好人际关系的润滑剂，能“化干戈为玉帛”，赢得更多朋友。

## 三、人际关系的类型

人际关系存在于社会生活的一切领域。人们社会活动的复杂性和人际交往的多样性，使得人际关系呈现出千姿百态的局面，学术界对人际关系的研究呈现出了百家争鸣的欣欣向荣的景象。美国心理学家雷维奇通过对 1 000 多对夫妇进行研究，将人际关系分为主从型、合作型、竞争型、主从—竞争型、主从—合作型、竞争—合作型、无规则型等。舒兹则从人际反应倾向的角度研究了人际关系类型。他把人际关系的需求分为三类：包容需求、控制需求和感情需求。在人际交往中，每个人对他人的需求方式不同，也就使每个人对他人的基本反应倾向有所不同，这种基本反应倾向叫作人际反应特质。舒兹根据以上三类人际反应特质，将其分为主动的表现者和被动的期待他人的行为者，从而得出六种基本的人际关系倾向，如表 8-1 所示。

表 8-1 六种基本的人际关系倾向

| 需求类型 | 主动型 | 被动型 |
|---|---|---|
| 包容需求 | 主动与他人交往 | 期待他人接纳自己 |
| 控制需求 | 支配他人 | 期待他人支配自己 |
| 感情需求 | 对他人表示亲热 | 期待他人对自己表示亲热 |

区别不同的人际关系类型，有助于进一步描述和准确把握人际关系的性质，有助于指导人们处理复杂的人际关系。

### 1. 按联结纽带划分人际关系

按人际关系联结纽带，可将人际关系分为血缘关系、地缘关系、业缘关系和趣缘关系。

（1）血缘关系是指以血缘为纽带而结成的人与人之间的关系，如父子关系、母子关系和兄弟姐妹关系等。血缘关系无论在人类自身的生产和发展中还是社会生活的其他方面，都占据着极其重要的地位。尤其在我国这个家庭本位的国度里，血缘关系更是占据了极其重要的地位。“血浓于水”的亲情关系一方面孕育出“父慈子孝、兄友弟恭”的浓浓亲情，另一方面成为徇私舞弊的渊源。

（2）地缘关系是指以地缘为纽带而结成的人与人之间的关系，如老乡关系、邻里关系等。一定的共同地域赋予人际共同的经验范围和背景，如共同的乡音、共同的风俗习惯、共同的观念等，使人与人之间更容易产生认同感和积极的情感体验。一般而言，现代化程度越低、居住处所搬迁越少的地方，地缘关系越重要，反之，地缘关系越不重要；地理范围越小，地缘关系的亲密程度越高，反之，地缘关系的亲密程度越低。

（3）业缘关系是指以职业为纽带而结成的人与人之间的相互关系，如同事关系、干部关系、师生关系等。从社会总体发展趋势上看，血缘关系和地缘关系在人际交往中的影响力越来越小，而业缘关系的作用将越来越明显。业缘关系的利益色彩更突出，因为合作与竞争是永恒的主题。

（4）趣缘关系是指以一定的兴趣爱好为纽带而结成的人与人之间的相互关系，如友谊关系、情爱关系等。趣缘关系一般以志同道合为基础，以情感上的依恋为主要特征。

这种分类是社会学中对人际关系的经典分类。

**2. 按所属领域划分人际关系**

按人际关系所属领域，可将人际关系分为经济关系、政治关系、法律关系、伦理关系等。

（1）经济关系是指人与人之间所发生的经济联系，是人际交往中常见的一种关系。一般而言，在人际交往中，经济地位占优势的一方往往掌握着人际关系的主导权。这是因为每个人在社会关系中的地位和作用主要由其经济地位所决定。

（2）政治关系是指人们在政治活动中所发生的人与人之间的关系。并非所有的人际关系都具有政治联系，人际政治关系表现在其交往是否属于政治活动的范畴，在政治关系中以一方服从另一方的权力为显著特征。

（3）法律关系是指人们根据法律规范而结成的人与人之间的相互关系，如夫妻关系、领养关系等。法律关系有双方各自权利与义务的明确规定，对于调整和规范人际关系有着重要的意义和作用。

（4）伦理关系是指人们在伦理道德规范调整的范围内所形成的人与人之间的关系。这种关系依靠人们内在的信念、习惯、传统和社会舆论的力量来维持，带有非强制性的特点，与法律关系形成互补，共同规范着人们之间的关系。

这种分类带有明显的政治学和伦理学色彩。

**3. 按所属的群体特征划分人际关系**

按人际关系所属的群体特征，可将人际关系分为正式群体中的人际关系和非正式群体中的人际关系两类。

（1）正式群体中的人际关系是指正式组织内部由条文明确规定的人与人之间的关系，实际上就是一种业缘关系。组织中的正式群体职责分明，对谁应该做什么、不应该做什么、应该怎么做、不应该怎么做、和谁保持什么关系，都有明确的规定，这样可以减少互相推诿不负责任的现象，有利于提高工作效率；正式组织可以产生组织合力，人与人之间通过业务方面的合作，产生“1+1>2”的整体效果；同时，正式组织可以满足个人自我实现的需要，在工作过程中人们通过充分发挥自己的才能实现自己的理想和抱负。

（2）非正式群体中的人际关系是指非正式组织的人群集合体内部的人与人之间的关系。其特征是以感情兴趣为纽带，体现自愿的形式，关系比较松散，非正式群体主要满足人的情理需要、心理安全需要和社交需要等。这种人际关系是客观存在的，对正式群体发生着重要的影响，不能忽视。

这种分类带有明显的管理学和组织行为学色彩。

#### 4. 按心理倾向划分人际关系

按人际关系心理倾向，可将人际关系分为主从型人际关系、合作型人际关系和竞争型人际关系。

（1）主从型人际关系是人际关系中最基本的一种。几乎所有的人际关系都有主从型的痕迹，只是程度不同而已，尤其是亲密人际关系的主从型。人或多或少都有支配他人的心理，同时有愿意顺从他人的心理，这就容易形成主从型人际关系。

（2）合作型人际关系是理想的人际关系，适合同事、朋友关系。在夫妻关系中，合作型人际关系并非一种理想的关系。

（3）竞争型人际关系是指双方为了各自目标而互相竞争、互相排斥的人际关系。这是一种既令人兴奋又使人精力过度紧张的紧绷型人际关系。

在现实生活中，合作、竞争、主从因素并不十分分明，各种因素往往互相交织，区别在于哪种因素占据这种人际关系的主导地位。

这种分类带有明显的社会心理学色彩。

#### 5. 按目的性质划分人际关系

按人际关系的目的性质，可将人际关系分为情感性人际关系、工具性人际关系和混合型人际关系。

（1）情感性人际关系是指为了满足相互之间的情感交流、形成良好的心理气氛而建立起来的人际关系，如友情、爱情关系等。

（2）工具性人际关系是指基于某一种功利目的而建立起来的人际关系，如客户关系。

（3）在社会交往中，纯粹意义上的情感性人际关系和工具性人际关系十分罕见，大量的人际关系表现为同时具有情感与工具双重意义的混合型人际关系。

无论何种人际关系，不可能不含功利成分，因为互相支撑和互相合作是人与人之间所必需的，同时，在现实生活中在互利基础上建立人际关系也是正当和牢靠的。在人际关系中更不可能没有感情色彩，既有利益需求又有感情润滑的人际关系才是最牢固持久的健康人际关系。

### 四、人际关系的功能

本书所讲的人际关系的功能仅针对个体而言，它对个体各方面的作用与影响十分巨大，主要表现在以下几个方面。

#### 1. 人际关系的身心保健功能

人人都有克服孤独、追求与他人融合的心理需要。如果这种需要得到了满足，就会产生积极的情感体验，否则会产生消极的情感体验。美国心理学家做了一个实验，让五名被试者在与外界完全隔绝的黑屋子里待着，其中一人只待了两小时，三人待了两天。时间最长的一名被试者待了八天，出来后说，如果再让他多待一分钟，他就会发疯。这个实验结果说明人有合群和亲和的需要。研究表明，长期孤独的人会慢慢变得忧郁甚至精神失常，其寿命也比乐观开朗的人要短。从心理卫生的角度看，良好的人际关系可以满足人的安全需求和归属需求，提高自尊心和自信心，有利于人的身心健康。反之，人际关系失调，会严重影响身心健康，产生不良的情绪反应，如焦虑、不安、恐惧、愤怒、敌对等负面情绪，进而会导致神经衰弱、抑郁症等身心疾病。

世界卫生组织提出了身心健康的八大标准：食得快；便得快；睡得快；说得快；走得快；良好的个性；良好的处世能力；良好的人际关系。可见，良好的人际关系是人们身心健康的重要标准之一，也是重要的保障。

**2. 人际关系的信息功能**

现实社会中的绝大部分信息、知识、思想等都是通过人际交往获得的，人际交往对每个人的工作、生活和自我发展产生至关重要的影响。研究表明，一个人除了 8 小时睡眠，其余 70%的时间都用在了各种各样直接或间接的人际交往和沟通上。人际交往既是人们之间信息交流的过程，也是人与人之间思想交流的过程。随着传播技术的迅猛发展，社会信息传递、交流和共享的手段日新月异，似乎把人际关系给抹杀了，实则不然。每个人都是信息的传播者，也是信息的接收者，而瞬息万变的信息传播技术只是媒介。人作为信息传播的主体，这一重大前提是不可或缺的。人际沟通较之大众传播和公共传播的一大优势就是，人际沟通具有双向性。在人际交往中，信息不仅被单纯地复制传播，而且不断有新的信息形成、发展和创造。

**3. 人际关系的自我认知功能**

自我认知，也叫自我意识，是对自己存在的察觉，即对自己的生理状态、心理特征以及自己与周围事物关系的认识。自我认知是基于自我体察和分析基础上的自我评价，受到自我认知水平的影响和制约。人的自我认知水平是在社会交往中逐步形成和发展起来的。自我认知的途径主要有两个。

（1）周围人的评价。一个人对自我的认知，特别是对自己人格方面的评价受社会的制约，自我观察对此往往无能为力。人关于自我的观念在很大程度上取决于周围人对他的评价，尤其是来自群体、集体以及自己所重视的人的评价。在有利意见的影响下，自我评价会提高；在不利意见的影响下，自我评价会降低。但是，在人际交往中，他人的评价固然可作为自我评价的重要参照指标，可他人的评价并非完全正确，而且如果情况复杂，人们在做自我评价的过程中，需要综合考虑多方面因素。

（2）社会比较。人们对自己认知的另一个重要途径就是通过与他人的比较形成的。自我概念的形成是社会比较的产物。费斯廷格认为人具有想要清楚地评价自己的意义和功能的要求。如果有评价自己意义和功能的物理的客观的手段，人们就会首先选择这种手段；如果找不到这种手段，就会通过和很多他人的比较来判断自己的意义和功能。因为和自己类似的他人对评价自己的意义和功能有重要作用，所以容易被选作比较对象。实际上，人们还会和不同的人进行比较，以此来改变自我概念和评价。

总之，在人际关系中，他人是一面镜子，每个人都能在与他人的交往中或多或少地认识自己，这里有着心理与性格的相互比较。只有努力拓展交往视野和范围，才能深入而全面地进行自我认知，从比较中看到自己的社会价值，避免盲目自大和妄自菲薄。

#### 4. 人际关系的社会化功能

人从一出生就开始投入社会生活，但人的一生有一个逐渐适应社会的过程，也就是通过不断的学习和实践发展自己的社会过程，这就是所谓的社会化。社会化程度的高低是衡量一个人成熟程度的重要尺度。人是社会性动物，不能离开他人而孤立地生活，个体的社会化在很大程度上是通过社会关系实现的。个体在与他人交往的过程中，通过与他人建立各种各样的关系，逐渐发展和形成个性，通过不断的社会化过程来实现自身的价值。由于人际关系是个体社会化的重要环节，贯穿个体社会化的始终，在人的社会化过程中发挥着重要作用，因此要慎重选择交往的对象。

总之，一个人的成长与发展，离不开人际关系；一个人的身心健康，离不开人际关系；一个人的幸福生活，离不开人际关系；一个人的事业成功，离不开人际关系。人际关系是一种网络，一种资源，一种渠道，一种风景。一个人人际关系的好坏是其综合素质的体现，而且人际关系也是一种生产力。

## 第二节　人际交往的障碍及其克服

### 一、人际交往的障碍

障碍是指阻挡前进的东西。交际障碍是指在人际交往中具有显著的不利影响和消极作用的梗阻性主客观因素。从人际交往的一般情况上看，主要有以下障碍需要有效防止和排除。

#### 1. 角色性障碍

角色性障碍是由于人们之间的角色差异而形成的障碍。在社会生活中，人们扮演着不同的角色，也不断地变换着角色。在相同角色或不同角色之间，往往会形成交际障碍。

（1）相同角色之间会形成交际障碍。相同角色由于历史的、现实的原因，角色之间可能互不相容，难以沟通。“同行是冤家”就是共同的利益冲突及潜在威胁而形成的交际障碍。防止和排除这种障碍，关键是观念的更新和机制的调整。要根据现代社会的新条件和新要求，建立“合作双赢”的新的关系调节机制和运行模式。

（2）不同角色之间更会形成交际障碍。不同的角色由于不同的身份、年龄、职业、地位、处境、经历、立场、态度等因素，可能会形成交际障碍。医生与患者、教师与学生、领导与群众、家长与孩子、司机与乘客等常见的对立统一型关系，如果处理不当，区别性的“对立”被强化就可能成为交际障碍，如医患关系的紧张、师生关系的对立、辈分之间的“代沟”等。防止和排除这种障碍，关键是设身处地、利益协调和及时沟通。设身处地是“角色互换”，容易互相体谅；利益协调是敏感因素，处理得当容易建立感情；及时沟通是信息互动，充分交流容易达成共识。

#### 2. 文化性障碍

文化性障碍是由于语意差异、习俗差异和教育程度差异等文化因素而形成的障碍。

（1）语意差异形成的障碍。语言是表达思想和感情的工具。特定的语言，一般都有特定的意思和信息。在人际交往的过程中，“说者无意，听者有心”或“说者有意，听者无心”等表达性、接收性因素可造成沟通的障碍。从表达者看，说话的态度、语言的含蓄、方言的使用，都可能使自己的本意不能准确地表达。从接收者看，听话的心态、译码的环境、理解的不够，都可能曲解误读对方发出的信息。可见，准确地发送和接收语言信息，可有效防止和排除语意差异形成的障碍。

（2）习俗差异形成的障碍。“五里不同风，十里不同俗。”不同地区、不同国家之间的人际交往，由于风土人情、风俗习惯等文化背景的差异，会造成沟通的障碍并影响人际关系。因此，跨地区、跨国度的交往，应入乡随俗，以防止和排除此种障碍对人际关系造成的消极影响。

（3）教育程度差异形成的障碍。交往双方接受教育的程度、文化水平的高低，会使双方的信息交流和交际姿态出现障碍。过浓的书生气、高深的理论说教、太专业的语言表达以及太低的理解和接受能力，就是这种障碍出现的常见原因。防止和排除这种障碍，关键是要扩大双方的文化共识域，尤其是文化水平高的一方，需要适当地“迁就”对方，用低姿态和通俗的语言与对方交流。

**3. 心理性障碍**

人际交往的障碍更多的是来源于心理因素，尤其是病态的交际心理。

（1）自卑心理。人际交往中自卑心理的产生，主要来源于心理上消极的自我暗示。一般来说，表现为对自己的能力、品质等自身因素评价过低，心理承受能力差，谨小慎微，多愁善感，行为畏缩，瞻前顾后等。产生这种消极自我暗示的原因主要有：现实交往受挫，产生消极反应；生理上的某些不足引起消极的自我暗示；对自我能力和智力估计过低带来的消极自我暗示；对自身性格和气质评价过低造成的消极自我暗示。自卑心理是一种自我否定的心理定式。这种定式往往根源于对自己的过低评价，常常表现为交际中“底气”不足，缺乏自信，习惯于用“仰视”的角度看待别人，总是担心被人瞧不起，总是用低三下四的姿态，其结果既限制束缚了自己的交际活动，又容易引起别人的怜悯鄙视。克服自卑心理及其障碍，需要在增强自己实力的同时，尽可能客观、准确地评价自己，特别是注重对自己基本优势的肯定性评价，并在交际中挺直腰板，主动出击。

（2）恐惧心理。人们渴望友谊，希望广交朋友，但是有些人对人际关系特别敏感、害怕，极力回避与人接触，不得不交往的时候则会紧张、恐惧。因此，他们常常陷入焦虑、痛苦之中，严重影响到身心健康和日常的学习与生活。一般来说，社交恐惧症是后天形成的条件反应。有些人在交往过程中屡遭挫折，就会在心理上形成一种打击，在情绪上产生种种不愉快的甚至痛苦的体验，久而久之，就会不自觉地形成一种紧张、恐惧、不安的情绪状态；另外，看到或听到别人在某种交往情境中遭受挫折，陷入困境，自己就会不自觉地依据“间接经验”来预测自己在特定的社交场合遭受令人难堪的对待，于是紧张不安、焦虑、恐惧。

（3）自负心理。自负是一个人只关心自己的需要，过分强调自己的感受，而全然不顾他人。在人际交往中，自负一般表现为两种：一种是高高在上，不屑与任何人交往；另一种是高估自己受欢迎的程度，一厢情愿地认为自己就是“万人迷”。自负心理是一种自我肯定的心理定式。这种定式往往源于对自己的过高评价，常常表现为交际中“底气”太足，自高自大，习惯于俯视别人，总是挑剔别人的毛病，对自己却放任自流。这种心理及障碍的克服，同样需要客观、准确地评价自己，特别是注意对自己劣势和不足的清醒认识，同时要严以律己，平等待人。

（4）猜疑心理。猜疑心理是一种对人对事缺乏信任的心理定式。这种定式夸大性地认可和接受了“防人之心不可无”的古训，总是怀疑别人的言行与自己有关，对人时时设防、处处警惕，常常生活在捕风捉影、疑神疑鬼的阴影中，因此容易引起矛盾和冲突，其结果既使自己由于过分的敏感而活得很累，又使别人在多种设防的阻隔中退避三舍。克服这种心理需要增强充分的安全感，正确地评价人与人之间的是与非、善与恶。如果有上当受骗的经历与教训，也需要正确地对待。

（5）腼腆心理。腼腆往往是在陌生人面前由于害羞而产生的紧张、拘束等不自然的表情、动作及语言状态。适当的腼腆也有“可爱”之处，给人以纯朴、天真的印象，但过分的腼腆由于拘谨、被动、怯懦等状态而成为交际障碍，就会束缚人们的思想和行为，妨碍人们的正常交往。克服这种心理及障碍，需要培养交往的勇气和胆量，更需要在大量交往实践的锻炼中提高技巧和积累经验。

（6）游戏心理。游戏心理是一种过分世故的心理定式。有这种心理的人，与人交往没有责任心，缺乏真诚的品质，总是以饱经风霜、看破红尘的心态，逢场作戏，朝秦暮楚，要么吹牛撒谎，要么行为放荡，并且以这种心理去揣度别人，认为人际交往中人们都在演戏或都应该演戏。这种心理给人际交往的心理环境以消极的影响，一般不会获得真正的友谊，容易被人戒备和排斥。克服这种心理及障碍，最重要的是增强责任心，造就真诚的品质，并以客观的立场去体验和分享别人的责任与真诚。

（7）虚荣心理。虚荣心理是一种过分看重个人面子的心理定式。有这种心理的人，往往强烈地想得到不属于自己的成就、荣誉和社会肯定。因此，在言行上喜欢炫耀自己，有时可能采取欺骗自己、欺骗他人等不正当手段来获取虚名和物质利益。虚荣心太强的人，容易招致别人的反感和排斥，也容易因期望的不能满足或不当的满足手段而给自己带来伤害和挫折。克服虚荣心理，需要树立务实的人生态度，需要脚踏实地、埋头苦干的工作精神和持之以恒的不懈努力。

（8）嫉妒心理。嫉妒是与他人比较，发现自己在才能、名誉、地位或境遇等方面不如别人而产生的一种由羞愧、愤怒、怨恨等组成的复杂的情绪状态。这种不良的心理来源于两种错误的认识：一是别人的成功意味着自己的失败；二是别人的成功是对自己的威胁。嫉妒心理在人际交往中的负面作用较大，有时会使人产生焦虑、敌意和憎恨的情绪，并会导致中伤、诋毁他人，打击别人进步的消极行为。这种心理不仅会阻碍正常的人际交往，而且会影响个体的心理健康。

（9）戒备心理。在人际交往中，戒备心理是一种不切实际的、固执的心理偏见。在人际交往中，有些人怀着“害人之心不可有，防人之心不可无”的心态，在处理人际关系时处处戒备，害怕遭到上当欺骗，这种心态虽然降低了被骗的可能性，但是，这种对别人的严重不信任，自然造成了交往中的障碍。

（10）孤独心理。孤独是一种感到与世隔绝、无人与之进行情感或思想交流、孤单寂寞的心理状态。孤独者往往表现出萎靡不振，并产生不合群的悲哀，从而影响正常的学习、交际和生活。有些人过于自负和自尊或者遭遇过大的挫折，容易陷入孤独的误区，在日常生活中游离于集体之外，限制了正常的人际交往。

**4. 认知性障碍**

认知一般是指人们对人或事物的认识和看法。在交际认知中，一些认知偏误就会构成交际障碍，并对人际关系造成消极影响。

（1）首因效应。首因效应，也称第一印象，是指素不相识的人第一次见面的印象所产生的作用。这种最先的印象主要是通过对方的相貌、表情、身材、服饰、言谈、举止等外在因素而获得的，一般在极短时间内就会形成。首因效应的作用往往是巨大的，它可以直接决定或影响人们要不要与对方交往、如何与对方交往等态度和行为。第一印象具有表面性、片面性、归因性和类比性，并且具有一定的稳定性和延续性。这种印象可能准确，也可能不准确。由于判断失误，交际的态度、行为和结果就会出现偏差。防止和克服首因效应造成的障碍，首先，要注重交际实践和交际经验的总结，善于通过口头语、笑式、体姿、涂鸦、吃相等途径观察和判断对方的基本情况，尽量获得准确的印象。其次，对已经形成的印象要通过后续的交往进行进一步的印证。最后，对交往实践已经证明不准确的第一印象，应及时放弃和纠正，不要固执己见。

（2）后因效应。后因效应，也称后摄作用，是指在人际交往中新获得的信息往往起优势作用的现象。人们在社会生活和人际交往中，总是不断地获得各种信息，就信息对人的影响来看，最近的信息对认知的影响相对比较大，所留下的印象也相对比较深刻。后因效应与首因效应是一组对应的现象。二者的相似之处在于，对人们的认知具有强烈的影响作用，而作用的性质可能准确，也可能不准确，如果不准确，就可能成为交际障碍或成为交际障碍的诱因。二者的不同之处在于，首因效应在人们交往的初期作用显著，后因效应则在交往的后期作用明显；首因效应在对某个人的两种信息连续感知的时候作用较大，后因效应则是在两种信息不连续感知的时候作用明显。防止和克服后因效应造成的障碍，关键是对新获得的信息要进行有效的选择和甄别，以达到对信息的准确把握和利用，尤其是对可能造成负面影响的信息。

（3）晕轮效应。晕轮效应，也称光环效应，是指当对一个人的某个特性形成好或坏的印象之后，就会辐射性、连带性、泛化性地据此推论这个人其他特性的好或坏的思维定式。“一俊遮百丑”“爱屋及乌”就是这种效应的典型性说明。在人际交往中，特别是在刚开始交往的时候，人们会不知不觉地利用已有的少量信息得出广泛的、整体的结论。晕轮效应根源于人们相互间直观评价和预测的主观片面性，是一种以点带面、以偏概全的判断方式，容易出现认知上的偏差并导致行为上的失误。防止和克服这种效应的负面影响，需要养成全面的、整体的、客观的认识人或事物的良好习惯，为此，就需要学会和掌握快速而准确地采集丰富信息并善于进行信息处理的能力与技巧。

（4）刻板效应。刻板效应是人们在长期的认知过程中所形成的关于某类人的概括性、笼统性的固定印象。这种效应的表现，可能是把某个人看作某类人的典型代表，也可能是把对某类人的评价视为对某个人的评价。例如，知道小张是南方人，因为南方人是精明能干的，所以小张就是精明能干的典型代表；认为农村人是厚道老实的，老李是农村人，老李肯定是厚道老实的。刻板效应常常是种偏见，会对人形成错误的认识。如果过于依赖这种效应就会给人际交往带来意想不到的麻烦，甚至会产生被人欺骗的后果。防止和克服这种效应，关键是要具体问题具体分析，在人际交往中善于因人而异、因时而异，不要机械地对人进行归类，也不要拿现成的类别框框到处去套。

（5）投射效应。投射效应是指个体认知他人时把自己的特性投射、归属到他人身上的现象。这是一种以己度人、推己及人的心理倾向。这种效应最容易发生在感到别人与自己有诸多类似之处的时候。自己善良，就认为到对方也善良；自己多疑，就认为到对方也多疑；自己爱嫉妒，就认为对方也爱嫉妒。由投射效应所形成的认知往往没有客观依据，主观色彩极强，容易形成偏见，形成人际关系障碍。防止和克服投射效应所造成的人际障碍，关键是对自己和别人的客观观察和准确把握，不要把“设身处地”与“投射效应”混为一谈。如果发现已有投射效应产生的负面影响，就应及时地、果断地放弃和纠正。

（6）情绪效应。情绪效应是指交际双方的情绪彼此感染、往复循环并对交际和关系产生影响的现象。在人际交往中，人总是具有这样或那样的情绪。愉快的情绪，会令对方春风满面，而对方的高兴之情又会让自己更愉快，如此循环，会促使双方关系的良性发展。不愉快的情绪，会令对方不快乐，而对方的不悦之情又会让自己更不愉快，如此循环，会妨碍或破坏双方的关系。防止和克服情绪效应的负面影响，关键是要养成乐观的处世态度并经常面带微笑，如果在情绪不好的时候与人交往，则要尽力克服自己的不良情绪；如果不良情绪已经影响到别人并反馈到自己，则应及时向对方解释与沟通。

## 二、人际交往障碍产生的原因

### （一）外部原因

外部原因主要是指经济、社会、教育背景和家庭等因素对人际交往的影响。

#### 1. 经济因素

随着社会化的进一步加深，人们扮演角色的多元性在增加，人际关系已不再拘泥于单纯的关系，而越来越显示出经济性。与人交往需要大量的时间和金钱。一些人在不考虑自身经济能力的基础上，一味追求高品质、高消费的生活，这使他们背负了沉重的经济压力，成了名副其实的“月光族”或“日光族”。对于经济实力不强的人来说，这种奢侈、毫无理性的消费方式常会造成经济的拮据和自身精神的负担，这已成为一个困扰人们正常交往的重要的外部原因。

#### 2. 社会因素

社会对人际交往的影响主要是指社会经济、科技发展、社会文化等因素的影响。当代人的人际交往是在市场经济的现实条件下展开的，不可避免地表现出情感的逐渐淡化，取而代之的是功利性的物质利益的交换。互联网的快速发展，使人们面对面的互动减少，更多依赖于现代通信技术进行交际，导致直接的人际互动变得障碍重重。

#### 3. 教育因素

当前，有不少学校的教育在很大程度上忽略了人际交往能力的培养，从小学到中学的应试教育再到大学的就业教育，直接导致了学生负担过重，校园活动形式单一、内容枯燥，使部分学生人际交往变得庸俗化。有很多学校和家长给予了学生较多的自由和民主，让学生有更多的自由支配的时间和自主选择的权利，但这种自由和自主在某种程度上让习惯了束缚和指导的学生感到茫然，不知如何充实、完善和发展自己。现在的教育忽视了心理健康教育的重要性，没有普及心理知识包括人际交往知识的教育，只是设置了心理咨询机构，对有需要的学生提供个别咨询与辅导，导致学生缺乏必要的人际交往指导。

#### 4. 家庭因素

家庭结构、家庭内部的人际关系、家庭教育的价值导向等是影响人际关系的家庭因素。家长是个体的第一任老师，家长的价值观会对个体产生潜移默化的影响，左右个体的交往行为。因此，家长要给孩子正确的人生观和价值观的引导，言传身教，帮助孩子树立正确的人际交往的观念，并用自己的实际行动让孩子看到良好的人际交往技巧。

### （二）内部原因

#### 1. 生理发育和心理发育水平不一致导致产生矛盾

在现实生活中，参与人际交往的人虽然在身体方面的发育已处于稳定状态，但在心理方面很多人可能正处于从单纯走向成熟的成长过渡期。由于社会阅历不同、社会化程度不一样，许多陌生、矛盾的东西令人们应接不暇，让他们感到非常迷茫。越来越高的智力水平使自我概念变得复杂化，过分追求自我完美、自我理想和自我中心。在谋求内部与外部、理想与现实、主观和客观的统一时，有些人存在强化自我却又无法如愿的矛盾。这表现在，在人际交往中就越强调自我，越感到孤立无友，自己与他人、集体之间的距离越来越远。

#### 2. 期待过高导致失落

许多人在各自的家庭中备受瞩目，是家庭成员关注的焦点。可是进入社会大环境后，很多人发现自己与其他一些人相比，差距比较大：社交能力不如别人，家庭条件不如别人，能力才干不如别人等。还有的人因知识面窄，兴趣不广泛，又没有特长，因此常常感到被人瞧不起，于是长期积累的优越感一下子就土崩瓦解，转而变得自卑。但同时，现在很多人的自尊心又处于增强、渴望表露的时期，自尊与自卑无形地交织在一起，增加了控制和调适的难度。对自我控制能力还不强的人来说，由于缺乏明确的人生信仰，当自我实现偶然出现挫折或暂时不能实现时，为满足自己的虚荣，就开始伪装自己，敏感地保护自己不受外人伤害，压抑自己正常的心理反应，假装成熟或者换以一种冷漠超然的态度去面对生活和社会。

#### 3. 人际交往能力不足

很多人在人际关系上都认为，表面上大家聊得很投机，气氛不错，但是一涉及更深层次的交往，就感到无力，甚至孤立无援。这就是交往能力不强的表现。对友谊和良好人际关系的渴望是人的基本需求，由于不同人处于人生的不同阶段，不同人对人际关系的认知也有所不同，对人际关系的需求也不尽相同。与自己认为重要的人没有以期待的方式反馈自己的友好时，便会产生挫败感，甚至丧失交往的信心。人际交往能力不足不仅使许多人不敢轻易吐露自己的内心世界，而且经常敏感地自我防卫，戒备别人，无形中拉大了与别人的感情距离，加深了与别人相处的心理隔膜，造成人际交往的弱化。

**4．认知偏差**

认知是个体基于客观环境对自身及周围人或事的一种主观感受和评价。而认知偏差成为影响人际交往、造成交往障碍的关键因素。例如，自我评价过高或过低、过度地以自我为中心，这是对自我认知的失调，由此会产生人际关系问题；有些人在交往中会不自觉地利用“首因效应”“晕轮效应”“刻板印象”等去评价他人，造成对他人认知的失调，使得人际关系紧张；还有一些人对人际交往的认知过度完美化、理想化，对社会人际关系的复杂性和多样性缺乏足够的心理准备，不利于人们正常的人际交往。

**5．人格模式不健全**

所谓人格，是指人在各种心理过程中经常地、稳定地表现出来的心理特征，主要包括气质、性格。人格的差异会带来交往中的误解、矛盾与冲突。例如，不同气质类型的人对同一问题的处理方式不一样，胆汁质的人性情急躁，言谈举止不讲究方式，容易在无意之中伤害别人，而抑郁质的人敏感多疑、情绪体验深刻，这两种人的交往常会互相抱怨。性格同样决定一个人的人际关系。性格内向的人不喜欢与人交谈，不会主动展现自己，常常把自己封闭起来；性格孤僻的人在交往中只关心个人的兴趣、想法而忽视对方。人格因素是影响人们成功交往的重要影响因素。

## 三、人际交往障碍的克服

### （一）端正认知

**1．端正对他人的认知**

（1）综合评价他人。评价人的前提应该是尊重人。从生物学的角度来看，人都是相同的，但人又是千差万别的，有的伟大，有的平庸；有的聪明，有的愚笨；有的富贵，有的贫穷。不能只看到人的优点，盲目崇拜；也不能只看到人的缺点，一味打压。要从人的整体角度出发，既认识到他人的优点，又客观地对待其缺点；既看到他人的长处，“三人行必有我师”，虚心向别人学习，又看到他人的短处，“择其善者而从之，其不善者而改之”。

（2）客观评价他人。每个人都喜欢凭自己的喜好与人交往，在交往中也会不自觉地将个人的爱好强加于人。这就造成了我们在认知他人时会带有某些主观的成分。但在实际生活和工作中，我们遇到的人并不一定都是我们喜欢的人，所以我们应从他人的实际特点和具体情况出发去认知，对其有一个客观的评价，确定比较合适的交往方式。

**2．端正对自我的认知**

（1）全面认识自我。人贵有自知之明。如果一个人能够全面地、正确地认识自己，客观地、准确地评价自己，就能够量力而行，确立合适的奋斗目标，并为实现这一目标而不懈努力。只有以此为基础，才能扩大自己的交往范围和空间。

（2）积极认可自我。大学生如果以积极的态度认可自我，便会形成自尊；如果以消极的态度拒绝自我，便会形成自卑。自卑的产生不利于人际交往的进行。

（3）努力完善自我。自我完善是个体在认识自我、认可自我的基础上，自觉规划行为目标，主动调节自身行为，积极改造自己的个性，使个性全面发展，以适应社会要求的过程。

### （二）克服不良情绪

控制人际交往的不良情绪是人们心理成熟和健康的重要标志。因此，首先，应强化人的品德和文化修养，培养高尚的情操，形成内在的理智力量，提升情感境界。其次，应调控对他人的期望值。每个人都不是完美无缺的，在个性、行为习惯、价值观念和情绪状态等各方面都可能会有优点或缺点。如果对他人、对事物所抱期望值过高，势必在需求难以满足时产生不良情绪。在人际交往中，每个人都应当正确处理对他人的期望问题，不要求全责备，以免产生失落和不良情绪。最后，必须具有各种良好的交往品质，如真诚、信任、克制、自信、热情等。

### （三）培养良好的人格

要培养良好的人格，就要优化自我性格。性格虽有好坏善恶之分，但其可塑性较大。因此，人们应当积极塑造良好性格，以适应社会的需要。当代社会，一个人良好的性格应该是：温和亲切，谦虚热情；心胸豁达，宽以待人；耿直正派，坦荡真诚；等等。良好的性格是成功交往的基础。可以通过以下几种途径优化自我性格。一是通过博览群书使缺少教养者变得有教养，使骄傲者变得谦虚，使自卑者变得自信，使心胸狭隘者变得豁达等。二是通过交往发现别人性格的优劣，并从中找到与自己的相似之处，从而调整和改正自己。三是从小事做起，“勿以善小而不为，勿以恶小而为之”。

### （四）学会人际交往的技巧

（1）努力建立良好的第一印象。第一印象在人际交往中对后继信息的理解和组织有强烈的定向作用，它决定了个体最初的吸引力并会对以后的交往产生不可忽视的作用。给人留下良好的第一印象是交往成功的第一步，所以要利用第一印象尽早展现自身优点，使人际关系有一个良好的开端，使交往进入良性循环。良好的仪表、幽默的谈吐、机智的语言等都会给人留下深刻的印象。

（2）提高自身素质。良好的内在素质是建立和谐的人际关系的重要条件。它包括良好的思想道德修养、个性品质和行为规范等。只有加强自身道德修养、注重实践锻炼，才能在交往中给人以信任感和安全感。

（3）给人以友善的微笑。美国心理学家卡耐基曾说：“你的笑容就是你好意的信差。”微笑是人际交往的基本功，它表达了对别人的友好、接纳、赞同、理解和宽容。有人把微笑称为人际交往的魔力开关，面对他人，只要你轻轻一展笑颜，就胜过万语千言。在人际交往中，真诚的微笑、灿烂的微笑会令你魅力倍增。

（4）给人以真诚的赞美。赞美如阳光，人人都需要。如果我们能够发掘对方的闪光处，给予真诚和准确的赞美，可以拉近彼此之间的心理距离，同时也会给自己带来一份愉悦。但要注意，当赞美别人时，要维护自我尊严和自我价值，决不能刻意逢迎。

（5）保持谈兴。有了共同感兴趣的话题，能否谈下去，是友谊发展的关键。保持谈兴的技巧是耐心倾听并及时鼓励对方谈下去。在倾听别人谈话时，要习惯用应答语。得到正常的反馈后，对方才更有信心，更有激情把话谈下去，不至于扫兴地中断。谈话时要注意：对初识者谈吐要有分寸，要说真话；不论在什么场合，不论面对谁，不论是对一人还是对多人，谈话都不可绝对，要留有余地，要进退有度。

## 课后思考题

1．人际关系的含义是什么？

2．人际交往的障碍有哪些？应如何克服？

## 案例分析

### 突如其来的对比

2017 年 9 月，小北进入一家小有名气的外企工作。小北对这份工作十分满意，因为公司的人际关系氛围良好，小北的薪酬待遇也不错，除了每个月的底薪 5 000 元，还会有一些奖金。小北一门心思扑在工作上，经常加班加点且无怨无悔。小北的付出没有白费，工作业绩有目共睹。和小北同年进入公司的小沈与小北是好朋友，两人经常一起吃饭。午饭时，两人聊了起来，小沈唉声叹气地说："小北，你今年真不错，业绩那么好，加薪指日可待。不像我，考核结果不理想，薪水都涨不上去，干来干去还是每月的 5 900 元。"这突如其来的对比让小北不淡定了，他现在才知道小沈的工资每月都比自己高 900 元。小北对小沈并没有意见，可他就是想不通，业绩如何姑且不论，单就能力和学历，他也比小沈略胜一筹，公司怎么可以这样做呢？

**思考：**

1．如果你是小北，接下来你要怎么做？

2．以后在和小沈的相处中，应该注意哪些问题？

# 第九章 沟通

**本章重点**

- 掌握沟通的含义和要素。
- 在了解沟通障碍的基础上掌握沟通的艺术。
- 理解非语言沟通所传递的特殊沟通意思。
- 理解跨文化沟通的障碍和策略。

**引例**

M 公司是一家跨国企业，2018 年年初，公司新上任了一位美国老板。一次例会结束后，美国老板和意大利员工之间发生了一次这样的对话。

美国老板：这份报告需要多长时间完成？

意大利员工：我不知道具体需要多久。

美国老板：你是最有资格提出时间期限的人。

意大利员工：10 天吧。

美国老板：你同意在 15 天内完成这份报告吗？

意大利员工没有作声。

15 天后。

美国老板：你的报告呢？

意大利员工：明天完成（实际上他至少要 30 天完成）。

美国老板：你可是同意今天完成的？

第二天，意大利员工递交了辞呈。

**思考**：从沟通的角度分析美国老板和意大利员工之间的沟通存在的问题。

## 第一节 沟通概述

沟通在人们生活中有着至关重要的意义，没有沟通，人的生活质量将受到严重的影响。因此，了解沟通的基本常识显得尤为重要。

### 一、沟通的含义

沟通有多种含义，如交流、交际、交往、交换、通信、传达、传递、传播等。在组织中无论是管理者还是被管理者，进行有效的信息沟通不容忽视。之所以这样说，是因为管理过程中的每件事情都包含着沟通，管理过程中涉及的每个人都要进行沟通。没有信息，管理者就不能做出决策；没有沟通，管理者就不能实现目标。因此组织管理过程中，管理者和被管理者都要从各自的角度认识沟通的重要性，掌握有效的沟通方法，否则就会陷入无尽的问题与麻烦之中，导致组织效率低下甚至影响组织的整体绩效。

在管理中，沟通一般被理解为意义的传递与理解。所谓意义的传递，是指信息的传达与转移。如果没有表达出信息和想法，沟通就不会发生。如果没有人听作者讲话，或者作者写的东西没有人阅读，沟通也不会发生。所谓意义的理解，是指信息被准确地传达并被接收者准确地掌握。一封用英语书写的信件投寄给一个不懂英语的人，这不能被认为沟通，除非这封信被翻译为阅读者能够理解的语言。只有当接收者能够准确地接收和理解发送者所传递的想法和意见时，有效的沟通才会发生。

本书认为沟通的含义，是指信息从发送者传递到接收者的过程和行为，即信息或思想在两个或两个以上人群中的传递或交换过程，目的是激励或影响人的行为。从中可以看出，沟通包含了与周围环境进行信息传递、思想传播、价值碰撞等的多元化过程。沟通的目的在于通过与他人交流来影响他人的观点、感受和价值观。

深入剖析沟通的概念，对于理解沟通非常重要。

**1．沟通的主体是发送者和接收者**

沟通的过程是发送者和接收者相互交换意义的过程，这意味着沟通必须至少有一个发送者和一个接收者。在实际的组织管理和沟通过程中，发送者和接收者既可以是组织中的人，也可以是组织中的群体，甚至可以是组织本身。

**2．沟通的内容是信息和意义**

从浅层次上看，沟通是信息在不同载体之间的传递和转达，而实际上沟通更深层次的目的是意义的传递和理解。这里所说的“意义”既包括对客观事物和事件的知觉，也包括态度、情感、价值观、知识等，还包括语言、故事等，甚至包括信仰和理论等。因此，要使沟通有意义，沟通双方必须有相关的背景知识，信息发送者要言之有物，信息接收者要善解人意，否则就会出现“秀才遇到兵，有理说不清”的尴尬局面，极大地影响沟通效果。

**3．沟通的效率体现在准确的传递和理解意义上**

有效沟通最根本的衡量标准便是能够准确地传递和理解意义。如果意义能够毫无损失地从发送者送达接收者，接收者也能够精确地理解该意义，这次沟通就是完全的沟通，是最理想的沟通。

**4．沟通不是万能的**

沟通发生在人们工作和生活中的方方面面。对于任何人和任何组织而言，沟通都是极其重要的，但沟通也不是万能的。我们不能苛求沟通双方的观点能够达到完全一致，因为在组织中想要劝服他人或者使双方意见达成一致，除了要进行充分、有效的沟通，还要看双方的需求是否一致，以及价值观是否有冲突。

## 二、沟通的过程

从沟通过程上看，各种类型的沟通都有其相似性，沟通的一般过程如图 9-1 所示。

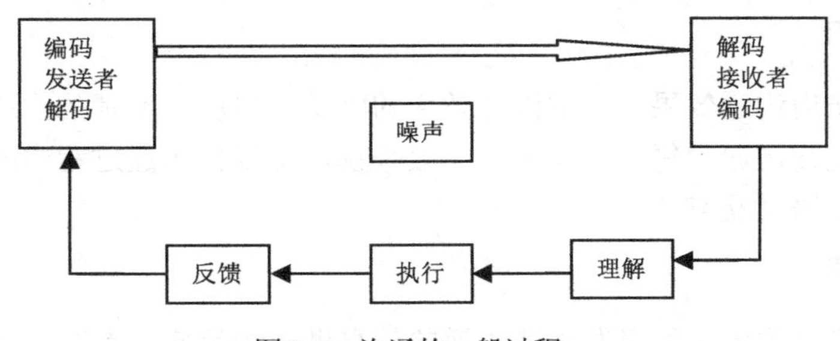


图 9-1 沟通的一般过程

沟通是一个线性过程，会随着时间的进程不断发展。信息首先被编码转换为沟通双方能够理解的信号，然后通过信息传输渠道传递至接收者。接收者立即将信息加以解码，解码的过程也就是对接收到的信息进行编译、理解和执行的过程。需要指出的是，反馈是接收者将对信息的了解、接收和执行情况返回给发送者，使发送者了解信息是否被接收和执行。通过这个过程，信息和意义就会从一个人传递到另一个人。

## 三、沟通的要素

为了成功地转换含义，必须认识到信息接收者所收到的每条信息都是由信息发送者通过编译具体内容、选择某个媒介，并且通过该媒介将其所知所感传递出去的。所传输的那条信息可能充斥着噪声，这主要是由信息接收者的文化背景和经历不同所导致的。

沟通最基本的要素主要有信息发送者和接收者、编码和解码、信息渠道、噪声和反馈等。

### （一）信息发送者和接收者

信息发送者和接收者是沟通的主体和客体，信息发送者和接收者之间的关系直接影响着沟通的效果和效率。作为信息发送者，最好事先对信息接收者进行分析，了解信息接收者的信息需求和信息加工水平，这样才能更好地传递信息，避免对牛弹琴，提高沟通的成效。信息接收者最好事先为沟通进行背景知识准备，以便抓住沟通的重点，实现沟通的目标。

### （二）编码和解码

编码是信息发送者将意义转化为符号的心理过程，解码是信息接收者将接收到的符号转化为可理解的意义的心理过程。在沟通过程中，人们的编码和解码受到很多因素的影响。例如，人们的语言能力、信息加工能力等会影响到编码和解码，人们的知识储备、情绪、态度、沟通环境、文化背景也会制约编码和解码的效率。

### （三）信息渠道

信息渠道是信息从发送者传递到接收者的媒介。组织中的信息渠道多种多样，如面谈、信函、通知、备忘录、公告、电话、传真、电子邮件、会议等，每种信息渠道所能够承载的信息数量和质量都有所不同，因此，人们应当根据不同类型的信息选择恰当的信息渠道。

### （四）噪声

噪声是指妨碍沟通效果、影响沟通效率的因素，也就是所谓的沟通障碍。沟通中的噪声有可能出现在沟通的每个过程中。一般来说，可以把沟通过程中的噪声分为外部噪声、内部噪声和语义噪声。

### （五）反馈

反馈是信息接收者对信息发送者传递的信息做出的反应。有时，我们可以将反馈当成一次沟通的反向沟通过程。在这个过程中，信息发送者与接收者调换了角色。反馈是沟通过程中的一种重要环节，通过反馈，信息发送者和接收者可以检验沟通中是否已经产生“误发”和“误解”，以便及时修正信息，使沟通顺畅地进行下去，成为一种双向互动的过程。

## 四、沟通的类型

广义的沟通包括人与人的沟通（人际沟通）、人与机器的沟通，以及机器与机器的沟通。组织行为学主要研究组织中的人际沟通。依据不同的标准，可以将组织中的人际沟通分为以下几种类型。

### （一）按组织中人们采用的信息渠道的正规程度分类

沟通的基本结构包括信息、反馈、通道三个方面，缺少任何一方都完不成沟通。沟通按具体结构可分为非正式沟通与正式沟通两种。

#### 1. 非正式沟通

非正式沟通是指通过非正式沟通渠道进行的信息传递和交流，例如，雇员之间的私下交谈、聚会，组织内部的小道消息，甚至是对某件事情的谣言等。在组织中，有些消息往往是通过非正式渠道传播的，即组织中存在着小道消息流通网。管理者应该了解本组织内部的各种非正式沟通，在必要的时候可以利用传播中的特殊人物（如小道消息的发布者），借用或抑制各种非正式沟通。通过对“小道消息”的研究发现，非正式沟通主要有集群式、密语式、随机式和单线式等典型形式。

（1）集群式又称葡萄藤式。在沟通过程中可能存在几个中心人物，由他们转告若干其他人。这种形式具有某种程度的弹性。

（2）密语式又称流言式。沟通过程是由一人告知所有其他人，如同独家新闻。

（3）随机式沟通是信息传播者碰到什么人就转告什么人，并无一定中心人物或选择性。

（4）单线式沟通是一个人转告另一个人，另一个人也只再转告下一个人，这种情况最为少见。

非正式沟通的优点在于：操作简便，内容广泛，方式灵活，信息传播速度较快。非正式沟通的缺点在于：散播信息的准确性和可靠性欠缺，容易造成信息歪曲、以讹传讹，甚至可能引发组织、群体成员的集体恐慌。

专栏 1

**组织中的传言**

管理者对组织中的传言总是有难言的感受，如同鸡肋，食之无味弃之可惜。一方面，管理者知道传言是有害的，会破坏正式沟通的效果，甚至破坏正式沟通的渠道，尤其是在传言有误的时候；另一方面，管理者对传言的内容也十分好奇，迫切想知道传言的内容，以便加以利用或者了解隐蔽的问题或掩藏的问题。

有人认为，小道消息是好事者在搬弄是非，其实这不完全是事实。组织中产生传言的原因有以下几方面：一是人们用传言来克服信息缺乏的焦虑；二是人们通过传言拼凑零散的信息；三是人们通过共同参与传播传言来识别伙伴关系；四是人们通过散播传言来显示地位或权力。

聪明的管理者会选择性地利用传言。传言本是组织中的自然现象，管理者不会听而不闻，也不会神经过敏。说些悄悄话，可以使人们之间的距离缩短，缓解彼此的部分压力，表达关怀，有一定的积极效果。

重要的是，管理者要避免自己被人认为也是传言的接收者或传播者。管理者在对待传言时，可以通过自己推心置腹的下属来了解传言的内容，对无伤大雅的传言一笑了之；对可能对组织造成伤害的传言，积极寻求补救措施，以免事态扩大。

#### 2. 正式沟通

正式沟通是通过组织明文规定的信息渠道进行的与工作相关的信息传递和交流。例如，上级对下级的命令或指令，需要按照组织的层级逐级向下传达，下级获得的工作信息逐级向上报告；组织内部规定的会议、汇报、请示、报告制度等，组织内部上下级之间和同事之间因工作需要而进行的正式接触，组织之间的函件、文书往来等。正式沟通是组织内部信息传递的主要方式，组织中大量的信息都是通过正式信息通道传递的。

正式沟通的优点在于：沟通效果好，沟通信息量大，有较强的约束力，易于保密，并且具有权威性，重要信息一般都采用这种形式。正式沟通的缺点在于：因为必须依靠组织系统层层传递，所以沟通速度一般较慢，且不够灵活。

### （二）按信息流动方向分类

按信息流动方向，沟通可以分为下行沟通、上行沟通、平行沟通和斜向沟通四种。

#### 1. 下行沟通

下行沟通是指信息自上而下的沟通，目的是控制、指示、激励和评估。例如，上级把企业战略目标、管理制度、政策、工作命令、有关决定、工作程序及要求等传递给下级。下行沟通顺畅可以帮助下级明确工作任务、目标及要求，增强其责任感和归属感，协调组织各层次的活动，增强上下级之间的联系。但在逐层向下传递信息时，应该注意防止信息误解、歪曲和损失，以保持信息的完整性和准确性。有效的下行沟通不只是传达命令，而应让员工了解组织政策、计划内容，并获得他们的信赖和支持，同时有助于组织决策和计划的控制，达成组织的目标。

### 2. 上行沟通

上行沟通是指自下而上点面结合的沟通。例如，下级向上级反映意见，汇报工作情况，提出意见和要求等。上行沟通是管理者了解下属和一般员工意见及想法的重要途径。只有上行沟通畅通无阻，各层次管理者才能及时了解工作进展的情况，了解员工的需要和要求，体察员工的不满和怨言，了解工作中存在的问题，从而有针对性地做出相应的决策。在上行沟通中，应注意防止信息层层过滤，尽量保证信息的真实性和准确性。

### 3. 平行沟通

平行沟通是组织中平行机构之间或同一层级同事之间的信息交流。例如，组织各职能部门之间、车间之间、班组之间、员工之间的信息交流。平行沟通是加强各部门之间的联系、了解、协作与团结，减少各部门之间的矛盾和冲突，改善人际关系和群际关系的重要手段。

### 4. 斜向沟通

斜向沟通是指处于不同层次的没有直接隶属关系的成员之间的沟通。这种沟通方式有利于加速信息的流动，促进理解，并为实现组织的目标而协调各个方面。

在管理中以上四种沟通缺一不可。纵向的上行沟通、下行沟通应尽量缩短沟通渠道，以保证信息传递的快速与准确；横向的平行沟通应尽量做到广泛和及时，以保证协调一致和人际和谐；同时，为加速信息流动可灵活运用斜向沟通。

## 专栏2

### 现代战争中的沟通

20世纪80年代，美军入侵格林纳达的战争正在如火如荼地进行着。向前推进的一支美军陆军部队被守军猛烈的火力压得抬不起头来，没有任何喘息余地。因为通信系统不兼容，这支陆军部队无法召唤在山那边的海军部队前来加以增援。

一名美军陆军军官通过携带的通信设备向上级汇报但联系不上，垂直沟通受阻严重。情急之下该军官急中生智，他用信用卡经卫星线路拨打了商用长途电话到美国本土北卡罗来纳州布雷格堡，要求正在战场上执行任务的战斗机给予火力增援。不久，美军战斗机飞临战场上空，帮助这支陆军部队摆脱了困境。

事后美军称此为战争史上的一大壮举，但这也暴露了美军通信系统的窘态。在入侵格林纳达的战争中，美国空军动用了10颗卫星及许多无线电中转站，沟通了战场同最高军事当局、参谋长联席会议、全国作战指挥中心以及待命部队之间的联系。但由于陆海空三军通信系统互不兼容，水平沟通和斜向沟通差点让美军军事联络出了大纰漏。

### （三）按沟通方式分类

按照沟通方式，沟通可以分为口头沟通、书面沟通、电子媒介沟通等。这些方式是组织中最普遍的沟通方式。

#### 1．口头沟通

人们之间最常见的交流方式是交谈，也就是口头沟通。常见的口头沟通包括演说、正式的一对一讨论或小组讨论、非正式的讨论以及传闻或小道消息的传播等。

（1）口头沟通的优点。口头沟通给人亲切感且富有弹性，有利于双向沟通，加之口头沟通可以使双方迅速交流，能够观察到彼此的反应，及时取得反馈信息。

（2）口头沟通的不足。口头沟通的正确性往往不如书面沟通，而且内容除非记录，否则难以保留，口说无凭，容易以讹传讹。有时因为情绪中的语气，内容常常被对方误解。

（3）适宜采用口头沟通的情况。接收者只能聆听，或者偏爱口头沟通；彼此关系密切，使用口头沟通比较自然；接收者太忙，没有时间阅读书面文书；接收者获得此类信息时，可能产生相当的抗拒或激烈的反感，而发送者又必须适当坚持，需要反复加以说明，或者对复杂的信息彼此只有互相讨论才能真正了解。

#### 2．书面沟通

书面沟通包括备忘录、信件、组织内发行的期刊、布告栏及其他任何传递书面文字或符号的手段。

（1）书面沟通的优点。书面沟通可以持久保持。一般情况下，发送者与接收者双方都拥有沟通记录，沟通的信息可以无限期地保存下去。如果对信息的内容有所疑问，可以过后查询，这对于复杂或长期的沟通来说尤其重要。与口头沟通相比，书面沟通更为周密，逻辑性更强，条理更清楚。

（2）书面沟通的缺点。书面沟通比较耗时，而且缺乏反馈。口头沟通能使接收者立即对其所听到的信息提出自己的看法，而书面沟通则不具备这种内在的反馈机制。其结果是无法确保所发送的信息能被接收到，即使被接收到，也无法保证接收者对信息的理解正好是发送者本人的意思。

（3）适宜采用书面沟通的情况。接收者听力有障碍，不善于口头沟通，或者喜欢书面沟通；信息中含有许多具体数字或许多细节，接收者需要较长时间，以便充分理解信息内容；接收者需要保留书面记录，便于查询；接收者需要按一定步骤去操作，最好有书面说明；接收者分散，不可能集中口头沟通；用书面拒绝比用口头拒绝容易得多。

#### 3．电子媒介沟通

我们现在依赖各种各样复杂的电子媒介来传递信息。除了常见的媒介如电话、短信，还拥有微信、QQ、闭路电视、计算机、静电复印机、传真机等一系列电子设备。将这些设备与言语和图文结合起来就产生了更有效的沟通效果，其中发展最快的应该是互联网和移动终端设备了。人们可以通过计算机网络快速传递书面及口头信息。

### （四）按是否借助语言符号分类

按照是否借助语言符号，沟通可以分为言语沟通和非言语沟通两类。

#### 1．言语沟通

言语沟通是指借助语言符号进行的沟通形式，这种沟通形式又可以分为口头沟通和书面沟通。口头沟通和书面沟通前文已经介绍过，此处不再赘述。

#### 2．非言语沟通

除了借助语言符号，人们还常常通过空间距离、肢体动作、面部表情、眼神等非语言符号传递信息，我们称其为非言语沟通。这些非言语符号是人类在熟练使用言语符号之前就采用的沟通方式，有很多学者认为非言语符号更能够真实地反映人的情绪和个性，甚至有研究显示，在成功的面对面沟通中，在有些情况下，言语信息本身并不是最重要的因素，“怎么说”甚至比“说什么”还要重要。

### （五）按沟通中是否有反馈分类

按照是否进行反馈，沟通可以分为单向沟通和双向沟通。

#### 1．单向沟通

单向沟通是指在沟通过程中，信息发送者与接收者之间的地位不变，一方主动发送信息，另一方主动接收信息，如广播电视信息、报告、演讲、发布指示、下命令等。这种沟通方式速度快，发送者不受接收者的挑战，能保持、维护尊严。因此，当遇到工作性质简单又急需完成或者遇到紧急情况不需要或根本不允许商讨时，采用单向沟通方式比较好。但是由于接收者对信息内容的理解没有机会表达，单向沟通有时准确性差。另外，单向沟通缺乏民主性，容易使接收方产生抵触情绪，心理效果较差。

#### 2．双向沟通

双向沟通是指在沟通过程中，发送者和接收者的地位不断变化，信息在双方间反复流动，直到双方对信息有了共同理解为止，如讨论、谈话、协商、谈判等。双向沟通的优点是沟通信息的准确性高，接收者有反馈意见的机会，双方可以反复交流磋商，增进彼此的了解，加深感情，建立良好的人际关系。双向沟通的缺点是沟通过程中接收者要反馈意见，有时使沟通受到干扰，影响信息的传递速度。此外，由于要时常面对接收者的提问，发送者会感受到心理压力。

**专栏3**

**眼见不一定为实**

孔子的一名学生在煮粥，发现有脏东西掉进锅里去了。为了避免一个脏东西毁掉一锅粥，这名学生赶紧用汤匙把这块脏东西捞起来。正当他要把这一汤匙的粥倒掉时，忽然想到一粥一饭都是来之不易的，就这样倒掉很浪费。于是，这名学生便要把这汤匙粥吃掉。正在此时，孔子走进厨房，正好看到学生将一大汤匙粥送进嘴里，孔子以为他在偷食，便狠狠地教训了这名负责煮粥的学生。

经过解释，大家才明白了事情的真相，孔子很感慨地说："我亲眼见到的事情都不一定真实可靠，何况是道听途说的呢？"

## 五、人际沟通网络

在组织中，人们通过沟通形成的网络被称为人际沟通网络。

### （一）链式沟通网络

链式沟通网络，是一个平行网络，其中两端的人只能与各自内侧一个成员沟通，中间的人可分别与两侧的人进行沟通。

（1）链式沟通网络的优点。传递信息的速度最快，解决简单问题的时效最高。

（2）链式沟通网络的缺点。信息经过层层筛选，容易出现失真的现象，使上级不能直接了解下级的真实情况，下级不能了解上级的真实意图；各个信息发送者接收的信息差异很大，平均满意程度有很大的差距；处于最低层的沟通者只能做上行沟通，或接收失真度较大的信息，造成心理压力大，最容易产生不满足感；每个成员的沟通面狭窄，彼此沟通的内容分散，不易形成群体共同意见，最低层的沟通者与最高层的沟通者难以通气，不利于培养群体凝聚力。

### （二）轮式沟通网络

轮式沟通网络，是指信息经由中心人物而向四周多线传递的沟通网络。只有领导者是各种信息的汇集点与传递点，其他成员之间没有相互交流关系。轮式沟通网络适用于需要严密控制，同时又要争取时间和提高效率的情形。

（1）轮式沟通网络的优点。集中化程度高，解决问题的速度快；解决问题的精确度高；对领导者的预测能力要求很高；处于中心地位的领导者的满足程度较高，他是信息沟通的核心，一切信息都得经过他进行传递，有利于他了解、掌握、汇总全面情况，并迅速把自己的意见反馈出去。

（2）轮式沟通网络的缺点。沟通渠道少；除了处于核心地位的领导者了解全面情况，其他成员之间互不通气，平行沟通不足，不利于提高士气；组织成员心理压力大，成员平均满足程度低，影响组织的工作效率；将这种沟通网络引入组织机构中，容易滋长专制型的交流网络。

### （三）Y 式沟通网络

Y 式沟通网络，是一个纵向沟通网络，表示不同层次的信息逐级传递的过程。第二级主管是一个节点，与两个上级联系，其中只有节点处于沟通的中心，成为沟通的中间媒介。其速度、满意度、失真度等也介于链式沟通网络与环式沟通网络之间，适用于主管人员的工作任务十分繁重，需要有人选择信息，提供决策依据，不仅要节省时间，而且要对组织实行有效控制的情形。

（1）Y 式沟通网络的优点。集中化程度高，较有组织性，信息传递和解决问题的速度较快，组织控制比较严格。

（2）Y 式沟通网络的缺点。组织成员之间缺少直接的横向沟通，不能越级沟通。除节点外，全体成员的满意程度比较低，组织气氛大多不和谐。

### （四）全通道式沟通网络

全通道式沟通是指所有沟通参与者之间穷尽所有沟通渠道的全方位沟通。这是一种非等级式沟通，满意度高、失真度低，但规模受限、速度低。

（1）全通道式沟通网络的优点。该网络是高度分散的，组织内的每个成员都能同其他任何人进行直接交流，没有限制；所有成员都是平等的，人们能够自由地发表意见，提出解决问题的方案；各个沟通者之间全面开放，彼此十分了解，组织成员的平均满足程度很高，各个成员之间满足程度的差距很小；组织内士气高昂，合作气氛浓厚，个体有主动性，可充分发挥组织成员的创新精神；比环式沟通网络的沟通渠道开阔，弥补了环式沟通网络难于迅速集中各方面信息的缺陷。

（2）全通道式沟通网络的缺点。沟通渠道太多，易于造成混乱；对较大的组织不适用，因为在较大组织中，各成员不能有彼此面对面的接触机会；沟通路线的数目会限制信息的接收和发送的能力；信息传递费时，影响工作效率。

## 六、沟通的作用

沟通不仅与人们的日常生活密切相关，在管理的各个方面也得到了广泛的应用。沟通体现在不同的管理职能方面，如计划的制订与安排、部门之间的协调、人与人之间的交往、领导者与下属的联络、控制中的纠偏矫正工作、企业之间的交流等。一般来说，沟通的作用体现在以下几个方面。

（1）沟通是实现组织目标的重要手段。组织中的个体、群体为了实现一定的目标，在完成各种具体工作的时候都需要交流互动，统一思想进而实现自觉地协调。信息沟通使组织成员团结起来，把抽象的组织目标转化为组织中每个成员的具体行动。没有沟通，一个群体的行动就无法进行，特别是管理者通过与下属的沟通使员工们了解和明确自己的工作任务，以保证组织目标的实现。

（2）沟通使管理决策更加合理有效。对信息的收集、处理、传递和使用是科学决策的前提。在决策过程中利用信息传递的规律，选择一定的信息传播方式，可以避免延误决策时间而导致的失败。管理者通过一定的方式推行决策方案，赢得上级的支持和下属的合作，没有有效的沟通是不会达成这一目的的。

（3）沟通是组织中各部门、各成员之间密切配合的重要途径。由于现代组织是建立在职能分工基础上的，不同职能部门之间隔行如隔山，不易相互了解和协作配合。通过有效的沟通，可以使组织内部分工合作更为协调一致，保证组织体系的统一指挥、统一行动，实现高效率管理。

（4）沟通是管理者激励下属、实现管理职能的基本途径。沟通不仅能增进员工彼此之间的了解，促进彼此之间的合作，改善人与人之间的关系，还是最大限度地调动员工积极性的一种方式。管理者与员工的定期沟通会提高员工的满意度，从而提高工作效率，降低组织的缺勤率和流动率。

（5）沟通也是与外部环境建立联系的桥梁。企业外部环境处于不断变化之中，企业为了生存和发展必须适应这种变化。因此，一个企业组织必然要与顾客、政府、公众、供应商、竞争者等发生各种各样的关系，如按照顾客要求调整产品结构，遵守政府的法规法令，担负自己应尽的社会责任，获得适用、价格合理的原材料，试图在激烈的竞争中取得一席之地等，都迫使企业不断地和外部环境进行有效的沟通，否则会让企业陷入危局。

## 七、沟通的原则

### 1. 明确问题原则

问题的明确叙述，是成功解决问题的关键。在管理过程中，首先管理者本身要对问题有清晰的概念，并认清问题的本质。只有清楚地认识了问题，才能去收集资料，选择最佳的信息沟通方式。

### 2. 遵从“白金法则”

“白金法则”的本质就是尊重别人。它打破了“他们对我们”这种人与人隔阂的格局，而统统融进“我们”这一关系中。它告诫我们要学会换位思考，真正了解别人的需要，然后以他们认为最好的方式对待他们，而不是我们自己中意的方式。

### 3. 征求意见原则

通常，管理者所面临的问题都比较复杂，而且牵涉面较广，不是一两个人就能解决的，所以在解决问题、做出决策之前，管理者要给予有关人员必要的信任。信任是沟通的基础，如果双方之间缺乏信任，就得不到有效且满意的沟通。在管理沟通过程中，获取对方信任最有效的方式便是与有关人员协商问题，征询对方的意见，这样可以借助他人的意见或建议查验自己本身的看法是否正确，有助于对问题进行周全的考虑，同时最大限度地获得相关各方的支持和信任。

### 4. 强调激励原则

在组织中，信息的下达，尤其是任务的下达，要着重体现激励原则。要做到使下属不但能了解命令，而且在了解之后又能欣然产生工作热情。在意见交流时，管理者的诚意与表达方式，都将影响沟通的效果。

### 5. 及时反馈原则

沟通既然是双向的，就不能缺少一定的信息反馈。缺乏反馈就是不完整的沟通，会产生两种不同的后果：一是对方不知道你在说什么；二是对方只按照自己的想法去做。

正面的反馈是对对方做得好的事情给予表彰，希望好的行为再出现。建议性的反馈就是在别人做得不足的地方给出一个建议。需要注意的是，建议性的反馈是一个建议而不是一种批评。

### 6. 多听少说原则

要养成多看、多听、多想、少说的习惯。少说话不是不说话，而是多余的、没有价值的话不说。只有懂得少说话的道理，才能在必要的时候说必要的话。少说话永远是不败的法则。站在少说的立场，能不说则不说，要说的话一定要经过深思熟虑。会说话而少说话的人最受人重视，也最值得大家尊重。

# 第二节　沟通的障碍与克服

## 一、沟通障碍

### （一）沟通障碍产生的原因

在复杂的沟通过程中，信息的传递往往会失真。概括起来，沟通障碍产生的原因有以下几点。

**1. 沟通系统外部因素**

（1）空间距离因素。人与人之间的空间距离减少了他们面对面的沟通，会导致误解或不能理解所传递的信息，还会导致人们之间的误解不易澄清。

（2）态度、观点、信念等的不同，造成沟通过程中的障碍。人们之间传递信息往往有“打埋伏”的现象，报喜不报忧、夸大成绩、缩小缺点等。例如，上级向下级传达指示，下级往往不是如实地理解这些指示，而是猜测这种指示的“言外之意”“弦外之音”等。这都说明人们在传递和接收信息时，往往会把自己的主观态度掺杂进去。

（3）层次差异及知识经验水平的限制。人与人之间尤其是工作中主管和下级的层次之间存在着各种差异。主要表现在主管和下级的知识及专业技术层次差异，主管忽视了下级的知识层次，倾向于使用主管术语，或者是技术性的，或者是行政性的，下级对这些术语却一无所知。如果发送者与接收者在知识水平上相差太大，在发送者看来很简单的内容，而接收者却由于知识水平太低理解不了，双方没有“共同的经验区”，接收者不能正确理解发送者的信息，则沟通就会出现障碍。

**2. 沟通系统内部因素**

（1）曲解信息。当一个人分不清实际材料和自己的观点、感觉、情绪等的界限时，就会发生曲解。个体与个体之间都倾向于根据自己的观点、观念、意见和背景来解释信息，而不对它做客观的解释，由于语言及媒介使用不当、接收者对信息发生误解而造成沟通的曲解。

（2）缺乏信任。信任障碍主要与人与人相处的经历有关：一方面，如果有人觉得把坏消息报告给别人于自己无益，就会隐瞒或过滤掉这些消息；另一方面，如果有人利用他人来为自己谋私利，如为了提升职位、显示功劳或树立良好的形象等，就会损毁人与人之间的信任。

（3）知觉的选择性和个性的不相容。人们在接收一个信息时，符合自己需要的又与自身利益有关的内容容易听进去，而对自己无益的则不容易听进去。这样就会在不经意中产生知觉的选择性，造成沟通障碍。主管和下级的个性常常发生冲突，并因此产生沟通障碍，不能客观地看待事情，相反，个性因素占了主导地位，问题也就被个性化了。

### 3. 信息发送者“自以为是”的思维惯性

人们往往想当然地认为，语言能够清晰地表达自己想要表达的意思，发送信息时“自以为是”。沟通语言的结构导致了对事情本质的错误描述，信息中如果包含有多义词，则可能会导致误解。

语言是思维的外壳，沟通的工具是语言的表述。语言不是真实的事物，它是人通过思维的形式对真实事物的一种描述，而这种描述常常是不准确的。人们往往认为，母语相同的人沟通时所用的词语，其含义是众所周知、不言自明、心照不宣的。然而，事实并非如此。同样一个词语，真正的含义是每个人根据自己独特的经历和理解来赋予它的。这就意味着对一个特定的词语，十个人会有十种不同的理解。但在现实中，人们自以为自己能清楚地表达自己想表达的意思，也就是说，每个人都认为自己的语言能够准确地表达自己的所想，在表述一件事情时，总是不自觉地把自己心中想的意思附着在语言上，认为“这个意思”原本就是这个样子。维特根斯坦最著名的命题是“地图从来就不是真实的疆域”。地图是疆域的描述，它跟真实的疆域是有差别的。沟通中人们常常误把语言当作事情本身，把语言本身当作客观真理，自以为把事情说清楚了，但对方听到的根本不是你所说的意思，作为听者却认为自己听来的意思就是千真万确的对方的意思。

### 4. 信息接收者“自己定义”的定式思维

人们往往想当然地认为，自己所接收到的信息正如自己所理解的那样，接收信息时“自己定义”。每个人都是根据自己生存的阅历来对语言进行联想的，虽然使用相同的词汇，但可能赋予的意义完全不同，这就是世界上到处充满误解的原因。所以我们在听别人讲话时，绝对不能把对方的“话”当作事情本身，而是要弄清对方所要表达的意思，经过仔细求证来了解对方语言背后的信息。

### 5. 信息本身造成的障碍

（1）误导性迷失。信息内容缺乏导向可能会导致沟通障碍。有些信息有两部分内容：明显意义和潜在含义。在某些情况下，信息的明显意义被弄得过分吸引人，从而导致潜在含义的丢失。

（2）信息量过大和负载过重。信息不是越多越好，重要的是，有用的、优质的信息。信息量过大会造成沟通的障碍。当人们负载的信息过重时，他们就倾向于业绩完成得不好，其工作绩效比接收信息量少的员工的绩效还要低得多。

## （二）沟通障碍的种类

### 1. 信息策划障碍

信息策划障碍是指沟通信息的发送者无法有效准确地形成和表达商务信息。例如，不同语言和文化特征的人在沟通过程中，一方无法判断和表达自己面临的问题等，诸如此类现象司空见惯。信息策划障碍主要包括：思维能力上的障碍，表达能力上的障碍，文化特征的障碍，个人爱好、兴趣障碍等。这就要求在现代人际沟通中，沟通双方均要把握沟通目的，精心策划沟通信息，尽可能避免信息策划障碍。

### 2．信息接收环境障碍

信息接收环境障碍是指在沟通中因环境影响接收者全面、准确接收信息的障碍。例如，在沟通过程中选择的场所周围噪声较大，加之场内音响设备质量问题等，使得接收信息的一方无法获取发送信息一方的完整、准确的信息。信息接收环境障碍主要包括自然环境障碍和信息接收场所周围障碍等。这就要求在现实沟通中，信息接收者沟通前精心准备，全面做好接收信息的相关事宜。

### 3．信息理解障碍

信息理解障碍是指在沟通中影响信息接收者完整、准确地解读信息的障碍。例如，接收者对发送者的信息符号不能诠释或对不同文化背景下信息语言习惯表达曲解而造成信息理解障碍。信息理解障碍主要包括信息接收者的记忆能力、诠释能力、文化背景、思维能力和方式、个人阅历、个人偏好等方面的障碍。这就要求在现代人际沟通中，信息接收者要了解信息发送者的相关背景资料和文化特征，全面提升自身素养，以达到完全、准确地读懂商务信息。

### 4．道德约束障碍

一般而言，沟通中的信息应是积极的、健康的，双方的信息沟通以不损害第三方的利益为道德基准。例如，在现实的商务信息沟通中，有些失去道德水准的人不惜以牺牲涉及第三方商业信息机密为代价而获得非法利益，更有甚者以牺牲国家商业信息机密为代价而达到自己的目的，而国家目前对损害第三方利益的商业信息机密惩罚体制又不健全，造成了新的时代背景下道德约束障碍。为维护正当权益，急需完善法制，建立商务沟通道德约束机制。

### 5．沟通歧视障碍

沟通歧视障碍是指信息交流中的双方，一方对另一方因国别、经济、种族、民族、身份、官职、性别、年龄、身体特征等而采用非公平、友好、守法态度的信息沟通。例如，在商务谈判沟通中，对身体有残疾的谈判对手采取鄙视和傲慢态度等。这就需要商务沟通人员加强修养，正视商务沟通。

### 6．沟通渠道障碍

沟通渠道障碍是指在沟通中因为选择沟通载体而发生的障碍。例如，采用电子邮件进行信息沟通，因停电或病毒感染而造成信息流失等。这就要求对于重要商务信息的沟通，双方一定要选择可靠且双方都使用的方式进行。

### 7．非语言表达障碍

非语言表达障碍包含的内容较多，如面部表情、仪表、身体姿势、手势、月光接触、空间距离等表达障碍。

（1）面部表情表达障碍。面部表情是所有非语言信息中最具有表现力的。大部分情绪是通过脸部表情传达的。面部表情是判断情绪的重要线索，面部是在交往过程中关注最多的部位。不恰当的表情很容易使交流陷入僵局，面部表情要与所处的环境与自己的心情相符合，有时由于面部表情的表达障碍会导致沟通障碍。

（2）仪表表达障碍。两个人见面以后，还没开始说话就已经对对方形成了一定的印象，并想象对方会用一种什么样的方式说话。

（3）身体姿势表达障碍。身体姿势是指个人的坐姿、站姿和行走的姿势。

（4）手势表达障碍。在交往过程中，合适的手势对于语言重点的强调、语言的补充具有很大的作用。

（5）目光接触表达障碍。眼睛是心灵的窗户，目光的交流可以说是心灵的交流。对话过程中，看着对方是表示对对方话题感兴趣，不东张西望也是对对方的尊重。

## 二、克服沟通障碍的措施

### 1. 学会接纳与尊重

沟通中学会接纳是指无论面对什么样的对象都能做到无条件接纳，也就是说，不管对方是什么人，不管对方长什么样，不管对方有什么样的优点、缺点，都能做到保持价值中立，不做价值评判。无条件接纳体现的是对人性的一种尊重，首先是将对方看成一个人，而不是一个怎样的人。尊重是无条件的，是整体地接纳一个人。所以，无条件接纳的实质是指没有任何条件的关爱，不带任何企图和要求。

### 2. 选择恰当的沟通时机和沟通渠道

人们对信息的反应及过滤还要受时间因素影响，因此，有效沟通要注意安排恰当的时间。沟通者可以规定在某一时间接收或发送特定信息，或者规定在繁忙工作以外的时间接收或发送信息，以确保注意力不分散并及时处理接收到的信息。在渠道的选择上，人际沟通内部占据主导地位的沟通者，应根据实际情况选择能予以最恰当表现的沟通渠道，并在语言的组织和运用上根据沟通对象不同而做出相应的调整。尽量使用表述精确、明晰的语句，避免艰涩的专业术语的运用。基于沟通的有效性，沟通过程中应鼓励采用多渠道的信息沟通，并尽量避免彼此冲突从而引起误解。

### 3. 沟通者应学会倾听和提问

倾听是指通过视觉、听觉媒介接受、吸收和理解对方的思想、信息和情感的过程。通过倾听可了解对方要发送的消息，同时感受到对方的感情，还可据此推断对方的性格、目的和诚恳程度。沟通过程就是调动人的沟通积极性的过程。倾听本身也是一种鼓励方式，能提高对方的自信心和自尊心，加深彼此的感情，因而此就激发了对方的沟通热情与负责精神，提高了人与人之间沟通的有效性。

由于发送信息的人往往“自以为是”，接收信息的人往往又会“自己定义”，因此我们还要善于提问。沟通中所说的和所听到的可能会产生理解上的偏差，个人的分析、假设、判断和信仰可能会歪曲我们听到的事实。为了减少沟通中信息的失真度，经常向对方重述一遍自己听到的、理解的观点，这样可以最大限度地减少信息失真。在沟通过程中，很多解释、说明对方不一定会听得进去，而提问却能引发对方的思考。所以，巧妙的提问就是带领对方进入沟通的关键点。好比面对误解，过多的解释显得多余，但如果改用提问的方式，情况就不同了，对方就会顺着我们引导的思路去考虑问题。

#### 4．注重信息的反馈

反馈是沟通过程中一个非常重要的环节，没有反馈，就不能构成一个完整的沟通过程，不能实现信息的有效沟通。沟通者在进行沟通后要注意接收者的理解和反应，通过询问、调查即跟踪反馈，掌握信息被接收和被理解的程度，并在此基础上对已进行的沟通做出修正、完善。

#### 5．适时肯定与赞赏

肯定是指在沟通中充分尊重对方，即使和对方的观点不一致，也要从动机、情绪、假设新的可能性等角度加以“肯定”，使对方感到你对他的认可和理解，然后再将对方引向正确的方向。心理教练技术中的“先跟后带”技巧，给了我们很好的启发。“先跟”，就是和沟通对象建立亲和感，去肯定和配合对方的一些信念、价值观，通过肯定引导对方进入“是的”状态；“后带”是指在对方“是的”状态下，运用对方的感知模式去引导对方走向正确方向。

在肯定的基础上，我们还要学会真诚地赞赏别人，赞赏体现的也是对生命的尊重。人的需求是多方面的，既有有形的需求，也有无形的需求。真诚的赞赏能引发期待效应，即当你对某个人充满美好的期待时，他就会因感受到你的鼓励、信任和支持，朝你所期待的美好方向发展。同样，反向的期待会引发反向的结果。没有优点的人，和没有缺点的人一样是不存在的。赞赏就是要赏识优点和宽容缺点，用一颗宽阔而平常的心来容纳别人，对待别人。不过，需要注意的是，虽然人人都渴望被赞赏，但并非任何赞赏都能使对方高兴，只有那些基于事实、发自内心的赞赏，才能引起对方好感。因此，在人际沟通中赞赏越翔实越具体越好，说明你对对方越了解，对他的长处和成绩越看重。相反，若无根无据、虚情假意地赞赏，会让对方感觉诡诈虚伪，反而导致不必要的误解和信任危机。

## 第三节　倾听与非语言沟通

在交流过程中，不使用语言、文字的沟通为非语言沟通。据统计，非语言沟通约占沟通形式的 65%。非语言沟通与语言沟通不同，前者所表现的特点有三个：其一，非语言沟通不仅存在于人类之间，在动物之间也有所表现；其二，非语言沟通在出生不久的婴儿身上就开始有所表现；其三，非语言沟通是超越国境、超越文化的现象。这些特点表明，非语言沟通是人际沟通的起源。

### 一、倾听

倾听是指全神贯注地接收和感受对方发送的全面信息，并做出全面判断。

倾听的目的有三个：一是听清对方话语的表面意思；二是听出来“言外之意”或“潜台词”；三是探索语言内容背后对方的内心需求。也就是说，不仅要听到对方说的内容，而且要了解对方的感受和情绪，同时还要让对方感受到被积极关注。

### 1. 影响倾听效果的因素

（1）环境干扰。环境对人的听觉和心理活动有重要影响，环境中的声音、气味、光线、色彩和布局等都会影响人的注意力和感知。布局杂乱、声音嘈杂的环境会导致信息的缺损。

（2）信息质量低下。双方在试图说服对方时，不一定总能发送有效信息，有时会有一些过激的言辞、过度的抱怨，甚至出现对抗性的态度。在这种情况下，信息发送者受自身情绪的影响，很难发送有效的信息，从而影响了倾听的效果。

另外，信息发送者不善于表达或缺乏表达的愿望。例如，当人们面对比自己优越或地位高的人时，害怕“言多必失”，因此不愿意发表自己的意见，或尽量少说。

（3）倾听者的主观障碍。在沟通的过程中，造成沟通效率低下的最大原因源自倾听者本身。研究表明，信息的失真主要存在于理解和传播阶段，归根结底在于倾听者的主观障碍。

第一，个人偏见。当团队成员的背景多样化时，倾听者的最大障碍就在于自己对信息传播者存在偏见，无法获得准确的信息。

第二，先入为主。在行为学中被称为“首因效应”，它是指在进行社会知觉的过程中，对象最先给人留下的印象，对以后的社会知觉会发生重大影响。也就是我们常说的，第一印象往往决定了将来。人们在倾听过程中，对对方最先提出的观点印象最深刻。如果对方最先提出的观点与倾听者的观点大相径庭，倾听者可能会产生抵触情绪，而不愿意继续认真倾听下去。

第三，自我中心。人们习惯于关注自我，总认为自己才是对的。在倾听过程中，过于注意自己的观点，喜欢听与自己观点一致的意见，对不同意见则置若罔闻，这样往往错过了聆听他人观点的机会。

### 2. 倾听的艺术细节

掌握倾听的艺术并非很难，只要克服心中的障碍，从细节做起，就能成功。以下是一些提高倾听能力的技巧。

（1）创造有利的倾听环境。尽量选择安静、平和的环境，使双方处于身心放松的状态。

（2）在同一时间内要么讲话要么倾听。讲话与倾听要分开进行讲述。

（3）尽量把讲话时间缩到最短。缩短讲话时间，留出更多时间去倾听。

（4）摆出有兴趣的样子。这是让对方相信你在注意倾听的最好方式。

（5）观察对方。将注意力集中在对方身上，这能帮助你倾听，同时能让对方相信你在倾听。

（6）关注中心问题，不要使你的思维混乱。

（7）心态要平和，不要将其他的人或事牵扯进来。

（8）注意自己的偏见，倾听中只针对信息而不是传递信息的人。诚实面对自己的偏见，并能够容忍对方的偏见。

（9）抑制争论的念头。学习控制自己，抑制自己争论的冲动，放松心情。

（10）保持耐性，让对方讲述完整。

（11）不要臆测。臆测几乎总是会引导你远离你的真正目标，所以要尽可能避免对对方做臆测。

（12）不宜过早做出结论或判断。当你心中对某事已做了判断时，就不会再倾听他人的意见，沟通就会被迫停止。保留对他人的判断，直到证据确凿。

（13）做笔记。做笔记不但有助于倾听，而且可以集中话题和取悦对方。

（14）不要以自我为中心。在沟通中，只有把注意力集中在对方身上，才能进行倾听。但很多人习惯把注意力集中在自己身上，不太注意别人，这容易造成倾听过程的混乱和矛盾。

（15）鼓励交流双方互为倾听者。用眼神、点头或摇头等身体语言鼓励信息传递者传递信息和要求别人倾听你的发言。

## 二、非语言沟通

### （一）面部表情

面部表情是指颈部以上包括眼、耳、鼻、下巴各部位情感体验的反应，是沟通中最丰富的源泉，是其他身体语言无法与之相比的。

面部表情对于交际的重要性是众所周知的，但是表情中的多种文化内涵却难以估量。感情的表达是在文化背景中习得的，它们的表现因文化的不同而不同。所以，“察言观色”便成了跨文化交际中必不可少的手段之一。另外，一种文化传统、民族精神和文化性格，产生于特定的社会或民族的内心深处，别的社会或民族难以完全理解。

#### 1. 目光

在人际交往中，最常见的沟通方式是目光接触。当双方相互注视时，彼此的沟通才能建立。因为说话不是单一方面的传授，而是相互刺激以达到目的的一种举动。对方会以目光来判断你对他所说话的反应。

#### 2. 微笑

微笑比语言更具有力量。微笑表示“很高兴见到你”“你使我快乐”“我喜欢你”。微笑要发自内心，并表现出真诚关注、关切、理解、同情。运用微笑时要自然得体。

### （二）触摸与体距

触摸是一种有效的沟通方法，可作用于人的神经系统，使人感到舒适和放松。皮肤接触方式和场景保持一致，才能得到较好的效果。

美国西北大学人类学教授霍尔博士研究个人空间时创造了“体距学”一词。霍尔博士提出，人人都有自己的领土要求。他把人们的“领土”要求加以分解，得出四种截然不同的区域：亲密距离（0～45cm），适合夫妻关系及情侣之间；个人距离（4～80cm），限于朋友、熟人或亲戚之间；社交距离（1.3～2m），用于处理公务的场合；公共距离（3.6～7.6m），用于非正式的聚会。从霍尔博士的研究中可以看出，人类在不同的活动范围中因关系的亲密程度不同而互相保持不同的距离：关系越亲密，区域越缩小。因此，在与北美人交往时，一般相互间隔 1.5m 左右，大约为一臂之遥。这个间距被认为是使人感到“舒适安逸的范围”。

### （三）手势语

手势语是肢体语言最重要的组成部分，是人们交往中不可或缺的工具。世界各国的手势语非常丰富，不同的文化背景赋予了手势语以不同的交际内涵。因此，打手势时要格外谨慎。

#### 1. V 字形手势

伸出右手的食指和中指，形成 V 字形手势，这早已成为世界语，意为“胜利”。“V”是英语单词 Victory（胜利）的第一个字母。不过，使用这一手势时，务必记住把手心朝外。因为在欧洲大多数国家，手心朝内的 V 字形手势，就等于伸出臭名昭著的中指一样。

#### 2. OK 手势

毫无疑问，OK 手势也已成为世界语，在美国和英国经常使用，相当于英语中的 OK，表示“没问题”“一切准备就绪”“我很好”之意。但是，在法国南部地区，OK 手势则表示“零”“一钱不值”。所以，一个英国人用这一手势赞美他的法国朋友新买的车，他的朋友肯定不会高兴。

#### 3. 竖起大拇指

这是中国人最常用的手势，表示夸奖和赞许。在北美以及许多其他国家，也被用来表示支持和赞同：“干得好！”“棒极了！”在尼日利亚，宾客来临，主人要伸出大拇指，表示对来自远方的友人的问候；在日本，用大拇指表示“男人”和“您的父亲”，用小指表示“情人”；在韩国，大拇指表示“首级”、“父亲”和“部长”；在美国、墨西哥、荷兰、斯里兰卡等国家，这一手势表示祈祷幸运；在印度尼西亚，伸出大拇指是为了指东西；在澳大利亚，竖大拇指是一个粗野的动作；在美国、印度、法国，在拦路搭车时，横向伸出大拇指，表示要搭车。

不同的民族文化有着不同的非语言交际习惯。要使非语言交际行为合乎不同国家及不同民族的习惯，并体现它们各自不同的文化特征，我们必须努力学习和研究各种不同的文化对非语言交际行为的影响和作用。如果不懂得某种外语民族的非语言交际习惯，而是用本民族的交际习惯与该外语民族者进行交际，这势必会影响交际质量，甚至会产生某种误解。从这个意义上讲，在跨文化交际中，非语言交际与语言交际同样重要。

# 第四节 跨文化沟通

## 一、跨文化沟通概述

随着全球经济一体化的不断深入，面向世界市场的跨国企业面临着在其他文化环境中生存与发展的挑战。这势必要求管理人才的国际化，世界正步入一个大量需求新型国际化高素质管理人才的时代。管理的国际化趋势对国际化管理人才的素质与能力要求是极高的。除了一般管理人才所必须具备的素质，还有诸多特殊素质要求。跨文化沟通就是这些特殊素质要求的重要组成部分。

## （一）跨文化沟通的含义

所谓跨文化沟通，是指在一种文化中编码的信息，包括语言、手势和表情等，在某一特定文化单元中有特定的含义，传递到另一文化单元中，要经过解码和破译，才能被对方接受、感知和理解。当信息的发送者和接收者不属于一个文化单元时，就存在跨文化沟通。

跨文化沟通能力是指与来自不同文化背景的人能够超越其所属民族文化范畴，有效、快捷地交换信息、表达意愿以及完成任务，实现自身目的的能力。也就是说，跨文化沟通不仅是通过语言、肢体等具体动作实现的交流，还包括克服不同文化差异而达到目的的行为。从管理者素质方面来看，跨文化沟通能力就是指在不同文化背景下，实现自己的管理任务，达到自己的管理目的而进行的一切管理行为的能力。跨文化沟通是对国际化管理人才的本质要求。世界上每个民族都有自己的独特文化。这种文化的差异性会严重阻碍管理的国际化和世界经济的一体化。这就要求国际化管理人才必须在熟悉本民族文化的基础上，去熟悉、理解和尊重其他民族的文化和语言。这样才能相互深入地交流沟通，才能更好地进行国际性管理工作。

## （二）跨文化沟通的特点

跨文化沟通是当今各个国家、各种企业、各种组织不可回避的一件大事。借助跨文化沟通，可以实现政治、经济、科技、文化、管理等方面的有效交流，增强互相理解、互相学习、相互信任，实现相互尊重、相互包容、相互妥协、相互改变，寻求共性，找到文化由此达彼的桥梁，使沟通双方受益。了解跨文化沟通的要求，把握跨文化沟通的特点，非常重要。跨文化沟通有如下特点。

### 1. 文化对接的难度很大

文化对接是指沟通者和被沟通者在一个文化符号中获得一致的意义。只有实现文化对接，才有双方对一致意义的认同，从而达到理解和沟通。跨文化沟通是在两种或两种以上的文化之间进行的。由于生产方式、生活方式、地理环境、历史传统等的不同，各种文化体系均具有个性和特殊性，其文化中的精神体系、思维体系、智慧体系、规范体系、组织体系、符号体系、编码体系和解码体系等都有很大的不同。它们在进行跨文化沟通时，共享性差，认同性差，对接能力差，因而沟通中会发生种种障碍。

不同的文化有不同的符号系统。符号是能够被用来在某些方面代表其他东西的任何物象，它是人类沟通最重要的手段。语言符号系统又是人类符号系统中最重要的符号，是可以并已经渗透到人类社会生活各个角落的符号。语言符号由音像和其他代表意义的概念组成，人类用语言符号代表某种意义。语言符号根据一定规则的编码系统形成复杂的意义，语言沟通是根据一定规则形成的解码系统，得知语言符号意义的过程。在同一文化背景下，沟通的主客体使用的符号系统、编码系统和解码系统是同一的，他们的沟通不会存在多大障碍（当然并不是完全没有障碍）。在不同的文化背景下，要实现有效的沟通，就必须拥有共同的符号系统、编码系统和解码系统，懂得信息意义符号的构成，懂得编码规范和解码规范，才能在共同意义的确认上达成共识，实现沟通。而要做到这一点，恰恰是最困难的事情。在跨文化沟通中，编码的规则和解码的规则常常不是一个规则，而是两个规则。就语言而论，它们编码的发音和形状不同；语言的词汇量不同；词汇文化含义有的相同，有的不同；编码次序往往不同；等等。这就使得在跨文化沟通中出现用另一种解码系统去阐释不同的编码系统的问题，使跨文化沟通在文化意义上难以实现对接，往往是沟而不通。

**2. 文化距离不同使跨文化沟通的难度不同**

文化距离是指文化间的共性与个性的差异程度。文化间的共性较多，则文化距离较小；文化间的个性突出，则文化距离较大。同一文化中的地域亚文化之间的文化距离较小，它们的跨文化沟通难度较小；同一文化中的群体文化之间的文化距离较小，它们的跨文化沟通难度较小；同一文化中的不同职业文化的文化距离较小，它们的跨文化沟通难度较小；同一文化中的男女性别文化的文化距离较小，它们的跨文化沟通难度较小；同一文化中的年龄文化距离较小，它们的跨文化沟通难度较小；同一文化中的企业文化的文化距离较小，它们的跨文化沟通的难度较小。在同一文化中，共性更多，个性差异较少，所以它们之间的文化距离小，跨文化沟通的难度也较小。

在不同文化中，文化的距离不同。有的文化与某种文化比较，文化距离很大；与另外的文化比较，则文化距离相对要小。例如，中国文化与日本文化比较，它们的文化距离较小，与新加坡文化的距离更小，它们同属儒家文化圈的文化，跨文化沟通的难度要相对小些。而中国文化和美国文化比较，则是文化距离很大的两种文化，前者属于集体主义文化，后者属于个人主义文化，它们之间的跨文化沟通难度很大。美国文化与英国文化的文化距离较小，与加拿大文化的文化距离更小，它们同为个人主义的文化，因而跨文化沟通的难度较小。一般来说，文化距离的大小与跨文化沟通的难度成正比。

**3. 习惯与传统的冲突大于理解的冲突**

人们自幼生活在自己文化的环境中，受到本文化的长期熏陶和教化，形成了根深蒂固的价值体系和行为模式。这些价值体系和行为模式，在没有外来文化的干扰下会形成习惯，习惯久而久之会形成传统。传统作为一种集体无意识，会蕴藏在每个人的无意识层中，时时地发生作用。习惯的东西和传统的东西是文化的固化形式和深层积淀，是很难改变的。在跨文化沟通中，人们即使认识了对方的文化特征，也知道适应对方的文化特征是进行沟通和文化对接的要求，但是理性的认识，并不妨碍沟通者依然按本文化的习惯和传统办事，从而造成沟通中的文化矛盾和冲突。习惯和传统是文化的产物，又是维护文化个性的力量。保持习惯和传统，是文化存续的要求。传统一旦植根于人的头脑，就很难改变。这就是在跨文化沟通中，理解的力量小于习惯和传统的力量，理解并不等于接受，在理解的层面上文化可以相容，而在习惯和传统的层面上仍然会发生矛盾和冲突的原因。

#### 4．跨文化沟通的成本高于一般沟通的成本

跨文化沟通比一般沟通的成本要高得多。在商业交流中，沟通的目的之一就是达成共识，降低交易成本。跨文化沟通是在两种不同的文化间进行沟通，克服文化的障碍将耗去更多的物资、使用更多的手段和方法、耗费更多的时间、进行更频繁的双向沟通，在沟通中要花费更多的精力去理解文化差异，处理文化矛盾和冲突，沟通的失败会导致投入变成泡影，因此跨文化沟通的成本比一般沟通的成本要高得多。而且，在跨文化沟通中，每一个环节都可能使沟通成本提高。

#### 5．跨文化沟通会造成文化休克现象

所谓文化休克，是指在跨文化沟通中，由一种文化进入另一种文化，主体失去了自己熟悉的文化意义符号系统，面对陌生的各种文化意义符号系统，由于缺乏足够的适应性而产生的深度焦虑症。他们在新的文化意义符号系统包围下，感到处处不适应、不理解、不熟悉、不尽如人意。他们不仅心里茫然、精神空虚和疲劳，而且对当下文化情境产生反感；对自己的价值体系不受重视感到失望；对自己的角色身份的混乱状态感到不知所措；对原本应对环境之能力的丧失感到无望。心理的焦虑导致身体不适，出现种种生病的症状，这就是文化休克的表现。

#### 6．跨文化沟通会造成双方文化的变异性

同一文化中沟通的根本作用是增强文化的认同性，通过文化认同加强团体的凝聚力。凝聚力的增强又提升了对文化的认同，因此，沟通是巩固文化根基的重要手段。跨文化沟通则不然，其根本作用，是要主动改变本文化的某些特征、特性、方式，使之和异文化相互认同。认同的结果是理解、包容能力增强，和异文化发生适应关系。双方在寻找共同点中，都要在一定程度上改变自己的文化。因此，跨文化沟通对于任何一方来说，不是对自己文化的巩固，而是双方都引进对方的某些文化因子，使自己的文化发生某种程度的变异。

从个人层面上，在跨文化沟通中，双方都需要改变自己的文化。在群体层面上，跨文化沟通也在改变着双方的文化，形成一种第三方文化。跨文化沟通中文化的改变和变异，不是坏事而是好事，它不仅会给沟通双方的文化带来发展活力和动力，而且有助于新文化的产生。

#### 7．跨文化沟通全面提升人的本质力量

跨文化沟通，有助于全面提高主体的能力和素质，增进对其他文化的认识和理解。它帮助我们学会除了从自己的视角看问题，还要从其他文化的视角看问题。我们会发现同一个事物或现象会有如此多的解释，如此多的意义。它极大地拓展了我们的视野，提高了我们的思维能力和适应外部环境的能力。如果我们处在文化沟通之流中，我们自己就会流动起来、开放起来。文化世界的丰富多彩，使我们的精神世界也变得丰富多彩。如果我们把自己关进一个封闭的空间中，空间的空虚，会造成我们头脑的空虚；空间的贫乏，也会造成我们精神世界的贫乏。跨文化沟通是打开封闭空间的有效手段。跨文化沟通有助于创新思维的发展。文化是群体的根，是群体的习惯，是群体的传统。它规定了群体的思维方式和行为模式，是文化的个性所在。文化提供了独特的思维方式和视角，

使一个群体观察问题的视角与众不同，这是任何文化突出的优点。但这种视角作为习惯和传统，又会使人的思维方式和行为模式变成常理、常识、常规、常法，大大限制了人们的创新活动。创新往往需要异类的思维方式和行为模式，需要反常理、反常识、反常规、反常法，突破原有思维模式和行为模式的局限，才能看见新世界，抓住新机会，提取新价值。跨文化沟通正好提供了这样的机会，让我们认识其他文化的思维方式和行为模式，使我们从原有文化的藩篱中解放出来，发现一个新世界，获得一个新视角，创新的思路就会如泉水般的汹涌。

跨文化沟通的目的是有效地促进文化的结合，不同文化的有效结合，把文化的阻力变成了跨国活动的助力。研究跨文化沟通的特点，可以使我们更深刻地认识跨文化沟通的规律，增大跨文化沟通的自由度。

## 二、跨文化沟通的要求

### （一）逾越语言的鸿沟是跨文化沟通人才具备快捷、有效的跨文化沟通能力的前提

语言是文化构成的基本要素，是不同文化差异最明显的标志，也是最有效的沟通工具。每种语言都具有其独特的文化背景。良好的外语素质不仅可以大大增强管理人才的沟通能力，同时也会拉近双方的心理距离，取得事半功倍的效果。另外，有相当多的有效信息是通过肢体语言传递的。而由于同一肢体语言在不同文化中具有不同甚至截然相反的含义，因此在跨文化沟通中要避免产生非语言歧义。例如，摇头在世界大部分国家中均表示否定，但在印度却表示肯定。因此正确理解对方肢体语言的含义，有利于在沟通中做出正确的判断。更为重要的是，国际化管理者必须认识到语言上的差异不仅体现在形式上，更体现在文化差异上。换言之，语言差异涉及更深层次的文化差异。有些人在与外国人沟通时，自己觉得表达得已非常清楚，但“蓝眼睛”里仍然充满着困惑。道理其实很简单。外国人沟通注意“准确”“严谨”，而中国人则讲究“含蓄”“意会”。这不是单纯的语言沟通习惯问题，而是语言表达所体现出的深层次的文化差异。

### （二）掌握世界各国的风俗习惯和法律规范是提高跨文化沟通能力的基础

风俗习惯是一种没有法律规定但在一定范围内大多数人共同遵守的行为规范，表现在饮食、居住、礼节等社会生活的各个方面。不同国家的风俗习惯不尽相同，这些差异会严重影响跨文化沟通的效果。因此，作为国际化管理人才必须加强学习和努力了解各国的风俗习惯。不同文化背景的人针对同一事物存在着不同观念，管理者应酌情对待，避免产生不必要的麻烦。

法律规范是一种强制性的行为规范，通常是由国家制定或认可，并由国家机关强制实施的。由于不同国家所制定法律的理论依据、理念和文化背景是不相同的，因此世界各国的法律规范就存在不完全一致的情况。因而在跨文化沟通中，沟通各方除了应遵守世界通行的规范和惯例，还要遵守投资经营所在国的法律规范。因此，提高对世界各国的风俗习惯和法律规范的认知水平，有利于商业的国际谈判与合作，是国际化管理人才

所必备的素质。

### （三）熟悉和掌握世界各国的价值观和宗教信仰是跨文化沟通人才所必备的素质

据美国学者罗基切对价值观的理解，价值观是人们关于什么是最美好的行为的一套持久的信念，抑或是依重要性而排列的一种信念体系。文化背景迥异的管理者具有不同的价值观，即使在同一国家和民族文化中，由于管理者个人成长和生活环境的不同，其价值观也不尽相同。价值观的差异是世界各国文化差异的根源，是跨文化沟通的核心问题。正如卡西尔所说的："各种语言之间的真正差异并不是语音或记号的差异，而是世界观的差异。"因此，国际化管理人才在跨文化沟通中，必须认识到价值观的差异性对跨文化沟通所产生的重要影响，并努力掌握世界各国的价值观。

不同的宗教信仰影响着管理者的认知方式、行为准则和价值观。包括基督教、伊斯兰教、佛教等世界三大宗教在内的所有宗教都有自己的戒律和信条。例如，伊斯兰教忌食猪肉，印度教忌食牛肉，佛教忌食荤腥等。这就要求国际化管理人才应避免与其相冲突。否则，一旦遭到当地宗教势力的反对，管理工作将难以顺利进行，甚至会产生严重的民族对立形象。

### （四）掌握绝大多数国家所认可的规则、思想和惯例是进行跨文化沟通所必备的素质

被绝大多数国家所认可的规则、思想和惯例是在世界一体化过程中逐渐产生、发展起来的。作为国际化管理人才必须了解和掌握相关的国际规则，运用和遵守国际规则，才能在世界市场的搏击中有所作为。只有熟悉国际规则，才能成为具有适应国际竞争观念和全球视野的创新型国际化管理人才。

此外，辨别和顺应世界各国的思维方式与沟通风格的差异性是管理者跨文化沟通素质的又一组成部分。世界各国文化的差异性必然会导致不同文化背景的管理者在跨文化沟通中的思维方式和沟通风格的千差万别。例如，中国人常以大局观考虑问题，强调"先谈原则，后谈细节"，而英美人往往讲究务实，将注意力首先放在细节程序和外部因素上。跨文化沟通是一个管理者互动的过程，如果相互之间的沟通风格不同，就极有可能带来沟通障碍。同时，不同国家对工作、时间、变革和风险的态度也会对其国际管理产生重大影响。

## 三、非语言交际在不同文化间的差异

语言是人类进行交往的最重要工具，但并非唯一工具。除了运用语言手段，人们还常常借助多种非语言手段进行交流。

在实际的交际过程中，非语言交际与语言交际是同时进行的，非语言可以强化也可以弱化语言的交流效果。因而，在日益频繁的国际交流中，非语言交际是不能被忽视的。尽管非语言交际具有普遍性（其为世界上绝大多数民族所接受）和具有相同理解的国际性，但它更经常地表现为非普遍性，以及其独特的民族性和地区性，所以我们在跨文化

沟通中要充分考虑到这种差异，从而达到更有效的交流。下面从不同文化中差异较大，对跨文化交流产生较大影响的方面进行一一细述。

### （一）目光接触

目光接触是非语言交际中的一个重要方面。例如，在对公众演讲时，许多中国的演讲者往往埋头看讲稿，照本宣科，不抬头看看听众，不对听众“说话”；而根据美国人的习惯，演讲者要时时目视听众，需与听众的目光接触，否则会被认为是对听众冷漠，不尊重听众。另外，在不同的国度，人们对交谈时两眼正视对方有着迥异的感受：美国人觉得目光接触是表示对对方说的话感兴趣；而波多黎各人则以不正视，避开对方眼光来表示对人的尊重。

### （二）身体动作

身体动作作为非语言交际手段可以表示多种情感，但是各民族在用身势语表达感情时，并没有较多的共性。在不同的文化中，身势语的含义并不完全相同。在大多数文化背景中，点头都表示“是”，但在尼泊尔人、斯里兰卡人和有些印第安人和因纽特人中用点头表示“不”。所以，当我们与来自近邻国家尼泊尔和斯里兰卡的人们交往时，应注意到这种差异性，避免造成理解上的错误。

不同的民族在交谈时，对双方保持多大距离才合适有着不同的理解。阿拉伯人按照他们的民族习惯认为谈话双方站得近些是表示友好；而英国人按照英国的习惯会后退，因为他们认为保持适当的距离才合适。所以，我们会看到一个有趣的现象：当阿拉伯人与英国人交谈时，阿拉伯人往前移动，英国人则不停地要与之保持恰当的距离而往后退。当谈话结束时，两人离原先站的地方可能较远了。

通常，我们会发现：真正掌握某种语言的人，会在使用这种语言时使用同这种语言相匹配的身势语。当然，我们应该对手势动作有着清晰的了解，才不会引起意外的反应。

综上所述，非语言交际在目光接触、身体语言等诸方面都会对跨文化沟通产生很大影响，只有我们懂得这种差异，才能有的放矢，达到沟通的目的。

## 四、跨文化沟通的障碍

吉尔特·霍夫斯塔德曾说：“人人都从某个文化居室的窗后观看世界，人人都倾向于视异国人为特殊，而以本国的特征为圭臬。遗憾的是，在文化领域中，没有一个可以奉为正统的立场。这是一个令人不快的事实真相，就像 17 世纪时伽利略宣布地球不是宇宙的中心。”这段话主要是针对欧洲中心主义文化观念来说的，这种文化中心主义，不仅存在于欧洲文化中，也存在于其他一些文化范型中。文化中心主义对于那些处于文化中心的国家和民族而言，极有可能导致文化霸权主义，即认为本民族的文化具有普适性，别的民族只有接受这种文化才能进步发展。这种文化霸权主义使跨文化沟通主体在审视异质文化时不自觉地带来干扰信息，带来对异质文化先验的偏见和蔑视，从而造成跨文化沟通的严重受阻。与文化中心主义、霸权主义相联系的，则是某些处于非文化中心的国家和民族在跨文化沟通中产生的文化自卑和文化依附思想。同样地，这也给跨文化沟通带来了相当大的障碍。

### （一）文化中心主义给跨文化沟通造成的障碍

威廉·格雷厄姆·萨姆纳对文化中心主义做了比较详尽的解释，他认为民族中心主义是指某个民族把自己当作世界的中心，把本民族的文化当作对待其他民族文化的参照系，以本民族的文化标准来衡量其他民族的行为，并把本民族文化与其他民族文化隔离开来。这种情况往往是无意识的产物——人们常常理所当然地认为自己群体或民族的价值观、社会规范、社会语言规则等要比其他群体或民族的更加真实和更加正确，因此在跨文化沟通中也就很自然地流露出这种文化优越感。

文化中心主义对跨文化沟通而言是一个观念障碍，容易产生沟通距离。卢肯斯认为民族中心主义包括三种沟通距离，即漠不关心的距离、回避距离和蔑视距离。这样一种沟通距离的产生往往会阻碍跨文化沟通的继续进行，使沟通双方陷入一种倒退螺旋式的交往境地。也就是说，文化优越感的产生，最直接的后果是用否定的态度对待其他文化，即在评判其他文化时会不自觉地用自己的文化观念、价值观、道德体系等作为标准，因此在交往过程中也就很自然地认为自己的沟通风格最自然也最正常，所以未经接触就先以否定的态度评价别人的风格。这种否定性的评价势必引起对方的自卫性反应，因此，基于对彼此文化差异的无知，或者说不屑，必将形成交互否定评价。当沟通双方陷于交互否定评价时，这种反责互动足以阻碍正常的沟通。此时，如果沟通双方由于历史沉淀的缘故，仅仅试图采取种族中心主义式的办法来克服这种困难，则局面会变得更为糟糕，从而形成倒退螺旋式的交往模式。

### （二）文化霸权主义给跨文化沟通造成的障碍

文化中心主义的进一步发展，便形成了文化霸权主义。在当今世界，文化霸权主义在西方国家表现得较为明显。在他们看来，西方文化不但是完美的、优秀的，而且其他民族只有接受这种文化才能进步发展，才能在世界上找到自己的立足之地，才能适应现代社会发展的需要。也就是说，在他们看来，西方文化具有普适性，不但适合西方发达国家，也适合不发达国家，适合整个人类世界。

### （三）文化自卑心理给跨文化沟通造成的障碍

文化中心主义和文化霸权主义都是针对在跨文化沟通中处于优势的民族群体而言的，而对于处于劣势的民族群体而言，由于长期处于劣势之中，因此在跨文化沟通中则完全是另外一种心态，即文化自卑。在跨文化沟通的过程中，文化自卑心理又会导致完全相悖的两种文化心理行为：一种是文化依附心理；另一种是文化反抗的心理情绪，而这种文化反抗明白而具体地体现为狭隘的文化民族主义观念。

根据文化扩散理论，在强势文化向外扩散的过程中，由于文化中心长期源源不断的辐射，一旦从文化源辐射出来的高能量文化极大地影响甚至替代了受容区的文化之后，就形成了受容区对文化辐射源的向心倾向，即文化依赖感。这种向心倾向随着文化源影响程度的不同而变化，在距文化源近的地区，其接受的文化辐射力度强，所受的作用力也大，对文化源的依赖感也相应地较大。当辐射源的辐射力相当强大而持久时，除了可以对附近的文化受容区形成较大的影响，也可能形成世界性的影响力，从而使整个世界或多或少地都会受到该文化源辐射出来的高能量，形成世界性的对该文化源的依赖感。文化依附心理必然导致在跨文化沟通中低人一等的思想。在这样一种文化依赖感的影响下，当他们在与处于强势文化的一方进行跨文化沟通时，会很自然地用一种崇拜的、向往的目光看着沟通的对方，也会在不公平的沟通条件下丧失应有的公平权利。

## 五、有效实施跨文化沟通的策略

### 1．端正态度，认真对待文化差异

“态度决定一切”，这句话同样适用于跨文化沟通管理。我们知道，不同国家和民族之间在文化上确实存在一定的不同，这是一个客观事实，因此从事跨国经营的企业就必须端正态度，认真对待文化差异。端正态度还意味着要以积极的心态来寻求发展。积极心态在于保持自己文化的特色和优势，但又不侵犯对方文化。所有文化在本质上并没有优和劣的区别，不能盛气凌人也不能妄自菲薄。只有端正态度，尽量使不同文化相融合，才能促进企业内部上下级的沟通与协作，减少由于文化冲突而带来的组织关系的失谐。应该认识到文化差异不是用来使人沮丧或局促不安的，它只是与自己文化不同的另一种文化做事的方式。发生跨文化误解时，一定要静下心来慢慢想想自己和对方的文化差别，这样，才能防止错误或急躁的举动，同时还能因此抛却自身的无助感，重新树立成功的信心。

### 2．培养跨文化的理解力，进行跨文化培训

对任何民族文化差异的了解通常都是不容易的。普遍的看法认为，要想了解某个国家的文化，应该和来自那个国家的人进行交谈。然而，有证据表明，这种做法收效甚微。为什么？因为在一个国家中土生土长的人，到成年时基本上是以一种程序化的方式进行交流活动的，他们知道应该怎样来做，但是他们通常不知道如何把自己的文化明晰地解释给其他人，对他们来说，这都是一些约定俗成的事情。事实上，文化是隐含的，只不过大多数人并没有确切地意识到他们的民族文化是如何塑造他们的。很多迁入到另一个不同文化中的人，之所以感觉到挫折，原因之一就是当地居民常常不会有效地向外来人解释他们所具有的独特的特点，因此外来人在很长一段时间内也无法融入当地的文化圈子。因此，一个企业进入其他国家或地区，要减少跨文化带来的矛盾和冲突，除采用和当地人进行交流的方式外，还要尽量去了解当地人的思维方式和行事习惯，了解他们的文化背景、风土人情。企业应该通过有效的培训，在这些方面对管理层和内部员工进行培训。例如，可以聘请专家成立特殊培训小组，对组织内的人员进行当地文化背景的讲授；通过文化敏感性训练、语言学习、跨文化沟通及处理跨文化冲突的技巧培训、地区环境模拟等方法，使他们避免只站在自己文化的立场上对别人的言行进行解释和评价，而是从对方异国文化的角度思考问题，这样才能减少偏见和歧视。

### 3．完善组织架构的设计

为有利于跨国企业进行跨国发展和经营，进行有效的跨文化沟通，可以在企业组织

架构里专门增设跨文化管理中心，设置专人专门负责不同文化背景人员、群体或组织之间的沟通和协调，消除来自不同国籍、不同文化背景的员工在观念、心理和行为方式等方面的差异和偏见；加强文化的整合管理工作，促进员工的相互信任和理解，在企业中营造一种和谐的氛围，促进不同文化的相互融合。

### 4．建立共同经营观，建设和谐的企业文化

对不同文化求大同存小异，尽量发挥文化之间的协同作用。在文化共性认识的基础上，根据环境的要求和组织战略的需要建立组织的共同经营观和强有力的组织文化。同时，通过文化的软性约束和激励，使个体与集体共振，不断减少文化摩擦，使得每个员工都能够把自己的思想与行为同组织的经营业务和宗旨结合起来，从而在国际市场上建立良好的声誉，增强国际组织的文化变迁能力。

### 5．积极与当地政府、社团组织和公众沟通

俗话说“强龙压不过地头蛇”。组织进行跨国经营，要实现跨文化沟通，就一定要想办法清除跨越文化障碍。组织通过积极主动地与当地政府、社团组织和公众沟通，一来可以了解当地的风土人情，为更好地与当地文化融合奠定基础；二来通过沟通，可以加深相互之间的认知和理解程度，从而使组织赢得当地的理解和支持，获得宝贵的人际网络资源。

## 课后思考题

1．沟通的含义是什么？
2．如何解读不同的肢体语言所代表的含义？
3．沟通的障碍有哪些？怎样充分运用沟通艺术解决这些障碍？
4．跨文化沟通应注意哪些问题？

## 案例分析

### 微软的双方沟通

微软公司对员工的业绩考核采用上级和下级双方沟通的形式。在每个财务年度开始时，经理会和员工一起总结该员工上一年度的工作得失，指出其需要改进的地方，然后一起制定本年度的目标。目标以报表的形式列出员工的工作职能和工作目的，经过上下级共同讨论后确定下来。半年后，经理会拿出这张表与员工半年来的实际工作进行对照，进行一次年中评价，并共同探讨下半年的改进措施。年底时，经理还会和员工共同衡量，得出该员工全年的业绩等级并据此进行奖励。这种办法的好处在于能使公司的发展目标和员工的业务目标相一致，使员工有了明确的努力方向。这种形式不是单纯的目标制定，而是双向沟通，更好地体现了公司尊重员工的理念，发挥了员工的潜能。

**思考：**微软公司的双方沟通实践给了我们什么样的管理启示？

# 第十章 领导

**本章重点**

- 理解领导的含义及职能。
- 掌握领导与管理的关系。
- 掌握领导特质理论、领导行为理论、领导权变理论。

## 引例

在某公司的业务检讨会议中，大家都表情凝重，因为这一季的业绩下滑了20%。总经理看了大家一下，开始说："我想大家都知道，这一季的业绩十分不理想。这是需要认真检讨的。现在，从业务部门开始，每个部门都说说原因是什么。"听到总经理的指令，业务部门经理小王小心翼翼地说："关于业绩滑落的原因，业务部门是应该检讨的。不过，造成这种情形的真正原因，是我们的价格过高。结果是，不论业务部门如何努力，经销商就是不推销我们的产品。再加上业务部门的两位资深同事被别的厂商挖走，我们不得不派新手上阵。但是，如果生产部门能够再把生产成本降低一些，同时给业务新手多些时间适应，我相信情况就会好转。"

听完业务部门的意见，生产部门经理小李不等总经理指派，接着说："生产部门的同事已经十分努力了。我们不断地研究新的生产方式及新的材料，同时生产部门在用人方面也十分精简了。我们虽然会继续努力，可是实在是很辛苦了。但是，如果材料成本能够进一步压低，生产部门会积极配合成本的降低。"枪口现在瞄准采购部门了。采购部门经理小朱有些坐立不安，不等总经理点名，接着说："采购部门已经十分尽力了。我们的采购量不够大，付款的期限又过长，采购部门常常要追着供应商要货。要进一步压低价格是有问题的，除非我们的付款条件能够有所改变。"一听到要调整付款条件，财务部门经理马上接着说："现在公司的财务循环是根据业务部门的收款状况来规划的。如果加快材料款项的支付流程，就会对公司的财务调度造成压力。不过，据我们所知，我们的收款条件比其他厂商要宽松。其他厂商是货到后半个月收款，但是我们常常货到一个月后，钱还没有收回来。此外，我们仓库中积压的货品高达公司资本额的47%，与其他公司相比，明显高出很多。这是财务部门的困难与压力，请大家务必理解。"

听完大家的发言，总经理面色凝重，心想这么多问题要解决，实在烦人，于是只好说："现在市场的状况十分严峻，各位的努力我都知道，可是公司要能生存，就必须赚钱。当然，营运不佳我必须承担最大的责任，可是这也是大家的责任。我理解员工潜能的激发与授权的重要，所以大家回去以后，再仔细研究一下，看看如何改善现有的状况，让营运的状况能够有所提升。大家都是资深干部，在实际执行上也比我更有经验，一定可以找出好的办法来解决目前的困境。”听到总经理的结论，大家都松了一口气，心想今天的检讨会议顺利过关了。

**思考：**

1. 下一季的营运状况会变得更好吗？

2. 这位接受过领导力训练的总经理真的已经具备了卓越的领导力了吗？他的问题出在哪儿呢？

# 第一节 领导概述

领导是管理的重要职能，领导水平的高低常常决定着组织的成功与否。组织行为学是以提高组织绩效为目标的。而一个组织的绩效，在很大程度上取决于组织的领导者。因为领导者肩负着组织的重任，其经营理念、心理素质、领导能力不仅影响其个人的工作效率，更会对其部属乃至组织的行为和绩效产生影响。所以，领导是对组织行为最有影响的因素之一。

## 一、领导的内涵

### （一）领导的含义

尽管领导科学已经有很悠久的历史，但是关于领导的概念，还是说法不一。“领导”这个词从词性上来看，既可以做名词，也可以做动词；做名词时是指领导者这个角色，做动词有时是指领导职位，有时是指领导行为，有时是指一种社会现象。究竟“领导”如何定义，众说纷纭。

斯蒂芬·罗宾斯认为，领导是一种影响群体实现目标的能力。这种影响力的来源可能是正式的，如来源于组织中的管理职位；也可能是非正式的，如来源于组织的正式结构之外。因此，领导可以是被任命的，也可以是群体中自发产生的。

泰勒认为，领导是影响人们自愿努力以达到群体目标所采取的行动。

德鲁克认为，有效的领导应能完成管理的职能，即计划、组织、指导和度量。

孔茨认为，领导是一门促使其下属充满信心、满怀热情来完成任务的艺术。

斯多基尔认为，领导是对组织内群体或个人施加影响的活动过程。

戴维斯认为，领导是一种说服他人热心于某一目标的能力。

阿诺德和菲尔德曼认为，领导是一个影响过程，包括影响他人的一切活动。

海曼·施考特认为，领导是一种程序，使人们在选择及达成目标上，接受指挥导向及影响。

尽管说法不一，但综合所有的“领导”含义看它们又有共同之处：一是群体是领导活动的前提，领导一定要与群体和组织中的其他成员发生联系；二是领导的基本特征是权力和影响力；三是领导主体与客体之间是一种互动关系，领导能够对组织成员产生各种影响；四是领导活动是在一定的组织结构中进行的，它必须有一定的目标，领导的目的是影响组织成员为实现组织的目标做出努力。

从领导的本质上看，领导是一种影响力，影响和支持其他人为了达到目标而富有热情地工作过程。从领导的形式上看，领导是组织赋予领导者的职位和权力，是一门领导者通过运用这些法定的权力促使下级以高度的热情和信心来完成他们任务的艺术。

## （二）领导与管理的关系

哈佛大学教授约翰•科特有一句名言："取得成功 75%～80%靠领导，其余 20%～25%靠管理，而不能反过来。"这句话道出了领导与管理之间的辩证关系：领导和管理是两个互不相同又互为补充的行为体系，在竞争不断激烈的商业环境中，两者缺一不可，都是获得成功的必要条件。

在领导与管理的关系上，学术界存在如下几种代表性观点。

哈佛商学院的亚伯拉罕・扎莱兹尼克认为，领导者和管理者是两类完全不同的人，他们在动机、个人经历、思维方式、价值观、行为方式上存在着本质的差异。他认为，领导者则以一种积极的、人性化的态度面对目标；管理者是以一种消极的态度，或者说是以一种非人性化的态度面对目标的。领导者常常倾向于用影响力、感染力达到目标；管理者倾向于把工作视为可以达到目标的过程，在这个过程中主要是如何使一定的方法和人相互作用，实现目标。

哈佛商学院的约翰・科特认为，领导和管理有许多相似之处，都涉及对需要做的事做决策，建立一个能完成某项计划的关系网，并尽力保证任务顺利完成。但两者之间还是存在明显差异的，领导主要处理变化的问题，领导者设置一个未来愿景，以确定前进的方向，接着领导者与大家一起讨论该愿景，并激励大家克服障碍，从而达成一致；优秀的管理通过制订正式计划、设计规范的组织结构、监督计划的实施结果，从而达到有序和一致。

科特在研究众多成功领导者的案例基础上，提出成功的领导者都要具有下述四个特征：

（1）能够提出一个关于该怎么做的设想，需要考虑到所有相关者的合法利益；

（2）能够为实现上述设想，做出一种战略安排，这种战略安排充分认识到了各种可能对实现组织战略产生影响的主要的相关环境和企业的内部因素；

（3）能够建立一个资源协作体系，为实现上述战略安排而进行大力协作；

（4）在这个协作体系中，有一群情绪高昂的主要成员，并能促使他们承担起实现上述任务的责任。

斯蒂芬・罗宾斯在《管理学》中提到了他对于管理者和领导者概念的不同观点。

（1）管理者是受到上级任命在岗位上从事工作的，他们的影响力来自职位所赋予的正式权力；领导者可以是上级任命的，也可以是从群体中自发产生的，领导者可以用正式权力之外的活动影响他人。

（2）在理想状况下，所有的管理者都应该成为领导者，但没有必要所有的领导者同时也是管理者。

领导行为和管理行为的主要功能不同，领导的主要功能是解决组织活动的效果，而管理的主要功能是解决组织运行的效率。效果涉及的是活动的结果，而效率涉及活动的方式。有效领导和高效管理相结合，将有助于产生必要的变革，同时使混乱的局面得到控制。

一些国内的学者认为，从更广泛的意义上讲，两者是有区别的，其表现在以下几个方面。

（1）管理和领导的职能范围不同。从一般的意义上说，管理行为的范围更宽泛，它包括计划、组织、领导和控制等职能，其中领导是管理的一项主要职能；而领导行为的范围相对要小一些，它从属于管理的职能范围内。从对象角度看，管理既管理人，也管理物（生产资料、资金、信息等）；而领导通常只领导人。

（2）管理和领导发挥的作用不同。管理行为的目标趋向是为组织选择正确高效的方法、建立系统合理的秩序等活动，强调的是正确做事，达到高效的组织目标；而领导强调的是做正确的事，领导行为在组织中的作用表现在为组织活动规定方向、设置目标、开拓局面等方面。

（3）管理和领导在组织工作中的侧重点不同。管理行为注重完成任务中具体的工作安排和任务的完成状况；而领导行为具有明显的战略性和较强的综合性，它贯穿在管理过程的各个阶段。

（4）管理和领导的功能不同。管理行为的主要功能是解决活动的方式和组织运行的效率，而领导行为的主要功能是解决组织活动的效果。

（5）管理和领导性质不同。人们常常将领导看成一门艺术，必须具体问题具体分析，因时因地而异，没有什么万能的领导方法和理论；而管理则更科学、更正规，在不同的企业环境中，使用较为标准化的管理方法和工具。

综合以上观点，我们将管理与领导的区别归纳为表10-1。

**表10-1 管理与领导的区别**

| | 管　理 | 领　导 |
|---|---|---|
| 权力来源 | 职权 | 职权；个人影响力；专长权 |
| 目标 | 编制计划与预算：为达成目标，制定出详细的步骤和计划进度；为达成预期目标，进行资源分配 | 指明方向、给出战略：展现未来的愿景与目标；指出达到愿景与目标的战略 |
| 手段 | 组织和配备人员：组建所需组织结构及配备人员；规定权责关系；制定具体政策和规程指导行动；建立系统和方法监督完工状况 | 指导人们：同协作者沟通，指明方向、路线；让人们更好地理解目标、战略及实现目标后的效益；指引人们根据需要组建工作组，建立合作伙伴关系 |
| 执行 | 控制和解决问题；通过具体详细的计划监督进程和结果 | 鼓动和激励：动员克服改革中的障碍；鼓动在初具条件的情况下，努力克服人力与资源的不足，实现改革 |
| 对下属 | 说服下属开展工作；无追随者 | 用愿景感动追随者；有追随者 |
| 结果 | 效率；追求结果 | 效果；追求过程 |

### （三）领导的职能

在实现组织目标的过程中，领导的职能作用应包括以下几方面。

（1）确立目标职能。领导活动是以目标为导向的。领导的重要方式是让下属明白领导者期望他们做什么，对下属如何完成任务予以工作上的指导。从科学领导的角度来说，没有明确的目标就没有正确的领导活动。现代领导最终的评价标准是其效能。领导的效能表现在目标方向和工作效率两方面。作为领导者，应该为下属设置具有挑战性的目标。

（2）协调职能。领导者要打造一个有利于实现目标的团队，就需要分配任务，调配力量和授权，发挥相关的协调职能。同时，在遇到问题时，通过向下属征求意见，协调与下属之间的关系。

（3）制定规范职能。制定规范，包括建立合理有效的组织机构和制定各种全局性的管理法规，以保证确定的目标方向的实现。建立合理有效的组织机构是实现规划目标的组织保证。在任何一种领导活动中，为了确保领导过程有序有效地进行和领导目标的实现，必然要通过制定和实施法规来规范组织成员的行为。

（4）激励职能。领导者的及时激励会起到鼓舞士气的作用，从而调动组织成员的积极性和创造性。

（5）选人用人职能。人才是最为宝贵的财富。世界经济竞争和新技术革命的挑战，使各国对人才的争夺白热化，大到一个国家、地区，小到一个企业，人才都是决定事业成败的关键。一个成功的领导者，必须树立正确的人才观，并能够坚持公平公正、实事求是、人尽其才、才尽其用的原则，科学合理地使用人才。

（6）科学决策职能。所谓决策，是指理智的个人或社会群体，对未来行动的方向、目标以及实现目标的途径、方法、步骤进行科学设计和选择的智力活动过程。决策是领导工作的核心，而其他工作是围绕决策来开展，依靠和通过决策来完成的。领导工作是率领、引导和指挥个体、群体或组织来实现他们所期望的某一特定目标的活动，决策贯穿于这一活动的始终。可以说，领导活动的过程就是不断做出决策、实施决策的过程。

## 二、领导者、追随者与组织环境

组织行为学研究领导的一个主要目的就是提高领导者的效率。那么，如何才能成为人们公认的、工作卓越的、业绩优异的领导者呢？一个有趣的回答是：优秀的、卓越的领导者必须有优秀的、卓越的追随者。如前所述，领导是一个影响一个群体实现目标的过程。这种行为过程是一个动态的相互影响的过程。因此，领导者、追随者和组织环境三个要素是相互影响、相互制约、共同影响着领导效率的。

### （一）领导者

领导者是实施领导行为的人，即在实现领导活动过程中担负引导和影响任务、引导被领导者为实现一定目标而共同努力的个人。他的作用的发挥是通过影响下属实现的。但是，这种影响不是单向的，在领导者及其下属之间存在着相互影响。而且，这两方面的影响是不同的。领导者对下属的影响要远远大于其下属对领导者的影响，这正是领导行为得以实现的原因所在。

领导者分正式领导者与非正式领导者两种。正式领导者拥有组织机构中的正式职位与权力，其主要功能是领导下属达成组织目标。正式领导者的职能是组织赋予的，能实现到何种程度要看领导者的能力以及领导者本身是否为其下属所接受而定。非正式领导者虽然没有组织赋予的职位与权力，但由于其个人的条件优于他人，如知识经验丰富、能力技术超人、善于关心别人或具有某种人格上的特点，令他人佩服，因而对他人具有实际的影响力，也可称为实际的领导者。

### （二）追随者

在领导者的组织、指挥和管理下进行相关活动、接受引导和影响的人员称为追随者，它是领导活动的执行者，是领导目标的实施者。追随者一般在特定的组织活动之中不担任正式职务，其行为具有服从和自主的特征。

正如唐代名相魏征所言，“君，舟也；人，水也。水能载舟，亦能覆舟”。作为一个领导者，只有代表和反映了广大追随者的愿望、要求和利益，才能得到大家的真心支持，才能共同达到组织的目标。而作为追随者，也必须具备一定的素质，才可能成为一个不断进取的合格的追随者。

（1）他们能够很好地管理自己，能够自我思考、独立工作。

（2）他们能够对目标做出承诺。有效的追随者除了思考自己的生活，还会对一些事情做出承诺。大多数人都喜欢和除体力投入外还有情感投入的同事合作。

（3）他们建构自己的能力并为达到最佳效果付出努力。有效的追随者掌握那些对组织很有用的技能，他们对自己设置的绩效目标比工作任务和工作群体所要求的更高。

（4）他们诚实，有勇气，值得信赖。有效的追随者是独立且具批判性的思考者。他们有很高的道德标准，信誉良好，对自己的错误承担责任。

当然，由于领导者与追随者所处的地位和出发的角度不同，能力和责任不同，因此要求两者事事达成一致也是不现实的。一般来说，追随者更关心自身利益和眼前利益的实现，而领导者不仅要考虑每个个体的利益，还要考虑整个组织的利益和长远的利益。考虑问题时，追随者一般从自身的角度出发；而领导者必须结合组织内外的多种因素来考虑。

### （三）组织环境

组织环境通常分为宏观环境和微观环境。宏观环境包括政治、经济、法律、技术、社会文化、自然和国际等因素。微观环境一般是指组织的行业环境和组织面临的特殊环境，包括客户、竞争者、供应商、潜在的进入者、替代品状况、同盟者、组织所在地、主管部门甚至领导者和被领导者的关系好坏等。其中，最主要的是客户、供应商、竞争者和同盟者。当领导者和追随者的特性一定时，组织环境的变化对领导过程和领导效果的好坏就有很大影响。

## 三、领导者的影响力

领导者的影响力主要来自两个方面：一是来自职位权力。这种权力是由于领导者在组织中所处的位置由上级和组织赋予的，这种权力随着职位的变化而改变。在职就有权，不在职就无权。人们往往出于压力和习惯，不得不服从这种职位权力。二是来自个人权力。这种权力不是由于领导者在组织中的位置，而是由于自身的某些特殊条件才具有的。例如，领导者具有高尚的人格、丰富的经验、高超的技能和良好的人际关系，领导者善于体贴关心他人，令人感到可亲、可信、可敬，不仅能完成组织目标，而且善于创造一个激励的工作环境，以满足群众的需要等。这种权力不随着职位的变化而改变，而且这种权力对人的影响是发自内心的、长远的。领导者的影响力的构成如图 10-1 所示。

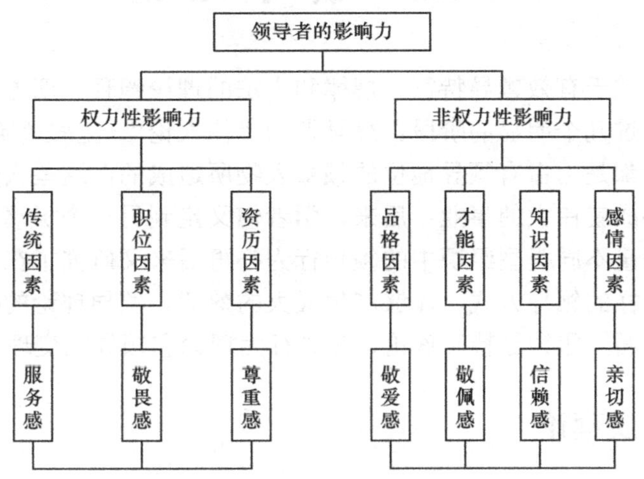

图 10-1 领导者的影响力的构成

按照弗伦奇和雷温的分类，组织内部的领导者权力可分为五种类型。

（1）法定性权力。其核心是指挥和命令、决定和否定，通常由组织按照一定程序和形式赋予领导者进行命令和指挥的权力。

（2）强制性权力。这是一种对下属在肉体、精神或物质上进行威胁强迫其服从的权力。这种权力建立在惧怕惩罚的基础上。一个人如果不服从，就有可能产生不利的后果。由于对这种不利后果的恐惧，这个人就对强制性权力做出了反应，其实质是一种惩罚性权力。

（3）奖励性权力。这是决定给予还是取消奖励、报酬的权力，是一种通过提供益处对他人施加影响的权力。与强制性权力相反，奖励性权力是指人们服从于一个人的愿望或指示是由于这种服从能够给他们带来益处。在组织中，领导者对奖酬的控制力越大，在对下属奖酬方面拥有的权力就越大。

（4）专家性权力。这是由于具有某种专门知识、技能而获得的权力。这种权力是以敬佩和理性崇拜为基础的。领导者本人学识渊博，精通本行业务，或者具有某一领域的高级专门知识与技能，即获得一定的专长权。

（5）感召性权力。这是由于领导者的特殊品格、个性或个人魅力而形成的权力。这种权力建立在下属对领导者的尊重、信赖和感性认同的基础上。企业领导者公正无私、胆略过人、勇于创新、知人善任、富于同情心、具有感召力、善于巧妙运用领导艺术，则容易获得下属的尊重和依从。

前三种权力是由个人在组织中的职位决定的，都来源于行政力量，表明了领导者行使权力的合法性以及在职权范围内的支配地位，无法保证领导的有效性。后两种权力取决于领导者个人的知识和人格因素，与职位无关。确认了领导者和被领导者之间的相互认可关系，是保证领导有效性的重要前提。有关这一方面将在下一节的领导特质理论中予以重点介绍。

## 第二节 领导理论

领导理论，即关于有效领导特征、规律和方法的理论阐释。西方管理学界关于领导理论的研究，经历过几个明显的阶段。最早期的“伟人论”，主张“英雄造时势”，认为历史上的重大事件都是由占有领导地位的领袖人物所造成的，这些人物具有某些不凡的特质，使他们能够成就伟大的事业；后来，学者们又走到另一个极端，他们研究出各种测量工具，试图测量不同类型组织中的领导行为；再后来又研究了在什么样的外在环境条件下，采取什么样的领导方式，能够产生最大的效能。领导理论的研究成果概括起来大致可分为三个方面，即领导特质理论、领导行为理论和领导权变理论。

### 一、领导特质理论

阐述领导最古老的理论就是领导特质理论。领导特质理论又称领导品质理论、领导素质理论、领导性格理论。该理论认为，领导能力是遗传而来的，是根据人格特征区分领导者和非领导者的。“领导人是天生的，而不是天造的”，这句话就涵盖了这一理论的全部内容。第二次世界大战以后，研究者开始将目光转向领导者身上的一些特质，这些特质铸就了他们的成功。

（1）美国俄亥俄州立大学的斯托格迪尔把领导者的特质归纳为六大类。

1）身体。如身高、体重、外貌等。

2）社会背景。如社会经济地位、学历等。

3）智力。如判断力、决策力、智力水平等。

4）个性。如自信、机智、正直、适应能力、民主等。

5）与工作有关的。如高成就需要、愿意承担责任、工作主动、重视工作任务的完成等。

6）社交。如善于交际、善于与他人合作、积极参加各种活动等。

（2）美国普林斯顿大学的包莫尔提出了企业领导者应当具备的十个特质。

1）合作精神。既能与他人合作，也能感动、说服他人从而赢得他人配合。

2）决策能力。善于根据实际情况而不是主观想象做出决策，具有高瞻远瞩的能力。

3）组织能力。善于发掘下属才智，善于组织人力、物力、财力。

4）精于授权。能把握方向，抓住大事，而把日常性事物分配给下属办理。

5）善于应变。能随机应变，善于变通，不墨守成规。

6）敢于求新。对新事物、新环境、新观念有敏锐的感受能力。

7）勇于负责。对国家、员工、消费者、社会有高度的责任心。

8）敢担风险。敢于承担改变企业发展不景气的风险，有创造新局面的雄心和信心。

9）尊重他人。重视和采纳他人意见，不盛气凌人。

10）品德高尚。品德为社会人士、企业员工所敬仰。

（3）斯托格迪尔认为，个人的先天特质，对于区分领导者与非领导者，有效领导者与无效领导者是有一定意义的，并认为领导者的先天特性应该是：有良心；可靠；勇敢；责任心强；有胆略；力求革新进步；直率；自律；有理想；有良好的人际关系；风度优雅；胜任愉快；身体强壮；智力过人；有组织能力；有判断能力。

（4）巴纳德归纳了成功领导者必备的五种特质。

1）活力和耐力。有活力是一个人具有吸引力的重要因素，也是具有说服力的一个特征。

2）说服力。说服力是一种通过影响他人而使之服从的能力。这是领导者必备的最重要的素质。说服力来源于恰当的表达能力、令人生畏的人格和道德感染能力等。领导者首先应该倾听并理解追随者的不同观点，然后应该说服追随者行动并能使领导者和这个群体双方都满意。

3）决策力。决策对于一件事的完成是必需的。决策是领导者的三大主要职能之一，一个领导者不仅必须拥有做出决策的技能，还必须愿意做出决策、愿意接受决策的结果。

4）责任心。赋予领导者权力的同时就赋予了责任。领导者的肩上总是要担当与其权力相匹配的责任。领导者勇于承担责任，同时也是给下属一种态度和安全感。领导者必须愿意做那些在特定情况下为其下属相信是道义上正确的事情。这种行为的稳定性对领导过程非常重要。

5）智力能力。一定的智力能力对一个处在领导者角色的人来说，虽然很重要，但并不具有必然的战略意义。智力是一个人受思想指导的活动方面表现出的综合效力。智力的三元理论将智力分为分析性智力、实用性智力和创造性智力。此外，研究者还从领导者的个性、动机和能力角度发现了他们与非领导者的不同特质。

（5）我国领导者应具备的特质。我国从 20 世纪 80 年代初开始了对领导者特质的研究，有学者提出领导者的特质要求包括政治素质、思想素质、知识素质和心理素质，如表 10-2 所示。

**表 10-2 我国领导者应具备的特质**

| 特　质 | 特质内容 |
|---|---|
| 政治 | 坚持党的路线、方针、政策；维护国家利益，旗帜鲜明，身体力行 |
| 思想 | 商品经济意识，市场竞争意识，效率效益意识，开拓创新意识，风险意识，服务意识，诚信意识，法制意识 |
| 知识 | 基础知识，人文社会知识，科学技术知识，管理知识 |
| 心理 | 追求：意志；感情；风度；能力（直觉，抽象思维，组织和协调，自我发展、创新） |

**专栏1**

有学者曾对我国大中型企业的高层领导者的素质做过问卷调查，结果如表10-3所示。

表10-3 我国对企业领导者的素质调查

| 序号 | 领导者的素质 | 回答的百分比（%） |
|---|---|---|
| 1 | 组织能力和决策能力 | 97 |
| 2 | 责任心、进取心和事业心 | 90.2 |
| 3 | 求知欲和创新精神 | 68.4 |
| 4 | 知人善任、开发人才和合作精神 | 46.3 |
| 5 | 敏锐的观察力和全局思考能力 | 39.0 |
| 6 | 一定的专业知识和知识广度 | 31.7 |
| 7 | 大公无私，品德高尚 | 29.3 |
| 8 | 应变能力和分析、解决问题能力 | 27.1 |
| 9 | 处理人际关系能力 | 19.5 |
| 10 | 适应环境，协调和平衡各种关系的能力 | 14.6 |

## 二、领导行为理论

领导行为会对一个组织的绩效产生至关重要的影响。很多学者致力于研究、考察领导行为与工作群体绩效和满意度之间的关系，致力于以领导所做的事来解释领导，使人们把研究的重点转到领导行为的有效性问题上；试图说明领导者之所以成功，是因为他们采取了正确的领导行为，而不是具有独特的领导素质；具备恰当的特质只能使个体更有可能成为有效的领导者，但仍无法对领导者进行成功、准确的预测。人们开始注意把研究重点从界定领导者的特质转为研究领导者的行为，希望了解有效领导者的行为以及他们的领导风格是否有什么独特之处。

领导特质理论与领导行为理论在实践意义方面的差异，在于二者深层的理论假设不同。如果领导特质理论有效，说明领导从根本上说是天生造就的；如果领导行为理论有效，则说明领导是可以培养的，即可把有效领导者所具备的行为模式，植入那些愿意成为有效领导者的个体身上。

领导行为理论关心两个基本问题：第一，领导者是怎么做的，即领导的行为表现是什么；第二，领导是怎样或以什么方式来领导下属的。

领导行为理论主要有勒温的领导作风理论、斯托格迪等人的领导行为四分图模式理论、利克特的领导系统模式、布莱克和莫顿的管理方格理论等。

### （一）领导作风理论

关于领导作风的研究最早是由心理学家勒温进行的。20世纪30年代，他通过对儿童群体的实验研究不同的工作作风对下属群体行为的影响。他认为存在着三种极端的领导工作作风，即专制型领导作风、民主型领导作风和放任型领导作风。

（1）专制型领导作风。专制型领导作风又称集权型或独裁型领导作风。其特点是领导者只关心任务的完成，而不关心下属的需求，他们独自掌控着决策权，强调下属应当绝对服从。其特点如下：

1）独断专行。

2）从不把任何消息告诉下属，下属没有任何参与决策的机会，而只能察言观色，奉命行事。

3）主要依靠行政命令与纪律约束、训斥和惩罚，只有偶尔的奖励。

（2）民主型领导作风。民主型领导作风又称分权型或参与型领导作风。它的特点是领导者注重下属的需求，注重人际关系，通过协调、帮助、激励下属等方式来实现组织目标。民主型领导者认为，地位和权力是建立在群体的信任和推崇的基础之上的。其特点如下：

1）所有政策是在领导者的鼓励和协作下由群体讨论而决定的，而不是由领导者单独决定的。政策是领导者及其下属共同智慧的结晶。

2）分配工作时尽量照顾到个人的能力、兴趣和爱好。

3）对下属的工作，不安排得那么具体，个人有相当大的工作自由、较多的选择性与灵活性。

4）主要应用个人权力和威信，而不是靠职位权力和命令使人服从。谈话时多使用商量、建议和请求的口气，下命令仅占 5%左右。

5）领导者积极参加团体活动，与下属无任何心理上的距离。

（3）放任型领导作风。这种领导作风是指工作事先无布置，事后无检查，权力完全给予个人，毫无规章制度。在这种作风下的组织成员缺乏积极性，毫无生机和活力。

勒温在实验中发现：在专制型领导作风的团体中各成员之间攻击性言论比较多，而在民主型领导作风的团体中彼此之间比较友好；在专制型领导作风的团体中成员对领导者服从，但表现自我或引人注目的行为比较多，而在民主型领导作风的团体中彼此以工作为中心的接触比较多；当专制型领导作风的团体中出现问题时成员彼此之间推卸责任或人身攻击，而当民主型领导作风的团体中出现问题时成员之间团结一致，试图解决问题；在领导者不在场时，专制型领导作风的团体的工作动机大为降低，也无人出来组织工作，而民主型领导作风的团体则像领导者在场一样继续工作；专制型领导作风的团体的成员对团体活动没有满足感，而民主型领导作风的团体的成员对团体活动有较高的满足感。

勒温根据实验结果认为，民主型领导作风的效果最好，专制型领导作风的效果次之，放任型领导作风的工作效率最低。放任型领导作风只能达到社交目标，而完不成工作目标。专制型领导作风的领导虽然通过严格管理达到了工作目标，但成员没有责任感，情绪消极，士气低落，争吵较多。民主型领导作风的工作效率最高，不但完成工作目标，而且成员关系融洽，工作主动积极，有创造性。

应当指出的是，勒温对领导风格的划分并不是领导风格的全部类型，在实践的过程中，多数领导者的领导风格可能体现出一种混合类型。另外，领导风格应当与领导情境相关，应当根据情境对领导风格做出选择。

## （二）领导行为四分图模式理论

20 世纪 40 年代，美国俄亥俄州立大学的斯托格迪尔等人发起了对领导行为进行研究的热潮。一开始，研究人员列出了 1 000 多种刻画领导行为的因素，在使用多种调查问卷研究领导效能的基础上，将领导行为归纳为两个方面，即结构维度和关怀维度。

（1）结构维度。为了达成组织目标，领导者界定和构造群体内关系的程度，包括领导者规划工作、界定任务关系和明确目标的行为。领导者具有较高的结构维度，就倾向于关注目标和结果，倾向于建立明确的沟通形式和渠道，明确规章、计划、岗位责任和完成工作的方式，并使用职权与奖惩去监控和促使目标的实现。或者说，高结构维度的领导者对任务能否完成的关心程度远高于对组织中人际关系和谐的关心程度。结构维度的领导行为重视工作任务的完成，如领导者建立明确的组织形式，明确上下级的职责、权力和相互关系，确定工作目标和要求，制定工作程序、工作方法和制度。

（2）关怀维度。领导行为以人为重，尊重和关心下属的感情和看法，注重建立领导者与被领导者之间的友谊、尊重和信任的工作关系。高关怀维度的领导者尊重下属，关怀下属个人需要、福利和满意程度，与下属沟通对话并鼓励下属参与决策的制定。总之，高关怀维度的领导者特别重视群体的和谐和与下属心理上的亲近，给下属较多的工作主动权，平易近人，平等待人，关心群众，作风民主。

俄亥俄州立大学研究者测量领导者这两种领导行为的倾向，并通过图描述这些行为，如图 10-2 所示。

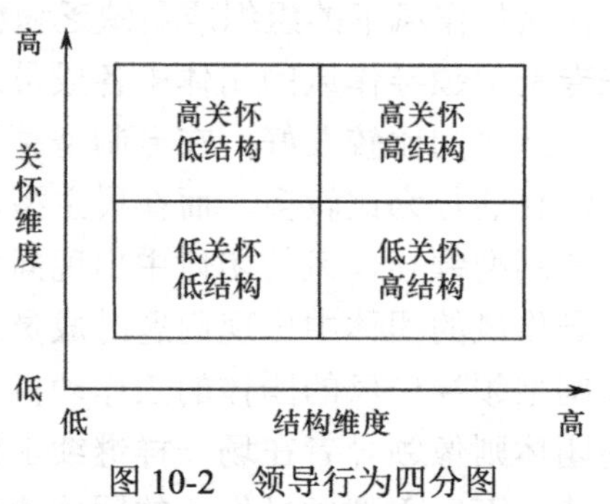


图 10-2　领导行为四分图

从图 10-2 可以看出，关怀维度和结构维度属于领导行为中的独立维度。领导者可能表现出高结构维度和低关怀维度，也可能表现出低结构维度和高关怀维度，还可能同时表现出两者皆高或者皆低的情形。俄亥俄州立大学研究者调查了领导行为的稳定性，发现只要环境相对不变，个体的领导模式也相对稳定。他们关注的另一个课题是与效能有关的领导行为的组合。起初，他们认为在结构和关怀方面均高的领导者（“高—高型”）比其他三种类型的领导者更能够提高下属的工作绩效和工作满意度，即认为最好的领导方式是兼具高结构、高关怀两方面。一个领导者只有把这两方面结合起来，才能进行有效的领导。但是，研究发现，“高—高型”风格并不总是具有积极效果，以高结构为特点的领导行为能够提高下属的绩效水平，但下属的满意度较低；相反，以高关怀为特点的领导行为不会提高下属的绩效水平，但是下属的缺勤率较低。研究表明，因为没有考虑所有变量，上述结论都具有误导性。尽管如此，俄亥俄州立大学的研究代表着领导行为理论研究的一个新的里程碑。

### （三）利克特的领导系统模式

美国密歇根大学的管理学教授利克特在 1947 年开始用二维理论来研究"以生产为中心"和"以人为中心"两种领导方式的有效性，并在此基础上于 1961 年在《管理的模式》一书中提出领导系统模式，将领导模式归纳为四种系统，即系统 1、系统 2、系统 3、系统 4。

（1）系统 1：专制独裁式。在这种领导模式中，决策权集中在最高层；下属没有发言权，只有执行权；管理层对下属缺乏信心；下级对上级心存戒备和恐惧。上下级缺少交往，所有决策都由最高层做出，然后以命令宣布，必要时以威胁和强制方法执行。上级和下级之间的接触都是在一种互不信任的气氛下进行的。机构中的非正式组织，对正式组织的目标通常持反对态度。

（2）系统 2：温和独裁式。在这种领导模式中，管理层对下属有一种谦和的态度，决策权控制在最高层，授予中下层一定限度的权力，但仍受最高层的制约。上级对下级有一定的信任。上级态度谦和，但下级对上级也有戒备和恐惧心理。机构中的非正式组织，有时会反对正式组织的目标。

（3）系统 3：协商式。在这种领导模式中，上级对下级有相当程度的信任，但不完全信任。虽然主要决策权掌握在最高层手里，但是下属也能做具体问题的决策。双向沟通显然可见，且在相当信任的情况下进行。机构中的非正式组织，有时对正式组织的目标表示支持，有时也做轻微的反抗。

（4）系统 4：民主参与式。在这种领导模式中，管理层对下属有完全的信任。决策采取高度的分权化，下属参与管理，上下级间彼此平等、信任，有双向沟通和平等沟通，既有自上而下的沟通，也有自下而上的沟通，还有平行沟通。上下级共同制定目标，协商讨论问题，最高层最后决策。上下级之间的交往体现出充分的友谊和信任，正式组织和非正式组织往往融为一体。这是利克特的理想系统。

### （四）管理方格理论

在领导行为四分图模式理论和领导系统模式理论的基础上，美国得克萨斯大学的行为科学家布莱克和莫顿在 1964 年出版的《管理方格》一书中提出了管理方格理论。这种理论是倡导用方格图表示和研究领导方式及其有效性的理论。他们认为，在企业管理的领导工作中往往出现一些极端的方式，或者以生产为中心，或者以人为中心，或者以 X 理论为依据而强调靠监督，或者以 Y 理论为依据而强调相信人。为避免趋于极端，克服以往各种领导方式理论中的"非此即彼"的绝对化观点，他们指出，在关心生产的领导方式和关心人的领导方式之间，存在使二者在不同程度上互相结合的多种领导方式。为此，他们提出了管理方格理论，设计出一张纵轴和横轴各九等分的方格图，横轴和纵轴分别表示企业领导者关心生产和关心人的程度。第 1 格表示关心程度最低，第 9 格表示关心程度最高。全图总共 81 个小方格，分别表示关心生产和关心人这两个基本维度以不同比例结合的管理方式。图 10-3 描述了管理方格理论。

最典型的五种领导行为如下。

1.1 型：贫乏型管理。管理方式对生产和人两个因素都很少关心，管理者希望以最低限度的努力完成组织目标的实现，因而必然导致失败。这是很少见的一种极端情况。

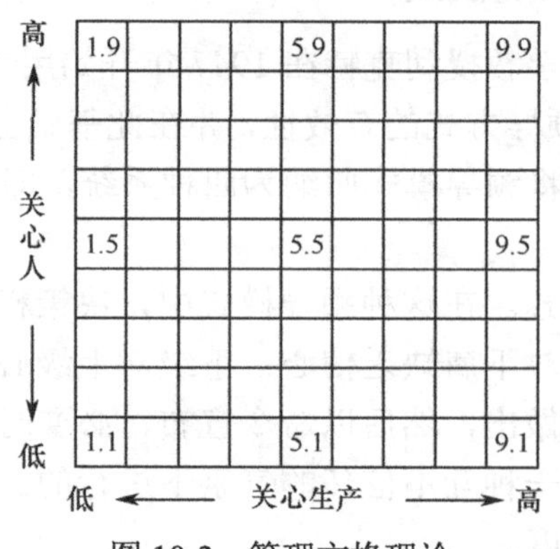


图 10-3 管理方格理论

1.9 型：乡村俱乐部型管理。管理者只注重搞好人际关系，强调关心人，认为只要员工心情舒畅，生产一定能搞好，而对指挥监督、规章制度等重视不够，不大关心生产任务和工作效率，这是一种关系型领导方式。

9.1 型：任务型管理。管理者只注重生产任务的完成，注重生产效率。管理方式的重点是关心生产，对人的关心很少，管理者负责计划、指挥和控制下属的活动，以达成生产目标。

9.9 型：团队型管理。管理者既关心生产又关心人，通过协调各项活动，提高士气，调动方方面面的积极性，促进生产任务的完成。团队型管理能够使组织目标和个人需求最理想、最有效地结合起来，是一种理想的管理方式。

5.5 型：中庸型管理。管理者对生产和人都有适度的关心，维持一般的工作效率与士气。管理方式重视管理者在计划、指挥和控制等方面的职责，强调通过引导、鼓励而不是命令员工来实现组织目标。这种管理方式保持对生产和人的适度关心，既不偏重于关心生产，也不偏重于关心人。

布莱克和莫顿认为，除了上述管理方式，还可以找出一些组合。例如，5.1 型管理方式表示准生产中心型管理，比较关心生产，不大关心人；1.5 型管理方式表示准人中心型管理，比较关心人，不大关心生产；9.5 型管理方式表示以生产为中心的准理想型管理，重点抓生产，也比较关心人；5.9 型管理方式表示以人为中心的准理想型管理，重点在于关心人，也比较关心生产。

布莱克和莫顿通过自由选择、积极参与、相互信任、开放的沟通、目标和目的、领导的解决途径、个人责任、评论、工作活动等九个方面的比较，认为 9.9 型管理方式最有利于提高组织绩效水平。管理方格理论在美国和许多工业发达国家受到一些管理学者和企业家的重视。《管理方格》一书对美国管理阶层及管理学界产生了较大影响，出版后长期畅销。

布莱克和莫顿根据自己的研究得出结论，进行 9.9 型的管理者工作效果都最佳。但遗憾的是，管理方格理论更多的是为领导风格的概念化提供了分析框架，几乎没有公开发表的科学证据来支持 9.9 型风格的真实效力以及在所有情境下的有效性。

## 专栏 2

### “管理方格”测量问卷

这是根据布莱克和莫顿的管理方格理论的概念设计的问卷式测验，用以分析一个领导者的管理方式。受测者仔细回答四个问题之后再核对自己在管理方格理论上属于哪个位置。下面就是测验问卷。

说明：下面有四个问题，包括计划的拟订、工作的执行、工作的考核、整体管理的概念。每题中各有五个陈述句，请仔细阅读每一个陈述句，然后选出一个最能代表你个人性格或作风的陈述句，并在前面的空格中打√。

**一、计划的拟订**

1.(　　)为了对整个事情做全面审查，我通常召集有关人员，并让大家发表意见，互相讨论。然后订立目标，拟订富有弹性的计划、程序及根本法则，并把个人所要负的责任划分清楚。

2.(　　)我通常事先安排每位下属的工作，并向下属解释工作目标及计划，然后我对他们郑重地说明，假如他们在执行任务的过程中需要协助，我随时会帮他们的忙。

3.(　　)我很少自己做计划，也很少和下属一起商订计划。我把很多事情分配给下属去做，并且为了表示我对他们的信心，我说：“我相信你知道该怎样做，而且你一定会做得很好。”

4.(　　)我只是把很多事情交给下属去做，但很少想到目标和程序，也很少做周详的计划。

5.(　　)我通常依据必须遵守的目标程序去制订计划，然后拟定工作步骤，并规定注意事项，再分配工作。

**二、工作的执行**

1.(　　)我随时注意每位下属的工作，审核他们的工作进度。假如下属遇到麻烦和困难，再帮助他们。

2.(　　)我对下属的工作只做例行巡视，很少在工作现场采取任何行动。我尽量让下属自行解决他们工作上的问题。

3.(　　)我对下属的工作所做的例行巡视，主要目的是想看看下属对工作是否满意，并看看他们对工作是否有所要求。

4.(　　)我只掌握着工作进度上的要点，并致力于发掘问题，以及共同与下属修订目标和程序。如果下属需要，我会协助他们排除障碍。

5.(　　)我密切地注意下属的工作，适时地加以批评，必要时提出解决问题的办法。

**三、工作的考核**

1.(　　)我通常事先安排下一步的工作计划，到开始执行的时候才把工作分配给下属。我对下属杰出的表现会加以褒奖，并纠正下属工作上的错误，而不大重视团体的表现。

2.（　　）我通常主持全面性的检讨会来衡量工作的进度，并发掘需要改进的地方，褒奖所有下属的努力，表扬突出的人员。

3.（　　）我通常问我的上级，下一步骤该做什么，然后才指定下属去做。

4.（　　）我通常召开会议，公开表扬团体和个人的工作成果。我们的综合检讨会随时举行，以减少工作上的困难，使错误减少到最小并使工作顺利进行。

5.（　　）我通常召开会议，在会议中指出团体工作的优点和缺点，并提出下属能做到的改进方法。当我把另一件工作交给他们的时候，我会让他们有机会讨论任何可以改进工作的合理建议。

**四、整体管理的概念**

1.（　　）我认为对一个生产机构而言，员工的士气和机器同样重要，所以我对下属公平、严格，利用种种积极的（如加分）或消极的（如扣分）方式激励下属，以求得良好的工作效果。

2.（　　）我认为要获得最佳工作成果，应该先制定一个高的工作标准，然后奖励那些达到标准的下属，对于无法达到标准的人员，应该鼓励他们而不可忽视他们的贡献。

3.（　　）从长期来看，我认为最好能维持一个平衡、合理的生产速度，使组织内各阶层的人员都能从工作中得到满足感和安全感。

4.（　　）我认为只要把工作指派给下属即可，不用再去管他们。

5.（　　）我认为相互了解、互相接纳是计划、指挥和考核的基础，因此只有下属的参与和意见的沟通，才能获得有效的工作成果。

参考答案：

一、计划的拟订：1.（9.9），2.（5.5），3.（1.9），4.（1.1），5.（9.1）

二、工作的执行：1.（5.5），2.（1.1），3.（1.9），4.（9.9），5.（9.1）

三、工作的考核：1.（9.1），2.（9.9），3.（1.1），4.（1.9），5.（5.5）

四、整体管理的概念：1.（5.5），2.（9.1），3.（1.9），4.（1.1），5.（9.9）

（资料来源：任浩. 组织行为学[M]. 北京：清华大学出版社，2011）

## 三、领导权变理论

对领导特质的研究也好，对领导风格的研究也好，有时都无法说明其与领导有效性之间的关系。为什么同样是成功的领导者却性格迥异？世界上的事物，总是在不断地发展变化，人们想问题、办事情，都应当考虑到这种变化，适合这种变化的需要。显然，环境条件变了，领导风格也应做出相应变化。

领导行为的有效性不仅取决于领导者的个人行为，而且取决于具体的情境和场合。领导是一种动态的过程，其有效性将随着被领导者的特点和环境的变化而异。无论是领导特质理论还是领导行为理论，都没有考虑情境的变化。因此，西方学者在理论研究过程中提出了相应的领导权变模型，其中影响较大的有费德勒模型、连续体模型、领导生命周期理论和路径—目标理论。

## （一）费德勒模型

美国华盛顿大学著名管理专家弗莱德·费德勒于1965年提出了领导权变模型，称为费德勒模型。该模型认为，有效的群体绩效取决于两个因素的合理匹配：与下属相互作用的领导者风格；领导者能够控制和影响情景的程度。该模型基于这样的前提假设：在不同类型的情境中，总有某种领导风格最为有效。因此，最重要的领导问题就是将领导者的风格与他们所处的情境进行匹配。

费德勒模型是如何使用的呢？运用费德勒模型，首先是领导风格的确定；其次是组织环境的确定；最后是领导者与情境的匹配。

### 1. 领导风格的确定

费德勒认为影响领导成功的关键因素之一是个体的领导风格。为了描述个体的领导风格，费德勒设计了最难共事者问卷（Least Preferred Co-worker questionnaire，LPC），该问卷由16组成对的形容词（两端分别为一对积极的和消极的形容词）构成。被调查者要先回想与自己共过事的所有同事，并找出最不喜欢的同事，在16组形容词中按1～8等级对他进行评估。如果以相对积极的词汇描述最不喜欢同事（LPC得分高），则说明被调查者很乐于与同事形成良好的人际关系，其领导风格就是关系导向型。相反，如果对最不喜欢同事看法很消极，则说明被调查者的领导风格是任务导向型。费德勒的LPC能够把绝大多数被调查者划分为两种领导风格，也有一小部分处于两者之间，很难勾勒。

### 专栏3

#### LPC分级表

想一想跟你一起共事、最难把工作干好的那个人吧，他可以是现在跟你一起工作的人，也可以和你过去共事的人。他未必是你最不喜欢的人，却是跟他一起最难把事办成的人。请你描述一下，对你来说他是什么样子的。请使用下列16对意义截然相反的形容词来描述他。每对形容词之间分成八个等级，表示除了这对形容词代表的两种极端情况，其他的一些中间状态。请圈出最能代表你要描述的那个人的真实情况的等级数。

| | | | | | | | | | |
|---|---|---|---|---|---|---|---|---|---|
| 快乐 | 8 | 7 | 6 | 5 | 4 | 3 | 2 | 1 | 不快乐 |
| 友善 | 8 | 7 | 6 | 5 | 4 | 3 | 2 | 1 | 不友善 |
| 拒绝 | 8 | 7 | 6 | 5 | 4 | 3 | 2 | 1 | 接纳 |
| 有益 | 8 | 7 | 6 | 5 | 4 | 3 | 2 | 1 | 无益 |
| 不热情 | 8 | 7 | 6 | 5 | 4 | 3 | 2 | 1 | 热情 |
| 紧张 | 8 | 7 | 6 | 5 | 4 | 3 | 2 | 1 | 轻松 |
| 疏远 | 8 | 7 | 6 | 5 | 4 | 3 | 2 | 1 | 亲密 |
| 冷漠 | 8 | 7 | 6 | 5 | 4 | 3 | 2 | 1 | 热心 |
| 合作 | 8 | 7 | 6 | 5 | 4 | 3 | 2 | 1 | 不合作 |
| 助人 | 8 | 7 | 6 | 5 | 4 | 3 | 2 | 1 | 敌意 |
| 无聊 | 8 | 7 | 6 | 5 | 4 | 3 | 2 | 1 | 有趣 |

| | | | | | | | | | |
|---|---|---|---|---|---|---|---|---|---|
| 好争 | 8 | 7 | 6 | 5 | 4 | 3 | 2 | 1 | 融洽 |
| 自信 | 8 | 7 | 6 | 5 | 4 | 3 | 2 | 1 | 犹豫 |
| 高效 | 8 | 7 | 6 | 5 | 4 | 3 | 2 | 1 | 低效 |
| 郁闷 | 8 | 7 | 6 | 5 | 4 | 3 | 2 | 1 | 开朗 |
| 开放 | 8 | 7 | 6 | 5 | 4 | 3 | 2 | 1 | 防备 |

结果：将 16 项得分相加，得分不少于 64 分者，是关系导向型领导；得分不高于 57 分者，是任务导向型领导；在 57～63 分之间者，你需要自己决定你属于哪种类型的领导。

### 2．组织环境的确定

用 LPC 对个体的基础领导风格进行评估之后，需要再对情境进行评估，并将领导者与情境进行匹配。费德勒提出确定情境因素的三个权变维度：

（1）上下级关系，即领导者对下属信任和尊重的程度；

（2）任务结构，即工作任务的规范化、程序化程度；

（3）职位权力，即领导者运用职位权力施加影响的程度。

费德勒模型把三项权变维度结合在一起，可以得到八种不同的情境类型（见图 10-4），每个领导者都可以从中找到自己的位置。

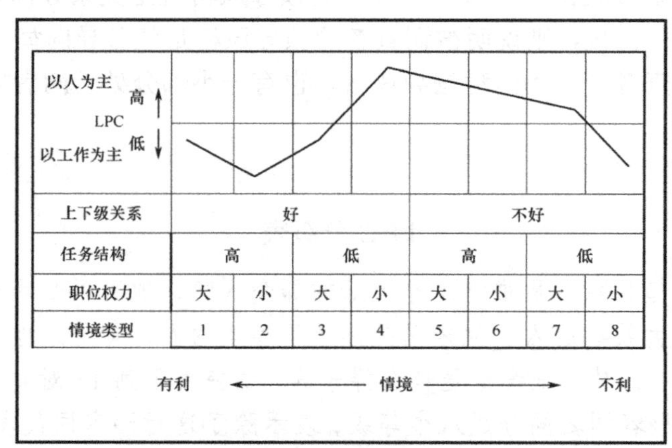


图 10-4 费德勒模型

费德勒研究了 1 200 个工作群体，对八种情境类型的每一种，均对比了关系导向型和任务导向型两种领导风格，他得出以下结论：

（1）1、2、3 三种情境对领导者相对有利，4、5、6 三种情境对领导者中度有利，7、8 两种情境对领导者相对不利；

（2）在情境非常有利或非常不利的情况下，任务导向型领导更有效；

（3）在中等有利情境下，关系导向型领导效果更好。

按照费德勒的观点，个体的领导风格是稳定不变的，就是关系导向型或任务导向型。这意味着如果情境要求与领导风格冲突，要想达到最佳效果是非常困难的。

### 3．领导者与情境的匹配

提高领导者的有效性实际上只有以下两条途径：

（1）替换领导者以适应情境。如果群体所处的情境被评估为十分不利，而目前又是一个关系导向型的领导者在进行领导，那么用一个任务导向型的领导者来代替则更能提高绩效。

（2）改变情境以适应领导者。通过改变上下级关系、任务结构或者职位权力，可以实现情境改变。费德勒建议组织应该集中精力对情境进行改变，以适合他们的领导者，而不是改变领导者以适应情境。

费德勒模型表明，并不存在一种“绝对最好”的领导方式，领导者必须具有适应性，自行适应变化了的环境。为了得到最有效的领导方式，可以根据环境的具体情况来选择领导者，使其领导风格适应具体的环境；也可以改造环境以符合领导者的风格。例如，可以通过改变下属组成来改变环境情况；可以通过详细布置工作内容使改造任务明确化；可以通过充分授权而加强领导者的职位权力。

费德勒模型是领导权变理论中影响最大和应用范围最广的理论之一。但是，该模型还存在一些缺陷，在 LPC 以及该模型的实际应用方面也存在一些问题。例如，LPC 的逻辑实质尚未被很好地认识，一些研究指出回答者的 LPC 分数并不稳定；三项权变变量对于实践者进行评估也过于复杂，在实践中很难确定上下级关系有多好，任务结构有多高，以及职位权力有多大。另外，该模型关于“个体的领导风格是固定不变的”这一假设也与实际情况不符，个体的领导风格不是一成不变的，有效的领导者完全可以而且必须做到通过改变领导风格去适应环境的需要。

### （二）连续体模型

连续体模型是美国加利福尼亚州大学的坦南鲍姆和施密特在 1968 年的《哈佛商业评论》上发表的论文“如何选择领导模式”中首先提出的。他们认为，在独裁和民主之间存在一系列领导行为方式，构成一个连续分布的连接体。领导行为方式并不是一成变的，而是随着环境的变化而变化的；领导行为方式不是机械地只在独裁和民主之间选择的，而是根据客观需要把二者结合起来运用的。有效的领导方式就是在特定的时间、地点和条件下选择恰当的领导行为方式。

他们认为，领导风格与领导者运用权力的程度和下属在做决策时享有的自由度有关。连续体的最左端表示专制的领导行为；连续体的最右端表示对下属进行充分授权的民主型领导。在管理工作中，领导者使用的权力与下属拥有的自由度之间是彼扩此缩的关系。在高度专制和高度民主的领导风格之间，坦南鲍姆和施密特划分出七种主要的领导方式：领导者做出决策并宣布实施；领导者提出计划并征求下属的意见；领导者说服下属执行决策；领导者提出可修改的计划；领导者提出问题，征求意见做决策；领导者界定问题范围，下属集体做出决策；领导者允许下属在上司规定的范围内发挥作用。图 10-5 描述了领导行为的连续体理论。

在现实中，完全意义上的“独裁”型领导者或“民主”型领导者是极其少见的，大多领导者采取的领导方式是根据需要在斜轴上移动的。即使是民主的领导者，也不是在所有问题上都民主，一般来说，重要的人事决定、战略方向的确定、重大投融资决策等，多由组织的高层甚至最高领导者独自决定，中低层管理者和普通员工参与程度很低。独裁的领导者也不是所有的方面都独裁，对一些他不关注或无法控制的工作，也会给予下属较大的自由度。例如，具体计划的执行方式，一般员工的奖金发放和福利，以及必须依赖下属完成的任务等。在实际生活中，影响领导者个人放权及允许下属参与决策的程度的主要因素包括以下几种：

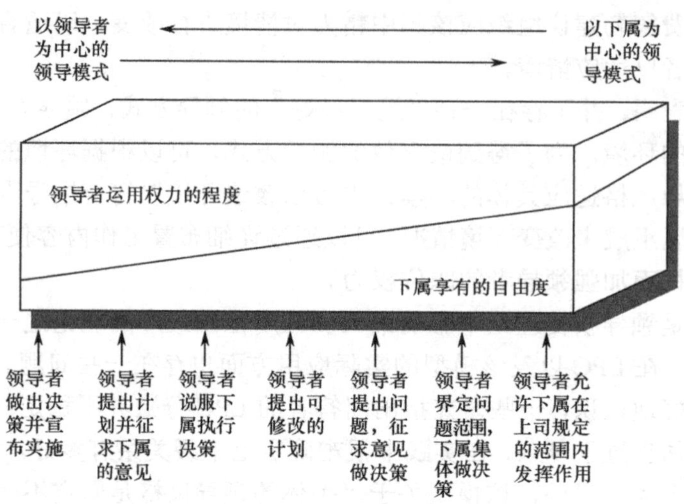


图 10-5 坦南鲍姆和施密特的连续体理论

（1）领导者特征，包括领导者的价值观、对下属的信任程度、领导作风倾向性，以及在不确定情境中的安全感等。

（2）下属特征，包括下属追求自主的意愿强度，对解决问题的兴趣、能力及重要性的认识，是否愿意承担责任，自我目标与组织目标的一致性等。

（3）情境因素，包括组织的类型、群体的成熟程度、各下属部门距离的远近，以及决策时限是否紧迫等。

连续体理论的贡献在于，不是把成功的领导者简单地归为专制型、民主型或放任型，而是指出成功的领导者应该能够评估各种影响环境的因素和条件，能够在此基础上确定自己的领导方式。连续体模式在领导方式的研究上摆脱了两极分化的倾向，反映出领导方式的多样化特征，比较符合实际。

## （三）领导生命周期理论

20 世纪 60 年代末，保罗·赫塞和肯·布兰佳提出的领导生命周期理论（又称情境领导理论），是一种重视下属的权变理论，其核心思想是管理者要根据被领导者的情况来决定自己的领导方式和行为。赫塞和布兰佳提出了具有三维结构的有效领导模型，认为领导者的风格应适应其下属的成熟度，成功的领导者要根据下属的成熟度选择合适的领导方式。当下属成熟度水平不断提高时，领导行为也需相应地改变。

### 1. 情境评价

成熟度是指人们完成某一具体任务的能力和愿望的大小。它取决于以下两个方面。

（1）任务成熟度。如果一个人具有无须别人指点就能完成其工作的知识、能力和经验，那么他的工作成熟度较高，反之则低。

（2）心理成熟度。心理成熟度是指做事的愿望或动机的大小。如果一个人能自觉地投入工作，无须外部的激励，则他的心理成熟度较高。

根据以上两个维度，可以把下属的成熟度分为四种类型。

（1）无能力，且不愿意。

（2）无能力，但愿意。

（3）有能力，但不愿意。

（4）有能力，且愿意。

该理论在原来的以人为主和以工作为主的二维领导模型基础上，增加了下属成熟度这一新的维度，成为由关系行为、任务行为和下属成熟度组成的三维领导模型，如图 10-6 所示。

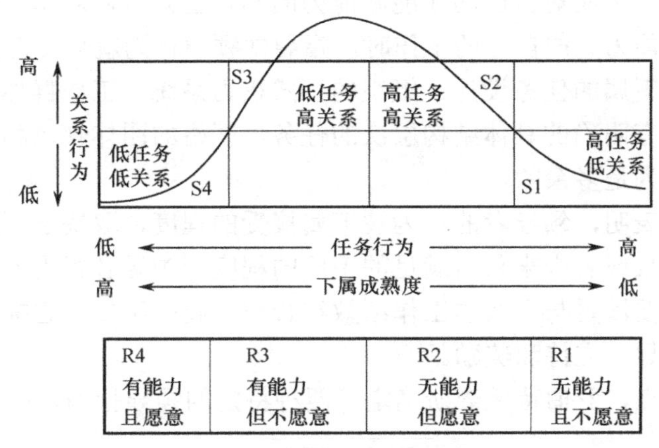


图 10-6 领导生命周期理论

模型横坐标代表任务行为（领导者和下属为完成任务而形成的交往形式），纵坐标代表关系行为（领导者给下属以帮助和支持的程度），在下方加一个下属成熟度坐标。

**2. 可供选择的领导方式**

R1、R2、R3、R4 分别表示下属的不同的成熟度。根据关系行为、任务行为和下属成熟度，可以把领导方式分为四种类型：命令式（S1）、说服式（S2）、参与式（S3）、授权式（S4）。特点如下。

（1）命令式（高任务—低关系）。适用于下属成熟度低（R1）的情况，领导者具体指点下属应该干什么、如何干等。

（2）说服式（高任务—高关系）。适用于下属较不成熟（R2）的情况，领导者既注重工作任务的完成又要指点下属，并加强与下属沟通，鼓励下属的积极性。

（3）参与式（低任务—高关系）。适用于下属较成熟（R3）的情况，领导者与下属共同参与决策，领导者考虑下属的意见、建议和要求，通过与下属协作与沟通，支持下属完成任务。

（4）授权式（低任务—低关系）。适用于下属成熟度高（R4）的情况，领导者直接授权，由下属独立开展工作，完成任务。

所以，根据情境领导理论，当下属从不成熟逐渐走向成熟时，领导行为也应从命令式逐渐转变为授权式。情景模型是实用的，因为它建立在员工对领导的期望上。能干的人所需的具体指导比不能干的人要少，只要根据员工的成熟度选择恰当的领导方式就可以了。但领导情景并非如四个象限所述那么清晰，领导者采取的行为并不是任何时候都有效。

## （四）路径—目标理论

路径—目标理论是加拿大多伦多大学教授罗伯特·豪斯于 1971 年提出的一种领导行为的权变模式。该理论的基本精神是提出领导工作的程序化问题。该理论认为，领导者的工作是通过指明实现目标的途径来帮助下属实现他们的目标。在不同的情境中，领导者对不同的下属要选择不同的领导风格。领导风格应该适合下属特征和任务特征。

（1）下属特征。当下属对自己的才能和能力的知觉上升时，对指导性领导的需要会下降。当下属感到有能力完成自己的工作时，指导性领导行为就会变得多余。

（2）任务特征。下属的任务设计、组织的正式权力系统、工作群体，这些特征共同对下属起激励作用。有明确的具体结构层次的任务，严格的团体规范和已经建立权力系统的情境中，领导行为是多余的。

路径—目标理论表明，领导者的行为被下属接受的程度，取决于下属将这种行为视为当前获得满足的源泉或者未来获得满足的手段的程度。领导者行为的激励作用在于：第一，它使下属的需要满足与有效的工作绩效结合在一起；第二，它提供了获得工作绩效所必需的辅助、指导、支持和奖励。

为了考察这些观点，罗伯特·豪斯确定了四种特定的领导行为，如图 10-7 所示。

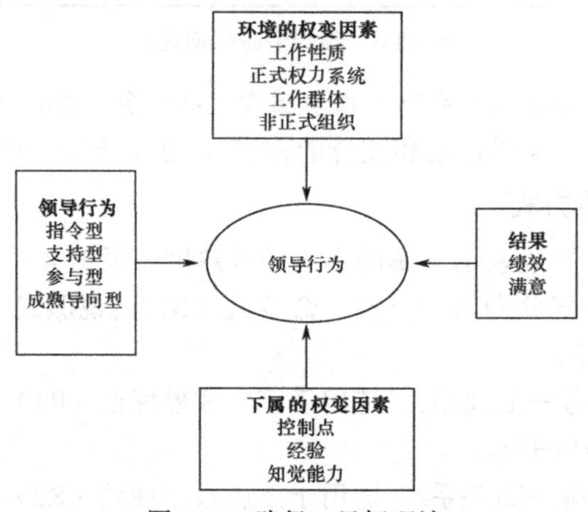


图 10-7 路径—目标理论

（1）指令型领导。特征是领导者对下属需要完成的任务提出指示，包括对下属的希望、如何完成任务、完成任务的时间期限等。指令型领导者为下属制定明确的工作标准，详细向下属讲述规章制度。这种领导行为适用于下属素质低、任务模糊不清、群体内部存在冲突等不利的工作情境。

（2）支持型领导。特征是领导者对下属的态度是友好的、可接近的，他们关注下属的福利和需要，平等地对待下属，尊重下属的地位，能够对下属表现出充分的关心和理解，在下属有需要时能够真诚帮助。支持型领导适用于任务明确、下属自觉性强等有利的工作情境。

（3）参与型领导。特征是领导者邀请下属一起参与决策。参与型领导者能同下属一道进行工作探讨，征求他们的想法和意见，将他们的建议融入团体或组织将要执行的那些决策中。这种领导行为要求下属成熟度较高，有较强的参与意识。

（4）成熟导向型领导。特征是领导者为下属设置具有挑战性的目标，充分信任下属，并期望下属实现自己的最佳水平。这种领导行为要求下属有强烈的自我实现的需要。除了对下属期望很高，成就导向型领导者还非常信任下属有能力制定并完成具有挑战性的目标。

路径—目标理论在实际运用和实证研究中都取得了积极效果。它比较好地解释了哪些因素影响着工作动机，领导行为如何影响绩效和下属的满意度，以及在特定的情境下某种领导方式效果更好的原因，具体如表10-4所示。

**表10-4 领导风格和环境**

| 领导行为 | 具体行为 | 环境（下属特征和任务特征） |
|---|---|---|
| 指令型 | 确定群体目标；<br>明确各自职责；<br>严格管理员工；<br>用正式的权力管理 | 群体的任务是非程序化的；<br>员工期望得到指导 |
| 支持型 | 友好、平易近人；<br>明白下属的兴趣；<br>用奖励支持下属 | 任务缺乏刺激性；<br>员工希望得到领导的支持和鼓励 |
| 参与型 | 让下属参与决策；<br>分担责任；<br>鼓励协调一致；<br>用非正式权力领导 | 任务复杂；<br>员工希望某些指点；<br>员工有工作所需技能 |
| 成熟导向型 | 鼓励下属设置高目标；<br>让下属充分发挥创造性；<br>实行目标管理 | 员工希望自我控制；<br>员工能自我激励；<br>员工有所需工作技能 |

## 自我诊断

### 你能成为一位好领导吗

领导及管理能力是经营管理技能的一个重要方面，它关系到公司运行的效率及公司的效益。那么，你是一位好领导吗？你的管理能力如何？请首先回答下列问题，再对照答案进行判断。

1．在以下三种职业中，你最喜欢哪种？

A．做某个组织的发言人

B．做某个团体的领导人

C．做一支军队的指挥官

2．你认为授权下级有何好处？

A．有利于提高员工个人能力

B．可以让上级领导集中精力于高层管理
C．减轻上级领导的工作负担
3．当你准备做出一项与下属员工的工作密切相关的决定时，是否征求他们的意见？
A．是的，我一贯重视员工的意见
B．不，我认为管理者有权做决定
C．不一定，这要取决于我是否有时间
4．你授权给下级时，给他们多大权限？
A．希望他们先斩后奏
B．每做重要决定时都征求你的意见
C．自行决定是否要征求你的意见
5．你希望下属参与制订工作计划吗？
A．不，因为他们会劝我降低指标的
B．是的，因为这样才能使他们发挥积极性，真正全心全力地完成工作
C．有时候，但重大项目除外
6．如果某名下属在完成一项艰巨任务时有很好表现，你会怎样？
A．立即向他表示祝贺
B．不加评论，避免他趁机要求加薪
C．遇到他时顺便表扬几句
7．如果某名一向表现很佳的员工突然业绩下降，你会：
A．尽快找他促膝谈心，找出问题所在
B．态度强硬地逼他改正
C．让人事部门去调查原因
8．如果你将向全体员工宣布一项重要的新措施，你会：
A．发一份简报，将新措施方案刊载在其中
B．安排一名助手向大家解释
C．召开一次专门会议，向每名下属详细解释新方案
9．如果某名下属因未获提升而情绪低落，你会：
A．告诉他那个职位本来就不适合他
B．教他改进的方法，以便在下一次提升时脱颖而出
C．劝他别伤心，告诉他谁都会有挫折
10．如果你对某名下属提出的过激方案不感兴趣，你会：
A．指出这个方案的缺陷，同时鼓励他重新考虑新方案
B．告诉他这个方案不合时宜，成本太高，不能实施
C．表示你将认真考虑他的意见，随后丢进档案柜不再理会

**【评分标准】**

| （1） | （2） | （3） | （4） | （5） |
|---|---|---|---|---|
| A．0 | A．0 | A．10 | A．5 | A．0 |
| B．10 | B．5 | B．0 | B．0 | B．10 |

| | | | | |
|---|---|---|---|---|
| C. 5 | C. 10 | C. 5 | C. 10 | C. 5 |
| (6) | (7) | (8) | (9) | (10) |
| A. 10 | A. 10 | A. 5 | A. 0 | A. 10 |
| B. 0 | B. 0 | B. 0 | B. 10 | B. 5 |
| C. 5 | C. 5 | C. 10 | C. 5 | C. 0 |

分数总计：________________

**【测试结果】**

81～100 分

你将是一位出色的领导者。你善于调动员工的积极性，善于合适地授权下属，使公司的运行具有较高效率，也使你的公司具有较强的竞争力。建议你再参考本书有关提高管理能力的技法，它将使你更出色。

56～80 分

你能正确认识经营管理者的职责，不过还不够大胆，不能充分信任员工，你还需学习和训练。建议你参考本书有关提高管理能力的方法。

26～55 分

你过于保守，束缚着下属的发展。你不仅需要参加各种培训和学习本书的各类方法，还应增加自信以及对别人的信心。

0～25 分

你根本不适合做经营管理工作，你很难是一位领导者。

（资料来源：http//www.baidu.com）

## 课后思考题

1. 领导的含义是什么？领导的职能有哪些？
2. 领导者的影响力来源于哪里？
3. 什么是领导特质理论的含义？它存在哪些弊端？
4. 结合我国国情，你觉得我国的领导者应具备哪些特质。
5. 领导行为理论关心哪两个基本问题？
6. 领导作风理论包括哪几种类型？含义各是什么？
7. 管理方格理论下分出哪些典型的领导行为？
8. 费德勒模型的主要内容及贡献是什么？
9. 领导生命周期理论的含义是什么？它对我国管理实践有何指导意义？

## 案例分析

### 王建民的领导方式

瑞翔开发公司由于在一开始就瞄准成长的国际市场，在国内率先开发出某高技术含量的产品，其销售额得到了超常规的增长，公司的发展速度十分惊人。然而，在竞争对手如林的今天，该公司和许多高科技公司一样，也面临着来自国内外大公司的激烈竞争。

当公司经济上出现了困境时，公司董事会聘请了一位新的常务经理王建民负责公司的全面工作。而原先的那个自由派风格的董事长仍然留任。王建民来自一家办事古板的老牌企业，他照章办事，十分古板，与瑞翔开发公司的风格相去甚远。公司管理人员对他的态度是：看看这家伙能待多久。看来，一场潜在的“危机”迟早会爆发。

第一次“危机”发生在常务经理王建民首次召开的高层管理会议上。会议定于上午9点开始，可有一个人姗姗来迟，直到9点半才进来。王建民厉声道：“我再重申一次，本公司所有的日常例会要准时开始，谁做不到，我就请他走人。从现在开始一切事情由我负责，你们应该忘掉老一套，从今以后，就是我和你们一起干了。”到下午4点，竟然有两位高层主管提出辞职。

此后，公司发生了一系列重大变化。由于公司各部门没有明确的工作职责、目标和工作程序，王建民首先颁布了几项指令性规定，使已有的工作有章可循。他还三番五次地告诫公司副经理徐钢，公司一切重大事务向下传达之前必须先由他审批，他抱怨下面的研究、设计、生产和销售等部门之间互相扯皮，结果使公司一直未能形成统一的战略。

王建民在详细审查了公司人员工资制度后，决定将全体高层主管的工资削减10%，这引起公司一些高层主管向他辞职。

研究部主任这样认为：“我不喜欢这里的一切，但我不想马上走，因为这里的工作对我来说太有挑战性了。”

生产部经理也是个不满王建民做法的人，可他的一番话颇令人惊讶：“我不能说我很喜欢王建民，不过至少他给我那个部门设立的目标我能够达到。当我们圆满完成任务时，王建民是第一个感谢我们干得棒的人。”

采购部经理牢骚满腹。他说：“王建民要我把原料成本削减20%，他一方面拿着一根胡萝卜来引诱我，说假如我能做到的话就给我油水丰厚的奖励。另一方面则威胁我，说如果我做不到，他将另请高明。但干这个活简直就不可能，王建民这种‘胡萝卜加大棒’的做法是没有市场的。从现在起，我另谋出路。”

但销售部胡经理的态度则让人刮目相看。以前，销售部胡经理每天都到王建民的办公室去抱怨和指责其他部门。王建民对付他很有一套，让他在门外静等半小时，见了他也不理会他的抱怨，而是一针见血地谈公司在销售上存在的问题。过不了多久，大家惊奇地发现胡经理开始更多地跑基层而不是王建民的办公室了。

随着时间的流逝，公司在王建民的领导下恢复了元气。王建民也渐渐地放松控制，开始让设计和研究部门更放手地去干事。然而，对生产和采购部门，他仍然勒紧缰绳。公司内再也听不到关于王建民去留的流言蜚语了。大家这样评价他：王建民不是那种对这里情况很了解的人，但他对各项业务的决策无懈可击，而且确实使我们走出了低谷，公司也开始走向辉煌。

**思考：**

1. 王建民进入瑞翔开发公司时采取了何种领导方式？这种领导方式与留任的董事长的领导方式有何不同？

2. 他对研究部门和生产部门分别采取了何种领导方式？当公司各方面的工作走向正轨后，为适应新的形势，王建民的领导方式将做何改变？为什么？

# 第十一章　组织文化

**本章重点**

- 掌握组织文化的内涵与特性。
- 理解组织文化的结构。
- 了解组织文化的功能。
- 认识组织文化的形成、维系和变革。

## 引例

谷歌以搜索引擎和安卓操作系统闻名，2018年位居全球十大市值科技公司第二名，仅次于苹果公司。谷歌的使命是，整合全球信息，使人人皆可访问并从中受益。谷歌的员工是世界上最聪明的一群人，他们都具有极强的主动性、进取心和创新精神，对未来和新生事物充满好奇心，而且普遍认同谷歌的使命。谷歌鼓励工程师花20%的时间去开发自己感兴趣的项目，无论这个项目与平时的工作是否相关。

谷歌的文化吸引了一批有能力，追求高效率和快速解决问题的优秀科技人才，并把他们紧紧凝聚在一起。在谷歌，员工和CEO之间可以直接沟通，自由表达个人的想法和解决问题的方案。和一般的公司不同，如果员工发现了不属于自己职责范围的问题，可以主动加以解决。公司创始人佩奇曾经发现谷歌的广告搜索引擎出现了大量不匹配的搜索结果，就将这些不满意的搜索广告直接张贴在公司墙壁的公告板上。一个叫迪安的搜索引擎工程师，偶然看到了佩奇的留言，就和自己的团队周末加班设计了新的算法模型并提供了测试结果，发邮件给佩奇，从而直接催生了AdWords这项现今谷歌的主要业务。

迪安的团队研发出AdWords业务的算法模型极具偶然性。本来，广告根本就不属于迪安及其团队的管辖范畴，他们只是碰巧在周五看到了佩奇的留言而已。他们认为，糟糕的广告呈现严重违背了公司的使命，即使牺牲周末时间，也要解决这个问题。他们这样做也是因为，如果失败了，不会受到责备，而成功了，广告团队的成员也不会妒忌，因为在追求工作效率上他们具有相同的价值观。

**思考：**

1．谷歌的组织文化有何特点？

2．谷歌的组织文化对其发展有何作用？

# 第一节 组织文化概述

## 一、组织文化的内涵

文化和组织文化的内涵至今尚未达成共识。有人将文化看成人们的行为方式，包括思想、语言和行动等；有人则强调文化深层次的、类似于人的潜意识的成分；还有人将文化视为明显的、可见的、人为的创造物，如企业的产品、建筑物、标识等。我们认为，只有综合人类学、管理学、社会学、心理学，以及行为理论、人性理论来认识组织文化的内涵，注重进行多学科的深入或学科间的有机结合，方能准确、客观地理解组织文化。

### （一）传统组织文化内涵概述

总体来说，既往对组织文化的定义大致可以分成两类：组织文化的层次模式和组织文化的要素模式。

#### 1．组织文化的层次模式

这类模式的代表人物有沙因、哈奇、科特和赫斯克特。基本观点是：组织文化存在不同的层次，各层次之间存在相互作用。组织文化就是由这些层次和相互关系构成的有机整体。

沙因提出企业文化三层次模型。沙因认为“组织文化是由特定人群在学习应对外部适应与内部整合问题中所发明、发现或者发展出的基本假定模式——那些经过实践检验是有效的，因此被传授给新员工，以修正其同这些问题相关的感知、思维”。组织文化可以分为表征、价值观与基本假设三个层次，三个层次之间存在相互关系。

哈奇提出的组织文化动态模式，对沙因的模型进行了如下修正：加入新元素——“象征”，将原有的企业文化三层次结构扩展为四层次结构；四层次（基本假定、价值观、表征、象征）形成动态的循环关系，从而使得组织文化的概念由静而动。哈奇的组织文化动态模式认为组织文化是由基本假定、价值观、表征与象征四个层次及其相互的连接过程所构成的。

科特和赫斯克特认为，组织文化可以分为两个层次。在较高层次上来说，文化指的是团队中人们共享的价值，并且是那些即使团队成员发生变动也能有所坚持的价值；在较为可见的层次上，文化表现为组织成员鼓励新成员所采取的行为模式和风格，两个层次的文化相互影响。

#### 2．组织文化的要素模式

组织文化的要素模式指的是对组织文化所应包含的一系列价值观特征的描述。这类模式的主要代表人物是特雷斯·迪尔、阿伦·肯尼迪、斯蒂芬·罗宾斯等。

特雷斯·迪尔与阿伦·肯尼迪合作出版了《企业文化——现代企业精神支柱》。他们认为，每个企业——事实上是每个组织——都有一种文化。无论是软弱的文化还是强有力的文化，在整个企业内部都发挥巨大的作用。企业文化包含五种因素：①组织环境。对组织文化的形成和发展具有关键作用。②价值观。企业文化的核心和基石，组织的基本思想和信念。价值观把员工凝聚在一起，产生共享价值的作用，大部分企业能成功在于能分辨、接受和执行企业的价值观。③英雄人物。组织文化的浓缩和结晶，把价值观人格化并且为员工树立具体的楷模。④礼节及仪式。组织日常生活中的惯例和常规，是组织动态的文化，是组织成员意识到的组织所期望的行为模式。⑤文化网络：有效传递组织价值观和英雄人物，是组织文化所推行和流动的渠道。

斯蒂芬·罗宾斯认为组织文化是成员共享的意义体系，即其所重视的一组重要物质，它们相互搭配，即成为组织文化，并将组织文化归纳为以下要素的集合：①成员认同。成员对企业整体认同，而不是对自己的工作类型或所属专门领域认同的程度。②强调团队。工作活动以团队而非以个人为主的程度。③以人为主。做决策时会考虑决策结果对其他人员产生影响的程度。④单位整合。各单位彼此协调运作的程度。⑤控制。利用规定、管制及人员直接监督来控制员工行为的程度。⑥风险容忍度。鼓励员工进取、创新及冒险的程度。⑦报酬准则。加薪、升迁等报酬分配时是根据个人绩效，而非年资或其他非绩效准则的程度。⑧冲突容忍度。鼓励公开、冲突与批评的程度。⑨过程结果取向。管理层重视结果而非过程的程度。⑩开放系统重视度。组织对外在环境变动反应的灵敏程度。

无论是层次模式的组织文化还是要素模式的组织文化，都强调共同价值观是其核心。价值观是对生活实践经验和价值取向的总结与概括，是人的认知结构、思维方式、理想信念、情感意志等的集中体现。价值观随着不同的社会形态、不同的时代背景而有所差异。这些特定的社会因素通过影响人的价值观来规范和引导人的行为。

## （二）对组织文化的重新认识

我们将从理论分析与基于管理实践的思考对组织文化进行认识与研究。

### 1. 理论分析

从管理学的角度看，组织文化源于对管理思想的挖掘，通过组织沟通体系传播，以精神和价值来激发员工的活力，从而达到提升管理的目的。从社会学的观点看，人类文化有三个特性：首先，文化是针对人类群体而言的；其次，群体共有的东西才是文化，个人的东西称为个性而不能称为文化；最后，群体中唯有稳定持久的东西才构成文化，所以文化有历史的传统。作为人类社会的一种亚文化，组织文化也应具备这三个特征。

组织文化与人的精神是紧密相关的。通常，人的个性只有在与别人的交往过程中才能表现出来。个体所处环境的压力，容易造成个体内心价值丧失和不安感的加剧。个体便通过自我系统进行调节，使个性以相应的社会价值为导向，精神动力就是自我系统的能量源泉。由人组成的组织具有集体人格和内在的精神，组织文化与组织在发展过程中逐渐积累而成的传统，以及组织中人们的广泛属性、稳定的心理和行为结构以及由此构成的整体氛围密切相关。

人的行动方向和动力来自精神的信仰与追求，进一步说，人的绩效的提高，归根结底还在于人们精神体系的改变。外部力量可以引导，但无法强制。在组织中，任何规范的形成都必须经过基于集体意志的组织规范的“内化”方可真正成为众人的规范，进而发展成组织的一种文化。组织文化只有符合人的精神规律才会得到规律的酬偿。只有符合人性的组织文化，再加上已经得到很好发展的管理技术，管理才能达到管理的目的。

因此，组织文化与个体精神的引导以及集体人格的塑造密不可分。这就要求无论是管理手段的使用，还是制度的建设，以及组织文化的出发点，都必须重视精神发生作用的机制和对人性的正确认知。

2. 基于管理实践的思考

任何理论的出现、形成密切依赖实践，尤其是管理理论，更应该以解决实际问题为目标。组织文化的定义、内涵，亦应该从实际问题入手。

（1）从现今的管理现状来看，管理表现为一种“他律”，而不是“自律”。主要体现在管理实践中管理者偏重人的行为控制，只教人如何管理别人，却很少教人管理自己。而管理的控制思想与人的自主性是冲突的，进而造成了一定的自主性的矛盾。实际上，管理首先是每个人的自我管理，这是一切管理的基石。组织文化正是将自我管理作为基础的。

（2）现今的管理过于强调管理工具的理性。尽管管理科学曾对现代社会产生了非常重要的影响，然而管理科学作为知性科学，具有自身难以弥合的局限性：它力图通过系列的、组合式的、系统化的科学手段提升组织的效率，却忽视了人的自主性，弱化了人的自我觉醒和自主开发，其最大的问题就在于没有关于“整体人”的理念，破坏了人的内在心灵，造就了一个纯物质的商业佛手、权益独占的社会。

从组织文化的视角来看，管理绝不仅仅是一种工具、一种技术手段，更重要的是一个如何提升、实现人的价值的过程。因为任何组织目标的实现，都要与人的发展共同实现。

（3）管理实践中偏重于物质刺激和行为控制。许多管理者不得不面对这样的困惑：物质刺激类管理手段的边际效用不断递减，甚至走向反面——数量不断增加的金钱与以更快速度增长的期望的差距越来越大，人们对于金钱刺激的敏感性越来越低，以至于人们对于低速增长的金钱越来越感到没有意思，人们的精神追求空缺。

3. 对组织文化的重新解读

首先，组织文化是一场变革管理思想的新文明运动。它不是在物质刺激效果逐渐降低的情况下出现的一种新的精神“麻醉剂”，更不是一种更加巧妙的管理控制手法。这里所说的组织文化，指的是组织的管理文明，是用新的思想彻底更新传统管理理念的思想基础；是在充分尊重人性的基础上把人们内心的追求力量引发出来，指向正常并健康地发展；尊重并引导人的追求，而不是压抑人的发展欲望；通过造就文明人、发展文明的管理，倡导以文明的精神做人、做事的新型人生模式，进而推动文明事业的进步。

其次，组织文化的价值定位应该是先进的文化，而不是所有文化。任何组织中都存在着先进的文化，也存在着落后的文化。一个组织的文化如能促进组织发展，同时促进每个人的发展，它就是先进的文化；如果阻碍发展，导致组织退步并走向衰败，它就是落后的文化。

最后，组织文化应该是对人在组织中与工作事业相关的、与组织和个人利益相关的理念、利益的共同认知。传统组织文化的建设表面上不涉及经营活动，不会出现组织文化的“口号化”和“宣言化”现象。但科学的组织文化必须基于组织经营实践，并为组织经营服务。

综上所述，组织文化是指组织中人们在发现问题与解决问题的实践中建设、共享、促进组织与人的共同发展而不断形成的，被组织成员认可并且遵守的价值观、信念、思维方式、工作准则、行为规范的总和。组织文化的核心是价值观，优秀的组织文化以共同的价值观推动组织的发展，约束组织内成员的行为。组织文化是一种新的以人为本的管理方式，通过塑造良好的组织文化，提升管理者的水平，加强组织内部成员的责任感，提升竞争优势，使员工把自己看作组织大家庭中的一员，与组织同呼吸共命运。

## 二、组织文化的特性

### 1. 精神性和物质性

组织文化之所以对组织的经营管理起作用，主要不是因为规章制度之类的硬约束，而是因为精神力量对员工的熏陶、感染和诱导，使员工产生对组织目标、行为准则及价值观的认同感，自觉地按组织的价值观及行为准则去工作。

组织文化的精神性主要表现为一种信仰的力量、道德的力量和心理的力量。信仰的力量支配、决定组织中每个员工的目标导向；道德的力量促使员工自觉地按照标杆——共同准则调节和规范自身的行为，并转化为员工的内在品质；心理的力量促使员工在各种环境中都能有效地控制和把握自己的心理状态，使员工在各种复杂、变化的环境中能够坚定信念，保持旺盛斗志，进而形成组织的强大动力。

组织文化的物质性主要表现为组织的产品及服务，建筑风格，车间和办公室的设计及布置方式，技术工艺设备，纪念物等，是组织文化的具体反映，成为塑造组织形象的工具。

### 2. 根生性和吸纳性

组织文化的形成源于组织发展历史和客观实际，主要涉及组织的历史、组织领导者的价值观、组织特点等方面。组织的历史主要包括组织的发展历程、组织的优良传统、自身独特的管理经验、工作作风及模范人物的先进事迹等；组织领导者的价值观往往构成组织文化的根基和组织文化的源头，是形成组织文化的关键因素，并对组织的发展方向、管理风格的形成有着重要的影响；组织特点主要包括组织的生产经营状况、各种规章制度和宣传材料、组织员工等方面。

组织文化的吸纳性是在尊重根生性的基础上，要善于吸收国内外优秀组织先进文化的精华以及民族文化、行业文化等，兼收并蓄，为我所用，最终变成组织的文化生产力。民族文化是组织文化的根，只有在民族文化的浸润下，才能创立具有特色的组织文化。各行业的生产经营活动差异很大，组织在创立自己的文化时要具有鲜明的行业特色。对国内外优秀的其他组织文化，要进行有效的改造、融合，并依据社会发展的趋势和文化的渐进性，结合本组织的日标和任务进行借鉴。

### 3. 稳定性和发展性

组织文化是组织在实现组织目标的过程中形成和建立起来的，是一个长期的过程。组织文化一旦形成，并不会迅速改变，而会维持较长时间的稳定，因此具有历史的惯性而呈现为相对的稳定性。这种稳定性能长期对组织员工产生影响。

随着组织内外部环境的变化，组织文化必然表现其变化、发展的特点。组织在运营过程中，内外部情境会不断发生变化。由这种情境变化形成的压力和紧张对组织现有价值观将造成不同程度的影响，从而迫使组织及其成员学习与适应，使组织文化自然地演变或成长。

### 4. 历史性和时代性

组织文化作为一种亚文化，不仅与领导者有意识地在组织内部长期灌输、倡导的经营理念有关，还不可避免地留有社会、政治、经济或国家政策的历史印记。组织文化的内容、表现形式等本身就是当时社会政治、经济、文化的折射。

组织文化的时代性是指组织文化必须适应时代发展的要求，符合时代的特征和潮流，从而有利于促进组织的改革、创新和发展。组织文化必然成为时代精神的反映。

### 5. 价值性和操作性

以价值观为核心的组织文化自身具有的价值性，主要表现为组织文化是组织的价值判断标准。组织文化使每个员工知道组织提倡什么，反对什么，怎样做才能符合组织的内在规范要求，怎样做可能会违背组织的宗旨和目标，进而形成在组织中的是非判断标准。组织文化把人作为组织文化的“中心”是以造就人的发展为目标的管理哲学，将关注组织的发展和关注人的发展结合起来，并在两者中形成良性互动。

随着组织文化建设的不断深入，组织逐步在实践中开展程度不同的尝试。组织文化不是停留在文本式、口号化的文化形态，而是把组织文化所倡导的价值观和行为规范等深入员工的内心并能够得到固化，形成一套能够支持公司战略的管理文化体系。

### 6. 精英性和全员性

组织领导人是组织的精神领袖，他们既是组织文化建设的设计者、组织者、引领者，又是组织文化最忠实的实践者。领导的文化观念潜移默化地影响员工的成长，是每个员工所效仿的榜样。

组织文化具有群体认同性。组织文化是大多数员工共享并共同遵守的价值观，与组织的各种制度互为作用，运用到管理行为中。要让广大员工感到自己参与了组织文化的整理和提炼，并且在之后的实践过程中身体力行。

### 7. 特色性和共同性

组织文化的内容、形式源于实践，是经营实践中形成的理念、传统、风格、习俗的沉积，在一个国家、民族、区域内具有很多共同特征。

组织文化并不是千篇一律的，在不同社会、不同民族、不同地区的不同组织中，其文化风格各有不同。一个组织的文化只为这个组织所有，只适合这个组织，是这个组织生存、发展及其历史延续的反映。

## 三、组织文化的结构

由于组织文化定义的不同，人们关于组织文化的结构的划分也不尽相同。

### （一）组织文化的三层次结构

沙因在其关于组织文化的定义中，把基本假设作为文化的本质，把价值观与行为当作文化本质的表现形式。他将组织文化分成三个层次，如图 11-1 所示。

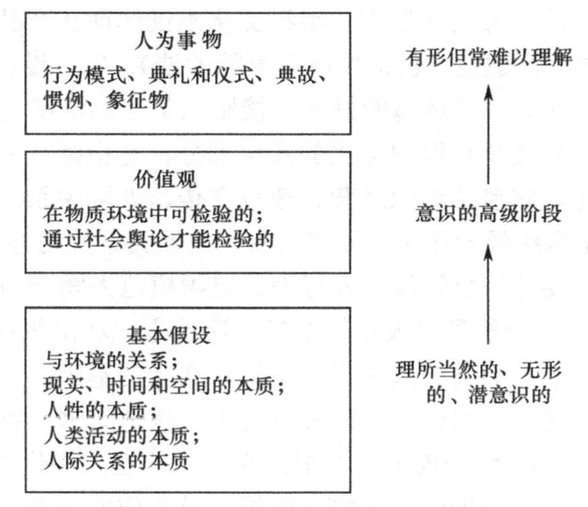


图 11-1　组织文化的三层次结构

第一层次：人为事物。观察人为事物比较容易，困难的是了解人为事物所包含的意义，以及它们怎样相互联系和它们的深层模式。人为事物和创造物是文化最明显的层次，它是文化的初级层次，在这一层次上显示出了文化创立的物质和社会环境。我们可以在这个层次观察物体的空间布局、团体的技术成果、它的书面报告和口头语言、成员的公开行为和外在表现。研究文化需要对人为事物做出符号学的解释，弄清它的文化内涵。总体来说，这个层次的文化是可观察的。

第二层次：价值观。文化知识最能反映某个人的基本价值观。价值观强调的是“应该”，而不是“实际”。只有某种价值观产生了实际效果，而且持续发挥作用，它才能逐渐转变为信念和假设。当价值观被团体成员认为理所当然，并进入无意识状态，习惯成自然时，就能起到指导团体成员怎样去处理相关问题的作用，成为组织的准则和精神力量。如果大家所信奉的价值观与文化的基本假设是一致的，那么将大大提高企业的凝聚力。要注意的是，组织成员的价值观并不总是一致的，共同价值观的形成需要经过一个看得到效果的磨合过程，即便在已经形成共同价值观的情况下，员工的行为也不一定完全符合这种价值观。总体来说，这个层次的文化是有意识的。

第三层次：基本假设。阐明了企业主要信奉的价值观，并不代表真正了解企业文化。只有更充分地了解各种类型的基本假设，才能进入更深的文化层次，才能理解不同的价值观，并准确地预见未来的行为。什么是基本假设？在沙因的解释中，它是一种解决某一问题时理所当然的方法，与价值观的区别就在于，它是“无意识”或者“潜意识”的。在组织中，当一种预感和价值观逐步被成员当作客观现实时，这一假设就成立了。

## （二）组织文化的四层次结构

大多数学者都把组织文化分为物质文化、行为文化、制度文化和精神文化等四个方面。组织文化学者经常用洋葱或冰山来类比组织文化的层次结构。文化的可见部分相当于洋葱的表皮或者冰山的尖端一样，只是一小部分，大部分则隐藏在组织的内部。

（1）物质文化。物质文化是组织文化的表层文化，是指组织的物质基础、物质条件和物质手段等方面的总和。组织文化作为社会文化的一个子系统，其显著特点是以物质为载体，物质文化是它的外部表现形式。组织文化不仅体现在产品服务以及技术进步这些物质载体上，还通过厂区建设（包括生产环境的改造）、生活设施、文化设施等诸多方面来体现组织的物质文化。生产环境的好坏直接影响员工的情绪与心理。

（2）行为文化。行为文化是组织文化的浅层部分，是指组织成员在生产经营、学习娱乐中产生的活动文化。它包括组织经营、教育宣传、人际关系活动、文娱体育活动中产生的文化现象。它是组织经营作风、精神风貌、人际关系的动态体现，也是组织精神、组织价值观的折射，主要分为组织领导人行为、组织模范人物行为、组织成员行为。

1）组织领导人行为。组织领导人是组织经营决策方式和决策行为的主要来源，也是组织文化的塑造者。组织领导人的人生哲学是组织文化的基因，一个领导者创造一个组织的同时就创造了组织文化。例如，微软公司的文化就是比尔·盖茨形象的反映。

2）组织模范人物行为。组织模范人物把组织的价值观人格化了，他们是组织精神的伟大实践者，为组织成员树立楷模，并成为组织成员效仿的对象。他们对组织的目标高度认同，带领组织中的其他成员为了共同的目标奋斗，提高了组织的绩效。

3）组织成员行为。组织成员在任何一个组织中都是组织的主体。作为一个群体，组织成员的思维方式和行为方式都是基于组织文化而形成的。这种文化的基础决定了组织成员对于一件事情会做出什么样的判断，进而做出什么样的行为。个体的行为具有个性化的特点，当个体的行为与群体的行为不一致时，在群体压力下，个体会使自己的行为向群体行为趋同，最后达到一致。

（3）制度文化。制度文化是人与物、人与组织运营制度的结合部分，是一种约束企业和员工行为的规范性文化。它是组织文化建设中的中层结构部分，是组织文化的中坚和桥梁，把组织文化中的物质文化和精神文化有机地结合成一个整体。组织制度文化主要包括组织领导体制、组织结构体制和组织生产经营制度。组织领导体制是组织制度文化的核心内容。它影响着组织机构的设置，制约着组织管理的各个方面。组织结构体制是指企业为了有效实现企业目标而筹划建立的组织内部各组成部分及关系。组织生产经营制度是组织为求得最大效益，在生产管理实践活动中制定的各种带有强制性义务，并能保障一定权利的规定或条例，包括组织的人事制度、生产管理制度、民主管理制度等一切规章制度。

（4）精神文化。精神文化是组织文化结构中的核心层次。精神文化是指组织在生产经营活动中，受一定的社会文化背景、意识形态影响而长期形成的一种精神成果和文化观念，是广大员工共同而潜在的意识形态，包括组织精神、管理哲学、组织道德、价值观念、组织风貌等内容。精神文化是组织精神力量形成的一种文化优势，它是由组织信念、道德、心理等诸多因素综合而成的。组织信念是组织成员对某种现实或观念抱有深刻信任感的精神状态，它使人把思想和行动上的有效原则或目标统一起来。它规定和支配着组织员工的行为方向，引导和促使组织向着共同的目标前进。组织道德是组织在长期的生产经营过程中形成的，人们自觉遵守的道德风气和习俗，包括是非的界限、善恶的标准和荣辱的观念等。心理是组织员工在各种环境中有效把握自己行为的一种内心活动。组织文化深深地根植于组织员工内心，并且通过一定的文化网络在惯常的习俗或文化仪式中呈现出来，继而得到传承和发展。组织的精神文化能使组织员工共享。

## 第二节　组织文化的分类与作用

### 一、组织文化的分类

在研究组织文化的过程中，出现了诸多理论，如 Z 理论、7S 管理框架、革新性文化及学习型组织文化等。在此过程中，许多学者对组织文化进行了分类研究。下面对具有代表性的组织文化分类进行介绍。

#### （一）杰弗里·桑南菲尔德的组织文化类型

艾莫瑞大学的杰弗里·桑南菲尔德提出了一套标签理论，它有助于我们认识组织文化之间的差异，认识个体与文化的合理匹配的重要性。通过对组织文化的研究，他确认了四种文化类型。

**1．学院型**

学院型组织是为那些想全面掌握每一种新工作的人准备的地方。在这里他们能不断地成长、进步。这种组织喜欢雇用年轻的大学毕业生，并为他们提供大量的专门培训，然后指导他们在特定的职业领域内从事各种专业化工作。

**2．俱乐部型**

俱乐部型组织非常重视适应、忠诚和承诺。在俱乐部型组织中，资历是关键因素，年龄和经验都至关重要。与学院型组织相反，它们把管理人员培养成通才。

**3．棒球队型**

棒球队型组织鼓励冒险和革新。招聘时，从各种年龄和经验层次的人中寻求有才能的人。薪酬制度以员工绩效水平为标准，由于这种组织对工作出色的员工给予巨额奖酬和较大的自由度，员工一般都拼命工作。在会计、法律、投资银行、咨询、广告、软件开发、生物研究等领域中，这种组织比较普遍。

**4．堡垒型**

棒球队型组织重视创造发明，而堡垒型组织则着眼于组织的生存。这种组织以前多数是学院型、俱乐部型或棒球队型的，但在困难时期衰落了，现在尽力来保证企业的生存。在这种组织中工作安全保障不足，但对于喜欢流动性、挑战性的人来说，具有一定的吸引力。堡垒型组织包括大型零售店、林业产品公司、天然气探测公司等。

## （二）河野义弘的组织文化

河野义弘在调查统计了上百家企业后，将组织文化归纳为五种类型，如表 11-1 所示。

表 11-1 河野义弘的组织文化类型

| 要 素 | 活力型组织文化 | 独裁活力型组织文化 | 官僚型组织文化 | 僵化型组织文化 | 独裁僵化型组织文化 |
|---|---|---|---|---|---|
| 基本特点 | 富有创新价值且具有革命性构想 | 追随独裁者，但充满活力 | 行事注重固定的规则和流程 | 对于创造性的思维不关心，习惯满足已有的模式 | 不做创新的事情，只会吹拍逢迎，以追求自身利益为主 |
| 对组织的忠诚度 | 两极化 | 终身雇佣 | 终身雇佣 | 有机会就换工作 | 有机会就换工作 |
| 实例 | 较为年轻的企业组织 | 年轻的企业组织 | 才华企业组织、大型的机械式组织 | 独占企业、强大的企业组织 | 旧企业组织 |

## （三）科特尔和赫斯科特的组织文化类型

哈佛商学院的科特尔和赫斯科特两位教授依据组织文化与组织长期经营之间的关系，将组织文化分为以下三类。

### 1. 强力型组织文化

在具有强力型组织文化的企业中，员工们方向明确，步调一致，具有共同的价值观和行为方式，并愿意为企业自愿工作或献身。强力型组织文化提供了必要的企业组织机构和管理机制，从而避免了组织对那些常见的窒息组织活力和改革思想的官僚们的依赖，因此，促进了组织业绩的提升。

### 2. 策略合理型组织文化

具有这种组织文化的企业，不存在抽象的、完美的组织文化内涵，也不存在放之四海而皆准的适合所有企业的“克敌制胜”的组织文化。只有当组织文化适应于企业环境时，这种文化才是好的、有效的文化。不同的组织需要不同的组织文化，只有文化适应于组织，才能发挥其最大的功能，改善组织的经营状况。

### 3. 灵活适应型组织文化

市场适应度高的组织文化必须具有同时在员工个人生活和企业生活中都提倡信心和依赖感、不畏风险、灵活多样的行为方式等特点。员工之间相互支持。他们勇于发现问题、解决问题，有高度的工作热情，愿意为组织牺牲一切。

## （四）奎因的组织文化类型

密歇根大学的奎因认为，组织文化可以根据组织的相对控制取向和相对注意中心两个维度将组织文化分为四个类型，如图 11-2 所示。纵轴的相对控制取向，从稳定到弹性；横轴的相对注意中心，从内部到外部。

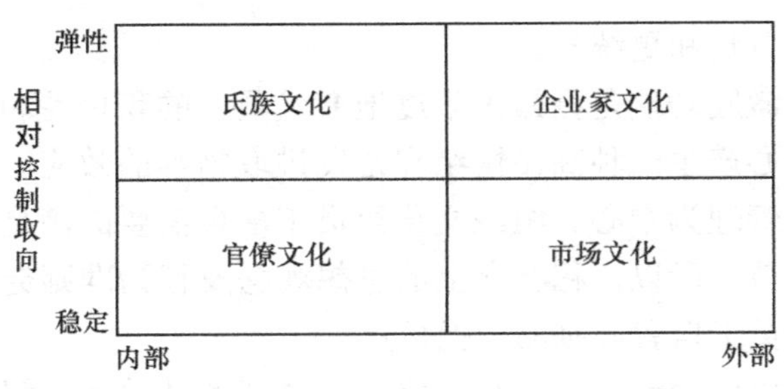


图 11-2　奎因的组织文化类型

（1）官僚文化。具有规范的、结构化的工作场所以及程序式的工作方式，企业领导在其中扮演协调者、控制者的角色，凡事皆有章可循，重视组织结构、层次和职权，重视组织的稳定性和持久性。

（2）氏族文化。强调组织内部的人际关系。组织像一个大家庭，员工像这个家庭的成员，彼此间相互帮助和关照，最受重视的价值是忠诚和传统。

（3）企业家文化。成员在一个动态的、充满冒险和创业激情的场所工作。组织的领袖是革新者和冒险家，强调组织要引领行业的发展，要成为产品和服务的先行者，同时鼓励员工个人的自由创造能力。

（4）市场文化。其特点是强调工作导向和目标的实现，重视按时完成各项生产经营目标。

## 二、组织文化的功能

组织文化对一个组织的发展来说可能不是最直接的因素，但是最核心、最持久的因素。组织文化是组织的灵魂，对于组织的发展具有重要作用。它可能产生积极的作用，也可能带来消极的影响。

### （一）积极的功能

（1）导向功能。组织文化能对组织整体和组织每个成员的价值取向及行为取向起引导作用，使之符合组织所确定的目标。组织如果建立了适合组织发展的组织文化，成员就会在潜移默化中接受共同的价值观，不仅过程自然，而且形成的竞争力也会持久。

（2）凝聚功能。组织文化是组织的灵魂，通过向成员宣传统一的组织价值观而将他们凝聚在一起。这些价值观将影响成员的生活方式和行为方式，促使他们积极地为组织创造价值。凝聚功能在组织创业开拓之际和危难之际将显示出巨大的力量。

（3）约束功能。组织文化对组织员工的思想、心理和行为具有约束和规范作用。组织文化的约束不是制度式的硬约束，而是一种软约束。这种约束产生于组织的文化氛围、行为准则和道德规范。群体意识、社会舆论、共同的习俗和风尚等精神文化内容，会造成强大的使个体行为从众化的群体心理压力和动力，使组织成员产生共鸣，继而达到行为的自我控制。组织文化更多地规范了组织内部员工的行为。组织有多种多样的目标，当有些目标相互冲突时，当个人目标与组织目标冲突时，无形的组织文化比写在纸上的行为规范更有力、更自觉和更统一。

（4）激励功能。激励功能是指最大限度地激发员工的积极性和首创精神。组织文化具有使组织成员从内心产生一种高昂情绪和奋发进取精神的效应。组织文化把尊重人作为中心内容，以人的管理为中心。组织文化给员工多重需要的满足，并能对各种不合理的需要以软约束来调节。所以，积极向上的思想观念及行为准则会形成强烈的使命感、持久的驱动力，成为员工自我激励的一把标尺。

（5）协调功能。协调功能是指组织文化具有协调各种关系、解决各种矛盾的功能。它能够协调组织与社会之间、组织之间、组织内部的人际关系。

## （二）消极的功能

（1）多样化的障碍。随着世界经济全球化的加深和加剧，跨国公司的大举扩张，独资和合资组织和跨国公司的人才本土化战略，种族、国别、性别等方面的差异显得尤为突出。不仅来自不同国度的人具有不同的文化价值观，一个国家不同地域或者同一地域的人也会因个性、观念方面的不同而产生差异。这些差异的存在往往导致组织中新员工与原有大部分成员存在很多不同的地方，这里就产生了矛盾。

组织文化具有强制性。为了形成强有力的组织文化，组织要求全体成员具有一致性，因此，组织领导层往往希望甚至强迫新员工能适应、接受组织的核心价值观，以组织中原有大部分成员的行为准则来要求自己。否则，新员工往往感觉对组织难以适应，组织也难以接受新员工。但是，当组织环境发生变化，进而要求组织文化发生变化时，组织领导层往往将变化的力量寄托在新员工身上。他们希望，这种新员工带来的差异可以激活整个组织，为组织注入新鲜的血液，促进组织的创新能力。所以组织领导层又想公开地认可、支持新员工的这种差异。这样，矛盾就不可避免地出现了。组织文化的力量越强，它对员工施加的压力也越大，也越要求新员工服从组织原有的文化。

组织聘用各具特色、存在差异的不同员工，是希望他们可以为整个组织带来多种选择、组合的优势，但一旦强有力的组织文化抹杀了不同背景、不同特色的员工带给组织的独特优势，组织文化也就成了组织多样化的一个巨大障碍。

（2）变革、创新的阻碍。由于组织文化是组织在长期运营过程中形成的，具有历史继承性和稳定性的特点，所以组织文化一经形成，在较短时间内是不易改变的。当组织面对的环境比较稳定时，组织文化所强调的行为的一致性对组织而言很有价值；但当组织处于复杂多变的环境时，组织内部根深蒂固的组织文化就变成了一种可怕的惯性，它可能会束缚组织的手脚，束缚组织成员的思想，使其不敢或不愿进行创新和变革。这样，组织有可能难以应付变幻莫测的环境。当问题积累到一定程度并难以得到解决时，这种障碍可能会成为组织的致命打击。

（3）兼并和收购的阻碍。在当前的市场环境下，激烈的竞争呼唤一种合作，需要强强联手，以便资源的优化配置，与此相适应，兼并和收购也就成了许多组织的迫切要求。

以前，高层管理者在做出兼并或收购的决策时，主要考虑的是融资优势以及产品的协调性，对双方文化整合考虑得很少。但随着组织内部卓有成效的组织文化建设，很多大公司都形成了各具特色的组织文化，这些文化有些可以互补，有些则是互斥的。这时，文化的兼容性成了他们重点关注的对象。考虑收购对象在财务和生产方面优势的同时，还将文化的相容与否作为决策的重要依据。很多组织并购的策略是正确的，但是由于组织之间文化的不兼容性导致了并购的失败。

所以，在决定兼并和收购时，很多管理者往往会分析双方文化的相容性。如果差异较大，当为了降低风险则宁可放弃兼并、收购行动时，组织文化就可能构成障碍。

## 第三节 组织文化建设

组织文化建设，是指组织的领导者有意识地培育优良文化、克服不良文化的过程。这一过程，也称组织的“软管理”，是指通过继承、吸收、培养和强化，培养本组织有特色的优秀文化。

### 一、影响组织文化建设的因素

**1. 民族文化的影响**

现代组织管理的核心是对人的管理。作为文化主体的组织成员，同时又作为社会成员而存在，长期受到民族文化的熏陶，并在这种氛围中成长。员工在进入组织后，不仅会把自身所受到的民族文化影响带进来，而且由于其作为社会人的性质并没有改变，他们将继续受到民族文化的影响，因此要把组织管理好，就不能忽视民族文化对组织文化的影响。

处于亚文化地位的组织文化根植于民族文化的土壤中，这使得组织的价值观、行为准则、道德规范等无不打上民族文化的烙印。民族文化对组织的经营思想、经营方针、经营战略及策略等也会产生深刻的影响。在组织发展的过程中，优秀的组织文化也会对民族文化的发展产生积极的推动作用。

**2. 社会制度文化的影响**

组织文化的另一个重要因素是社会制度文化，包括政治制度和经济制度。由于社会制度不同，不同国家的企业所形成的组织文化也有所差异。

**3. 地域文化的影响**

在一些地域辽阔的国家，不同地域积淀了各不相同的地域文化。例如，我国东北地区具有粗犷、豪放和关系导向的地域文化；苏浙沪地区具有细腻、高效和精于心计的地域文化；广东地区具有善于经营、富有商业头脑和敢于挑战权威的地域文化；等等。它们构成了当地组织所处的内外部环境之一，对这些组织的文化同样具有重要的影响。

**4. 行业文化的影响**

组织文化的形成过程是组织传统的发育过程，也就是行业文化发展的过程。组织文化的发展在很大程度上就是组织行业去粗取精、扬善抑恶的过程。因此，行业文化是形成组织文化的重要因素。

5．个人文化的影响

个人文化因素是指组织领导者和员工的思想素质、文化素质和技术素质对组织文化的影响。其中包括两个方面：一是组织领导者的素质、价值取向和文化底蕴；二是组织中的英雄人物、模范人物的示范作用。他们往往成为组织文化的人格化代表，具体地诠释组织文化的实质和内涵。

6．外来文化的影响

严格来说，从其他国家、其他民族、其他行业、其他企业引进的文化，对于特定组织而言都是外来文化。这些外来文化都会对组织文化产生一定的影响。在经受外来文化影响的过程中，必须根据本组织的具体环境，有选择地加以吸收、消化，整合外来文化中有利于本组织的文化因素。

## 二、组织文化建设的过程

### （一）组织文化的形成

组织文化的形成过程是组织应对外部适应性挑战、生存挑战和内部融合挑战的过程；组织是在对适应外部环境求生存和建立内部一体化做出反应时形成了自己的组织文化。

1．适应外部环境求生存

适应外部环境求生存，是指一个组织如何在环境中找到一个适合的位置，并与不断变化的外部环境相适应。适应外部环境求生存包括以下方面：

（1）宗旨和战略。确定组织的基本宗旨并选择其基本战略。

（2）目标。确立组织的总体目标。

（3）方法。确定如何实施组织目标的方式、方法、手段、工具等。

（4）标准。确定标准以衡量个人和群体完成目标的状况。

2．建立内部一体化

内部一体化，是指一个组织中的成员之间在建立和保持一致有效的工作关系和组织关系的过程中，人们的行为和活动所形成的以组织目标为中心的规范化的整体。组织的内部一体化主要包括以下方面：

（1）语言和概念。确定组织成员之间相互交流的方法，形成对重要理念和概念含义的共同认可。

（2）群体和团队的界限。建立群体和团队成员的身份标准。

（3）权力和地位。建立群体和团队成员的职位与职责。

（4）奖励和惩罚。建立鼓励适当行为以及阻止不当行为的制度和规则。

总之，当一个组织的成员把他们共享的知识、假定、行为规范等用于组织的外部适应性和内部一体化问题的方式时，该组织的文化便会产生和形成。组织文化形成的一般范式如图 11-3 所示。

在一个新的公司（或组织）中，其创始人中少数关键人物在很大程度上影响着公司（或组织）文化的形成。例如，汤姆·沃森对 IBM 企业文化的影响、乔布斯对苹果公司企业文化的影响、张瑞敏对“海尔文化”的影响等都说明了这一点。

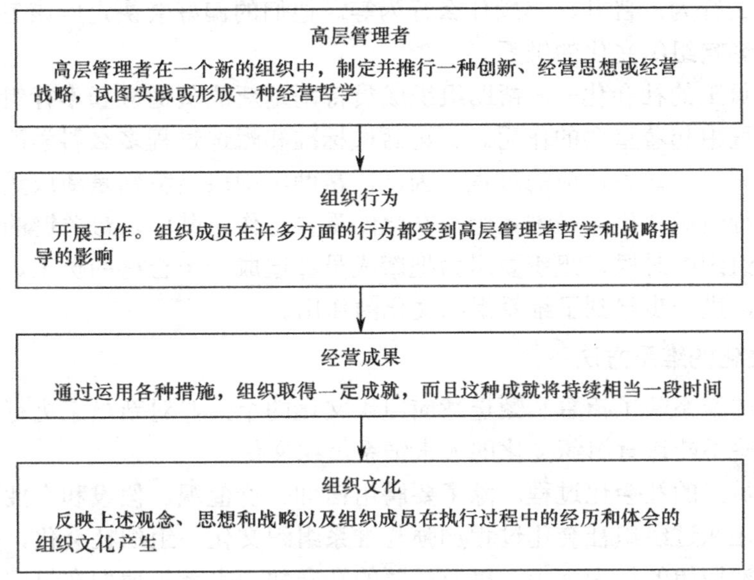


图 11-3 组织文化形成的一般范式

## （二）组织文化的维系

组织文化一旦形成，就需要一系列有效的管理措施和方法来维系组织文化，保持组织文化的活力和特色。组织文化的维系对于组织文化的发展发挥着非常重要的作用。

### 1. 组织文化的维系过程

组织文化形成以后，组织领导层应当采取人力资源管理等必要措施，通过给组织成员提供一系列相似的经历来维系组织文化，从而保持组织文化的活力。以人力资源管理为主的组织文化维系过程如图 11-4 所示。其含义可以从以下四个方面来理解。

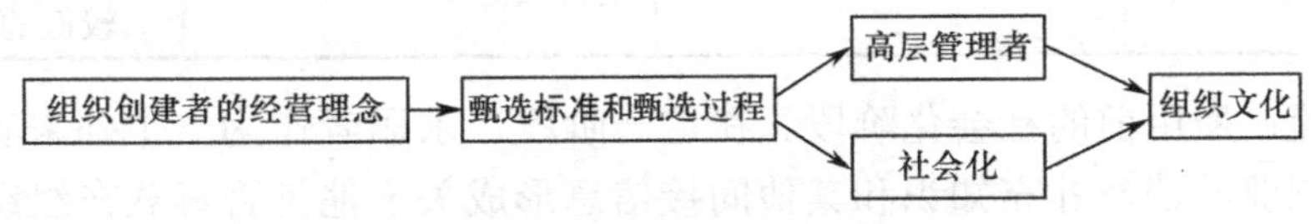


图 11-4 组织文化的维系过程

（1）组织创建者的经营理念不仅决定着组织文化的形成，而且强烈地影响着组织对其他成员的甄选标准和甄选过程。

（2）甄选标准和甄选过程决定着组织对组织成员的选拔，并且影响或限定组织成员的行为标准，限定组织高层的行为范围和组织成员的社会化过程。好的甄选过程也是一种文化价值观双向选择的过程。一方面，招聘者要认真判断应聘者的价值观与组织的价值观是否匹配，筛选掉那些可能对本组织核心价值观存在威胁的人员；另一方面，应聘者可以在此过程中得到一些组织信息，若发现自己的价值观与组织价值观相冲突，便可以自行退出候选人之列，从而起到维系组织文化的作用。

（3）高层管理者的言行举止对组织文化会发生重要影响。他们的所作所为会告诉或暗示组织成员哪些是可接受的行为、哪些是不可接受的行为，并把行为准则渗透进组织中，如鼓励什么行为，晋升、奖励什么行为等。他们的偏好会决定应该怎样对员工进行社会化，进而影响组织文化的维系。

（4）组织员工的社会化——帮助组织成员特别是新成员适应和奉行组织文化，在维系组织文化过程中起着重要的作用。无论甄选标准和甄选过程多么科学严密，新成员对组织文化都要有一个熟悉适应的过程。因此，帮助组织成员特别是新成员完成社会化过程，适应和奉行组织文化，是维系组织文化的重要工作。其中，最关键的社会化阶段是人员刚刚进入组织的时候，组织要尽力把新成员塑造成一个合格的员工。完成一个员工的社会化过程，进一步起到了维系组织文化的作用。

**2．组织文化的维系方法**

组织文化的维系除了招募和甄选适应组织文化的个人，对新员工进行社会化，还可以通过解雇那些不断违背组织文化的人来维系组织文化。

（1）对新员工的社会化过程。除了要聘用信仰、价值观、假设和企业文化相类似的求职者，组织还通过组织社会化过程加强与维系组织文化。组织社会化，是指个人通过了解价值观、被期望的行为举止，以及必要的社交知识来承担他们在组织中的角色这样一个过程。社会化是一个连续的过程，从新员工第一天上班开始并且持续贯穿于员工在公司中的整个职业生涯。新员工的社会化过程如表 11-2 所示。

**表 11-2　新员工的社会化过程**

| 雇用前的社会化阶段（外来者） | 磨合阶段（新员工） | 角色管理阶段（局内人） | 社会化结果 |
|---|---|---|---|
| 了解组织和工作形成心理契约 | 验证期望和实际的工作场所的不一致 | 加强工作关系；<br>新角色的实践；<br>解决工作和非工作间的冲突 | 较高的动力；<br>较高的忠诚度；<br>较高的满意度；<br>较低的压力；<br>较低的离职率 |

第一阶段：雇用前的社会化阶段。在这一阶段，求职者作为一个外来者，他们必须依赖朋友、职业面谈、补充知识和其他间接信息形成关于他是否喜欢在组织里工作的期望。在求职者和老板之间的信息交换通常不是完全诚实的。

求职者在这一阶段往往强调有利要素对工作的重要性，完全忽视一些不利要素。老板也经常歪曲求职者的期望。这一结果使老板和求职者均产生了更高的期望，胜过他们在磨合阶段实际经历的。

第二阶段：磨合阶段。新员工第一天上班标志着组织社会化磨合阶段的开始。在这一阶段，当新员工意识到他们雇用前的期望和在工作上的现实不一致时，现实冲击便发生了。现实冲击不是在上班第一天必然发生的，它可能发生于几个星期甚至几个月后，这可能是由于新员工对于进入一个新环境无法承受，他们经受信息过载的压力并且对于快速适应他们的新角色是困难的；也可能是老板没有遵守他的诺言等。现实冲击妨碍了社会化过程，因为新员工的精力被浪费于管理这种压力而不是学习接受组织知识和角色。

第三阶段：角色管理。在社会化过程的角色管理阶段，员工要从新员工过渡到资深员工。他们加强了和同事以及管理者之间的关系。练习新的角色行为，并且采用和他们新的职位以及组织相一致的态度和价值观。

角色管理也涉及解决在工作和非工作活动之间的冲突，特别是，员工必须再分配花在工作和家庭之间的时间和精力，重新安排消遣活动，并且处理好在其他生活角色背景下不同的认知和价值观。他们必须摒弃与组织文化强调的价值观不同的价值观。于是，和该工作环境更相融的新的自我身份便形成了。

（2）改进社会化过程的方法。组织社会化对个人绩效、组织承诺和员工流动率都有深远的影响。因此，组织应该考虑用不同的方法来控制这一过程。其中两个重要的方法是实际工作预览和鼓励热衷于社会化的行动者。

1）实际工作预览。许多组织在招募新员工时，常常夸大工作的积极影响的方面，忽略消极影响的方面。但这种方法往往产生一个歪曲的心理契约，这个契约最终导致较低的信任度和较高的流动率。一个更好的方法是给予求职者一个实际工作预览，也就是说，让他们了解工作正反两方面的信息。

尽管实际工作预览吓跑了一些求职者，但是这个方法往往减少了员工流动率并且提高了工作绩效。这是因为实际工作预览帮助求职者发展了更精确的雇佣前的预期，将现实冲击减少到最小，使员工对职场生涯中更多的挑战和困难做好了准备。

2）鼓励热衷于社会化的行动者。为了帮助新员工适应他们的工作和抓住机遇，组织有许多社会化行动者，能使社会化非正式地发生。

管理者往往提供技术信息、绩效反馈以及关于工作职责的信息。通过给予新员工合理的、具有挑战性的首份任务，给他们减少过量的要求并且帮助他们和同事形成社交纽带。

同事也是重要的社会化行动者，当问题出现时，他们能回答问题，并且因为恰当的行为而影响组织的新员工。一些组织的新员工与同事结成对子，这些同事负责给他们提供信息和社会支持。当同事帮助他们完全融入工作团队时，新员工往往接受这一信息并支持他们。能快速地和同事建立社交关系的新员工往往很少有令人不快的社会化经历，并且很少在工作的第一年辞职。

（3）维系组织文化的常规方法。维系组织文化还有许多常规方法，这些方法大部分都比单纯雇用或解雇人员要复杂得多，如图 11-5 所示。这些方法是组织文化最有力的强化剂。

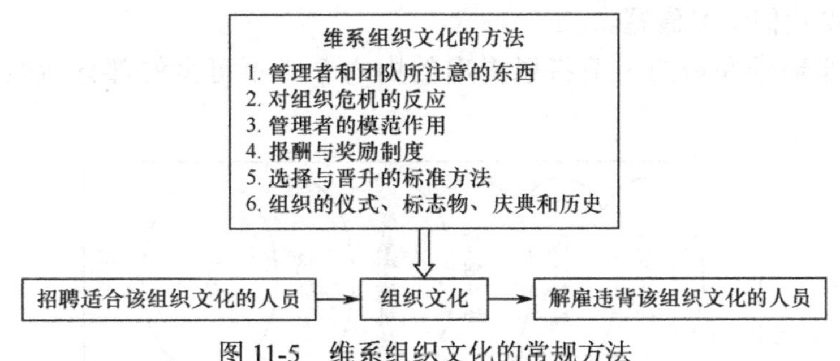


图 11-5　维系组织文化的常规方法

1）管理者和团队所注意的东西，是指那些得到管理者和组织注意和赞扬的过程和行为。有规则地处理它们，将向组织成员发出强烈信息：什么是重要的，期望他们去做什么。

2）对组织危机的反应，是指当面对危机时，管理者和员工表现出大量和文化有关的行为。人们对危机的处理方式既可增强现有组织文化，又可能在价值观、行为规范等方面改变现有组织文化。

3）管理者的模范作用，是指通过管理者的表率作用，把组织文化传达给普通员工，并尽量把组织文化信息结合到组织成员的培训计划和日常工作指导中。

4）报酬与奖励制度，是指与各种行为相关的奖励制度，维系着组织文化的某些特定方面，向员工表达管理者和组织所关注的重点和价值观。人们往往通过报酬和奖励制度来认知与学习组织文化。

5）选择与晋升的标准方法，是指组织通过人员的招募、甄选、提拔和调动等工作标准与取向来维系组织文化。这些标准是组织成员所通晓的，它们可以加强和表明组织文化的基本方面，并能维持和改变现有组织文化。

6）组织的仪式、标志物、庆典和历史，是富有文化含义的有计划的组织活动和组织文化形式，它们既是组织文化的组成部分，又是维系组织文化的必要惯例和行为规范。

## （三）组织文化的变革

### 1．组织文化变革的时机

组织文化不仅需要创立和维系，而且需要变动和革新。这是因为任何组织都要存在于社会这个大的开放系统中，其组织文化作为上层建筑的一部分，仅仅是受到社会制约和影响的一种亚文化，必然受到社会文化的制约和影响，必然随着经济基础的变化而变化。组织文化的变革一般在以下情况下进行。

（1）当发生重大社会变动时，如市场、科技、体制、竞争等外部环境发生剧烈变化时。

（2）当组织内部发生重大变化时，如组织重组、转产、领导换届、发展战略重大转变等。

（3）当组织面临重大失败或重大挫折时。

### 2．组织文化变革的模式

组织文化变革的模式没有一定之规，但是杰克琳·谢瑞顿和詹姆·斯特恩合著的《企业文化：排除企业成功的潜在障碍》一书中提出的一套“企业文化变革的模式”，被大量企业成功地运用于指导与实施组织文化的变革之中，改进了人们领导和管理组织文化变革的艺术，值得我们学习借鉴。

杰克琳·谢瑞顿和詹姆·斯特恩提出的由六个必不可少的部分所组成的模式如图 11-6 所示。

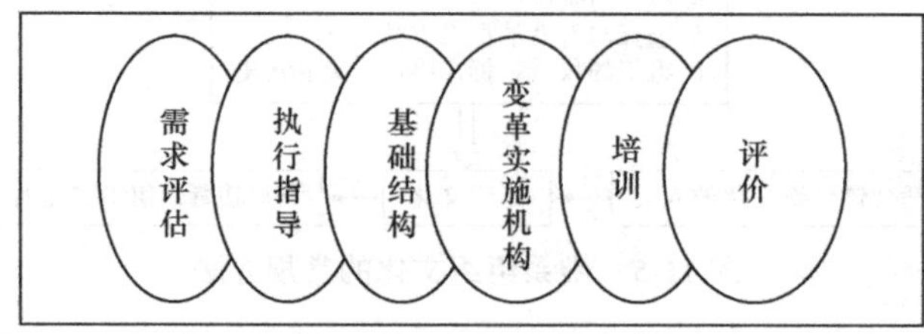


图 11-6 组织文化变革的模式

（1）需求评估。需求评估是指要搞清楚组织现存文化和渴望文化的状况。通过收集数据，分析测定组织文化的现状和向往状态之间的差距，评估鉴定组织文化变革的需求和目标。

（2）执行指导。组织管理者必须在组织文化变革的目标、方向、理由和路径等方面对组织成员进行指导，并与组织文化的变革保持步调一致，这是组织文化变革的原始动力之一。

（3）基础结构。组织文化变革的基础结构由选拔制度、管理制度、成果认定制度等指导组织正常运转的制度和过程构成。一个有利的基础结构对文化变革的成功非常重要，所以应当把组织的各项制度向着有利于确立新的组织文化的方向加以调整。

（4）变革实施机构。组织文化变革需要建立变革时期的临时性组织机构——变革实施机构，以处理那些需要特别关注的基础结构部分中的问题，帮助实施组织文化变革，其成员还负担着组织文化变革使者的基本职责。

（5）培训。培训是任何组织文化变革的基础之一，通过培训教育，组织成员才能比较好地认识和否定旧文化弊端，认同和拥护新文化。

（6）评价。组织文化变革需要测定和评估变革的预期成果，需要能反映出组织文化实施变革的内在原因和成效。评价既是衡量组织文化变革成果的一种手段，又是对其进行干预的一种手段。

### 3. 组织文化变革的方法

除了一些维系组织文化的方法可以进行组织文化变革，组织还需要从以下方面采取管理行动，进行组织文化的变革。

（1）组织的高层管理者痛下决心进行变革，并向全体员工讲明变革的意义。

（2）从外部招聘或从内部提拔一批与新文化相符的成员，尽快形成符合战略要求的新文化。新上任的公司总裁往往是新组织文化的提倡者和推动者。有时为了组织文化的重建，组织也会聘用新的领导者。

（3）利用激励机制，将奖励的重点放在具有新文化意识的事业部或个人身上，促进组织文化的转变。

（4）设法让管理者和员工明确新文化所需要的行为准则，形成一定的规范，保证新战略的顺利实施。

## 课后思考题

1. 组织文化的内涵是什么？
2. 组织文化有哪些特性？
3. 组织文化按照四层次分类有哪些类型？
4. 组织文化有哪些积极功能与消极功能？
5. 维系组织文化的方法有哪些？

## 案例分析

### 华为公司狼性文化的传承

自 2017 年 9 月底开始，华为公司共计 7 000 多名工作满 8 年的老员工，相继向公司提交请辞。这次大规模的辞职是由华为公司组织安排的，辞职员工随后即可以竞聘上岗，职位和待遇基本不变，唯一变化就是再次签署的劳动合同和工龄。全部辞职老员工均可以获得华为公司支付的赔偿，据了解总计高达 10 亿元。

华为公司鼓励员工辞职的方案于 2017 年 9 月已获通过。10 月前华为公司先后分批次与老员工私下沟通并取得共识，10 月开始至 11 月底实施，必须在新《劳动合同法》实施之前完成。按照华为公司的要求，工作满 8 年的员工，由个人向公司提交一份辞职申请，在达成自愿辞职共识之后，再竞聘上岗，与公司签订新的劳动合同，工作岗位基本不变，薪酬略有上升。共计将有超过 7 000 名工作超过 8 年的老员工，需要逐步完成“先辞职再竞岗”工作。

老员工辞职之后，这些有着华为最老的工号也将消失，在某种程度上体现等级的工号制度被取消，所有工号重新排序，排序不分先后，也不再体现员工工作年限。

为什么华为宁愿赔偿 10 亿多元，也要让员工重新竞聘上岗？这要从华为的企业文化和新《劳动合同法》说起。华为被称为民族之光，一直用各种方式培养员工的危机感。在华为的狼性文化中，容不得偷懒的人存在，华为不仅对敌人狠，对自己也狠。所以华为每年都要末位淘汰一批人，绩效不过关，就要坚决辞退；35 岁以上老员工，坚决辞退。但是，新《劳动合同法》对华为是个重大打击。

新《劳动合同法》规定：当一个员工在一家单位连续工作十年，或者连续签订两次合同后，公司就要和他签订无固定期限合同。无固定期限合同的意思就是，公司不能把这个人辞退。

基于这种情况，华为的末位淘汰就很难实施了。于是，华为就在新《劳动合同法》实施前，干了一件大事，一件史无前例，甚至不敢想象的事情。让所有老员工——2008 年前入职的——自动辞职，并重新竞聘上岗。这批员工名单里，包括任正非、孙亚芳。

华为对主动辞职的员工，按照新《劳动合同法》给予补偿，补偿方案是：$(N+1)\times$月收入，其中，$N$=工作年限，月收入=基本收入+年终奖/12。总体算下来，华为一共要为这个决定付出 10 亿多元。

华为这样做，仅仅是因为不想让员工拿铁饭碗。实际上，大多数员工被辞职后，又通过竞聘回到华为，华为这么做只是不想签订无限期合同，因为华为需要有危机感的员工。

华为这样做，是为了坚持狼性文化。任正非说：“物质薪酬是生存的保障，一定要给员工加薪的机会！”但是加薪不是无条件的，否则会助长员工的贪婪，一定要让员工做出好的结果，拿出高的绩效来交换，有人效，有结果，给员工多少钱都不过分。

以奋斗者为本是华为的文化，一系列奖励制度，也保证了让奋斗者不吃亏，让奋斗者去创造华为的奇迹。在好的平台上，就像华为，员工通过奋斗能够实现自己的财务自由。虽然累一点苦一点，却过得充实，无论是为职业发展还是未来规划，都打下了一个基础。

**思考：**

1. 华为公司的狼性文化有哪些特点？
2. 华为是如何传承狼性文化的？

# 第十二章 组织变革与学习

**本章重点**

- 掌握组织变革的内涵与动因。
- 熟悉组织变革的四种模式，明晰组织变革方法。
- 明确组织变革的阻力来源。
- 理解企业间关系背景下的组织变革措施。

## 引例

2018年9月，星巴克向媒体公开宣布裁员计划。近几年，星巴克在美国的市场增长率连年下降，公司整体利润更是低于行业平均水平，业务拓展也不顺利。在此情况下，公司关闭了一部分销售不佳的Teavana门店，出售了部分品牌和业务给联合利华、雀巢等公司。在中国市场上，星巴克面临着瑞幸咖啡等互联网咖啡的激烈竞争。瑞幸咖啡实施线上线下全渠道布局，在核心城市高密度覆盖，采取互联网打法抢占市场。根据2018年7月的业绩报告，星巴克全球营业利润下降1%，落入近九年来的销售谷底。为应对竞争，星巴克与阿里巴巴宣布战略合作，饿了么要给星巴克送外卖，盒马要给星巴克做“后厨”。

在此次裁员和组织结构调整中，主要集中在管理层，不包括在一线零售门店的员工。星巴克的这次裁员和其他企业不同，并没有把一线员工当替罪羊，而是先从职位高的开始，最高职位甚至可以是副总裁和高级副总裁的级别。在星巴克过往迅速扩张的过程中，管理层尤其是“店长”这个职位，扮演着至关重要的角色，对于强调“关系”的星巴克，店长可谓这个360度关系网中的核心，他们将统一的星巴克管理方式、企业文化、价值观渗透到每家店面之中。当星巴克大肆扩张时，有些店长的能力并没有达到要求就上岗，而如今星巴克要大批关闭门店，进行“瘦身”，那么不合格的店长、区域经理、后台管理人员在裁员过程中自然首当其冲，这就是标准的责权利对等原则。

管得越多≠做得越多，好的继续用，无用的立马裁，实现人员的优化管理。

**思考：**

1．星巴克实施裁员和组织结构调整的背景是什么？

2．星巴克具体是怎样实施裁员和组织结构调整的？

# 第一节 组织变革概述

## 一、组织变革的内涵

组织变革是指根据内外环境变化的要求，对组织的目标、结构及组成要素等适时而有效地调整和完善的过程。组织变革是组织适应环境变化、保持自身活力的重要手段。组织变革面对的问题是组织的现实状况与目标状态之间存在的差距，并且这一差距在现有组织发展轨迹下无法实现弥合。组织原有的稳定和平衡状态不能适应环境变化和自身发展的要求，需要通过变革来改变现有的结构与状态，进而构建一套能够适应新形势、新需求的，具有足够的革新性、适应性、持续性的新组织模式与机制。

一般来说，组织模式应力求相对稳定，频繁而不必要的变动对于实现管理目标是不利的。但任何组织都处于动态的社会活动中，由于环境的变化、影响管理目标的各种因素的变化，组织也会通过变革而发生某些变化。

在组织的稳定与变革之间，管理者要正确处理好二者的关系。在极力维护组织的稳定性时要避免组织的僵化；在积极推进组织的变革时，又要避免组织的不稳定与人心涣散。

管理者在组织变革时要非常谨慎，要有正确的理论指导，在科学预测的基础上，有计划、有步骤地进行。同时，要知道一个组织变革的开展并不是终点，它会引起一系列连锁反应，并可能引发范围更大的组织变革。

## 二、组织变革的目标

在组织的发展、变化过程中，为了实现组织的目标，适应内外部环境的发展，变革与顾客、竞争等要求已成为影响组织市场竞争力的最重要力量，尤其是变革不仅无所不在，而且持续不断，这已成为常态。组织变革的具体目标主要有以下几点。

（1）环境适应性。组织总是处于特定的商业生态系统中，与外部环境持续不断地发生着信息、资金、资源的交流。组织的发展离不开与环境的交流互动。而随着外部环境的不断变化，组织必须做针对性的变革，以实现与外部环境的良性互动。

（2）顾客价值性。组织发展的根本目的是赢得更多顾客，而实现这一目的的途径是创造更多的顾客价值，降低顾客的消费成本。有效的组织变革能够改变组织的低效运作体系，提升组织的创造能力和顾客需求的感知能力，为顾客提供更多价值的产品或服务。

（3）市场竞争性。现在市场环境的竞争是异常激烈的，任何组织都很难保持长久的竞争优势，只有不断创新的组织才能保持旺盛的生命力。即使现在保持竞争优势，如果不进行适时的组织变革，组织的衰落也是迟早的事。组织只有不断地通过内部资源与能力的重组，不断巩固与强化自身的组织能力，才能确保市场竞争的优势地位。

（4）战略匹配性。组织在发展变化的过程中，战略的调整是必然要发生的。为了实现战略目标，必须调整组织的结构、业务类型等，更好地支撑战略的执行。

（5）运营高效性。为了提高组织绩效，必须不断提升组织效率。组织如果长期维持原有结构和流程，很容易引起组织僵化。通过组织变革，组织能够重组内部运作流程，改变现有结构与职权体系，摒弃不符合现代企业运行与发展的旧方法、旧思维和旧工具，彻底提高组织运营效率。

## 三、组织变革的动因

引起组织变革的因素既有外部因素，也有内部因素。外部因素主要包括消费需求的变化、宏观经济形势、劳动力市场状况、技术变革等；内部因素包括企业资源、能力、战略、流程等。下面主要从消费需求的变化、超竞争环境的驱动、技术变革、企业知识要素的变化、组织战略的调整五个方面进行分析。

### 1. 消费需求的变化

现代社会消费需求的变化越来越频繁，主要表现在消费者对产品功能的升级需求、新产品功能的需求、产品的更新换代等，这就需要组织在研发团队的组建、生产流程的组织，以及组织结构的构建上做出相应的调整与完善。

### 2. 超竞争环境的驱动

美国管理大师理查德·戴维尼在研究竞争环境变化过程中短期竞争优势和持久竞争优势的关系时，提出了超竞争理论。他认为，今天的企业正处在超竞争的环境下，这是一种优势迅速崛起并迅速消失的环境，没有哪家企业可以建立永恒的竞争优势，企业必须通过一连串短暂的行动来建立一系列暂时的竞争优势，由此来保持超竞争环境下的持久优势地位。

在超竞争环境下，企业很难保持某种特定的运营与架构模式，必须根据超竞争环境的特点，构建具有较大柔性的组织。在当前，企业应对超竞争环境的一种有效策略是组织的虚拟化、模块化。企业要放弃原有一体化的运作模式，尽量借助外部资源与能力，通过生产、服务的模块化外包，以及有效的外部协调，更好地实现产品生产的专业化、规模化。

### 3. 技术变革

技术变革会引起组织内部的生产方式、资源整合模式或重心的变化，由此引起组织变革。技术变革主要体现在生产技术变革与信息技术变革两个方面。

从生产技术变革的角度看，新的生产技术不仅影响企业生产的过程，也会为产品的制造与运营方式带来新的理念。一般来说，生产技术变革会对岗位的操作、岗位之间的联结、流程的组织过程产生较大影响，组织必须调整现有流程以适应新技术的需要。在有些情况下，新技术的引入要求组织放弃现有生产线，改用全新的设备和生产线，要使组织成员在生产理念上发生重要转变。例如，模块化技术的广泛应用，带动了企业组织的模块化变革，也由此催生了组织与管理的模块化思维。

从信息技术变革的角度看，不断发展的网络技术为企业内部的有效沟通、提升内部组织效率创造了优越条件，使得企业越来越依赖网络平台管理内部资源。网络会议、视频电话等信息沟通方式在现代企业管理中变得非常普遍，原来由高层到中层再到基层的信息传递与指令发送路径，在信息技术引入之后被彻底改变，基层与高层之间可以通过网络进行直接的、即时的沟通，极大提高了沟通效率，降低了信息失真，也更有利于组织高层掌控组织运作的基本状况。在管理信息系统的有效调配下，组织资源被更加高效、有序地分配和利用。组织内部流程得以大大简化，也相应引起了组织结构的调整。

**4. 企业知识要素的变化**

企业知识要素是企业生产运作的基础，其变化必然引起组织内部的相应调整。下面主要从三个方面来认识企业知识要素变化对组织变革的影响。

（1）不同知识之间地位的调整。企业的不同业务类型代表了不同的知识组合，某一类业务占主导地位，意味着这类知识更加受到企业高层的重视。当企业调整业务结构，将原核心业务调整为非核心业务，而将非核心业务调整为核心业务时，原有核心知识就也退出了核心地位。此时，组织必须进行结构调整，将更多的资金、人力等分配到新的业务上，以支撑这一新核心知识体系的运作。

（2）企业创新带来的新知识要素。当企业创新知识时，也会对组织进行相应的调整。例如，组建新的项目团队以拓展新业务为基础的业务类型，基于新知识调整现有的业务组合和人事安排，重新设计组织的岗位与流程等。

（3）重要知识的外购。为了迅速提高组织绩效，企业可能选择直接外购核心技术知识。此时，企业需要围绕外购的新技术，对组织现有运作体系进行变革，以形成全新的、支撑新技术运作的有效体系。

**5. 组织战略的调整**

组织不能仅从现有的结构出发去考虑战略，而应根据外部环境的要求，动态地制定相应的战略，然后根据新制定的战略来审视组织结构，并进行适当调整。在组织外部环境发生变化之后，组织将面临新的机遇或者挑战。为了抓住这一机遇或应对挑战，组织需要对战略进行调整，以谋求经济利益的持续增长。新战略的实施要求组织结构也进行相应的调整以适应战略的需要。否则，组织战略的实施效果将大打折扣，无法实现既定的利益目标。

## 四、组织变革的内容

在现代超竞争的市场环境下，公司面临的内外部环境不断地发生变化，组织变革已是公司发展的常态。组织变革有不同的类型，按照变革的激烈程度分为革命性变革、改良性变革；按照对变革的控制程度分为主动变革、被动变革；按照变革的内容分为以组织为中心的变革、以技术为中心的变革、以组织成员为中心的变革等。

**1. 重新制定战略**

当组织的内外部环境发生变化而使得公司战略的资源基础或环境基础发生了改变，需要对组织进行变革时，组织必须对其战略进行相应的调整。战略的调整包括目标的重新设定、组织发展计划的调整、战略执行主体的变更等，同时应将战略调整落实到组织各级员工的认同上。这就要求建立共享意义和公认的相互依赖性。共享意义的建立，要求战略的调整目标不仅被所有组织参与者分享，同时要提升目标对他们的意义；建立公认的相互依赖性，要在一致认同的基础上，使得个人、团队和管理人员都意识到依赖性。

**2．重构组织结构**

组织结构是组织运行的基础，组织结构的重组是组织变革中的重要内容。重构组织结构即通过改变某些结构要素或要素之间的相互关系，进一步优化组织资源配置，提高组织运行的有效性。

（1）建立过程驱动的结构。在组织结构中加入对过程的关注，它将结构和目标建立在关键过程的基础之上，通过最初的部门创建活动，在组织基本结构中就植入了对过程的关注，由此提升组织结构的协调性与有效性。

（2）调整管理层次与管理幅度。扁平化是组织变革的一个趋势，是组织管理扩大控制范围、减少管理层次的体现。组织变革常常始于缩减组织规模，或减少组织人数以便削减成本。在大多数减少层次的过程中，减少的数目取决于直接的裁员或“强制命令”，并由此削减成本。

（3）责、权、利的重新分配。权责系统是组织成员开展工作的推动系统。组织变革必然打破原有的权责系统，并产生责、权、利的不对等。在重新调整权责系统时，组织应以权责对等为基本原则，保证内部权利的层次性和有序性，对于同级的交叉问题应予以妥善处理，以便组织的权责系统能够更有效地运转。

**3．加强变革中的员工参与**

在组织的变革中，不能仅依靠管理层来展开，要争取员工的参与。任何忽视员工参与的变革都很难获得成功，而有时候，组织变革就是由底层员工推动的。下面主要从组织变革中的政策和制度调整角度，分析变革中的员工参与问题。

（1）员工推动的政策变革。在组织变革初期，变革推动者要进行经验的积累。在这个阶段，管理者需要听取各方面的意见，员工在不断与管理者的交流与反馈中体现自身的价值。通过与员工的交流，管理者可以进行有效的政策调整，对于完全无益的政策，可以进行重新制定或修改；对于过去发挥作用，但已不适合当前组织运行的政策，应加以废除；对于看起来似乎不合理但有利于组织运行的政策，组织应对其予以合理化。

（2）员工推动的制度变革。员工是组织制度的直接感受者，让员工参与到制度变革中，能够有利于员工利用自身所拥有的有关制度的具体知识参与或做出一些决策。当然，高层管理者要良好地引导授权后的决策过程。

**4．实现文化变革**

组织变革不仅是组织结构的变革，更是组织全体人员心理、文化方面的变革，这也是支撑组织变革成功的基石。文化变革包括以下主要内容。

（1）思想变革。组织要培养企业员工特别是管理者的战略眼光和危机意识，强化企业的实践精神。在经营遇到困境时，企业应转变战略思维，适时调整战略目标，不断尝试变革和创新。

（2）管理意识变革。管理者要改变领导者意识，要为员工创造一个宽松、和谐的工作氛围。在组织遇到问题时，应避免权力垄断，争取与各层员工共同协商以解决组织问题。

（3）人才观念变革。企业要将人力资源视为企业的一项长期投资，这项投资会不断产生回报。要为员工提供针对性培训并留住人才，要按照员工能力定待遇，对人才进行有效的激励，提供晋升机会，推行参与式管理。

（4）利润观变革。企业应改变以利润最大化为首要目标的旧思想，要立足于长期发展，努力为股东、顾客、社区、员工等各利益相关者创造更大的价值。

（5）企业文化观变革。企业管理者应该确立企业文化并不是全能的观念，企业文化不能解决企业所有问题。随着企业的不断发展以及文化的不断进步，企业应能为其核心价值观赋予新的意义。

# 第二节　组织变革模式与变革方法

## 一、组织变革模式

### （一）勒温的力场分析模型

#### 1. 力场分析模型的基本内容

社会心理学家凯特·勒温提出力场分析模型来解释变革过程的进行（见图 12-1）。

勒温在长期研究员工心理的基础上，认为心理机制在组织变革中发挥着重要作用，他提出了非常著名的力场分析模型。力场分析就是要帮助变革推动者诊断推动和阻止组织变革的力量。

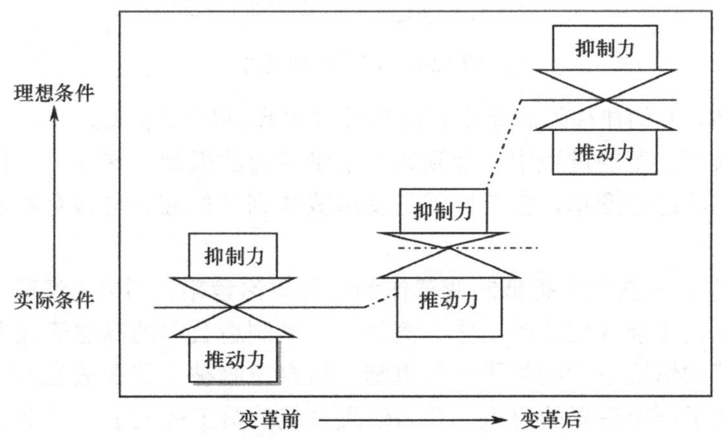


图 12-1　勒温的力场分析模型

（1）推动力。组织变革必然需要一些能够将组织推向新状况的推动力。一些推动力可以来自外部环境，如全球化发展、信息技术发展、劳动力变化等。全球化发展是指在世界范围内的人们在经济、社会、文化上的联结，无论是在世界上不同地区、不同文化的人们之间相互进行物资和服务贸易、分享知识，还是他们之间的互相影响；信息技术发展使得远程办公——在家里通过与办公室联网的电脑来办公的方式越来越普及，虚拟团队——主要通过成员之间信息技术的交流，可以跨越空间、时间和组织界限运作的、跨职能的团队不断涌现；劳动力变化不仅表现在性别、种族、年龄、性趋向和心理生理素质上，还表现在劳动力在后天生活中学到的、可以部分控制的一些特征上，如教育程度、婚姻状况、宗教信仰和工作经历等。

利用这些外部力量，一些企业领导者在组织内部创建了推动力。这些外部力量提高了组织的竞争力，并且鼓励组织出现领导者认为的更好、更新的策略和价值观。

（2）抑制力。维持现有状况的抑制力，这些抑制力一般被称这“变革阻力”。其表现为员工阻碍变革过程的行为。当推动力和抑制力两者大致平衡时，就会形成稳定的形势，也就是说，它们是相反方向的两股势均力敌的力量。常见的抑制力如图12-2所示。

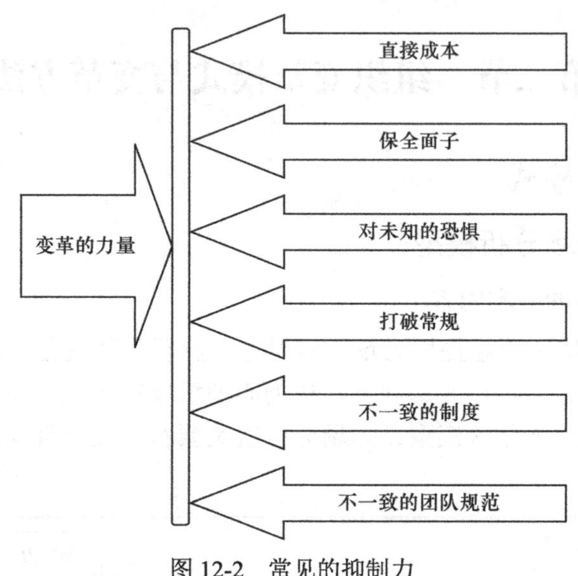


图12-2 常见的抑制力

1）直接成本。人们往往抵制比现有形势导致更高直接成本或更低利润的行动。例如，某企业在进行组织变革的过程中，遭到其上游供应商的抵制，这些上游供应商积极游说公众和政府阻止其进行变革，主要原因是变革威胁到了供应商与该企业之间的高额利润的合同。

2）保全面子。一些员工把抵制变革作为一种政治策略，用来“证明”决策是错的或鼓励变革的这个人不能胜任他的工作。例如，一家制造公司的高层管理者在没有经过信息系统部门推荐的情况下就购买了一台电脑。这台电脑被安置在适当地方不久，为了证明高层管理者做了一个错误的决策，几名信息系统的员工夸大了一些小的运行问题。

3）对未知的恐惧。人们抵制变革，主要是因为他们担心变革会要求他们养成新的行为举止，而又担心在形成新的行为举止方面有未知的风险，未知的风险增加了他们失败的风险。

4）打破常规。在组织变革的过程中，需要组织成员丢弃不再适合组织的行为，而有些员工很难将已习惯的工作模式打破，不愿意花费时间和精力学习新的角色模式，这必然会出现对组织变革的抵制。

5）不一致的制度。在组织发展的过程中，为了确保员工维持其期望的角色，组织需要有完整、系统的奖赏、选择、培训的制度。这些制度维持了组织的稳定性，但也阻止了员工实施新的策略，因为这些制度一旦确立，改变起来就会很难，但组织变革又需要对制度做出适应性的调整。

6）不一致的团队规范。团队发展到一定阶段时需要建立规范，即组织建立的指导成员行为的非正式规则和期望。团队的发展加强了引导行为举止的一系列规范的一致性，这对于实现组织的目标有重要的促进作用。但随着组织变革的进行，现有的团队规范的一致性可能阻止员工接受组织变革。

（3）推动力与抑制力的相互作用。勒温的力场分析模型强调通过解冻现有状况，从而达到一种期望的状况，然后重新冻结这种状况，以便它能维持这种期望的状况，使有效的变革发生。

解冻是变革过程的第一步。利用变革推动者打破推动力和抑制力两者之间的平衡。当推动力比抑制力更强时，解冻发生了。为了推动变革，推动力必须非常大，但变革是很难单纯通过增加推动力而发生的，因为抑制力经常和推动力相抗衡。因此，最有效的方法是在增加推动力的同时减少或消除抑制力。越来越大的推动力造成了一种对变革的紧迫感，而减少的抑制力使变革受到的阻力减少到最小。“让人们改变的唯一方法是因为他们愿意改变。”

改变阶段通过认同和内在化等方式，使组织成员形成新的态度和行为，并接受新的行动方式。认同是对外部事物状态、思维方式、行为模式的认可，是组织向自己的成员直接提供态度和行为的模式。组织成员通过将自己与其他成员的对比，在言传身教中模仿并形成新的行为模式。内在化是组织成员接受并开始用新的态度或价值观分析问题、解决问题的习惯性过程。

重新结冻是变革过程的最后一步。在这个过程中，要加强和维持这种期望的状况。

**2. 减少抑制的方法**

（1）沟通。为了顺利实现变革，沟通是优先选择的策略。首先，通过沟通，员工能普遍地了解变革的推动力；通过和企业高层进行的高级会议，或者直接和不满意的顾客见面，员工将变得支持变革。其次，沟通澄清了不确定的未来。企业高层越多地传达企业的愿景，员工越能容易地预见他们自己在未来需要担任的角色。通过沟通，员工了解到了从组织变革中将获得的成果。沟通减少了抑制力，尽管会存在时间消耗成本和其他成本，但沟通能潜在地减少对未知的恐惧，以及建立和变革结果更一致的团队规范。

（2）培训。培训在大多数变革中是一个重要流程，因为员工需要学习新的知识和技能。通过培训，员工可以学习如何改变他们先前的行为举止模式来适应新系统。培训的有效方式主要有行动学习和私人教练。行动学习是指在工作场所中最快的经验学习形式。在各式各样的经验学习中，员工面对的是一种“真实、复杂的和令人头疼的问题”，这些问题经常在团队中出现，与公司有直接的关联。这种培训形式不仅培养了管理技能，还寻找到了改进组织的方法。私人教练是培训的一种变异，这种方式在培训过程中为员工提供更多的个人反馈和指导。所有培训形式都需要花费时间，但它们可以使员工适应新的角色模式，帮助员工打破常规。

（3）员工参与。要想将变革的阻力降到最小，员工参与是必不可少的环节。通过员工参与，可以建立一种决策心理上的所有权。参与者会感到自己对组织变革要承担自己的责任，而不是把他们自己当作别人制定决策的执行者。员工参与的主要方式有跨部门团队和探索性会议。跨部门团队是由不同部门的人员组成的，一般授予其一定的权力，并且不同团队在各自确切的领域识别具有创新性的建议，详细分析确切的问题。探索性会议是一系列大型研讨会，通常会持续几天。在这些会议里，参与者识别未来趋势或问题，并且提出解决这些问题的方法。探索性会议把“整个组织放入会议中”意味着试图让尽可能多的员工以及和组织有关的一些其他股东参与进来。

（4）压力管理。组织变革过程对一些人来说是一次充满压力的经历，因为变革使未来具有一定的不确定性，而且可能对员工的自尊造成威胁。因此，公司需要实施压力管理来帮助员工面对变革，如可以通过削减一些直接成本和减少员工在变革过程中对未知的恐惧等。

（5）谈判。如果人们抵制变革，组织变革将需要一些影响策略。谈判是一种影响策略，而影响力是指尝试改变他人态度或行为的能力。在其中，居于支配地位的一方通过许诺利益或资源换取被支配方按照其要求行事。这种策略潜在地激励了那些以某种方式从变革中失去一些利益的员工。

（6）强制。如果上述策略都不成功，领导者将使用强制方法来推行组织变革。强制包括持续地提醒人们应尽的义务，频繁地监视员工行为来确保不愿意变革以及和变革相对抗的员工的服从，并且威胁使用制裁来强迫员工服从。解雇不支持变革的员工是一个极端手段。实施强制可能具有冒险性，因为这种策略不能获得员工对变革成果的承诺。

企业在面临不同的变革阻力时运用的变革方法是不同的，而每种方法面临的问题也大不相同，如表12-1所示。

表12-1 解决变革阻力的方法

| 策略 | 举例 | 实施时机 | 问题 |
|---|---|---|---|
| 沟通 | 顾客的投诉信被展示给员工 | 当员工没有形成一种变革的紧迫感或不知道变革如何影响他们时 | 时间消耗和潜在成本 |
| 培训 | 当公司采用一种以团队为基础的结构时，员工学习如何在团队里工作 | 当员工打破常规，并且采用新的角色模式时 | 时间消耗和潜在成本 |
| 员工参与 | 公司形成一个团队来推荐新的客户服务策略 | 当变革成果需要获得更多员工的认可，一些员工需要保全面子，并且员工将完善制定的变革策略时 | 如果员工利益和组织需求不相容，时间消耗过程将导致冲突和错误的决策 |
| 压力管理 | 员工参加一系列会议来讨论他们对变革的担心 | 当沟通、培训以及员工参与不能充分消除员工的担忧时 | 时间消耗和潜在成本。一些方法不能为所有员工减轻压力 |
| 谈判 | 员工同意用能提高安全性的复合性技能替代严格细分的工作类别 | 当员工清楚从变革中损失一些利益，并且将不能以另外的方式支持新形势时，或者当公司必须快速地进行变革时 | 谈判的金钱成本可能非常大 |
| 强制 | 公司总裁告诉管理者要么进行变革，要么选择离开 | 当其他策略是无效的，公司需要进行快速变革时 | 强制能导致更微妙的阻力形式以及长时期的和变革推动的对抗 |

## （二）莱维特的变革模式

美国学者哈罗德・莱维特将组织变革的模式解构为以下四个变量。

（1）结构变量：组织要素之间相互连接的关系，组织流程与权责体系，管理层次和幅度，沟通状况等。

（2）任务变量：组织存在的使命，组织任务之间具有一定的层次关系和隶属关系。

（3）技术变量：组织为完成目标所采用的方法和手段。

（4）人员变量：实现组织目标的个体、群体、领导者等。

莱维特认为上述四个变量是相互依赖、相互联系的，当其关系较为稳定时，意味着组织系统处于相对平稳、相对均衡的状态；当某个变量出现变动时，必然引起其他变量的改变，并由此打破组织系统的平衡状态。组织变革的过程可以通过有计划地改变某个或某几个变量的方式进行。这种模式把组织看作一个由多种要素构成的复杂系统，其重点不在于找出组织变革的原因，而在于探讨有计划地进行组织变革的方法。莱维特提出的这一模式，对制定组织变革的对策和方法提供了一个基本框架，如图 12-3 所示。

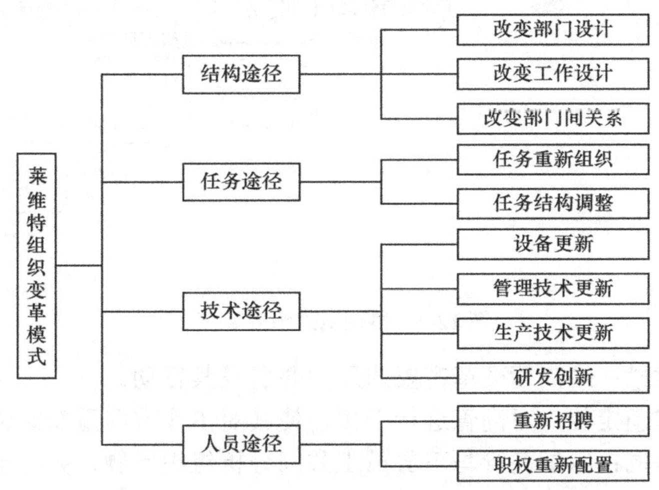


图 12-3　莱维特组织变革模式的基本框架

## （三）利皮特的变革模式

在勒温的研究基础上，利皮特对组织模式进了拓展，将整个变革过程划分为发现变革需要、明确变革关系、力行变革措施、维持稳定变革、结束协助关系五个阶段。

（1）发现变革需要。在实施变革之前，组织需要明确组织的运作情况，找到运行中的问题所在，掌握哪些方面需要开展变革。

（2）明确变革关系。在变革过程中，如果关系处理不当，很容易在变革实施者与被实施者之间产生矛盾，并引发被实施者的不配合或抵制。因此，组织应首先明确变革中的各种利害关系，做到事先预防，尽量将抵触风险降至最低。

（3）力行变革措施。开展实际的变革行为。经过员工的认同与内化作用，会产生新的组织与员工行为，组织变革也就得以成功实施。

（4）维持稳定变革。对应勒温的再冻结阶段，将变革结果制度化为公司整体运营及管理活动的一部分，并保持新组织体系的有效运作。

（5）结束协助关系。当变革实施者完成任务以后，即选择适当时机退出。

### （四）格瑞纳的变革模式

哈佛大学商学院的格瑞纳在《哈佛商业评论》上提出了他的组织变革模式，如图 12-4 所示。

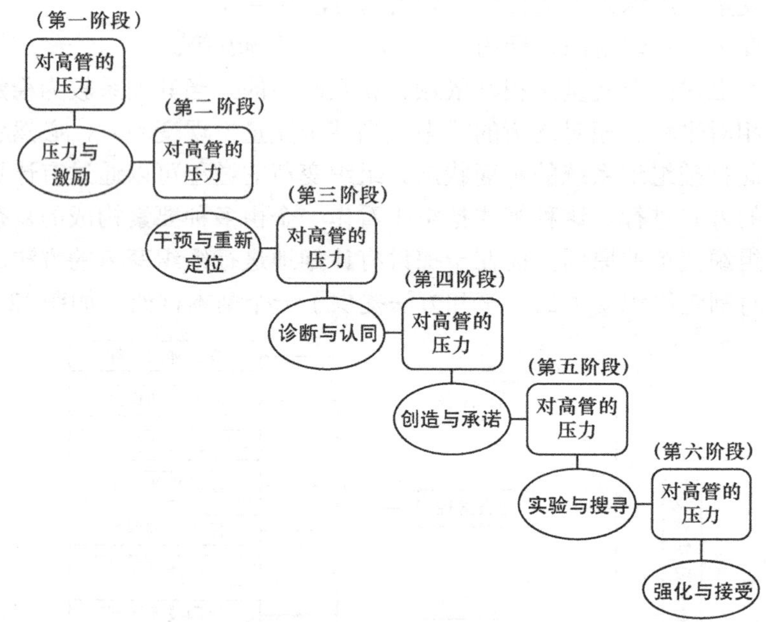


图 12-4　格瑞纳组织变革模式

（1）压力与激励：给高管变革需要的压力并引发其行动。

（2）干预与重新定位：对高管进行干预，使其对工作方向重新定位。

（3）诊断与认同：组织高管与下层员工共同分析组织问题，并寻求一致认同。

（4）创造与承诺：寻找解决问题的初步构想，并向员工承诺，未来即按照此方案进行变革。

（5）实验与搜寻：通过实验验证初步构想，并努力寻找最后的结果。

（6）强化与接受：对实验后的正面肯定予以强化，并努力使全体组织成员接受。

## 二、组织变革方法

在现代市场环境下，组织变革已成为组织发展的常态。组织变革推动者针对不同的变革内容采用了不同的方法。

### （一）行动研究方法

#### 1. 内涵

勒温在介绍力场分析模型的同时，推荐了一种行动研究方法来改变流程。行动研究是一个以数据为基础、以问题为导向的过程。

变革过程也是一个研究学习的过程，变革推动者将一个概念上的结构（如跨部门团队或组织文化）应用到真实情境的过程中，管理者需要收集数据来更加有效地诊断组织的问题，并且需要系统性地评估理论在实践中的应用效果。

**2. 过程**

在行动和研究的双重结构中，行动研究方法认为组织存在一些相互依存的部门，因此变革推动者在进行干涉的过程中，会出现希望的结果也可能出现不希望的结果。行动研究是一个高度参与的过程。它是一个开放系统，不仅需要系统中员工的知识，而且需要员工的承诺。在干涉的过程中，员工本质上既是共同研究者，又是参与者。这个过程包括建立顾客—咨询顾问关系、诊断变革需求、引入干涉，然后评估和稳定期望的改变，如图 12-5 所示。

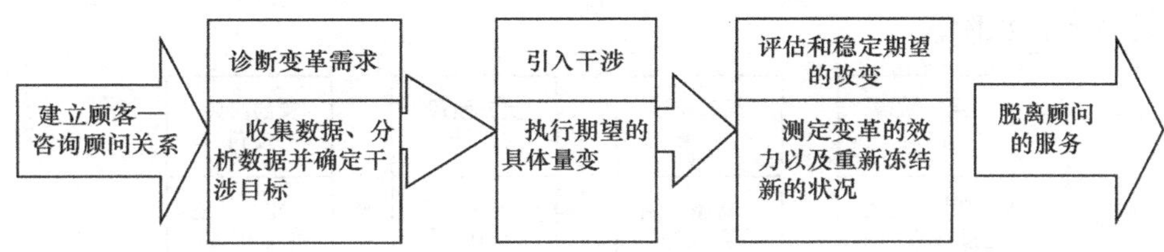


图 12-5 行动研究过程

（1）建立顾客—咨询顾问关系。行动研究通常来自外部变革推动者（如咨询顾问），因此通过形成顾客—咨询顾问关系，变革过程得以开始。咨询顾问需要决定顾客是否愿意接受变革，要了解人们是否被激励参与到这个过程中、对变革所持的态度、是否有能力完成变革过程等。咨询顾问通过采取过程咨询的方法，让员工了解组织过程和过程结果，以及他们能被改变的方法，帮助人们解决自己的问题。

（2）诊断变革需求。行动研究是以问题为导向的活动，通过对环境进行系统的分析来仔细地诊断问题。通过收集数据、分析数据为变革确定适当的方向，员工参与决定采取的适当变革方法、进行这些行动的时间表和列出获得成功的预期标准。

（3）引入干涉。在变革进行过程中，会出现许多问题。在这一阶段就需要采取适当的行动来纠正问题，如可以考虑建立更有效率的团队、更好的组织结构或改变企业文化等。在这一阶段，组织要考虑的重要问题是变革是渐进增量式变革还是重大变革，也就是说，组织是细微地调整系统并采取小的步骤朝着期望的状态前进，还是系统被精确地、快速地解体检修。

（4）评估和稳定期望的改变。引入的干涉变量是为了实现变革的期望状态，但干涉的有效性可能在好几年里都不明显，或者很难与其他因素区分开。如果变革获得了期望的结果，那么组织需要稳定这种新形势。奖赏、信息系统、团队规范以及其他形势被重新设计，以便它们能支持新的价值观和行为。

## （二）价值探索方法

行动研究方法侧重于组织中有负面影响的、不断变化的群体或部门，而忽略了组织中还具有积极的机会和潜力。价值探索方法更关注组织的潜力和积极的要素。

1．内涵

价值探索试图打破解决问题的心态。该方法认为组织是有创造性的实体，在这个实体中，人们可以超越个人能力建立协同效应。要对成功事件和获得成功的组织进行探索。价值探索着重强调什么是可能的，进行积极的诱导，使群体能克服消极的紧张局势，从而建立一个振奋人心的愿景。价值探索就是将人们的注意力从群体自己的问题转向关注群体的潜力和积极的要素上。

2．发展过程

价值探索的发展过程如图12-6所示。第一阶段是识别被观察事件或组织具有积极意义的要素。这可能涉及评述组织的客户经验，或者与其他组织的员工进行面谈来发现它的基本力量。当参与者讨论他们的发现时，可以通过想象一个理想的组织什么是可能的，将他们转移到想象阶段。

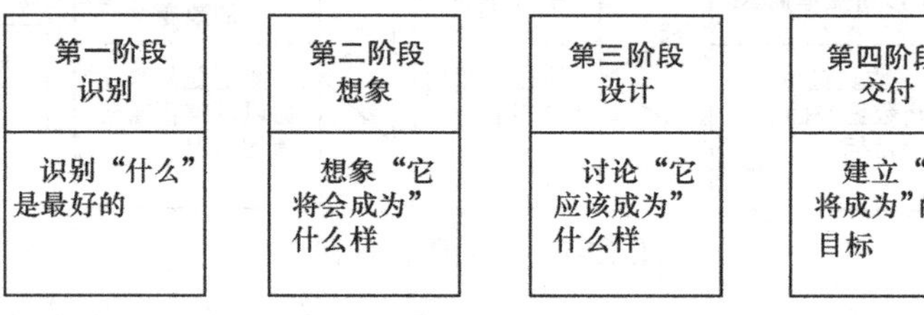


图12-6　价值探索的发展过程

当参与者把他们的想象向群体公开时，过程转移到第三阶段，叫作设计。在设计阶段，参与者耐心倾听彼此的模型和假设，最终在团队里形成一个集体性的思考模型，实际上，建立了一个统一的形象。当这个模型成型时，群体成员将重点转移到自身的现实情况上，于是进入价值探索的最后阶段——交付。参与者以他们的模型为基础，为他们的组织建立确切的目标和方向。

### （三）并行学习结构方法

并行学习结构是高度参与的安排，由来自组织各级别的员工组成，这些员工都遵循行动研究模型以产生有意义的组织变革。使用此种组织变革方法，首先由来自组织各层级的员工构成团队，这个团队利用其综合知识分析、判断组织面临的问题，然后针对问题提出改进的建议。这些团队成员在自己所在的群体中经过一段时间的实践后，再聚在一起，对引入干涉后出现的结果进行评论、改进，分析建议是否发挥作用及发挥了哪些作用。

## 第三节　组织变革阻力与对策

### 一、组织变革阻力

组织变革不可避免地要进行破旧除新，必然会影响到组织成员的利益和权力的重新分配，影响到已形成的态度体系及习惯做法，因此，组织变革有可能会受到抵制。抵制力来源主要有个人因素、组织因素及社会性的因素等。

### （一）个人因素

#### 1．职业心向对变革的障碍

职业心向是指经常性的工作和从事的职业，容易使员工形成心理上的定式，对工作产生一定程度的依赖感。在变革过程中，新的工作、新的技术与方法、新的组织同员工原有的职业心向发生冲突，会使员工产生心理压力和负担，进而产生情绪，阻碍变革。

#### 2．保守心理的障碍

在长期不变的环境中，人们容易产生保守心理，而具有保守心理的人往往迷恋传统，并以此为借口去反对变革。

#### 3．嫉妒心理的障碍

嫉妒是一种心理上的病态。具有嫉妒心理的人对变革推动者取得的成绩心怀不满，常用流言蜚语攻击变革者，中伤变革者。

#### 4．求全责备心理的障碍

变革是一个新生事物，是一个渐进的过程，开始可能并不完善。有的人常用机械主义的观点，对变革百般挑剔，横加指责。

#### 5．人际关系变动的障碍

当组织变革时，组织结构要做出调整，人际关系要发生变化，人的地位与权力也随着会发生变动，从而使员工产生不安全的心理，阻碍变革。

#### 6．经济原因的障碍

人们特别关心变革对个人经济收入的影响。如果变革造成了部分人直接或间接的收入降低，就会出现抵制变革的现象。

### （二）组织因素

#### 1．组织结构的障碍

组织结构的改变会对整个组织系统产生影响，因此来自组织结构的阻力对组织变革的影响是很大的，尤其是实行典型的等级制组织结构的组织。组织的等级层次多，上下层信息的沟通按特定的渠道进行。当要求变革的意愿触犯了组织中某一层次人员的利益时，反映变革意愿的信息往往会受到阻滞。

#### 2．组织气氛的障碍

组织气氛的优劣直接影响着组织的生存和发展。良好的组织气氛是组织赖以生存与发展的基础。如果没有良好的组织气氛，任何变革都将失去组织成员的理解与支持。

#### 3．组织规范的障碍

任何一个组织要维持自己的生存，都会在组织中形成一致的价值观、共同的态度和行为规范，以保持组织成员一致的行动。组织变革有可能打破组织的平衡状态，因此会遭到组织成员的反对。

#### 4．资本限制的障碍

任何组织想维持现状或继续发展，都离不开一定的资本。没有足够的资本，组织不可能生存、发展。在组织变革的过程中一定程度上会受到资本的限制。

### （三）社会性因素

#### 1．缺乏变革的社会环境的障碍

社会的政治环境与经济环境都影响着组织变革的决策，影响着组织的变革方向和变革力度。良好的社会环境是企业变革的动力，不良的社会环境则会阻碍企业的变革。

#### 2．相关系统不同步或相抵触的障碍

组织变革与发展不可能是封闭的，与原系统配套的变革措施是否完善，对组织变革会产生直接影响。

## 二、克服组织变革阻力

#### 1．进行力场分析

力场分析模型是由勒温提出的，他认为变革遇到阻力时如果用高压手段，可能一时会平息反抗因素，但反抗者会积聚力量，卷土重来。因此他主张把支持变革和反对变革的所有因素采取力场方法排列，分析比较其强弱程度，然后采取措施，增强支持因素，减弱反对因素，促使变革顺利进行。

#### 2．让组织成员参与变革

让组织内的所有人都不同程度地参与变革的全过程，共同商讨变革的必要性，制定变革的目标及实施办法等。当人们参与某项活动时，就会产生责任感，参与的程度越深，承担责任的压力也就越大。这样可使员工由被动等待的心理状态转变为主动进取的状态。这是减少变革阻力最有效的措施之一。

在不同的情况下，组织成员参与组织变革的效果是不同的。实践表明，以下方式的成员参与效果相对较好。

（1）领导者对变革要有足够的决心、信心和诚意，并勇于承担责任。这样领导者便能得到成员的信任，成员也会充分发挥自己的想象力和创造精神。

（2）领导者要认真听取成员的建议。如果领导者事先已确定了变革的方案，再让成员讨论，成员是不愿意提出有价值的建议的。

（3）在参与讨论变革的各类人员中，要包括不同层次和不同专业的人员，如工程技术人员、营销人员、生产人员等。

#### 3．利用群体动力

组织行为学家主张通过群体动力克服对组织变革的抵制，主要内容有以下几方面。

（1）利用有威信的变革推动者。组织变革要求有一个或更多个变革推动者，他们要有渊博的知识和足够的权力，并且使变革更容易贯彻实施。变革推动者可以是变革型领导者、实施型领导者和来自组织内部或外部的咨询顾问等。无论哪种类型的变革推动者，

他们必须在组织中享有足够的威信，能够对组织成员产生较大的影响。

（2）利用群体目标。群体的共同目标对其成员的态度、价值观和行为有极大的影响。在变革中，领导者应该充分利用群体目标的影响，把变革目标与群体目标紧密结合起来，以改变成员不利于组织变革的态度、价值观和行为倾向。

（3）形成共同的认知。有些组织成员反对变革，主要原因是对变革的目的、意义不了解。组织要通过各种途径使组织成员了解变革的目的，使组织成员树立创新观念，形成与组织一致的看法。

（4）造成强烈的归属感。在组织中努力培养组织成员对组织的认同感，使组织成员把组织当成自我生存和发展不可或缺的条件，从而使他们把组织的变革看成自己的事情。

（5）注意群体规范。组织在发展的过程中已形成了特定的群体规范，而变革又会产生新的规范，要注意变革前后群体规范的联系。如果新的群体规范与原有的群体规范差别太大或相背，就会遭到群体的强烈抵制。

**4．对变革成果进行强化**

在变革的过程中，为了减少阻力，组织可以对变革成果进行积极的或消极的强化，以顺利推进变革。组织对于变革过程中涌现出来的创新人物和创新行为，要进行及时的表彰、奖励、委以重任等进行积极的强化；对于组织中的重要人物、工作小组或部门，要进行正式谈判，必要时进行一定的妥协；对于已影响变革开展的人员，要进行消极的强化——利用行政强制力，对他们进行改换工种、开除、改变薪金、不给予提升等手段。

## 课后思考题

1．组织变革的内涵是什么？

2．组织变革的动因是什么？

3．组织变革包括哪些模式？分别包括哪些内容？

4．组织变革的阻力因素有哪些？如何克服组织变革的阻力？

## 案例分析

### 腾讯的第三次组织变革

在腾讯20年的历史中，每七年进行一次调整似乎成了一个定律。但相比前两次，2018年腾讯已有了巨无霸的体量，它有4 000亿美元市值，有近5万名员工。巨轮难掉头，这次的七年之痒，不知腾讯能否顺利度过？

2018年9月30日清晨，一则通知划破了互联网的宁静。腾讯公司总裁刘炽平对外宣布启动新一轮的战略升级，实际上就是一次组织变革。之前，腾讯只进行过两次大规模的架构改革，一次是2005年，另一次是2012年，这是第三次。

这次组织变革，腾讯重组了原来的七个事业群，在保留原有的互动娱乐事业群、企业发展事业群、技术工程事业群、微信事业群四个事业群的同时，新成立了云与智慧产业事业群、平台和内容事业群，一共六个事业群。

自从1998年成立以来，腾讯只有2005年和2012年进行过两次大规模的架构改革，而且每次改革前夕腾讯都面临一场“大考”——比如IPO上市，又比如3Q大战——两次都顺利过关。然而，腾讯在2018年所遭遇的困境，可能是有史以来最严峻的一次。这次组织变革，真的是不变不行了。

从2018年1月至9月，腾讯的股价正遭遇有史以来的最大跌幅，在不足9个月的时间里，股价从最高的476.6港元一路下滑到323.2港元，跌幅竟高达32%。要知道，腾讯2017年的全年总营收为2 377.6亿元人民币，年度净利润为724.7亿元人民币，可见2018年以来腾讯市值的跌幅夸张至此。

2018年3月，腾讯第一大股东南非公司Naspers卖出了价值800亿港元的腾讯股票，腾讯股价下跌的大幕从此拉开。但大股东减持只是导火索，终其原因，是由腾讯主营业务游戏深陷监管旋涡、前途未卜；云业务起步晚、市场占有率低；人工智能行业卡位失败、缺少标杆产品；短视频与信息流业务几乎被今日头条碾压式压制等问题重重积累所导致的。腾讯，不变不行了。

现在已是“ABC”的时代。所谓“ABC”，是指以A（AI，人工智能）、B（Big Data，大数据）、C（Cloud，云计算）为代表的产业趋势和技术革命。这是继PC时代、移动互联网时代后的又一波的产业变革，标志着一个全新时代已经来临。

马化腾表示：“此次主动革新是腾讯迈向下一个20年的新起点。它是一次非常重要的战略升级，互联网的下半场属于产业互联网。”腾讯虽然强大，也必须面对新时代的挑战，不能错失向产业互联网领域进军的时机。

的确，腾讯的流量优势雄霸天下，无人能敌，这是其最核心的竞争力，掌握了QQ、微信两大流量利器，多少人想进军社交领域，无不败于腾讯马下。但目前，腾讯的C端业务已经发展到极限，但B端业务很弱。要继续增长必须另辟蹊径，必须向B端寻求突破，成为下一个增长引擎。只有发展生态才能将左手和右手联合起来，才能变得更强大。

还有一点，没有任何一家伟大的互联网公司能够回避云时代的到来。云计算已经成为世界顶尖互联网公司的必争之地，因为云计算服务会在未来成为整个互联网的底层基础服务设施，像水和电一样。美国亚马逊之所以成为全球市值最高的电商公司，并非由于其交易规模，恰恰是因其出色的云计算服务。

所以，腾讯成立云与智慧产业事业群，将云和智慧产业提升到了战略高度，这意味着能获得集团更多的资源倾斜，有利于聚焦和重点突破。虽然腾讯云起步晚，迟迟未见起色，但也不要低估腾讯的战斗力，一旦提升到了更高的战略位置，他们的战斗力可能是惊人的。比如，此前微信支付就造成了对支付宝的巨大压力。马云对此评价，这是一次微信的珍珠港偷袭战，而且成功了。

对于中国科技互联网发展来说，BAT的每一次变革都既受潮流引领，又在引领潮流。如今腾讯所进行的战略与组织架构调整，势必会进一步推动前沿科技的行业落地，引发一轮新的行业大战。

可以看出，腾讯的这次改革，有防守的一面，有进攻的一面，在社交、流量领域稳住原来的优势，在云、内容方面则积极进攻。其实，真正的变革，不仅仅在于组织架构的改革，也不仅仅在于人的改革，最关键的是思想的改革。只有思想突破，才能真正脱胎换骨。

腾讯的灵魂人物马化腾表示，这次主动革新是腾讯迈向下一个20年的新起点。一个主动变革，道出了腾讯乃主动而为，不是佛系沉默，也不是道家的无为。腾讯总裁刘炽平则说：我们需要时刻保持清醒，充满危机意识和前瞻性，才能引领腾讯进入下一个时代。腾讯毫无疑问是充满了忧患意识的，正是这种忧患意识推动了腾讯历史上的三次变革，过去的变革都成功了，让腾讯飞速发展，这次呢？

可以说，腾讯一直在进化，从过去的小企鹅，到现在庞大的业务版图，从刚开始的即时通信，到现在的连接一切，到现在的共赢、共享，格局越来越大，境界越来越高。

**思考：**

1．腾讯的第三次组织变革主要包括哪些方面的变革？

2．腾讯为何实施第三次组织变革？

3．查阅资料，回答腾讯前两次组织变革的动因和主要内容。

# 参考文献


[1] 肖余春．组织行为学［M］．北京：机械工业出版社，2009.
[2] 肖志雄．组织行为学［M］．武汉：华中科技大学出版社，2008.
[3] 许芳．组织行为学［M］．北京：清华大学出版社，2014.
[4] 关培兰．组织行为学［M］．北京：中国人民大学出版社，2015.
[5] 樊建芳，张炜，黄琳．组织行为学［M］．杭州：浙江大学出版社，2009.
[6] 周瑜弘．组织行为学案例精选精析［M］．北京：中国社会科学出版社，2008.
[7] 张一纯，王蕴，陈葵晞．组织行为学［M］．北京：清华大学出版社，2009.
[8] 孙优萍，谢军波．组织行为学［M］．杭州：浙江大学出版社，2007.
[9] 胡君辰．组织行为学［M］．北京：中国人民大学出版社，2014.
[10] 王彬．组织行为学［M］．大连：大连理工大学出版社，2007.
[11] 傅永刚．组织行为学［M］．北京：清华大学出版社，2010.
[12] 曾仕强，刘君政，杨智雄.人际关系与沟通［M］．北京：清华大学出版社，2016.
[13] 曾仕强．中国式的管理行为［M］．北京：中国社会科学出版社，2005.
[14] 梁鹏．沟通助你成功［M］．广州：中山大学出版社，2006.
[15] 杨毅宏．职场陷阱——你该学习的办公室潜规则［M］．上海：学林出版社，2007.
[16] 王黎．打造你的黄金人脉［M］．上海：学林出版社，2007.
[17] 余世维．有效沟通——管理的沟通艺术［M］．北京：机械工业出版社，2006.
[18] 张文光．人际关系与沟通［M］．北京：机械工业出版社，2009.
[19] 詹姆斯•奥罗克．管理沟通［M］．康青，译．北京：中国人民大学出版社，2011.
[20] 罗伯特•卢西尔．组织中的人际关系［M］．贾佳，刘宝巍，译．北京：北京大学出版社，2010.
[21] 赵恩超．燕波涛．组织行为学［M］．北京：机械工业出版社，2010.
[22] 施祖留．奚洁人．组织文化案例［M］．北京：人民出版社，2010.
[23] 杨忠．组织行为学——中国文化视角［M］．南京：南京大学出版社，2006.
[24] 马作宽．组织文化［M］．北京：中国经济出版社，2009.
[25] 张德，吴志明.组织行为学［M］．第 4 版．大连：东北财经大学出版社，2011.
[26] 罗宾斯，贾奇．组织行为学［M］．郑晓明，译．北京：机械工业出版社，2016.
[27] 陈春花，杨忠，曹洲涛．组织行为学［M］．北京：机械工业出版社，2016.
[28] 杰拉德•赛兹．组织行为学案例［M］．主蕾，译．上海：格致出版社，2008.
[29] 李秀娟．组织行为学［M］．北京：清华大学出版社，2012.
[30] 杨忠．组织行为学——中国文化视角［M］．南京：南京大学出版社，2008.
[31] 金圣才．组织行为学——笔记和课后习题详解［M］．北京：中国石化出版社，2006.
[32] 任浩．组织行为学——现代的观点［M］．北京：清华大学出版社，2011.